D1669808

Spiritismus Verlag

Allan Kardec

Das Evangelium
im Lichte des
Spiritismus

ERLÄUTERUNG ZU DEN
MORALISCHEN MAXIMEN CHRISTI

IHRE ÜBEREINSTIMMUNG MIT DEM
SPIRITISMUS UND IHRE UMSETZUNG
IN DIE VERSCHIEDENEN LEBENSLAGEN

Aus dem Französischen übersetzt vom
Übersetzungsteam des Verlags

Spiritismus Verlag
München
2002

Die Originalausgabe erschien erstmals in Paris 1864 unter dem Titel
« *L'ÉVANGILE SELON LE SPIRITISME* ».
Übersetzung aus dem Französischen der überarbeiteten dritten Ausgabe
vom Übersetzungsteam des Spiritismus Verlags.

Die Deutsche Bibliothek - CIP - Einheitsaufnahme

Kardec, Allan:
Das Evangelium im Lichte des Spiritismus / Allan Kardec. - 1. Aufl. -
München: Spiritismus Verlag, 2002
ISBN 3-935824-00-9

Umschlagbild: Edson Audi, „A vida e obra de Allan Kardec",
                     CD-Rom, Paris, 1999; eaudi@hotmail.com
Umschlaggestaltung: Spiritismus Verlag, München

© 2002 Spiritismus Verlag, München, post@spiritismus-verlag.de
Diese deutsche Fassung ist urheberrechtlich geschützt. Jede Verwendung
außerhalb der engen Grenzen des Urheberrechtsgesetzes ist ohne
Zustimmung des Verlags unzulässig und strafbar. Das gilt insbesondere
für Vervielfältigungen, Übersetzungen, Mikroverfilmungen und die
Einspeicherung und Verarbeitung in elektronischen Systemen.
Satz: Spiritismus Verlag, München
Druck und Bindung: Hohnholt GmbH, Bremen
Printed in Germany
November 2002
ISBN 3-935824-00-9
----

www.spiritismus-verlag.de

INHALTSVERZEICHNIS

III - FÜRBITTEN FÜR DIE NÄCHSTEN

IV - FÜRBITTEN FÜR DIE GEISTER

V - FÜRBITTEN FÜR DIE KRANKEN UND DIE BESESSENEN

NACHWORT

STICHWORTVERZEICHNIS

EINLEITUNG
I - ZIEL DIESES WERKES

Der Inhalt in den Evangelien kann in fünf Themengruppen eingeteilt werden: *I. die allgemeinen Taten von Christus Leben, II. die Wunder, III. die Prophezeiungen, IV. die für die Festsetzung der Dogmen der Kirche verwendeten Wörter und V. die moralische Lehre.*[1] Während die ersten vier Teile Gegenstand von Diskussionen gewesen sind, ist der letzte Teil davon unberührt geblieben. Vor dieser göttlichen Lehre fügt sich die Ungläubigkeit selbst. Eine solche moralische Lehre ist der Boden, auf dem alle Glaubensrichtungen zusammenkommen können. Das Erstreben dieser ethischen Lehre ist die Fahne, unter der alle Menschen Schutz finden können, so verschieden ihr Glauben auch sein mag. Denn die moralische Lehre von Christus ist niemals Gegenstand von religiösen Auseinandersetzungen gewesen, die immer und überall durch die Dogmen hervorgerufen wurden. Im Übrigen hätten die Sekten in ihr, falls sie diese diskutieren würden, die eigene Verurteilung gefunden. Denn die Mehrheit von ihnen mehr am mystischen als am moralischen Teil ihrer Lehre hängt, der von jedem die eigene innere Erneuerung fordert. Insbesondere für die Menschen ist diese moralische Lehre eine Verhaltensregel, die alle Umstände des privaten und öffentlichen Lebens umfasst. Das ist nun das Prinzip aller sozialen Beziehungen, die auf strengste Gerechtigkeit gestützt sind. Die moralische Lehre ist schließlich und vor allem der unfehlbare Weg des zukünftigen Glückes, die hochgehobene Spitze des Schleiers, der uns das zukünftige Leben verbirgt. Es ist dieser Teil, der das ausschließliche Grundthema dieses Werkes bildet.

Alle Menschen bewundern die moralische Lehre in den Evangelien. Sie beteuern ihre Erhabenheit und ihre Notwendigkeit. Aber viele tun es vertrauend auf das, was sie davon gehört haben oder gestützt auf einige Maximen, die sprichwörtlich wurden. Aber Wenige kennen sie gründlich und noch weniger verstehen sie und können daraus die Folgen ziehen. Der Grund dafür liegt zum größten Teil in den Schwierigkeiten, die bei der Lektüre der Evangelien auftreten. Für die Mehrheit der Leser sind sie unverständlich. Ihre sinnbildliche Form und der absichtliche Mystizismus

---

[1] Hier handelt es sich um die moralische Lehre von Christus, die einen universellen Charakter besitzt und als solche in den überlieferten biblischen Evangelien des neuen Testamentes in Erscheinung tritt; (Anmerkung des Herausgebers)

der Sprache bewirken, dass die Mehrheit sie für die Beruhigung ihres Gewissens und aus Verpflichtung liest, wie man die Gebete liest, ohne sie zu verstehen, was ohne Nutzen bleibt. Die moralische Lehre, hier und dort zerstreut und mit der Gesamtheit der übrigen Erzählungen vermischt, bleibt unbemerkt. Es ist deswegen unmöglich, nur diese allein aus dem Text zu nehmen und aus ihr eine gesonderte Lektüre und eine Meditation zu machen.

Es wurden zwar Abhandlungen der moralischen Lehre in den Evangelien verfasst, aber die Anpassung an den modernen literarischen Stil entzieht ihr die ursprüngliche Einfachheit, die ihr jedoch gleichzeitig Anreiz und Echtheit verleiht. Es gibt auch Maximen, die abgesondert auf den einfachsten sprichwörtlichen Ausdruck reduziert wurden und die dann nichts anderes sind als Aphorismen, welche einen Teil ihrer Bedeutung und ihrer Interesse erweckenden Beschaffenheit verlieren, aus Mangel an Ergänzungen und Begleitumständen, unter denen sie weitergegeben worden sind.

Um diesen Unschicklichkeiten vorzubeugen, haben wir in diesem Werk die Abschnitte zusammengefasst, die, genauer betrachtet, eine universelle moralische Ordnung ohne Unterscheidung von Glaubensrichtungen bilden können. In den Zitaten haben wir alles bewahrt, was von Nützlichkeit für die Entwicklung des Gedankens war, indem wir nur die Angelegenheiten, die dem Thema fremd sind, beiseite gelassen haben. Außerdem haben wir die ursprüngliche Übersetzung von Sacy gewissenhaft respektiert, sowie die Unterteilung der Bibelverse.[2] Aber, anstatt uns an eine unmögliche, chronologische Form zu binden, die keinen wirklichen Nutzen für solches Thema bringt, wurden die Maximen gruppenweise systematisch geordnet und gemäß ihrer Natur planmäßig eingeteilt, so dass möglichst die einen die Folge der anderen sind. Die Angabe der Nummerierungen der Kapitel und der Bibelverse erlaubt es jedoch, auf die übliche Klassifizierung zurückzugreifen, falls man es für ratsam hält. Diese wäre nur eine sachliche Arbeit, die von sich aus nicht mehr als einen zweitrangigen nebensächlichen Nutzen hätte. Das Hauptanliegen war, das Evangelium für alle zugänglich zu machen, mit Erklärungen der unverständlichen Abschnitte und mit Erörterungen all

---

[2] Die Bibeltexte wurden original aus der deutschen Übersetzung Martin Luthers (vom 1964, Württembergische Bibelanstalt Stuttgart) entnommen; (Anmerkung des Herausgebers)

der Folgen, in Anbetracht ihrer Umsetzung in die verschiedensten Lebenssituationen. Das ist es, was wir zu tun versucht haben, mit der Hilfe guter Geister, die uns zur Seite stehen.

Viele Stellen der Evangelien, der Bibel und in den Texten der kirchlichen Autoren sind oft unverständlich und viele erscheinen unsinnig aus Mangel eines Schlüssels, der uns den wahren Sinn erschließt. Dieser Schlüssel ist im Spiritismus vollständig enthalten, wie jene sich schon überzeugt haben, die ihn ernsthaft studierten und wie man ihn später noch besser anerkennen wird. Den Spiritismus findet man zu allen Zeiten wieder, in der Antike und zu den verschiedensten Epochen der Menschheit. Überall findet man seine Spuren: in den Schriften, in den verschiedenen Glaubensrichtungen und an den Denkmälern. Während der Spiritismus neue Horizonte für die Zukunft eröffnet, wirft er gleichzeitig ein klares Licht auf die Mysterien der Vergangenheit.

Als Ergänzung zu jedem Gedanken in den Textabschnitten geben wir einige Unterweisungen, ausgewählt unter denen, die von den Geistern in verschiedenen Ländern durch die Vermittlung verschiedener Medien kundgegeben worden sind. Wenn diese Unterweisungen einer einzigen Quelle entsprungen wären, wären sie einem persönlichen oder einem milieubedingten Einfluss erlegen. Dabei beweist die Verschiedenartigkeit ihrer Ursprünge, dass die Geister ihre Lehren überall verkünden und dass es niemanden gibt, der diesbezüglich bevorzugt ist.[3]

Jeder Mensch kann von diesem Werk Gebrauch machen. Jeder kann daraus die Mittel schöpfen, um sein Verhalten in Einklang mit der Moral

---

[3] Wir könnten ohne Zweifel noch zu jedem Thema eine große Zahl von weiteren erhaltenen Mitteilungen angeben, die zahlreich aus anderen verschiedenen Städten und spiritistischen Zentren empfangen worden sind. Aber wir wollten vor allem die Monotonie der zwecklosen Wiederholungen vermeiden und unsere Auswahl auf diejenigen beschränken, die durch ihre Tiefe und ihre Form in den Rahmen dieses Werkes besonders passen würden. Wir behielten jene für zukünftige Veröffentlichungen zurück, die hier keinen Platz fanden.

Bezüglich der Medien haben wir es vermieden, diese namentlich zu nennen. In der Mehrheit der Fälle haben wir sie auf eigenen Wunsch nicht genannt und deswegen war es nicht gerechtfertigt Ausnahmen zu machen. Außerdem hätten die Namen der Medien nicht mehr Wert zu dem Werk der Geister beigetragen. Wenn wir sie nennen würden, hätten wir nur aus Eigenliebe gehandelt, worauf die wahren, ernsthaften Medien keinen Wert legen. Sie haben die Gewissheit, dass ihre Rolle nur eine passive Rolle ist. Der Wert der Kundgaben hebt in nichts die Persönlichkeit der Medien hervor. Es wäre kindisch, sich als Medium mit einer intellektuellen Arbeit zu rühmen, bei der es selbst nur eine passive (mechanische) Mitwirkung hat.

Christi zu bringen. Die Spiritisten werden außerdem in ihm die Anwendung finden, die sie ganz besonders betrifft. Dank der empfangenen Mitteilungen, von nun an auf eine beständige Art zwischen den Menschen und der unsichtbaren Welt, wird das Evangelium, das in allen Nationen durch die Geister selbst gelehrt wird, nicht mehr ein totes Wort sein, weil jeder es verstehen wird und unablässig durch Ratschläge der geistigen Führung aufgefordert wird, es in die Praxis umzusetzen. *Die Unterweisungen der Geister sind wahre Stimmen des Himmels, die offenbart wurden, um die Menschen aufzuklären und sie zur Praxis des Evangeliums einzuladen.*

II - DAS ANSEHEN DER SPIRITISTISCHEN LEHRE

UNIVERSELLE PRÜFUNG DER LEHRE DER GEISTER

Wenn die Spiritistische Lehre ausschließlich eine menschliche Anschauung wäre, hätte sie als Garantie nur die Kenntnisse desjenigen, der sie verfasst hat. Nun, niemand auf dieser Welt könnte den Anspruch erheben, allein für sich die unumschränkte Wahrheit zu besitzen. Wenn die Geister, welche die Lehre offenbart haben, sich nur einem Menschen gegenüber kundgetan hätten, würde nichts ihre Herkunft garantieren, denn es wäre notwendig, dem Wort desjenigen Glauben zu schenken, der behauptet, von ihnen die Lehre erhalten zu haben. Erkennt man seine absolute Aufrichtigkeit an, könnte er bestenfalls die Menschen in seinem Umfeld für die Lehre gewinnen. Er könnte Anhänger sammeln, aber es würde ihm niemals gelingen, alle zu vereinigen.

Gott wollte, dass die neue Offenbarung an alle Menschen durch einen schnelleren und glaubwürdigeren Weg herangetragen würde. Und deshalb hat Er den Geistern beauftragt, diese von einem Pol zum anderen zu bringen, sich überall zu offenbaren, ohne jemandem das ausschließliche Privileg zu geben, ihr Wort zu hören. Ein Mensch kann getäuscht werden und er kann sich selbst täuschen. Dasselbe geschieht jedoch nicht, wenn Millionen das Gleiche sähen und hörten. Das ist dann für jeden Einzelnen und für Alle ein Beweis. Außerdem kann man einen Menschen verschwinden lassen, aber kein ganzes Volk. Man kann Bücher verbrennen, aber nicht die Geistwesen. Würde man alle Bücher verbrennen, die Quelle der Spiritistischen Lehre wäre nicht weniger unversiegbar, weil sie sich nicht auf der Erde befindet. Sie taucht überall auf und jeder kann daraus schöpfen. Wenn es an Menschen fehlt, um sie zu verkünden, wird es dagegen immer Geister geben, die alle erreichen, die aber selbst von niemandem erreicht werden können.

In Wirklichkeit sind es diese Geister selbst, die eigentlich Öffentlichkeitsarbeit für den Spiritismus betreiben. Sie nehmen Kontakt mit unzähligen Medien, die von allen Seiten kommen, auf. Wenn es nur einen einzigen Vermittler gegeben hätte, sosehr dieser auch privilegiert gewesen wäre, wäre der Spiritismus kaum bekannt. Dieser Vermittler seinerseits, gleich bedeutend welcher Klasse er auch angehören würde, hätte Vorurteile in vielen Menschen hervorgerufen. Er wäre nicht von allen Nationen anerkannt. Die Geister dagegen geben überall, allen Völkern, allen Religionen und allen Parteien Mitteilungen durch, die von allen angenommen werden. Der Spiritismus hat keine Nationalität. Er gehört zu keinem vorhandenen Kult, ist von Glaubensrichtungen unabhängig und er ist von keiner sozialen Gesellschaftsschicht aufgezwungen, da jeder Anleitung von seinen Angehörigen und Freunden aus der Geistigen Welt erhalten kann. Es war notwendig, dass es so geschieht, damit er alle Menschen zur Brüderlichkeit aufrufen kann. Wenn er nicht auf neutralem Boden geblieben wäre, hätte er Diskussionen aufrechterhalten, anstatt diese zu besänftigen.

Diese Universalität der Lehre der Geister bildet die Aussagekraft des Spiritismus und sie begründet auch seine so schnelle Verbreitung. Während die Stimme eines Menschen, selbst mit Hilfe der Druckerei, Jahrhunderte benötigen würde, bis sie alle Ohren erreicht hat,[4] verschaffen sich Millionen von Stimmen gleichzeitig auf allen Punkten der Erde Gehör, um die gleichen Grundsätze zu verkünden und sie an die Unwissendsten wie auch an die Gelehrtesten zu übermitteln, damit niemand benachteiligt wird.

Dies ist ein Vorteil, den keine der bis heute erschienenen Lehren genossen hat. Wenn der Spiritismus demnach eine Wahrheit ist, fürchtet er weder die Unwilligkeit der Menschen, noch die moralischen Umwälzungen, noch die globalen Umweltveränderungen, weil nichts von diesen Sachen kann die Geistwesen heimsuchen.

---

[4] Hier ist ein Vergleich vom Standpunkt des 19. Jh.; (Anmerkung des Herausgebers)

Das ist dennoch nicht der einzige Vorteil, der sich aus dieser außergewöhnlichen Lage ergibt. Der Spiritismus findet darin auch eine mächtige Garantie gegen die Spaltungen, die hervorgerufen werden könnten, sei es durch den Ehrgeiz einiger, sei es durch die Widersprüche von gewissen Geistern. Diese Widersprüche sind sicher eine Tücke, sie tragen aber ein Heilmittel mit sich.

Bekannter Weise sind die Geister infolge ihrer unterschiedlichen Fähigkeiten weit davon entfernt, als Einzelne von der ganzen Wahrheit Besitz zu haben, so

dass es nicht allen möglich ist, gewisse Geheimnisse zu durchschauen;

dass ihr Wissen entsprechend ihrem Reinheitsgrad ist;

dass die niederen Geister nicht mehr wissen als die Menschen und sogar weniger als manche Inkarnierte;

dass es unter ihnen - sowie unter den Menschen auch - Eingebildete und Scheinweise gibt, die zu wissen glauben, was sie aber doch nicht wissen, und die Systematiker, die ihre eigenen Gedanken als Wahrheit annehmen; und schließlich,

dass die Geister erhabenerer Entwicklungsgrade, die vollständig entmaterialisiert sind, die Einzigen sind, die von irdischen Gedanken und Vorurteilen frei sind. Aber man weiß auch, dass die trügerischen Geister keine Skrupel haben, sich unter geliehenen Namen zu verstecken, um ihre Utopien aufzudrängen. Daraus folgt, dass alles, was außerhalb der ausschließlich moralischen Lehre ist - die so genannten Offenbarungen - die ein jeder empfangen könnte, einen individuellen Charakter hat, und zunächst ohne Glaubwürdigkeit bleibt. Solche sollten als persönliche Meinung von diesem oder jenem Geistwesen angesehen werden. Es wäre leichtsinnig, diese anzunehmen und sie als absolute Wahrheit zu verkünden.

Die erste Prüfung ist unbestritten die der Vernunft, der man alles, was von den Geistern kommt ausnahmslos unterwerfen muss. Jede erhaltene Theorie, die dem gesunden Menschenverstand, der strengen Logik und den bewiesenen Angaben widerspricht, auch wenn sie mit einem bekannten, ehrwürdigen Namen unterzeichnet wurde, muss abgelehnt werden. Diese Prüfung bleibt jedoch in vielen Fällen unvollständig infolge der Unzulänglichkeit der Kenntnisse von gewissen Personen und der Neigung von nicht wenigen, die ihr eigenes Urteil für den einzigen

Schiedsrichter der Wahrheit halten. Was tun die Menschen in solchen Fällen, die sich nicht einmal selbst vertrauen? Sie übernehmen die Ansicht der Mehrheit, die ihnen als Richtlinie dient. So soll es auch hinsichtlich der Lehre der Geistwesen sein, die von sich aus die Kontrollmittel liefern.

Die Übereinstimmung in der Lehre der Geister ist deshalb ihre beste Kontrolle. Es ist aber notwendig, dass diese Übereinstimmung sich unter bestimmten Bedingungen ereignet. Die unsicherste von allen ist, wenn ein Medium selbst mehrere Geister über einen zweifelhaften Gesichtspunkt befragt. Es ist klar, dass, wenn er unter der Herrschaft einer Besessenheit[5] oder wenn er mit einem betrügerischen Geist verkehrt, dieser Geist ihm die gleiche Sache unter verschiedenen Namen sagen kann. Es gibt ebenso keine genügende Garantie in der Übereinstimmung, die man von den Medien aus dem gleichen spiritistischen Zentrum bekommen kann, weil sie alle unter dem gleichen Einfluss stehen können.

Die einzige ernsthafte Garantie für die Lehre der Geister ist die Übereinstimmung, die bei den spontan gegebenen Mitteilungen stattfindet, die durch die Vermittlung zahlreicher untereinander fremden Medien an verschiedenen Orten festgestellt wird.

Hier handelt es sich nur um Mitteilungen hinsichtlich der eigentlichen Grundsätze der Lehre selbst und nicht um nebensächliche Interessen. Die Erfahrung beweist, wenn ein neuer Grundsatz eine Lösung bekommen muss, dass er *spontan* und zugleich an verschiedenen Orten auf die gleiche Art und Weise gelehrt wird, wenn nicht in der Form, zumindest hinsichtlich der Grundstruktur. Falls also ein Geistwesen ein sonderbares System formuliert, das nur auf seinen eigenen Ideen basiert und außerhalb der Wahrheit steht, so kann man sicher sein, dass dieses System *begrenzt* bleibt und angesichts der Einstimmigkeit der überall gegebenen Lehren abstürzen wird. Das zeigten bereits zahlreiche Beispiele. Diese Einstimmigkeit ist es, die alle partiellen Systeme, die in den Ursprüngen des Spiritismus erschienen sind, zu Fall gebracht hat. Damals wollte jedes partielle System auf seine Weise die Phänomene erklären. Und das, bevor man die Gesetze kannte, welche die Beziehung der sichtbaren mit der unsichtbaren Welt lenken.

---

[5] Leichte Einflüsterung (Umsessenheit) bin zur vollständigen Beherrschung (Possession) eines Menschen durch ein Geistwesen. Siehe Für die Besessene, S. 410; (Anmerkung des Übersetzers)

Das ist die Basis, auf die wir uns stützen, wenn wir einen Grundsatz der Lehre formulieren. Er entspricht nicht der Wahrheit allein deswegen, weil er mit unseren Gedanken übereinstimmt. Wir treten keineswegs als höchster Schiedsrichter der Wahrheit auf. Wir sagen niemandem: „Glaubt an eine solche Sache, weil wir sie euch sagen!" Unsere Auffassung ist vor unseren eigenen Augen nichts anderes als eine persönliche Meinung, die vielleicht richtig oder falsch sein kann. Wir sind nicht unfehlbarer als die anderen. Und wir halten einen Grundsatz auch nicht für wahr, weil er uns gelehrt wurde, sondern weil er die Bestätigung der universellen Übereinstimmung bekommen hat.

In unserer Position, in der wir Mitteilungen erhalten aus etwa über Tausend seriösen spiritistischen Zentren, zerstreut auf die verschiedensten Orte des Globus, sind wir selbst in der Lage die Grundsätze zu erkennen, durch welche sich diese Übereinstimmung begründet. Es ist diese Beobachtung, die uns bis heute geführt hat und diese ist es auch, die uns in die neuen Gebiete führen wird, die der Spiritismus erforschen soll. Indem wir die erhaltenen Mitteilungen aufmerksam studiert haben, sowohl die aus Frankreich als auch die aus dem Ausland, haben wir durch die ganz besondere Natur der Enthüllungen erkannt, dass tendenziell ein neuer Weg einzuschlagen ist, und dass der Moment gekommen ist, einen Schritt nach vorne zu machen. Diese Offenbarungen, manchmal in verschleierten Worten formuliert, blieben fast immer unverständlich für viele von denen, die sie erhielten. Und viele andere glaubten, diese als Einzige erhalten zu haben. Für sich allein betrachtet, wären sie für uns bedeutungslos. Allein die Übereinstimmung gibt diesen eine Ernsthaftigkeit. Wenn sie später nun veröffentlicht werden, wird sich jeder daran erinnern, Anweisungen in dem gleichen Sinn bekommen zu haben. Wir beobachten und studieren diese allgemeine Bewegung mit der Unterstützung unserer Geistführung. Sie hilft uns bei der Entscheidung, eine Sache zu tun oder sie zu unterlassen.

Diese universelle Überprüfung ist eine Garantie für die zukünftige Einheit des Spiritismus, und sie wird alle widersprüchlichen Theorien abschaffen. Deshalb wird man in der Zukunft das Kriterium der Wahrheit hier suchen. Was den Erfolg der formulierten Lehre in den Büchern „Das Buch der Geister" und „Das Buch der Medien" ausgemacht hat, ist, dass überall jeder direkt von den Geistern die Bestätigung dessen bekommen hat, was in den Büchern enthalten ist. Wenn von allen Seiten die Geister dies bestritten hätten, hätten diese Bücher nach so langer Zeit das Schicksal aller fantastischen Auffassungen erlitten. Selbst die Unterstützung der Druckpresse hätte jene nicht vor dem Schiffbruch gerettet. Und selbst ohne diese Unterstützung haben sie eine nicht weniger schnelle Laufbahn gehabt. Denn die Schriften haben die Unterstützung der Geistigen Welt erhalten, deren Bereitwilligkeit nicht nur über das Übelwollen des Menschen hinausging, sondern auch es ausglich. So wird es mit allen von den Geistern oder von den Menschen hinterlassenen Gedanken geschehen, welche dieser Prüfung nicht standhalten können, deren Beweiskraft niemand bestreiten kann.

Nehmen wir an, dass einige Geistwesen ein Buch mit einem beliebigen Titel, in verkehrtem Sinn, diktieren möchten. Nehmen wir sogar an, dass in einer feindlichen Absicht und mit dem Vorhaben, die Lehre in Verruf zu bringen, böswillige, unechte Kundgaben hervorgebracht werden würden. Welchen Einfluss könnten diese Schriftstücke haben, wenn sie von allen Seiten durch andere Geistwesen widerlegt wären? Es ist die Zustimmung dieser Letzteren, deren man sich vergewissern soll, bevor man ein System in ihrem Namen herausbringt. Von dem System eines Einzelnen hin zu dem System einer ganzen Gemeinschaft besteht die gleiche Entfernung wie von der Einheit hin zu dem Unendlichen. Was können die Argumente der Verleumder gegen die Meinung der Massen bewirken, wenn diese von Millionen befreundeter Stimmen aus dem All und von allen Seiten des Universums kommen und im Schoße der Familie jene ersten Argumente entkräften würden?

Hat die Erfahrung, in dieser Hinsicht, diese Theorie noch nicht bestätigt? Was geschah mit all jenen Veröffentlichungen, die angeblich den Spiritismus zunichte machen sollten? Welche von ihnen hat wenigstens seine Entwicklung aufgehalten? Bis jetzt hat man diese Fragen unter diesem Gesichtspunkt nicht betrachtet, obwohl er hier, ohne Zweifel einer der wichtigsten ist, den es zu betrachten gilt. Jeder hat sich auf sich selbst verlassen, ohne mit den Geistern zu rechnen.

Der Grundsatz der Übereinstimmung ist weiterhin noch eine Garantie gegen Veränderungen, welche die Sekten dem Spiritismus aufzwingen möchten. Sie bemächtigen sich seiner zum eigenen Nutzen und wollen ihn nach ihrer Art und Weise anpassen. Wer auch immer versuchen würde, ihn von seinem von der Vorsehung bestimmten Ziel abzulenken, würde aus dem einfachen Grunde daran scheitern, dass die Geister durch die Universalität ihrer Lehre jede Veränderung zu Fall bringen werden, die sich von der Wahrheit entfernt.

Daraus geht eine wesentliche Wahrheit hervor, dass jeder, der sich gegen die Strömung der wohlbegründeten und anerkannten Ideen stellen möchte, eine kleine örtliche und vorübergehende Unruhe verursachen könnte, aber nie die Gesamtheit beherrschen würde, weder in der Gegenwart und noch weniger in der Zukunft.

Es geht weiter daraus hervor, dass die Lehren durch die Geister über die noch nicht aufgeklärten Punkte der Spiritistischen Lehre kein Gesetz werden würden, solange sie isoliert bleiben. Daher dürfen sie nur unter allem Vorbehalt und als Informationen angenommen werden.

Es entsteht die Notwendigkeit, bei der Veröffentlichung von diesen äußerst umsichtig zu sein. Und falls man glaubt, sie veröffentlichen zu müssen, ist es wichtig, sie nur als persönliche Meinung darzustellen. Selbst wenn diese mehr oder weniger wahrscheinlich sind, müssen sie aber in jedem Fall bestätigt werden. Es ist diese Bestätigung, auf die man warten muss, bevor ein Grundsatz als universelle Wahrheit eingeführt wird, wenn man nicht des Leichtsinns oder der unüberlegten Leichtgläubigkeit beschuldigt werden möchte.

Die erhabenen Geister gehen in ihren Offenbarungen mit äußerster Weisheit vor. Sie behandeln die großen Fragen der Lehre stufenweise, sofern die Intelligenz fähig ist, die Wahrheit von einer erhabenen Rangordnung zu verstehen und, wenn die Umstände günstig sind, neue Gedanken hervorzubringen. Deshalb haben sie nicht alles von Anfang an gesagt und tun dies bis heute auch noch nicht. Sie geben niemals der Ungeduld der drängenden Menschen nach, welche die Früchte ernten möchten, bevor sie ausgereift sind. Es wäre daher überflüssig, der von der Vorsehung festgelegten Zeit für jede Sache zuvorkommen zu wollen, denn die wirklich ernsten Geister würden sich im positiven Sinne weigern zu helfen. Die leichtsinnigen Geister jedoch, die sich um die Wahrheit wenig kümmern, antworten auf alles. Deshalb gibt es auf alle verfrühten Fragen immer widersprüchliche Antworten.

Die oben genannten Grundsätze sind nicht das Ergebnis einer persönlichen Theorie, sondern die forcierte Folge der Bedingungen, unter denen sich die Geister äußern. Es ist offenkundig, wenn ein Geist etwas aus einer Richtung sagt, während Millionen von Geistern anderswo das Gegenteil behaupten, dass wahrscheinlich nicht derjenige die Wahrheit für sich beanspruchen kann, der allein oder fast allein mit dieser Meinung da steht. Es wäre also unlogisch zu behaupten, dass nur ein Einziger gegenüber allen anderen Recht hat, ebenso von der Seite eines Geistes wie von der Seite eines Menschen. Die wirklich weisen Geister beantworten eine Frage *niemals* auf eine endgültige Weise, wenn sie sich über diese Frage nicht ausreichend aufgeklärt fühlen. Sie erklären, dass sie dieses Thema nur aus ihrem Gesichtspunkt heraus behandeln, und sie raten dazu, auf die Bestätigung zu warten.

So groß, schön und gerecht ein Gedanke auch sei, es ist unmöglich, dass er von Anfang an alle Meinungen vereinigt. Die daraus entstehenden Konflikte sind unvermeidliche Folgen der Bewegung, die sich ereignet. Sie sind sogar notwendig, um die Wahrheit besser hervortreten zu lassen. Und es ist auch notwendig, dass sie am Anfang stattfinden, damit die falschen Gedanken sehr schnell geklärt werden. Jene Spiritisten, die irgendeine Furcht davor haben, sollen deshalb beruhigt sein. Alle individuellen Ansprüche werden zwangsläufig gegenüber dem aussagekräftigsten Prüfstein der universellen Prüfung zu Fall kommen. *Man schließt sich nicht der Meinung eines Menschen an, sondern der einmütigen Stimme der Geister.* Es wird kein Mensch sein, weder wir noch irgendein anderer, der die Reinheit der Spiritistischen Lehre begründen wird. Es wird auch kein Geist sein, der gegen wen auch immer sich durchzusetzen versucht. Es wird die Übereinstimmung der Geister sein, die sich im Auftrage Gottes überall auf der Erde mitteilen werden. Darin liegt der wesentliche Charakter der Spiritistischen Lehre. Darin liegt ihre Aussagekraft und ihr Ansehen. Gott wollte, dass Sein Gesetz auf eine unerschütterliche Basis gesetzt wird, deshalb ließ Er nicht zu, dass es nur auf dem schwachen Haupt eines Einzelnen ruht.

Vor so einem mächtigen Gerichtshof, der weder Gesellschaftsklatsch noch eifersüchtige Rivalitäten, weder Sekten noch Nationen kennt, werden alle Gegensätze, aller Ehrgeiz, alle Ansprüche auf individuelle Überlegenheit zerbrechen. *Wir würden uns selbst zerstören, wenn wir diese höchste Ordnung durch unsere eigene Anschauung ersetzen wollten.* Er allein wird alle strittigen Fragen lösen, die Gegensätze zum Schweigen bringen und Recht oder

Unrecht der Person geben, die es verdient. Was vermag die Meinung eines Menschen oder eines Geistes vor dieser gewaltigen Übereinstimmung aller *Stimmen des Himmels?* Weniger als ein Wassertropfen, der sich im Ozean verliert, weniger noch als die Stimme eines Kindes, vom Sturm verschlungen.

Die universelle Meinung ist wohl der höchste Richter, der in der letzten Instanz spricht. Sie entsteht aus allen einzelnen Meinungen. Wenn eine von ihnen wahr ist, hat sie nur ihr relatives Gewicht auf der Waage. Wenn eine falsch ist, kann sie nicht alle anderen übertreffen. Bei diesem unermesslichen Zusammenwirken verschwinden die Individualitäten. Dies stellt einen neuen Rückschlag für den menschlichen Stolz dar.

Diese harmonische Gesamtheit nimmt bereits Gestalt an. Dieses Jahrhundert wird nun nicht vergehen, bevor es in seinem ganzen Glanz erstrahlt, auf eine Weise, die alle Ungewissheit auflöst. Denn bis dahin werden mächtige Stimmen die Mission bekommen, sich Gehör zu verschaffen, um die Menschen unter der gleichen Flagge zu vereinigen, sobald das Feld ausreichend gepflügt ist. Unterdessen kann derjenige, der zwischen zwei entgegengesetzten Systemen schwankt, beobachten, in welche Richtung sich die allgemeine Meinung bewegt. Das ist ein sicheres Anzeichen dafür, in welche Richtung sich die Mehrheit der Geister äußert, die sich über verschiedene Orte hinaus kundgeben. Das setzt ein sicheres Zeichen dafür, welches der beiden entgegengesetzten Systeme die Oberhand gewinnen wird.

III - HISTORISCHE NACHRICHTEN

Um bestimmte Abschnitte der Evangelien gut verstehen zu können, ist es notwendig, die Bedeutung von vielen dort oft verwendeten Begriffen, welche die jüdische Gesellschaft von damals bezeichneten, kennen zu lernen.

Diese Wörter haben für uns heute nicht mehr denselben Sinn. Oft wurden sie anders gedeutet und verursachten deswegen Unsicherheit. Das Verstehen ihrer ursprünglichen Bedeutung klärt andererseits den wahren Sinn von bestimmten Maximen, die uns auf den ersten Blick fremd erscheinen.

Die Samariter - Nach der Spaltung der zehn Stämme wurde Samaria die Hauptstadt des andersgläubigen Reiches von Israel.[6] Mehrere Male zerstört und wieder aufgebaut, wurde sie unter den Römern zur wichtigsten Stadt Samarias, eine der vier Teilungen Palästinas. Herodes, der Große, versah sie mit prächtigen Denkmälern. Er gab ihr den Namen „Augusta", im Griechischen „Sébaste", um Augustus zu gefallen.

Die Samariter lebten fast immer im Krieg mit den Königen von Juda. Seit der Spaltung herrschte eine tiefe Abneigung zwischen ihnen, die jede gegenseitige Beziehung verhinderte. Die Samariter bauten einen eigenen Tempel und unternahmen gewisse Reformen, so dass sie in der Zeit von religiösen Festen, nicht mehr nach Jerusalem gehen mussten. Damit wurde die Spaltung zwischen den Stämmen noch tiefer. Die Samariter erkannten nur den Pentateuch[7] mit den Gesetzen Moses an und lehnten alle anderen ihm später zugefügten Bücher ab. Ihre Bücher wurden in sehr alten hebräischen Zeichen geschrieben. In den Augen der orthodoxen Juden waren sie Häretiker[8] und wurden deswegen verachtet, verflucht und verfolgt. Obwohl ihr Glaube denselben Ursprung hatte, bestand die Feindseligkeit zwischen den beiden Nationen allein aufgrund der unterschiedlichen religiösen Auffassungen. Sie waren so gesehen die Protestanten ihrer Zeit.

Noch heute leben Samariter in einigen Gebieten von Levante, besonders im Naplouse und Jaffa[9]. Sie befolgen das Gesetz Moses noch strenger als die anderen Juden und verbanden sich nur unter sich.

Die Nazaräer - So wurden in dem alten Gesetz die Juden genannt, die ein vorübergehendes oder ewiges Gelübde ablegten, in vollkommener Reinheit zu leben. Sie pflegten die Keuschheit[10], die Abstinenz[11] von alkoholischen Getränken und trugen lange Haare. Samson, Samuel und

---

[6] Nach dem Tod Salomons (ca. 922 v. Chr.), wurde das Königreich Israels in zwölf Stämme folgendermaßen aufgeteilt: Zehn Stämme im Norden wurden zum Königreich Israel und zwei Stämme im Süden wurden zum Königreich Juda; (Anmerkung des Herausgebers)

[7] Die 5 Bücher Mose; die hebräische Thora; (Anmerkung des Herausgebers)

[8] (gr.), Vertreter einer Häresie, Ketzer; (Anmerkung des Herausgebers)

[9] Länder um das östliche Mittelmeer bis zum Euphrat und Nil, insbesondere die Küsten Kleinasiens, Syriens und Ägyptens; (Anmerkung des Herausgebers)

[10] Sexuelle Enthaltsamkeit; (Anmerkung des Übersetzers)

Johannes der Täufer waren Nazaräer. Später wurden die ersten Christen
Nazarener genannt, in Andeutung des Jesus von Nazareth.
Dies war auch der Name einer häretischen Sekte am Anfang der ersten
Jahrhunderte der christlichen Zeit. Sie erkannte einige Prinzipien der
Ebioniten[12] an und vermischte die Bräuche des Moses mit den christlichen
Glaubenssätzen. Diese Sekte ist im viertem Jahrhundert (n. Chr.)
verschwunden.

Die Zöllner - So wurden im alten Rom die Männer bezeichnet, welche die
öffentlichen Gebühren einnahmen. Sie waren beauftragt, Steuern und alle
Arten von Pacht einzutreiben, sei es in Rom oder in anderen Gebieten des
Römischen Reiches. Sie waren ähnlich wie es die Pacht- und
Steuereintreiber im alten Frankreich waren und heute in manchen
Gebieten es noch sind. Aufgrund der Gefahren, denen sie sich damit
aussetzten, verschloss die Regierung die Augen vor den oft von ihnen
angehäuften Reichtümern. Diese Reichtümer waren für manchen häufig
der Ertrag überzogener Forderungen und skandalöser Gewinne. Der
Name Zöllner wurde später auf alle angewandt, welche die öffentlichen
Gelder verwalteten und auf deren untergeordnete Mitarbeiter. Heute[13]
benutzt man dieses Wort in verächtlichem Sinne, um
Finanzsachverständige und weniger seriöse Handelsleute zu bezeichnen.
Man pflegt zu sagen: „Gierig wie ein Zöllner", „reich wie ein Zöllner", um
einen Reichtum von unredlicher Herkunft zu benennen.
Von allen römischen Ausbeutungen war die Steuer, welche die Juden am
schwersten traf und sie am meisten irritierte. Das löste mehrere Aufstände
aus. Man machte daraus eine religiöse Frage, da die Juden die
Steuereinnahme gesetzwidrig betrachteten. Eine machtvolle Partei gegen
die Steuereintreibung wurde deswegen gebildet und hatte als Vorsteher
einen Mann namens Judas der Gauloniter. Das jüdische Volk verabscheute
die Steuer und folglich alle diejenigen, die beauftragt waren, sie
einzutreiben. Daher rührte die Abneigung, die sie allen Arten von

---

[11] (lat.) Enthaltsamkeit gegenüber Genüssen. (zum Beispiel alkoholischen Getränken);
(Anmerkung des Übersetzers)
[12] (hebr. = die Armen), judenchristliche Sekte, die am alttestamentlichen Gesetz festhält.
(Anmerkung des Übersetzers)
[13] Frankreich des 19. Jahrhunderten; (Anmerkung des Herausgebers)

Zöllnern entgegenbrachten. Unter ihnen konnte man gute Menschen finden, aber sie wurden aufgrund ihrer Tätigkeit verachtet. Und auch diejenigen, die mit ihnen verkehrten, wurden mit demselben Verdammungsurteil belegt. Die hochrangigen Juden hielten es für bloßstellend, mit ihnen Beziehungen zu pflegen.

Die Brückenzöllner - Sie waren die Steuereinnehmer auf niederer Position und hauptsächlich mit der Gebührenerhebung für das Einreiserecht in die Städte beauftragt. Ihre Tätigkeit entsprach ungefähr der Zollbeamten und der Schrankkassierer. Sie wurden genauso verurteilt wie die Zöllner im Allgemeinen. Das ist der Grund, warum oft in den Evangelien das Wort Zöllner mit dem Ausdruck „Mensch mit verkehrtem Leben" gleichgestellt wurde. Es war ein Ausdruck von Verachtung, ein Synonym auch für „schlechte Gesellschaft"; Menschen, die nicht Wert sind, unter würdiger Gesellschaft zu sein.

Die Pharisäer - Der Name stammt aus dem hebräischen Wort „parasch" und bedeutet Spaltung, Trennung. Die Tradition prägte einen wichtigen Bestandteil der jüdischen Theologie. Sie bestand aus einer Auswahl von aufeinander folgenden Auslegungen, die dogmatisch über den Sinn der Schriften aufgefasst wurden. Unter den Gesetzgelehrten kamen Themen auf, die Spielraum für unendliche Auseinandersetzungen boten, oft über einfache Fragen bezüglich Wörter oder Formen, in der Art und Weise von theologischen Wortwechseln und mit der Spitzfindigkeit der Scholastik des Mittelalters. Darüber hinaus bildeten sich unterschiedliche Sekten, von denen jede für sich das alleinige Wahrheitsrecht beanspruchte und die sich des Öfteren somit gegenseitig nicht ausstehen konnten.
Unter diesen Sekten waren die Pharisäer die Einflussreichste. Ihr Führer hieß Hillel, ein in Babylon geborener jüdischer Schriftgelehrter und Gründer einer berühmten Schule, an der gelehrt wurde, dass der Glaube nur auf den Schriften beruhe. Ihr Ursprung geht auf das Jahr 180 bis 200 v. Chr. zurück. Die Pharisäer litten in unterschiedlichen Zeiten unter Verfolgungen, besonders unter Hircanus, ein Hohepriester und König der Juden, unter Aristobulus und Alexander, König von Syrien. Dieser letzte allerdings gab ihnen Auszeichnungen und Güter zurück, so dass sie die alte Macht wiedererlangten bis zum *Untergang von Jerusalem* im Jahre 70

n. Chr. In dieser Zeit verschwand ihr Name im Zuge der Judenzerstreuung.

Sie nahmen mit Eifer an den religiösen Auseinandersetzungen teil. Sie folgten den äußerlichen Handlungen der Kulte und der Zeremonien, erfüllt von einem inbrünstigen Eifer zum Proselytismus. Sie trugen außerdem unter großer Strenge ihre Prinzipien zur Schau und waren Gegner von Neuerungen. Aber unter dem Schein einer strengen Frömmigkeit verbargen sie ausschweifende Bräuche, viel Stolz und vor allem eine unersättliche Machtgier. Die Religion war für sie mehr ein Machtmittel als ein ernsthafter Glaube. Sie pflegten mehr den Anschein als die Tugend. Trotzdem übten sie einen großen Einfluss auf das Volk aus, unter dessen Augen sie als Heilige erschienen. So war ihre Macht in Jerusalem sehr groß.

Sie glaubten, oder gaben zumindest an, an die Vorsehung, an die Unsterblichkeit der Seele, an die Ewigkeit der Sünden, an die Auferstehung der Toten zu glauben. (Kap IV, Abs. 4, Auferstehung und Reinkarnation) Jesus, der vor allem die Einfachheit und die Tugenden der Seele pflegte, und bevorzugte den Geist, der lebendig macht, anstatt der Buchstaben, die töten[14], widmete sich während seiner Mission auch der Entlarvung ihrer Heuchelei. Er schaffte sich damit hartnäckige Feinde. Aus diesem Grunde verbündeten sie sich mit den Priestern, um das Volk gegen Jesus aufzuhetzen und ihn zum Tode zu führen.

Die Schriftgelehrten - So wurden anfänglich die Sekretäre der Könige in Juda und Anführer des jüdischen Heeres genannt. Später bezeichnet dieser Name die Schriftgelehrten, die das Gesetz Moses lehrten und es dem Volk auslegten. Sie hatten dieselbe Glaubensrichtung wie die Pharisäer, deren Prinzipien und deren Abneigung gegen Reformer sie teilten. Deswegen mahnte sie Jesus mit denselben Worten wie die zu den Pharisäern.

Die Synagoge - (aus dem Griechischen „synagogê": Versammlung, Kongregation) Es gab in Judäa nur einen einzigen Tempel, den des Salomo in Jerusalem, in dem die großen Kultzeremonien zelebriert wurden. Die Juden pilgerten jedes Jahr dorthin, zu den wichtigsten Feierlichkeiten wie

---

[14] 2 Korinther III, 6; (Anmerkung des Herausgebers)

dem Pascha-, Dankes- und Laubhüttenfest. Zu diesen Gelegenheiten reiste auch Jesus oft an. Die anderen Städte hatten keine Tempel, dafür aber Synagogen. Das waren Gebäude, in denen die Juden sich am Sabbat versammelten, um ihre öffentlichen Gebete unter der Leitung von den Ältesten, den Schriftgelehrten oder den Gesetzeslehrern, auszusprechen. Dort wurden auch Lesungen aus den heiligen Büchern durchgeführt und erläutert. Jeder Jude konnte an diesen Versammlungen teilnehmen, deswegen konnte Jesus, selbst ohne Priester zu sein, in den Synagogen am Sabbat lehren.

Nach der Zerstörung Jerusalems und der Judenverfolgung dienten die Synagogen in den Städten, in denen die Juden wohnten, als Tempel für die Zeremonien.

Die Sadduzäer - Waren eine jüdische Sekte, die sich um das Jahr 248 v. Chr. gebildet hat, benannt nach Zadok, ihrem Begründer. Die Sadduzäer glaubten weder an die Unsterblichkeit der Seele, noch an die Auferstehung, noch an die guten und schlechten Engel. Indessen glaubten sie an Gott, erwarteten aber nichts nach dem Tode. Sie dienten Gott aufgrund von ihnen erwarteten vergänglichen Lohnes. Für sie beschränkte sich die göttliche Vorsehung auf das. Mit dieser Auffassung sahen sie in der Befriedigung ihrer Sinne, das wesentliche Ziel ihres Lebens. Ihre Schriften beschränkten sich auf den Text des Alten Gesetzes. Sie nahmen weder die Tradition noch irgendeine Auslegung an. Sie stellten die guten Werke und die reine und einfache Ausübung des Gesetzes höher als alle äußerlichen Ausübungen von Kulten. Sie waren offensichtlich die Materialisten, die Deisten und die Sensualisten von damals.[15] Sie waren eine Sekte mit wenigen Mitgliedern, aber unter ihnen befanden sich wichtige Persönlichkeiten. Sie bildeten eine politische Partei gegenüber den Pharisäern.

Die Essener – Sie waren eine jüdische zur Zeit der Makkabäer circa 150 v. Chr. gegründete Sekte. Unter ihren Mitgliedern, die in einer Art Kloster

---

[15] Materialismus: Die Lehre, nach der das menschliche Bewusstsein von der objektiven Realität (Materie) abhängig ist u. von ihr bestimmt wird - Deifikation: Vergottung eines Menschen oder einer Sache - Sensualismus: Lehre, nach der jede Erkenntnis nur auf Sinneswahrnehmung beruhe u. eine Verknüpfung von Sinneseindrücken sei; (Anmerkung des Übersetzers)

wohnten, formierte sich eine gewisse moralische und religiöse Gemeinschaft. Sie zeichneten sich durch ihre sanften Bräuche und streng ausgeübten Tugenden aus, lehrten die Gottes- und Nächstenliebe, die Unsterblichkeit der Seele und glaubten an die Auferstehung. Sie lebten im Zölibat, lehnten die Sklaverei und den Krieg ab, lebten in Gütergemeinschaft und widmeten sich dem Ackerbau und im Gegensatz zu den sinnlichen Sadduzäern, welche die Unsterblichkeit der Seele ablehnten und zu den Pharisäern mit ihren äußerlichen und oberflächlichen Taten von nur scheinbaren Tugenden, nahmen die Essener an den Diskussionen nicht teil, welche diese zwei Sekten veranstalteten. Ihre Art zu Leben war die der ersten Christen sehr ähnlich und ihre moralischen Prinzipien führten manche Menschen zu der Überzeugung, dass Jesus vor seinem öffentlichen Auftritt zu ihrer Gemeinschaft gehörte. Sicherlich hat Jesus sie kennengelernt, es gibt aber keinen Beweis seiner Zugehörigkeit zu dieser Gemeinschaft. Alles, was darüber geschrieben wurde, beruht also nur auf einer Annahme[16].

Die Therapeuten - (griechisch *thérapeutaï*, aus *thérapeueïn* = dienen, pflegen, d. h. Diener Gottes oder Heiler) Sie waren jüdische Sektierer, Zeitgenossen Christi, die sich hauptsächlich in der Stadt Alexandria in Ägypten niedergelassen hatten. Sie ähnelten in ihrer Art den Essenern, deren Prinzipien sie annahmen und ausübten. Wie die Essener bemühten sie sich, alle Tugenden zu praktizieren. Ihre Essgewohnheiten waren sehr genügsam, sie lebten im Zölibat und hatten ein kontemplatives und einsames Leben. Sie bildeten einen der ersten religiösen Orden. Philon, ein jüdischer Philosoph aus der Schule Platons in Alexandria, sprach als erster von den Therapeuten und hielt sie für eine aus dem Judentum stammende Sekte. Eusebius, der Heilige Hieronymus und andere Kirchenväter dachten, diese wären Christen. Ob Juden oder Christen, ähnlich wie die Essener, stellten die Therapeuten ersichtlich ein Bild von den Gemeinsamkeiten zwischen dem Judentum und dem Christentum dar.

---

[16] Das Buch „Der Tod Jesu" angeblich von einem Essener geschrieben, ist ein rein apokryphes Werk. Es diente allein zur Unterstützung einer Meinung. Es trägt außerdem in sich selbst den Beweis seiner modernen Entstehung;

IV - SOKRATES UND PLATON, VORLÄUFER DER CHRISTLICHEN IDEE UND DES SPIRITISMUS

Von der Tatsache ausgehend, dass Jesus die Sekte der Essener kannte, wäre es ein Irrtum daraus zu schließen, seine Lehre sei aus ihrer entstanden oder falls er in einer anderen Umgebung gelebt hätte, er andere Prinzipien verkündet hätte. Die großen Ideen entstehen nicht plötzlich. Diejenigen, die auf der Grundlage der Wahrheit entstehen, haben immer Vorläufer, die teilweise den Weg ebnen. Wenn die Zeit reif ist, sendet Gott einen Menschen mit der Mission, die zerstreuten Elemente zusammenzufügen, sie zu leiten und diese zu vervollständigen. Die Ideen werden dann in einer logischen Lehre vereinigt. Auf dieser Weise, wenn jene Idee allmählich erscheint, findet sie den bereitwilligen Geist, der sie akzeptiert. So geschah es mit dem christlichen Gedankengut, das schon vor vielen Jahrhunderten vor Jesus und den Essenern im Keim existierte und dem als Vorläufer Sokrates und Platon dienten.

Sokrates hat, wie auch Jesus, nichts geschrieben. So wie Christus starb auch Sokrates als Verbrecher, als ein Opfer des Fanatismus. Denn er kritisierte den bestehenden Glauben und stellte die wahre Tugend über die Heuchelei und den Schein der Formen. Mit anderen Worten, er bekämpfte die religiösen Vorurteile. In gleicher Weise wie Jesus von den Pharisäern schuldig gesprochen wurde, das Volk mit seiner Lehre zu verderben, wurde auch Sokrates von den „Pharisäern" seiner Zeit - es gab sie in jeder Zeit - verurteilt. Er wurde wegen seiner Behauptungen von einem einzigen Gott, der Unsterblichkeit der Seele und dem zukünftigen Leben verurteilt. So wie wir die Lehre Jesu nur durch die Schriften seiner Jünger kennen, so kennen wir auch die Lehre Sokrates durch die Bücher seines Jüngers Platon. Wir halten es für nützlich, die Schwerpunkte seiner Lehre hier zusammenzufassen, um ihre Übereinstimmung mit den Prinzipien des Christentums darzustellen.

Zu den Menschen, die diesen Vergleich als eine Entweihung ansehen und denken, es gäbe keinen Vergleich zwischen der Lehre eines Heiden und der des Jesus, möchten wir erwähnen, dass die Lehre von Sokrates keine heidnische Lehre war, denn sie hatte auch die Absicht, das Heidentum zu

bekämpfen.[17] Die Lehre Jesu ist vollständiger und reiner als die von
Sokrates. Sie verliert nicht an Wert, wenn man sie mit dieser von Sokrates
vergleicht. Die Größe der Aufgabe von Christus wird nicht damit
vermindert. Außerdem handelt es sich um ein historisches Geschehen, das
niemand zu erlöschen vermag. Der Mensch ist an einer Stelle angelangt,
an der das Licht von allein unter dem Scheffel leuchtet. Er ist jetzt reif
genug, das Licht von vorne zu betrachten. Jedoch ist es umso gravierender
für diejenigen, welche die Augen nicht öffnen möchten. Die Zeit ist
gekommen, die Gegebenheiten umfassend und von oben zu untersuchen
und nicht mehr durch den kleinlichen Gesichtspunkt und die engen
Interessen einer Sekte und einer Klasse.

Diese Bemerkungen werden außerdem beweisen, dass, falls Sokrates und
Platon die christlichen Ideen vorausahnten, sich in ihren Gedanken die
wesentlichen Prinzipien des Spiritismus auch genauso befanden.

ÜBERBLICK ÜBER DIE LEHRE SOKRATES UND PLATONS

**I - Der Mensch ist *eine inkarnierte Seele*. Bevor sie inkarniert, existiert sie
verbunden mit einer ursprünglichen Musterform, nämlich mit der Idee
der Wahrheit, mit der des Guten und der Schönheit. Sie trennt sich von
dieser, inkarniert, *erinnert sich ihrer Vergangenheit* und quält sich mehr
oder weniger mit dem Wunsch, zu ihr zurückzukehren.**

Deutlicher kann man den Unterschied und die Unabhängigkeit zwischen
dem intelligenten und dem materiellen Prinzip nicht ausdrücken.[18]
Andererseits listet dieser Ausschnitt auf: die Lehre der Präexistenz[19] der
Seele; die unbestimmte Intuition, welche die Seele von einer von ihr
ersehnten anderen Welt bewahrt; die Lehre des Weiterlebens der Seele
nach dem Tode; ihr Übergang aus der geistigen Welt, um sich zu

---

[17] Heidentum (Paganismus) Die Menschen, die den Glauben an einen einzigen Gott (od.
Göttlichkeit) nicht besaßen; (Anmerkung des Herausgebers)

[18] Siehe „Das Buch der Medien", Erstes Buch, Kap. IV; (Anmerkung des Herausgebers)

[19] Hierzu bedeutet im spiritistischen Sinne unsere „Existenz" jede „Inkarnation" des Geistes in
der Materie. Des Weiteren ist die „Präexistenz" unsere letzte Inkarnation und das Leben besteht
aus mehreren (Re-)Inkarnationen, aus einem ewigen Seelenleben;
(Anmerkung des Herausgebers)

inkarnieren und ihre Rückkehr in dieselbe Welt nach dem Tode. Hier ist schließlich der Ursprung der Lehre der gefallenen Engel zu finden. [20]

II - Die Seele kann sich verirren und betrübt sein, wenn sie sich des Körpers bedient, um manche Sachen zu betrachten. Sie kommt in Schwindel, als ob sie berauscht wäre, weil sie sich an Sachen bindet, die von Natur aus veränderlich sind. Wenn sie andernfalls ihr Wesen selbst betrachtet, richtet sie sich auf das, was rein, ewig und unsterblich ist. Da sie diese Natur besitzt, bleibt sie an diesen Zustand gebunden, solange sie es kann. Ihre Irrläufe finden dann ein Ende, denn sie steht in Verbindung mit dem Unveränderlichen. Diesen Zustand der Seele nennt man dann den Zustand der *Weisheit*.

Der Mensch täuscht sich dann selbst, wenn er die Sachen voreilig von der materiellen Sicht aus betrachtet. Man muss sie von oben betrachten, d. h. aus dem spirituellen Gesichtspunkt, um sie genau zu durchschauen. Derjenige, der die wahre Weisheit besitzt, muss Körper von Seele trennen, um mit den Geistigen Augen sehen zu können. Das lehrt auch der Spiritismus. (siehe Kap. II, Abs. 5, Der Gesichtspunkt, S. 58)

III - Solange wir unseren Körper haben und die Seele in diese Verderbnis eingetaucht ist, werden wir nie das Objekt unserer Wünsche besitzen, nämlich die Wahrheit. In der Tat erweckt der Körper Tausende Hindernisse in uns bedingt durch die Sorgen, die wir haben. Außerdem weckt er in uns das Verlangen, die Begierde, die Ängste, Tausende Hirngespinste und Banalitäten. Es ist uns unmöglich, mit ihm weise zu sein. Wenn es aber nicht möglich ist, etwas mit Reinheit zu erfahren, solange die Seele mit dem Körper verbunden ist, haben wir zwei Möglichkeiten: Entweder werden wir die Wahrheit nie kennen lernen oder sie nach dem Tode begreifen. Wenn wir vom Irrsinn des Körpers befreit werden, dann werden wir, wie es zu erwarten ist, mit gleichfalls freien Menschen reden und von uns aus selbst das Wesen der Sachen erkennen. Das ist der Grund, warum die wahren Philosophen sich im

---

[20] Der Ursprung dieser Lehre geht auf den Glauben zurück, dass wir immer wieder Fehltritte machen d. h. öfters bei der Anwendung unseres freien Willens fallen, obwohl wir die Reinheit Gottes in uns besitzen. Sie wurde jedoch mystifiziert (der Gefallene Engel) und geändert, besonders im Mittelalter; (Anmerkung des Herausgebers)

Tode üben und der Tod ihnen keinesfalls schrecklich erscheint. (siehe „Der Himmel und die Hölle", 1. Teil, Kap. II und 2. Teil, Kap. I)[21]

Hier wird das Prinzip der Fähigkeiten der Seele gezeigt, die durch die körperlichen Organe vernebelt sind und die sich nach dem Tode entfalten und das Prinzip der Befreiung der schon geläuterten Seele. Dasselbe gilt nicht für die unreinen Seelen.

IV - Die unreine Seele, in diesem Zustand, ist betrübt und wird nochmals auf die sichtbare Welt herangezogen, aus Furcht vor dem Unsichtbaren und Unstofflichen. Sie irrt herum, so sagt man, um die Denkmäler und Gräber, an denen schon fürchterliche Gespenster gesehen wurden. Sie sehen so aus, wie die Bilder der Seelen sein sollen, die der Körper verlassen haben, ohne vollkommen rein zu sein. Sie bewahren noch irgendetwas der materiellen Form, was es möglich macht, dass die menschlichen Augen sie bemerken können. Diese sind nicht die Seelen der guten, sondern der leidenden Menschen, die gezwungen sind, in diesen Gegenden zu wandeln, wo sie mit sich die Strafe des ersten Lebens mitschleppen und wo sie weit wandeln, bis die innewohnende Begierde der von ihnen angenommenen materiellen Prägung, sie zu einem neuen Körper zurückführt.
Dann werden sie ohne Zweifel zu denselben Gewohnheiten zurückkehren, die während ihres ersten Lebens das Objekt ihres Verlangens waren.

Nicht nur das Prinzip der Reinkarnation[22] wird hier deutlich dargestellt, sondern auch der Zustand der von der Materie beeinflussten Seele, wie der Spiritismus bei der Evokation[23] der Geistwesen erläutert. In dem vorherigen Abschnitt wird ferner die Reinkarnation in einen materiellen Körper als eine Folge der Unvollkommenheit der Seele betrachtet, während die geläuterten Seelen davon befreit sind. Der Spiritismus sagt nichts anderes aus. Er fügt noch etwas hinzu: Ein Geistwesen, das in der Erraticität[24] gute Vorsätze und Erkenntnisse erworben hat, bringt, wenn es inkarniert, weniger Fehler, mehr Tugenden und intuitive Ideen als er in

---

[21] „Der Himmel und die Hölle", Allan Kardec; (Anmerkung des Herausgebers)
[22] Wiedergeburt der Seele; (Anmerkung des Übersetzers)
[23] Hervorrufen, kirchlich: Invokation; (Anmerkung des Übersetzers)
[24] Geistige Wanderung, - siehe Kap. III, Abs. 2, S. 63; (Anmerkung des Übersetzers)

seiner vergangenen Existenz besaß mit. Somit verzeichnet jede Existenz eine intellektuelle und moralische Entwicklung für ihn. (siehe „Der Himmel und die Hölle", 2. Teil, Beispiele)

V - Nach unserem Tod wird der Genius (griech. *daïmon* = Dämon), der uns während unseres Lebens beisteht, uns zu einem Platz führen, an dem alle diejenigen versammelt sind, die zu Hades[25] gebracht werden, um ins Gericht zu gehen. Nachdem die Seele die notwendige Zeit im Hades verbracht hat, wird sie in dieses Leben mehrmals und für lange Perioden zurückgebracht.

Das ist die Lehre der Schutzgeister oder der Schutzengel und auch der aufeinander folgenden Reinkarnationen, nach kürzerer oder längerer Zeit in der Geistigen Welt.

VI - Die Dämonen bewohnen den Raum, der sich zwischen dem Himmel und der Erde befindet. Sie bilden die Kette, die das Ganze verbindet. Die Gottheit tritt niemals direkt mit den Menschen in Verbindung, sondern es sind die Dämonen, denen die Götter sich mitteilen, sei es in wachem oder in schlafendem Zustand.

Aus dem Wort „*daïmon*" entstand das Wort „Dämon". Es hatte im Altertum nicht dieselbe Bedeutung wie heute. Es bedeutete nicht ausschließlich „böse Geistwesen", sondern alle Geister im Allgemeinen. Unter ihnen erhoben sich die erhabenen Geister, „*die Götter*", die sich von den weniger Erhabenen unterschieden. Das sind die eigentlichen Dämonen, die direkt mit den Menschen kommunizierten. Der Spiritismus lehrt ebenfalls: Die Geistwesen bewohnen das All; Gott teilt sich den Menschen nur durch die Vermittlung der reinen Geister mit, die uns Seinen Willen überbringen; und schließlich, dass die Geistwesen sich mit denen während dem wachenden und dem schlafenden Zustand, kundgeben. Ersetzt man das Wort „*Dämon*" durch das Wort „*Geister*", haben wir folglich die Spiritistische Lehre, tauscht man es durch das Wort „*Engel*", dann haben wir die christliche Lehre.

---

[25] (gr.) Das Reich der Toten, die Unterwelt; (Anmerkung des Übersetzers)

VII - Die ständige Sorge des Philosophen (wie Sokrates und Platon sie verstanden) war die große Sorge um die Seele und dies auch weniger in Bezug auf dieses Leben, das nur einen kürzen Augenblick dauert, wenn man die Ewigkeit vor Augen hat. Wenn die Seele unsterblich ist, wäre es nicht weiser, mit dem Blick gerichtet auf die Ewigkeit als auf dieses Leben zu leben?

Das Christentum und der Spiritismus lehren denselben Inhalt.

VIII - Wenn die Seele unstofflich ist, muss sie nach diesem Leben zu einer gleichfalls unsichtbaren und unstofflichen Welt gelangen, in derselben Weise wie der Körper in die Materie zurückkehrt, wenn er verdirbt. Es ist von Wichtigkeit, die reine und wahre unstoffliche Seele, die sich, ähnlich wie das Göttliche, von Erkenntnissen und Gedanken nährt, von der mehr oder weniger von stofflichen Unreinheiten befleckten Seele, zu unterscheiden. Diese Unreinheiten verhindern, dass sie sich bis zu dem Göttlichen erhebt. Sie zwingen die Seelen an die Orte ihrer irdischen Wohnung zurück.

Sokrates und Platon erkannten vollkommen die unterschiedlichen Unstofflichkeitsgrade der Seele. Sie betonen die unterschiedlichen Zustände, die für die Seele einen *höheren oder niederen Reinheitsgrad* darstellen. Die intuitiven Aussagen der beiden Philosophen werden vom Spiritismus mit zahlreichen Beispielen, die vor unsere Augen gestellt werden, belegt. (siehe „Der Himmel und die Hölle", 2. Teil)

IX - Wenn der Tod die Auflösung des Menschen wäre, würden die Boshaften mit dem Sterben viel gewinnen, denn sie würden von dem Körper, von der Seele und von allen Lastern gleichzeitig befreit sein. Nur wer die Seele nicht mit fremden Verzierungen ausschmückt, sondern mit denen, die ihr eigen sind, nur dieser, kann in Ruhe auf die Stunde seiner Reise in die andere Welt warten.

Mit anderen Worten bedeutet das, der Materialismus mit seiner Behauptung des Nichts nach dem Tode verkündet die Aufhebung aller vorherigen moralischen Verantwortung. Daraus ergibt sich ein Anreiz zum schlechten Handeln, denn der Unsittlichkeit wird mit der Lehre des „Nichts" Vorschub geleistet. Nur der Mensch, der sich von seinen Fehlern befreit hat und an Tugenden reich geworden ist, nur der kann in Frieden auf das Erwachen im anderen Leben warten. Der Spiritismus zeigt durch die Beispiele, die er uns täglich vor Augen hält, wie beschwerlich für den böswilligen Menschen der Durchgang von einem Leben in das andere und der Eintritt in das zukünftige Leben ist. (siehe „Der Himmel und die Hölle", 2. Teil, Kap. I)

X - Der Körper behält ganz deutlich die Zeichen der erfahrenen Pflege oder die Zeichen der erlittenen Unfälle. Dasselbe geschieht auch mit der Seele. Wenn sie den Körper verlässt, bewahrt sie offenkundig die Spuren ihres Charakters, ihre Zuneigung und die Zeichen all ihrer Taten. Das größte Unglück also, das dem Menschen widerfahren kann, ist, mit der Seele voll beladen mit verbrecherischen Taten in die Geistige Welt hinüberzugehen. Du siehst Calicles, dass weder du, noch Polux, noch Gorgias beweisen könnten, dass wir ein anderes, nützlicheres Leben führen könnten, wenn wir auf der anderen Seite sind. Von so vielen Meinungen ist die Einzige, die unerschütterlich bleibt, die, *dass es besser ist, eine Ungerechtigkeit zu erleiden, als diese selbst zu tun.* Vor allem müssen wir uns darum kümmern, nicht als ein guter Mensch zu erscheinen, sondern wirklich einer zu sein. (Dialog im Gefängnis zwischen Sokrates und seinen Jüngern)

Hier finden wir eine andere wichtige Aussage, die heute durch die Erfahrung bewiesen ist. Nämlich, dass die unvollkommene Seele die Ideen, die Neigungen, den Charakter und die Leidenschaften beibehält, die sie auf der Erde hatte. Können wir unter dem Aspekt, *dass es besser sei, eine Ungerechtigkeit zu erleiden als diese selbst zu tun*, diese Maxime nicht als vollkommen christlich bezeichnen? Denselben Gedanken drückte Jesus mit dem Satz aus: „Wenn dich jemand auf deine rechte Backe schlägt, dem biete die andere auch dar." (siehe Kap. XII, Abs. 7 und 8, S. 186)

XI - Von zwei Aussagen eine: Entweder ist der Tod die absolute Zerstörung oder der Übergang der Seele in einen anderen Ort. Wenn alles erlöschen wäre, würde der Tod eine dieser seltsamen Nächte sein, die wir ohne Traum und ohne irgendwelches Bewusstsein unserer selbst erleben. Aber wenn der Tod nur ein Wohnungswechsel ist, d. h. der Übergang in einen anderen Ort, an dem die Toten sich versammeln, was für ein Glück wäre es, denjenigen dort zu begegnen, die wir früher kannten! Meine größte Freude wäre, die Bewohner dieses Wohnungsortes aus nächster Nähe zu untersuchen. Ich würde versuchen, auch dort wie hier, diejenigen zu unterscheiden, die weise sind von denjenigen, die angeben, weise zu sein und es nicht sind. Aber es ist an der Zeit, dass wir uns trennen, ich um zu sterben und ihr um zu leben. (Sokrates zu seinen Richtern)

Nach Sokrates Auffassung werden sich die Menschen, die auf der Erde gelebt haben, nach dem Tod wieder treffen und sich wieder erkennen. Der Spiritismus zeigt uns auch, dass die gegenseitigen früheren Beziehungen zwischen ihnen in der Weise weiter bestehen, dass der Tod weder eine Unterbrechung noch das Aufhören des Lebens ist, sondern eine Verwandlung ist, ohne Unterbrechung.

Angenommen Sokrates und Platon hätten die Lehre gekannt, die Christus fünf Jahrhunderte später verkündet hat und welche die Geistwesen gegenwärtig verkünden, sie hätten auch nichts anderes gesagt. Es gibt hier nichts Außergewöhnliches, wenn man in Betracht zieht, dass die großen Wahrheiten ewig sind und dass die entwickelten Geistwesen sie schon gekannt haben, bevor sie auf die Erde kamen und diese Wahrheiten mitbrachten. Und dass Sokrates, Platon und weitere große Philosophen ihrer Zeit, wohl später unter diejenigen eingereiht werden konnten, die Christus in seiner göttlichen Mission unterstützten. Sie wurden deswegen auserwählt, weil sie mehr als die anderen das Verständnis seiner erhabenen Lehre besaßen. Sie befinden sich schließlich heute unter den beauftragten Geistwesen, welche die Menschen dieselben Wahrheiten weiterhin lehren.

XII - Nie darf man Ungerechtigkeit mit Ungerechtigkeit beantworten, noch jemandem Schlechtes antun, gleich bedeutend welcher Schaden uns angetan wurde. Wenige Menschen werden allerdings diese Prinzipien annehmen und andere, die sich in Bezug auf diese Punkte nicht einigen, werden sich ohne Zweifel gegenseitig verachten.

Ist es hier nicht das Prinzip der Nächstenliebe, das besagt, die Bösartigkeit nicht mit Bösartigkeit zu vergelten und den Feinden zu verzeihen?

XIII - Man erkennt den Baum an den Früchten. Jede Tat soll nach ihrer Wirkung beurteilt werden: Man beurteilt sie als schädliche, wenn aus ihr Unheil entsteht und als gut, wenn aus ihr Gutes entsteht.

Diese Maxime: „Man erkennt den Baum an seinen Früchten." wird mehrmals wörtlich in den biblischen Evangelien wiederholt.

XIV - Der Wohlstand ist eine große Gefahr. Jeder Mensch, der den Reichtum liebt, liebt weder sich selbst noch wer um ihm ist. Er liebt aber etwas, das ihm noch fremder ist als das, was ihm gehört. (siehe Kap. XVI)

XV - Die schönsten Gebete und die größten Opfer gefallen weniger Gott als eine tugendhafte Seele, die sich bemüht, der Göttlichkeit ähnlich zu sein. Es wäre eine schwer wiegende Sache, wenn die „Götter" unseren Opfergaben mehr Achtung schenkten als unserer Seele. Wenn das so wäre, könnten die Schuldigen erreichen, dass die Götter ihnen gnädig sind. So ist es aber nicht. Die wahrhaftig Gerechten und Anständigen sind nur diejenigen, die durch ihre Worte und ihre Taten ihre Pflichten gegenüber der Gottheit und den Menschen erfüllen. (siehe Kap. X, Gottes angenehmste Opfer, S. 158)

XVI - Den lasterhaften Menschen nenne ich diesen gewöhnlichen Liebhaber, der den Körper mehr als die Seele liebt. Die Liebe ist überall in der Natur vorhanden, die uns zu der Ausübung unserer Intelligenz einlädt. Wir finden sie sogar in der Bewegung der Gestirne. Die Liebe schmückt die Natur mit reichen Teppichen. Sie verschönert sich und zieht dort ein, wo sie Blumen und Düfte findet. Es ist die Liebe, die dem Menschen den Frieden, dem Meer die Ruhe, dem Wind die Stille und den Schmerzen den Schlaf gibt.

Die Liebe, welche die Menschen durch eine brüderliche Bindung vereint, ist eine Folge dieser Theorie von Platon über die universelle Liebe als Naturgesetz. Sokrates sagte, dass „die Liebe weder eine Gottheit, noch ein Sterblicher, aber ein großer Dämon ist", d. h. ein großer Geist, der die universelle Liebe regiert. Diese Aussage wurde ihm als Verbrechen zur Last gelegt.

XVII - Die Tugend kann man keinen lehren. Jemand, der sie besitzt, erlangt diese durch eine Gabe Gottes.

Hier wird etwas die christliche Lehre bezüglich der Gnade wiedergegeben. Wenn die Tugend nun aber eine Gabe Gottes ist, ist sie eine Gefälligkeit, und so würde man fragen, warum sie nicht an alle Menschen verliehen wird. Andererseits, wenn die Tugend eine Gabe ist, ist sie auch ohne Verdienst für denjenigen, der sie besitzt. In der Lehre des Spiritismus wird das deutlicher. Er erleuchtet, dass derjenige, der die Tugend besitzt, diese durch eigene Bemühungen in aufeinander folgenden Existenzen gewonnen hat. Er befreite sich somit allmählich von seinen Unvollkommenheiten. Die Gnade ist die Kraft, die Gott den Menschen guten Willens gewährt, damit sie die Schlechtigkeiten ablegen und das Gute ausüben.

XVIII - Es ist eine natürliche Einstellung in uns allen, weniger unsere Fehler zu sehen als die des anderen.

Dazu die Aussage des Evangeliums: „Was siehst du aber den Splitter in deines Bruders Auge und nimmst nicht wahr den Balken in deinem Auge?" (siehe Kap. X, Der Splitter und der Balken im Auge, S. 159)

XIX - Die Ärzte scheitern an der Behandlung von vielen Krankheiten durch die ausschließliche Behandlung des Körpers, ohne die Seele mit einzubeziehen. Wenn also das Ganze sich nicht wohl fühlt, ist es unmöglich, dass es einem Teil gut geht.
Der Spiritismus liefert uns den Schlüssel der vorhandenen Verbindungen zwischen Geist und Körper und beweist, dass das eine auf das andere unablässig reagiert. Er zeigt also einen neuen Weg für die Wissenschaft. Indem der Spiritismus ihr die wahre Ursache von gewissen Krankheiten zeigt, gibt er ihr die Mittel, sie zu bekämpfen. Wenn die Wissenschaft sich von der Wechselwirkung des spirituellen Elementes bewusst wäre, würde sie weniger Misserfolge haben.

XX - Von Kindheit an, tun alle Menschen mehr Übel als Gutes.

Dieser Satz von Sokrates greift die schwer wiegende Frage der Vorherrschaft des Übelwollens auf der Erde auf. Sie wäre eine unlösbare Frage ohne die Kenntnisse der Pluralität der Welten und der Bestimmung der Erde, auf der nur ein geringer Anteil der Menschheit lebt. Allein in der Spiritistischen Lehre findet man die Lösung für diese Frage. [26]

XXI - Weise bist du, wenn du nicht denkst, du weißt, was du nicht weißt.

Diese Aussage bezieht sich auf diejenigen, die das verurteilen, was sie nicht kennen, nicht ein Mal die ersten Prämissen davon. Platon ergänzte diese Gedanken von Sokrates und sagte: „Als erstes versuchen wir möglichst in den Worten ehrlich zu bleiben. Wenn uns dies nicht gelingt, *machen wir uns darum keine Sorgen* und suchen nur die Wahrheit. Sorgen wir uns darum, zur Erkenntnis zu gelangen, aber nicht darum, *uns zu beleidigen.*" So sollen die Spiritisten handeln, in Bezug auf ihre mit guten oder schlechten Absichten behafteten Gegner. Falls Platon heute leben würde und die Sachen so finden würde, wie damals zu seiner Zeit, könnte er dieselbe Sprache benutzen. Auch Sokrates würde Menschen finden, die seinen Glauben an die Geister verspotten und ihn für wahnsinnig erklären würden, sowie es auch bei seinem Jünger Platon geschah.

Da Sokrates diese Prinzipien verkündigte, wurde er lächerlich gemacht, dann für ungläubig erklärt und schließlich verurteilt, den Schierlingsbecher zu trinken. [27] So geschieht es mit den neuen großen Wahrheiten. Denn sie lassen sich nicht ohne Kampf und ohne Martyrium durchsetzen, da sie gegen sich die Interessen und die Vorurteile, die von ihnen verletzt werden, erwecken.

---

[26] Siehe in den folgenden Kapiteln II, III, und V;

[27] 399 v. Chr. aufgrund angeblicher Gotteslästerung (Einführung neuer Götter) und Verführung der Jugend. Siehe Platons „Apologie"; (Anmerkung des Herausgebers)

Das Evangelium
im Lichte des Spiritismus

KAPITEL I -
ICH BIN NICHT GEKOMMEN, UM DAS GESETZ AUFZULÖSEN

Die drei Offenbarungen: Moses, Christus, der Spiritismus - Bündnis
zwischen Wissenschaft und Religion
Unterweisungen der Geistigen Welt: Das neue Zeitalter

1. Ihr sollt nicht meinen, daß ich gekommen bin, das Gesetz oder die
Propheten aufzulösen; ich bin nicht gekommen aufzulösen, sondern zu
erfüllen. Denn wahrlich, ich sage euch: Bis Himmel und Erde vergehen, wird
nicht vergehen der kleinste Buchstabe noch ein Tüpfelchen vom Gesetz, bis
es alles geschieht. (Matthäus V, 17 - 18)[28]

DIE DREI OFFENBARUNGEN -
MOSES

2. Es gibt zwei verschiedene Teile in dem mosaischen Gesetz: Das Gesetz
Gottes, auf dem Berg Sinai verkündet und das bürgerliche Gesetz oder
Disziplinargesetz, von Moses selbst festgelegt. Das eine ist unveränderlich;
das andere, an die Gebräuche und den Charakter des Volkes angepasst
und es ändert sich mit der Zeit.

Das Gesetz Gottes ist in den zehn folgenden Geboten formuliert:[29]
    I. Ich bin dein G'tt,
        der ich dich führte aus dem Land Ägypten, aus dem Haus der
        Dienstbarkeit;

---

[28] Die Bibeltexte wurden original aus der deutschen Übersetzung Martin Luthers (vom 1964,
Württembergische Bibelanstalt Stuttgart) entnommen; (Anmerkung des Herausgebers)
[29] An dieser Stelle wurde anstatt der Übersetzung von Martin Luther, die Version von Buber, M.
und Rosenzweig, F. (Deutsche Bibelanstalt, 2002) verwendet. Auch hier (Shmoth/Exodus 20)
wurde historisch in manchen Stellen das Disziplinargesetz eingebunden.
(Anmerkung des Herausgebers)

II. Nicht sei dir andere G'ttheit mir ins Angesicht.

Nicht mache dir Schnitzgebild, - und alle Gestalt, die im Himmel
oben, die auf Erden unten, die im Wasser unter der Erde ist, neige
dich ihnen nicht, diene ihnen nicht, denn ich dein G'tt bin ein
eifernder G'ttherr, zuordnend Fehl von Vätern ihnen an Söhnen,
am dritten und vierten Glied, denen die mich hassen, aber Huld
tuend ins tausendste
denen die mich lieben, denen, die meine Gebote wahren;

III. Trage nicht SEINEN deines G'ttes Namen auf das Wahnhafte,
denn nicht straffrei läßt ER ihn, der seinen Namen auf das
Wahnhafte trägt;

IV. Gedenke des Tags der Feier, ihn zu heiligen.
Ein Tagsechst diene und mache all deine Arbeit, aber der siebente
Tag
ist Feier IHM, deinem G'tt:
nicht mache allerart Arbeit, du, dein Sohn, deine Tochter, dein
Dienstknecht, deine Magd, dein Tier, und dein Gastsasse in deinen
Toren.
Denn ein Tagsechst machte ER den Himmel und die Erde, das
Meer und alles, was in ihnen ist, am siebenten Tag aber ruhte er,
darum segnete er den Tag der Feier, er hat ihn geheiligt;

V. Ehre deinen Vater und deine Mutter, damit sie längern deine Tage
auf dem Ackerboden, den ER dein G'tt dir gibt;

VI. Morde nicht;

VII. Buhle nicht;

VIII. Stiehl nicht;

IX. Aussage nicht gegen deinen Genossen als Lügenzeugen;

X. Begehre nicht das Haus deines Genossen,
begehre nicht das Weib deines Genossen,
seinen Knecht, seine Magd, seinen Ochsen, seinen Esel,
noch allirgend, was deines Genossen ist;

Dieses ist ein Gesetz, das zu allen Zeiten und für alle Länder gilt und hat deswegen göttlichen Charakter. Alle anderen Gesetze wurden von Moses festgelegt, er musste sich vor einem Volk durch Furcht behaupten. Denn es war von seiner Natur her, ungestüm und undiszipliniert. Und er musste bei dem gegen verwurzelte Unsitten und Vorurteile ankämpfen, die während der Sklaverei in Ägypten entstanden waren. Damit seine Gesetze Anerkennung fanden, musste er ihnen einen göttlichen Ursprung zuschreiben, wie es alle Gesetzgeber der primitiven Völker gemacht haben. Das Ansehen des Menschen sollte sich auf Gottesansehen stützen; allerdings konnte der Gedanke an einen schrecklichen Gott nur unwissende Menschen beeindrucken, weil bei ihnen das moralische Verständnis und das Gefühl für eine vorzügliche Gerechtigkeit noch wenig ausgeprägt waren. Wer zu seinen Geboten noch hinzugefügt hat, dass man nicht tötet und seinem Nächsten keinen Schaden anrichtet, konnte sich natürlich nicht widersprechen, indem er aus der Vernichtung eine Pflicht machte. Die mosaischen Gesetze hatten nun im eigentlichen Sinne einen größtenteils vergänglichen Charakter.

DIE DREI OFFENBARUNGEN - CHRISTUS

3. Jesus ist nicht gekommen um das Gesetz, nämlich das Gesetz Gottes, aufzulösen. Er ist gekommen, um es zu erfüllen, d. h. um es zu entfalten, ihm den wahren Sinn zu geben und es an den Entwicklungsgrad der Menschheit anzupassen. Deswegen befindet sich in diesem Gesetz das Prinzip der Pflichten gegenüber Gott und dem Nächsten, welche die Basis seiner Lehre sind. Dagegen veränderte er das mosaische Gesetz gründlich, sowohl im Inhalt als auch in der Form. Indem er ständig gegen den Missbrauch der äußerlichen Bräuche und gegen die falschen Auslegungen kämpfte, konnte er sie nicht einer noch radikaleren Reform unterziehen, als sie auf diese Worte zu beschränken: „Du sollst den Herrn, deinen Gott, lieben von ganzem Herzen, von ganzer Seele und von ganzem Gemüt (...) Du sollst deinen Nächsten lieben wie dich selbst." und er fügte hinzu: „*In diesen beiden Geboten hängt das ganze Gesetz und die Propheten.*"[30].

---

[30] Matthäus XXII, 34 - 40; (Anmerkung des Herausgebers)

Mit den Worten dass „Bis Himmel und Erde vergehen, wird nicht vergehen der kleinste Buchstabe noch ein Tüpfelchen vom Gesetz, bis es alles geschieht." wollte Jesus sagen, dass es notwendig ist, das Gesetz Gottes vollständig zur Erfüllung zu bringen. Es bedeutet, dass auf der ganzen Erde praktiziert werden sollte, in seiner ganzen Reinheit, mit allen seinen Erweiterungen und Folgen. In der Tat, wozu hätte die Verkündung dieses Gesetzes gedient, wenn es ein Privileg für einige Menschen oder gar für ein einziges Volk bleiben sollte? Da alle Menschen Kinder Gottes sind, bekommen sie alle, ohne Unterschied, die gleiche Fürsorge.

4. Aber die Rolle Jesu war nicht die eines einfachen moralistischen Gesetzgebers, dessen Worte die ausschließliche Autorität besaßen. Es obliege ihm, die Prophezeiungen, die sein Kommen verkündigt haben, in Erfüllung zu bringen; seine Bedeutung beruhte auf der außergewöhnlichen Natur seines Geistes und auf seiner göttlichen Sendung. Er war gekommen, die Menschen zu lehren, dass das wahre Leben nicht auf der Erde ist, sondern im Himmelreich. Er ist gekommen, ihnen den Weg der dorthin führt zu zeigen, und ihnen die Mittel, sich mit Gott zu versöhnen zu geben und das im Verlauf der kommenden Sachen zu ahnen, die zur Erfüllung des menschlichen Schicksals benötigt werden. Indessen sagte er nicht alles und in vielen Punkten beschränkte er sich darauf, die Keime der Wahrheiten auszusäen, die noch nicht verstanden werden konnten, wie er selbst bestätigte. Er sprach über alles, aber in einer mehr oder weniger klaren Form. Um den verborgenen Sinn von einigen seiner Worte zu verstehen, wäre es notwendig, dass neues Denken und neue Kenntnisse ihnen den unerlässlichen Schlüssel geben. Es waren gewisse Ideen, die nicht aufkommen sollten, solange der menschliche Geist einen bestimmten Entwicklungsgrad nicht erreicht hat. Die Wissenschaft sollte stark zu dem Aufkommen und der Entwicklung solcher Ideen beitragen. Man sollte nun der Wissenschaft die Zeit zum Fortschreiten geben.

DIE DREI OFFENBARUNGEN -

DER SPIRITISMUS

5. Der Spiritismus ist die neue Wissenschaft, die der Menschheit anhand unwiderlegbarer Beweise die Existenz und die Natur der Geistigen Welt und ihre Verbindungen mit der materiellen Welt offenbart. Er zeigt uns diese Welt nicht mehr als eine übernatürliche Gegebenheit, sondern im Gegenteil, als eine lebendige, unablässige und aktive Kraft der Natur, als Quelle von unermesslichen Phänomenen, die bis heute unverständlich und deswegen in den Bereich des Fantastischen und der Wunder verbannt werden. Und obwohl Christus bei vielen Gelegenheiten auf diese Verbindungen hingewiesen hat, ist vieles von dem, was er gesprochen hat, unverständlich geblieben oder falsch interpretiert worden. Der Spiritismus ist hierfür der Schlüssel, mit dessen Hilfe alles einfach erklärbar wird.

6. Das Gesetz des Alten Testamentes ist in Moses personifiziert und das Gesetz des Neuen Testamentes in Christus. Der Spiritismus ist die Dritte Offenbarung vom Gesetz Gottes, aber er ist in keinem Individuum personifiziert, weil der Spiritismus das Ergebnis einer Lehre ist, die nicht von einem Menschen, sondern von den Geistern gegeben wurde, welche die Stimmen des Himmels sind, die überall auf der ganzen Erde sind und mit Hilfe einer Reihe von unzähligen Vermittlern sich kundgeben. Er ist auf eine gewisse Weise ein kollektives Wesen, gebildet durch die Gesamtheit der Wesen der Geistigen Welt. Und jeder Einzelne von ihnen bringt der Menschheit das Geschenk seines Lichtes, um sie mit dieser Welt und dem Schicksal, das sie dort erwartet, vertraut zu machen.

7. Wie Christus sagte: „Ich bin nicht gekommen, um das Gesetz aufzulösen, sondern es zu erfüllen." sagt auch der Spiritismus: „Ich komme nicht, um das christliche Gesetz aufzulösen, sondern es zur Erfüllung zu bringen." Er lehrt nichts entgegen der Lehre Christi, aber entfaltet, ergänzt und erklärt mit klaren Worten, für alle Menschen verständlich, was damals in allegorischer Form gesagt worden war. Der Spiritismus kommt in der vorausgesagten Zeit, um zu erfüllen, was Christus ankündigte und um die Erfüllung der zukünftigen Sachen vorzubereiten. Der Spiritismus ist also ein Werk Christi, von ihm geleitet,

wie gleichfalls von ihm verkündet, die Erneuerung, die sich ereignet und das Reich Gottes auf Erden vorbereitet.

Bündnis zwischen Wissenschaft und Religion

8. Die Wissenschaft und die Religion sind die zwei Hebel der menschlichen Intelligenz. Die eine macht die Gesetze der materiellen Welt bekannt und die andere die Gesetze der moralischen Welt. *Weder die eine noch die andere kann sich jedoch widersprechen, denn sie haben den gleichen Ursprung, der Gott ist.* Wenn eine die Verneinung der anderen wäre, wäre zwangsläufig die eine falsch und die andere richtig, denn Gott kann nicht Sein eigenes Werk zerstören wollen.

Die Unvereinbarkeit, die man zwischen diesen beiden Weltanschauungen zu sehen glaubt, kommt von einer falschen Beobachtung und von einem Übermaß an Exklusivismus her, sowohl von der einen als auch von der anderen Seite. Aus diesem Konflikt sind Ungläubigkeit und Intoleranz entstanden.

Die Wissenschaft und die Religion konnten sich bis heute nicht verstehen, weil sie die Gegebenheiten von ihrem ausschließlichen Standpunkt beobachten und sich gegenseitig zurückweisen. Es fehlt etwas, um die Lücke, die sie voneinander trennt, auszufüllen, ein Bindeglied, das sie einander näher bringt. Dieses Bindeglied ist die Kenntnis der Gesetze, welche die Geistige Welt und ihre Verbindungen mit der materiellen Welt bestimmen. Gesetze, die so unveränderlich sind wie die Gesetze, welche die Bewegung der Gestirne und das Dasein der Wesen lenken. Die Verbindungen, einmal durch Erfahrung festgestellt, bringen ein neues Licht: Der Glaube wendet sich an die Vernunft, die nichts Unlogisches in dem Glauben gefunden hat; und der Materialismus ist besiegt. Hier, wie bei allen Angelegenheiten, gibt es aber Menschen, die zurückbleiben, bis sie von der allgemeinen Bewegung mitgenommen werden, die sie überrumpeln würde, falls sie ihr Widerstand leisten, anstatt sich ihr anzuschließen. Es ist eine moralische Umwälzung, die in diesem Moment stattfindet und das Geistige bearbeitet; nachdem sie achtzehn Jahrhunderte ausgearbeitet wurde, nähert sie sich ihrer vollkommenen Erfüllung und wird ein neues Zeitalter für die Menschheit einleiten. Die Folgen dieser Umwälzung sind leicht vorauszusehen: Sie wird unvermeidliche Veränderungen der gesellschaftlichen Verhältnisse hervorbringen, gegen die niemand die Kraft haben wird, sich zu widersetzen. Denn sie gehen aus den Plänen Gottes und aus dem Gesetz des Fortschrittes, das ein Gesetz Gottes ist, hervor.

Die Zeit ist gekommen, in der die Christuslehren ihre Ergänzung bekommen sollen, um den Schleier anzuheben, der absichtlich über einige Teile dieser Lehren geworfen wurde. Jene Zeit, in der die Wissenschaft, indem sie aufhört ausschließlich materialistisch zu sein, von der geistigen Wesenheit Kenntnis nehmen muss und in der die Religion aufhören muss, das organische und unveränderliche Gesetz der Materie zu ignorieren. Diese beiden Kräfte werden sich gegenseitig helfen, indem sie sich unterstützen und ineinander gehen. Und die Religion, nicht mehr von der Wissenschaft verleugnet, wird eine unerschütterliche Kraft bekommen, weil sie in Übereinstimmung mit der Vernunft sein wird und man wird sie nicht mehr der unwiderruflichen Logik der Tatsachen aussetzen können.

UNTERWEISUNGEN DER GEISTIGEN WELT
Das neue Zeitalter

9. Gott ist einzig und Moses ist der Geist, den Er gesandt hat, um sich durch seine Sendung bekannt zu machen, nicht nur bei den Hebräern, sondern auch bei den Heiden. Das hebräische Volk war das Instrument, von dem Gott Gebrauch gemacht hat, um sich zu offenbaren: durch Moses und durch die Propheten. Die Schicksalsschläge, durch die dieses Volk ging, waren dazu bestimmt, die allgemeine Aufmerksamkeit zu erwecken und den Schleier fallen zu lassen, der die Göttlichkeit vor den Menschen verborgen hat.

Die Zehn Gebote Gottes, durch Moses mitgeteilt, beinhalten den Keim der erweiterten christlichen Moral. Die Erklärungen in der Bibel grenzten ihre Bedeutung ein, weil sie, in ihrer ganzen Reinheit praktisch angewendet, nicht verstanden worden wären. Die Zehn Gebote Gottes sind trotzdem wie eine beleuchtete Giebelfront geblieben, mit der Bestimmung, den Weg zu beleuchten, den die Menschheit gehen sollte.

Die Moral, von Moses gelehrt, war dem Entwicklungsstand angepasst, auf dem die Völker sich befanden, Völker, für die diese Moral zur Erneuerung vorgesehen war. Diese Völker, halb wild - was die Vervollkommnung ihrer Seele anbelangte-, hätten deswegen nicht verstehen können, dass man Gott anders anbeten kann, als durch Brandopfer und auch nicht verstanden, dass man dem Feind verzeihen soll. Ihre Intelligenz, bemerkenswert hinsichtlich des Materiellen wie auch der Kunst und der Wissenschaft, war moralisch sehr unterentwickelt. Sie hätte sich unter der Führung einer gänzlich geistigen Religion nicht bekehren lassen. Für sie war eine halb materielle Darstellung notwendig, so wie die hebräische Religion sie ihnen angeboten hat. Das Brandopfer sprach ihre Sinne an, während der Gedanke von Gott ihren Geist ansprach.

Christus war der Wegbereiter der reinsten und erhabensten Lehre: der christlichen Moral des Evangeliums. Diese wird die Welt erneuern, die Menschen einander näher bringen und sie zu Brüdern machen. Ihr ist es gegeben, aus allen Herzen, die Mildtätigkeit und die Nächstenliebe hervorquellen zu lassen und unter allen Menschen ein allgemeines Zusammengehörigkeitsgefühl zu schaffen. Mit einem Wort, Christus bereitete den Weg für jene Moral, welche die Erde umwandeln und aus ihr eine Wohnung für erhabenere Geister als diejenigen, die sie heute bewohnen, machen wird. Es ist das Gesetz des Fortschrittes, dem die Natur unterworfen ist, das in Erfüllung geh. Der Spiritismus ist dabei der Hebel, dessen sich Gott bedient, um die Menschheit vorwärts zu bringen.

Die Zeit ist gekommen, in der die moralischen Gedanken sich entwickeln sollen, um die von Gott geplanten Fortschritte zu verwirklichen. Sie sollen dem gleichen Weg folgen, den die Gedanken der Freiheit gegangen sind, die ihre Vorläufer sind. Man soll aber nicht glauben, dass diese Entwicklung ohne Kämpfe verwirklicht wird. Nein, die moralischen Gedanken benötigen Erschütterungen und Auseinandersetzungen, um die Reife zu erreichen und um die Aufmerksamkeit der Masse auf sich zu ziehen. Ist das einmal erreicht, werden die Schönheit und die Heiligkeit der Moral die Geister rühren und sie werden sich für eine Wissenschaft interessieren, die ihnen den Schlüssel des zukünftigen Lebens gibt und ihnen die Türe der ewigen Seligkeit öffnet. Moses eröffnete den Weg; Jesus setzte das Werk fort; der Spiritismus wird es vollenden.
(Ein israelischer Geist, Mulhouse, 1861)

10. Eines Tages, in Seiner unerschöpflichen Liebe, erlaubte Gott den Menschen, zu sehen, wie die Wahrheit die Finsternis durchdringt. Dieser

Tag war die Ankunft des Christus. Nach dem lebendigen Licht kam die Finsternis zurück. Nach dem Wechselspiel zwischen Wahrheit und Finsternis verlor sich die Welt wieder. Und nun fangen die Geister an, ähnlich den Propheten des Alten Testamentes, zusprechen und euch zu ermahnen. Die Welt ist in ihrer Basis erschüttert; der Donner wird grollen. Seid stark!

Der Spiritismus ist vom göttlichen Ursprung, denn er stützt sich auf die Gesetze der Natur selbst. Und seid sicher, dass alles, was von göttlichem Ursprung ist, ein großes und nützliches Ziel hat. Eure Welt ging verloren. Die Wissenschaft hat sich auf Kosten einer moralischen Ordnung entwickelt. Aber, indem sie euch zu einem materiellen Wohlstand geführt hat, ist sie zu Gunsten der Geister der Finsternis zurückgetreten. Ihr Christen wisset, dass das Herz und die Liebe vereint mit der Wissenschaft voranschreiten sollen. Trotz des Blutes von so vielen Märtyrern ist nach achtzehn Jahrhunderten das Reich Christi noch nicht gekommen! Christen, kehret zurück zum Meister, der euch retten will! Für denjenigen, der glaubt und liebt, ist alles leicht. Die Liebe erfüllt ihn mit einer unaussprechlichen Freude.

Ja, meine Kinder, die Welt ist erschüttert. Die guten Geister sagen es euch immer wieder. Beugt euch vor dem Windstoß, Vorläufer des Sturmes, damit ihr nicht niedergerissen werdet; d. h. bereitet euch vor und ahmt nicht die törichten Jungfrauen nach, die unvorbereitet überrascht wurden, bei der Ankunft des Bräutigams.[31]

Die Umwälzung, die im Anzug ist, ist eher moralischer als materieller Art. Die großen Geister, die göttlichen Boten, atmen den Glauben aus, damit ihr alle, aufgeklärte und begeisterte Arbeiter, eure bescheidene Stimme zu Gehör bringt, weil ihr das Sandkorn seid. Ohne die Sandkörner würden jedoch die Berge nicht existieren. Nun, dass diese Worte: „Wir sind klein", keine Bedeutung mehr für euch haben sollen. Ein jeder hat seine Sendung; ein jeder hat seine Aufgabe. Baut nicht die Ameise das Gebäude ihrer Kolonie? Und errichten nicht die unmerklichen mikroskopischen Tiere Kontinente? Ein neuer Kreuzzug hat begonnen.[32]
Oh, ihr Apostel des universellen Friedens und nicht des Krieges, moderne

---

[31] Matthäus XXV, 1; (Anmerkung des Herausgebers)

[32] Der nachfolgende Satz macht deutlich, dass hier natürlich nicht eine Neuauflage der mittelalterlichen Kreuzzüge gemeint ist; (Anmerkung des Übersetzers)

Heilige, wie einst der Heilige Bernhard[33], schaut und schreitet nach vorne. Das Gesetz der Welten ist das Gesetz des Fortschrittes.
(Fénelon, Poitiers, 1861)

11. Der (auf der Erde genannte) Heilige Augustinus ist heute einer der größten Verkünder des Spiritismus. Er gibt sich fast überall kund. Die Begründung dafür finden wir im Leben dieses großen christlichen Philosophen. Er gehörte zu dieser festen Schar jener Kirchenväter, welchen die Christenheit ihre solidesten Grundlagen verdankt. Er wurde, wie viele andere, in das Heidentum, besser gesagt, in die tiefe Herzlosigkeit, durch die Verblendung der Wahrheit hineingerissen. Als er mitten in seinem größten Exzess war, spürte er in seiner Seele eine einzigartige Erschütterung, die ihn zu sich selbst rief und ihn zu verstehen veranlasste, dass das Glück woanders war und nicht bei den aufregenden und flüchtigen Vergnügungen. Als er, endlich, auf seinem Damaskusweg auch die heilige Stimme hörte, die ihm zurief: „Saul, Saul, was verfolgst du mich?"[34], dann sagte er: „Mein Gott, mein Gott! Verzeihe mir, ich glaube, ich bin Christ!" Und von nun an, ist er einer der stärksten Stützen des Evangeliums geworden. Man kann in dem bedeutenden Geständnis, das dieser hervorragende Geist hinterließ, die kennzeichnenden und gleichzeitig prophetischen Worte nachlesen, die er nach dem Tod der Heiligen Monika gesprochen hat: *„Ich bin überzeugt, dass meine Mutter zu mir kommen wird, um mich zu besuchen und um mir Rat zu geben, indem sie mir offenbart, was uns in dem zukünftigen Leben erwartet."[35]* Welche Lehre in diesen Worten und was für eine brillante Voraussage der zukünftigen Lehre! Und heute, da die Stunde für die Wahrheitsverkündung gekommen ist,[36] die er damals vorausgeahnt hat, ist er selbst ein eifriger Verkünder von ihr geworden. Und er ist sozusagen allgegenwärtig, um allen, die sich an ihn wenden, beizustehen.
(Erastus, ein Jünger des Hl. Paulus, Paris, 1863)

---

[33] Bernhard von Clairvoix, *1090 Dijon, +1153 in Clairvoix, 1128 Gründung des Templerorden, 1113 trat in das südlich von Dijon gelegene Zisterzienserkloster ein;
(Anmerkung des Herausgebers)

[34] Apostelgeschichte IX, 4; (Anmerkung des Herausgebers)

[35] Siehe sein bekanntestes Werk, die autobiographischen *Confessiones (Bekenntnisse)* 9.13.37 und 9.12.29-33; (Anmerkung des Herausgebers)

[36] Siehe vorherige Abschnitte 9-10; (Anmerkung des Herausgebers)

Bemerkung: Kommt der Hl. Augustinus nun, um zu vernichten, was er selbst errichtet hat? Ganz sicher nicht. Aber, wie viele andere, sieht er jetzt mit den Augen des Geistes, was er als Mensch nicht sah. Seine befreite Seele erblickt neue Helligkeit und versteht, was sie vorher nicht verstanden hat. Neue Gedanken offenbaren ihm den wahren Sinn von bestimmten Worten. Auf der Erde beurteilte er die Sachen je nach seinen erworbenen Kenntnissen. Seitdem ihm dennoch ein neues Licht leuchtete, konnte er die Gegebenheiten besser beurteilen. Und so änderte er seine Überzeugung von Inkuben und Sukkuben[37] und von der Anathema, die er der Theorie der Antipoden[38] entgegengebracht hatte.

Und nun, wo das Christentum ihm in seiner ganzen Reinheit erschien, konnte er über einige Punkte anders denken, als er als inkarniertes Wesen dachte, ohne aufzuhören, ein christlicher Apostel zu sein. Er kann, ohne seinen Glauben zu verleugnen, sich in einen Verkünder des Spiritismus verwandeln, weil er sieht, dass das, was er voraussagte, sich erfüllte. Indem er den Spiritismus heute verkündet, macht er nichts anderes als uns zu einer besseren und logischen Interpretation der Texte zu führen. Das Entsprechende tun auch andere Geister, die sich in ähnlicher Lage befinden.

---

[37] **Sukkubus**: im mittelalterlichen Dämonenglauben ein weiblicher Dämon, der mit schlafenden Männern verkehrte. Der **Inkubus** ist dazu der männliche Dämon, der aus Überlieferungen der Antike, sexuelle Wünsche auslebte; (Anmerkung des Übersetzers)
[38] Einnehmender entgegengesetzter Standpunkte; (Anmerkung des Übersetzers)

KAPITEL II -

MEIN REICH IST NICHT VON DIESER WELT

Das zukünftige Leben - Das Königreich Jesu - Der Gesichtspunkt
Unterweisungen der Geistigen Welt: Ein irdisches Königreich

1. Da ging Pilatus wieder hinein ins Prätorium und rief Jesus und fragte ihn:
Bist du der König der Juden? (...) Jesus antwortete: Mein Reich ist nicht von
dieser Welt. Wäre mein Reich von dieser Welt, meine Diener würden darum
kämpfen, daß ich den Juden nicht überantwortet würde; nun aber ist mein
Reich nicht von dieser Welt. Da fragte ihn Pilatus: So bist du dennoch ein
König? Jesus antwortete: Du sagst es, ich bin ein König. Ich bin dazu geboren
und in die Welt gekommen, daß ich die Wahrheit bezeugen soll. Wer aus der
Wahrheit ist, der hört meine Stimme. (Johannes XVIII, 33, 36 und 37)

DAS ZUKÜNFTIGE LEBEN

2. Mit diesen Worten deutet Jesus sehr klar auf *das zukünftige Leben* hin.
Bei allen Gelegenheiten zeigt er das zukünftige Leben als das Ziel, das die
Menschheit haben wird und als etwas, das die hauptsächliche Sorge der
Menschen auf der Erde sein soll. Alle seine Maximen berufen sich auf
dieses große Prinzip. Tatsächlich, ohne das zukünftige Leben, hätten große
Teile seiner moralischen Lehre keinen Sinn. Daher kommt es, dass
diejenigen, die an das zukünftige Leben nicht glauben, in dem Glauben
sind, dass Jesus nur über das gegenwärtige Leben sprach. Sie verstehen
diese Lehre deswegen nicht oder halten sie für kindisch.
Diese Glaubenslehre kann also als die Achse der Christuslehre angesehen
werden, deswegen steht sie vorne, als eine der ersten in diesem Werk. Sie
soll das Ziel aller Menschen sein. Nur sie kann die Regelwidrigkeit des
irdischen Lebens rechtfertigen und ist in Übereinstimmung mit der
Gerechtigkeit Gottes.

3. Die früheren Juden hatten von dem zukünftigen Leben
verschwommene Vorstellungen. Sie glaubten an Engel und hielten sie für
privilegierte Wesen der Schöpfung. Sie waren dennoch nicht der
Überzeugung, dass Menschen, eines Tages, auch Engel werden können
und an ihrer Glückseligkeit teilnehmen werden. Ihrer Ansicht nach würde
die Befolgung der Gesetze Gottes mit irdischem Vermögen belohnt, mit
der Oberhoheit ihrer Nation oder mit dem Sieg über ihre Feinde.
Öffentliche Katastrophen und Niederlagen wären Strafen für den

Ungehorsam den Gesetzen Gottes gegenüber. Moses konnte nicht mehr als das zu einem Volk von Hirten und Unwissenden sagen, das vor allem durch die Dinge dieser Welt beeindruckt werden musste. Später offenbarte ihnen Jesus, dass es eine andere Welt gibt, wo die Gerechtigkeit Gottes ihren Lauf nimmt. Diese ist jene Welt, die er denen verspricht, welche die Gebote Gottes befolgen und wo die Gerechten ihre Belohnung erhalten werden. Diese Welt ist sein Reich. Dort ist Jesus in seiner himmlischen Herrlichkeit zu finden, denn dorthin würde er zurückkehren, nachdem er die Erde verlassen hat.

Jesus verkündigte seine Lehre angepasst an den Zustand der Menschen seiner Zeit. Er hielt es für nicht angemessen, ihnen das ganze Licht zu geben. Es würde sie vielmehr verblenden, denn sie würden es nicht verstehen. Er beschränkte sich auf eine gewisse Weise, das zukünftige Leben nur als ein Prinzip, als ein Naturgesetz zu offenbaren, dessen Wirkung niemand entfliehen kann. Jeder Christ müsste gezwungenermaßen an das zukünftige Leben fest glauben. Aber die Vorstellung, die sie darüber haben, ist noch verschwommen, unvollendet und aus diesem Grund, in verschiedenen Punkten nicht der Wahrheit entsprechend. Für viele Menschen gibt es darüber nicht mehr als einen Glauben ohne unbeschränkte Gewissheit; daher der Zweifel und sogar die Ungläubigkeit.

Der Spiritismus ist gekommen, um die Christuslehre, sowohl in Anbetracht dessen als auch in anderen Gesichtspunkten, zu verdeutlichen. Und dabei kommt er zu der Zeit, in der die Menschen sich reif genug zeigen, diese Wahrheit zu verstehen. Mit dem Spiritismus ist das zukünftige Leben nicht mehr nur ein einfacher Glaubenssatz oder eine Hypothese. Das zukünftige Leben wird zu einer greifbaren Realität, durch Fakten bewiesen. Es sind Augenzeugen, die das zukünftige Leben in allen seinen Phasen und Wendepunkten beschreiben. Sie zeigen dies auf einer Weise, die jeden Zweifel darüber unmöglich macht. Es wird jeder gewöhnlichen Intelligenz die Möglichkeit gegeben, sich diese Realität unter ihrem wahren Aspekt vorzustellen. Ähnlich wie man sich ein Land vorstellen kann, wenn man die genaue Beschreibung gelesen hat. Denn die Beschreibung des zukünftigen Lebens ist so ausführlich, die Darstellung des glücklichen oder unglücklichen Zustandes der Existenzen derer, die selbst sich dort befinden und uns das so verständlich schildern, dass selbst jene Trotzige hier zur Erkenntnis kommt und sich selbst sagt, dass es nicht anders sein kann. Soeben verdeutlicht sich die wahrhaftige Gerechtigkeit Gottes.

DAS KÖNIGREICH JESU

4. Das Reich Jesu ist gewiss nicht von dieser Welt. Das mag wohl jeder verstehen. Wird er aber auf der Erde nicht auch sein Königreich haben? Der Königstitel bedeutet nicht immer die Ausübung der zeitlichen Macht. Mit einstimmiger Zustimmung gibt man solche Titel jedem, der durch sein Genie den ersten Platz durch irgendeine Tätigkeit erklimmt oder auch jedem, der sein Jahrhundert herausragt und Einfluss auf den Fortschritt der Menschheit hat.

Man pflegt in diesem Sinne zu sagen: der König bzw. der Prinz der Philosophen, der Künstler, der Dichter oder der Schriftsteller usw. Dieses Königreich, aus dem persönlichen Verdienst stammend und von der Nachwelt anerkannt, erweist es nicht meistens ein größeres Ansehen als das Königreich, das die tatsächliche Krone trägt? Unvergänglich ist das Erste, während das Zweite ein Spielzeug der Schicksalsschläge ist. Die Generationen, die dem Ersten folgen, segnen es, während sie das andere weltliche Königreich manchmal verfluchen.

Das irdische Königreich endet mit dem Leben. Die Bedeutung des moralischen Königreichs dagegen überdauert die Zeit und behält ihre Stellung. Es regiert insbesondere nach dem Tod. Ist Jesus unter diesem Aspekt, nicht ein mächtigerer König als die Machthaber der Erde? Zu Recht sagte er zu Pilatus: „Ich bin König, aber mein Reich ist nicht von dieser Welt."[39]

DER GESICHTSPUNKT

5. Der klare und deutliche Gedanke, den man von dem zukünftigen Leben hat, verschafft einen unerschütterlichen Glauben an die Zukunft. Ein Glaube, der enorme Folgen für die Moral der Menschheit hat, *weil er den Gesichtspunkt, unter dem man das irdische Leben betrachtet, völlig verändert.*

---

[39] Johannes XVIII, 36; (Anmerkung des Herausgebers)

Für denjenigen, der sich gedanklich in das geistige Leben versetzt, das grenzenlos ist, verwandelt sich das irdische Leben in einen einfachen Übergang, wie ein kurzer Aufenthalt in einem undankbaren Land. Die Schicksalsschläge und die Drangsale dieses Lebens werden nicht anders als Zwischenfälle angesehen, die er mit Geduld erträgt. Denn er weiß, dass sie eine kurze Dauer haben und dass danach glückliche Zustände folgen werden. Der Tod erschreckt schon nicht mehr und ist nicht mehr die Tür, die sich zum Nichts öffnet. Stattdessen ist er vielmehr eine Tür, die zur Befreiung führt und durch die der angeblich Verbannte in die Wohnung der Glückseligkeit und des Friedens hingeht. Da es ihm bewusst ist, dass sein momentaner Aufenthalt vorübergehend und nicht endgültig ist, schenkt er der Sorgen des Lebens keine große Aufmerksamkeit. Daraus ergibt sich für ihn eine Geistesruhe, welche die Leiden und die Bitterkeit des Lebens mildert.

Aus dem einfachen Zweifel an das zukünftige Leben beschränkt der Mensch seine ganzen Gedanken auf das irdische. Ohne die Gewissheit der Zukunft gibt der Mensch sich ganz der Gegenwart hin. Da er kein wertvolleres Vermögen als das der Erde sieht, handelt er ähnlich einem Kind, das nichts anderes außer seine Spielzeuge sehen kann. Er tut alles, um dieses für ihn einzig wahres Vermögen zu bekommen. Der kleinste Verlust davon verursacht ihm quälenden Kummer. Eine Täuschung, eine Enttäuschung, ein unbefriedigter Ehrgeiz, das Opfer einer Ungerechtigkeit zu sein, die Verletzung des Stolzes oder seiner Eitelkeit verursachen solche Qualen, die seine Existenz in ewige Angstgefühle verwandeln. *Somit legt er sich selbst eine dauernde, wahre Tortur auf.* Von seinem Gesichtspunkt aus gesehen, von der Stelle, wo er sich selbst befindet und von wo aus er das irdische Leben betrachtet, nimmt alles um ihm herum riesige Proportionen an. Sowohl das Unglück, das ihn widerfährt, als auch das anderen Menschen zustehende Gute, nehmen eine große Wichtigkeit in seinen Augen ein. Für denjenigen, der sich in einer Innenstadt befindet, scheint alles um ihn herum groß zu sein, sowohl Menschen in einer höheren Stelle, als auch die Monumente. Steigt er aber auf einen Berg, wird ihm alles klein erscheinen - Menschen und Gegenstände.

Das geschieht mit denen, die das irdische Leben unter dem Gesichtspunkt des zukünftigen Lebens betrachten: Die Menschheit verliert sich dann wie die Sterne am Himmel in der unermesslichen Weite. Er bemerkt dann, dass Großen und Kleinen sich vermengen, wie die Ameisen auf einem Hügel. Er sieht die gleiche Statur von Proletariern und Fürsten und bedauert, dass diese kurzlebigen Wesen, um eine Stellung in der Gesellschaft zu erobern, sich so über anstrengen. Dabei wird diese Anstrengung sie nur ein wenig erheben und sie werden diese Stellung nur für eine kurze Zeit beibehalten. Daher folgt, dass die gegebene Wertschätzung des irdischen Vermögens immer im umgekehrten Verhältnis zum Glauben an das zukünftige Leben steht.

6. Wenn alle Menschen so denken würden, würde man meinen, dass alles auf der Erde gefährdet wäre, weil sich niemand mehr mit den irdischen Sachen beschäftigen würde. Nein, der Mensch sucht instinktiv seinen Wohlstand. Und auch wenn er weiß, dass er nur für eine kurze Zeit dort bleiben wird, wo er ist, versucht so gut wie es ihm möglich ist, sich da einzurichten. Denn niemand würde seine Hand nicht wegnehmen, wenn er unter ihr einen Dorn spürt, um nicht gestochen zu werden. Der Wunsch zum Wohlstand zwingt folglich den Menschen alles zu verbessern. Er wird von dem Instinkt des Fortschrittes und dem Instinkt der Erhaltung angetrieben, die in den Gesetzen der Natur stehen. Er arbeitet nun sowohl wegen der Notwendigkeit, als auch wegen der Pflicht oder auch weil er das gerne tut, dem Plan der Vorsehung befolgend, die ihn dafür auf die Erde gesetzt hat. Wer sich mit der Zukunft beschäftigt, gibt der Gegenwart nicht mehr als eine relative Wichtigkeit und erholt sich leichter von seinen Misserfolgen. Er blickt auf das zukünftige Leben, das auf ihn wartet.

Gott verurteilt dementsprechend die irdischen Genüsse nicht, sondern den Missbrauch dieser Genüsse zum Nachteil der Seele. Vor solchem Missbrauch sind diejenigen bewahrt, welche die Worte Jesu *„Mein Reich ist nicht von dieser Welt."* auf sich selbst anwenden.

Wer sich mit dem zukünftigen Leben identifiziert, ähnelt dem Reichen, der eine kleine Summe verliert, ohne sich aufzuregen. Wer sich jedoch seine Gedanken auf das irdische Leben konzentriert, ähnelt dem Armen, der alles, was er noch hatte, verliert und seine ganze Hoffnung aufgibt.

7. Der Spiritismus erweitert das Denken und öffnet dem Menschen neuen Horizont. Der Spiritismus zeigt, dass dieses irdische Leben nichts anderes als ein Glied in der harmonischen und herrlichen Gesamtheit des Werkes des Schöpfers ist. Das ist anders als der kleine und beschränkte Blick, den

jemand auf das gegenwärtige Leben konzentriert und daraus den Augenblick des Lebens auf der Erde zur einzigen und zerbrechlichen Achse ewiger Zukunft macht. Er zeigt das Zusammengehörigkeitsgefühl, das die Existenzen von ein und demselben Wesen, von allen Wesen eines Planeten und von allen Wesen anderer Welten vereinigt. So schafft der Spiritismus eine Basis und eine Daseinsberechtigung für die universelle Gemeinschaft. Während die Lehre der Schöpfung der Seele bei jeder Geburt des Körpers alle Wesen untereinander zu Fremden macht. Diese Solidarität zwischen den Teilen eines einzigen Ganzen erklärt das, was unerklärbar bleibt, wenn man nur einen Teil davon gedenkt. In der Zeit von Christus hätte die Menschheit diese Gesamtheit nicht verstehen können und aus diesem Grund überlässt er es einer anderen Zeit, dies bekannt zu geben.

UNTERWEISUNGEN DER GEISTIGEN WELT
EIN IRDISCHES KÖNIGREICH

8. Wer könnte diese Wahrheit der Worte von Jesus Christus: „Mein Reich ist nicht von dieser Welt" besser verstehen als ich? Auf der Erde richtete der Stolz mich zu Grunde. Wer hätte nun die Wertlosigkeit des irdischen Reichtums verstehen können, wenn ich sie nicht verstanden hätte? Was habe ich von meinem irdischen Königtum mitgenommen? Nichts! Überhaupt nichts! Um diese Lektion noch furchtbarer zu machen, hat mein Königtum mich nicht ein Mal bis zum Grab begleitet. Königin unter den Menschen, dachte ich, dass ich auch wie eine Königin in das Reich Gottes eintreten würde. Was für eine Enttäuschung! Was für eine Demütigung, als ich, statt als Fürstin empfangen zu werden, hoch über mir - nämlich viel höher, die Menschen gesehen habe, die ich für unbedeutend hielt und die ich verachtete. Sie hätten kein adliges Blut. Oh, wie sehr habe ich dann die Unfruchtbarkeit der Ehren und der Hoheit verstanden, den man mit so viel Gier auf der Erde nacheilt!

Um einen Platz im geistigen Reich zu erlangen, sind Entsagung, Demut, die in ihrer ganzen Erhabenheit praktizierte Nächstenliebe und das Wohlwollen zu allen Menschen nötig. Man wird euch nicht fragen, was ihr wart und auch nicht, welche Stellung ihr besaßet, sondern nach dem Guten, das ihr getan habt und wie viele Tränen ihr getrocknet habt.

O Jesus! Du hast uns gesagt, dass dein Reich nicht von dieser Welt ist und das Leiden sei notwendig, um den Himmel zu erreichen. Die Stufen eines Thrones bringen niemanden näher dorthin. Vielmehr führt der schmerzlichste Weg des Lebens zu ihm. Sucht also den Weg zum Himmel durch Dornen und Stacheln und nicht durch Blumen!

Die Menschheit eilt, um das irdische Vermögen zu erreichen, als ob sie das für die Ewigkeit bewahren könnte. Hier verschwinden aber alle Illusionen. Bald nehmen die Menschen wahr, dass sie nur Schatten ergriffen haben und das einzige wahre und dauerhafte Vermögen verachtet haben. Sie haben das Einzige, was ihnen in der himmlischen Wohnung nützlich ist, das Einzige, das ihnen den Eintritt zu dieser Wohnung ermöglicht, verachtet.

Habt Mitleid mit denen, die das Reich des Himmels nicht erreicht haben. Helft ihnen mit eueren Gebeten, weil das Gebet den Menschen dem Allerhöchsten näher bringt. Das Gebet ist das Bindeglied zwischen Himmel und Erde. Vergesst das nicht!

(Eine Königin aus Frankreich, Le Havre, 1863)

KAPITEL III -
In meines Vaters Hause sind viele Wohnungen

Verschiedene Zustände der Seele in der Erraticität - Verschiedene
Kategorien der bewohnten Welten - Bestimmung der Erde. Ursache des
menschlichen Elends
Unterweisungen der Geistigen Welt: Niedere Welten und erhabene
Welten - Welten der Abbüßungen und der Prüfungen -
Erneuerungswelten - Progression[40] der Welten

1. Jesus der Weg zum Vater. Euer Herz erschrecke nicht! Glaubt an Gott und
glaubt an mich! In meines Vaters Hause sind viele Wohnungen. Wenn's nicht
so wäre, hätte ich dann zu euch gesagt: Ich gehe hin, euch die Stätte zu
bereiten? Und wenn ich hingehe, euch die Stätte zu bereiten, will ich wieder
kommen und euch zu mir nehmen, damit ihr seid, wo ich bin. (Johannes,
XIV, 1 - 3)

Verschiedene Zustände der Seele in der Erraticität

2. Das Haus des Vaters ist das Universum. Die verschiedenen
Wohnungen sind die Welten, die den unendlichen Raum umkreisen und
den inkarnierten Geistern jene Behausung darbieten, die ihnen
entsprechend ihrer Entwicklung zusteht.
Unabhängig von der Verschiedenartigkeit der Welten können diese Worte
Jesu auch im Hinblick auf den glücklichen oder unglücklichen Zustand
des Geistes in der Erraticität verstanden werden. Je nachdem, wie sehr er
gereinigt und von dem materiellen Bande losgelöst ist, werden der
Lebensraum, in dem er sich befindet, seine Gefühle und seine
Wahrnehmungen unendlich variieren. Während einige sich von der
Sphäre, in der sie gelebt haben, nicht entfernen können, erheben sich
andere und durcheilen den Raum und die Welten. Während einige
schuldige Geister in der Finsternis umherirren, genießen die Glückseligen
eine strahlende Reinheit und das erhabene Schauspiel des Unendlichen.
Während schließlich der boshafte Geist, gequält von Gewissensbissen und
Reue, meistens einsam, ohne Trost, getrennt von den Geliebten, unter dem
Druck der moralischen Schmerzen leidet, genießt andererseits der
Gerechte in der Geselligkeit seiner Geliebten die Freude einer
unbeschreiblichen Glückseligkeit. Folglich gibt es auch dort viele

---

[40] Eine Entwicklung, die in Stufen geschieht; (Anmerkung des Übersetzers)

Wohnungen, selbst wenn sie weder Begrenzung haben, noch geortet werden können.

Verschiedene Kategorien der bewohnten Welten

3. Aus der Lehre der Geister erweist sich, dass der Zustand der Welten untereinander sehr variiert, was den Grad der Entwicklung oder der Unterentwicklung seiner Bewohner anbelangt. Unter diesen weniger entwickelten Welten gibt es solche, die physisch und moralisch noch unterentwickelter sind als die Erde. Andere befinden sich in der gleichen Kategorie wie wir. Und andere wiederum sind bereits mehr oder weniger in allen Aspekten erhabener.

In den niederen Welten ist die Existenz sehr materiell behaftet. Sie werden von Leidenschaften regiert und das moralische Leben existiert dort fast nicht. Entsprechend der Entwicklung dieses moralischen Lebens nimmt dann der Einfluss der Materie ab und zwar dergestalt, dass das Leben in den entwickeltesten Welten gewissermaßen vollständig geistig ist.

4. In den Zwischenwelten gibt es sowohl das Gute als auch das Schlechte. Dort herrscht entweder das eine oder das andere, je nach dem Grad des Fortschrittes der Mehrheit ihrer Bewohner.

Selbst wenn man keine absolute Einteilung der verschiedenen Welten vornehmen kann, ist es jedoch möglich, sie aufgrund des Zustandes, in dem sie sich befinden und ihrer Bestimmung zu klassifizieren. Als Grundlage einer allgemeinen Einteilung bedient man sich ihrer hervorstechenden Eigenschaften:

- ▶ Die primitiven Welten, die für die ersten Inkarnationen der menschlichen Seele bestimmt sind;
- ▶ Die Welten der Abbüßungen und der Prüfungen, in denen die Bösartigkeit noch vorherrscht;
- ▶ Die Welten der Erneuerung, in denen die Seelen, die noch büßen müssen, neue Kraft schöpfen und sich von den Anstrengungen der Lebenskämpfe ausruhen;
- ▶ Die glückseligen Welten, wo das Gute der Schlechtigkeit überwiegt;
- ▶ Die himmlischen oder göttlichen Welten, Wohnort der gereinigten Geister, in denen ausschließlich das Gute herrscht.

Die Erde gehört zu der Kategorie der Welten der Abbüßungen und der Prüfungen, deswegen lebt der Mensch hier konfrontiert mit so viel Elend.
5. Die in einer Welt inkarnierten Geister sind nicht für immer an diese gebunden. Sie schließen auf dieser Welt auch nicht alle Phasen des Fortschrittes ab, die sie durchlaufen müssen, um die Vollkommenheit zu erreichen. Wenn sie den Entwicklungsgrad erlangt haben, den die Welt, in der sie leben, ermöglicht, gehen sie in eine weiter fortgeschrittene Welt. So geschieht es weiter, bis sie den Zustand der reinen Geister erreichen. Diese Welten stellen ihrerseits ebenso viele Stationen dar. Auf jeder von ihnen finden sich Elemente des Fortschrittes, gemessen an der Entwicklung, die sie schon erreicht haben. Es ist für sie eine Belohnung, sich auf eine Welt der erhabeneren Ordnung zu begeben. Andererseits ist es für sie eine Strafe, ihren Aufenthalt auf einer unglücklichen Welt zu verlängern. Genauso bestrafend ist es für sie, gezwungen zu sein, in eine Welt zu gehen, die noch unglücklicher ist als die, welche sie verlassen müssen. Zu dieser sind sie verhindert zurückzukehren, solange sie in der Böswilligkeit verharren.

Bestimmung der Erde. Ursache des menschlichen Elends

6. Viele wundern sich, dass es auf der Erde so viel Bosheit, so viel niedere Begierde, so viel Elend und Krankheiten aller Arten gibt. Sie schließen daraus, die menschliche Gattung sei eine traurige Angelegenheit. Dieses Urteil entspringt einer engstirnigen Betrachtungsweise derjenigen, die daher ein falsches Bild von der Gesamtheit geben. Man muss zunächst bedenken, dass sich nicht die ganze Menschheit auf der Erde befindet, sondern nur ein kleiner Bruchteil davon. Die menschliche Gattung umfasst in der Tat alle Wesen, die mit Verstand begabt sind, welche die unzähligen Welten des Universums bevölkern. Nun, was ist die Bevölkerung der Erde angesichts der gesamten Bevölkerung all dieser Welten? Viel weniger als ein Dorf im Vergleich zu einem großen Reich. Der materielle und moralische Zustand der irdischen Menschheit überrascht nicht mehr, wenn man die Bestimmung der Erde und die Beschaffenheit derer, die sie bewohnen, begreift.

7. Man würde sich von den Bewohnern einer großen Stadt eine falsche Vorstellung machen, wenn man sie nach den winzigsten und verkommensten Wohnvierteln beurteilen würde. In einem Krankenhaus sieht man nichts anderes als Kranke und Verstümmelte; in einem Gefängnis versammeln sich allerlei Schandtaten und Laster; in den elenden Regionen ist die Mehrheit der Bewohner blass, dünn und kränklich. Nun gut. Stellt man sich die Erde als einen Vorort, ein Krankenhaus, ein Gefängnis und als einen ungesunden Ort vor - denn sie ist gleichzeitig all das - so wird man verstehen, warum der Kummer die Freude übertrifft. Schließlich bringt man gesunde Menschen nicht in das Krankenhaus und noch weniger einen, der nichts Falsches getan hat, in eine Besserungsanstalt. Weder die Krankenhäuser noch die Besserungsanstalten sind Orte der Wonne. Doch genauso wenig wie die ganze Bevölkerung einer Stadt nicht in Krankenhäusern oder Gefängnissen untergebracht ist, ist die ganze Menschheit nicht auf der Erde. Und wie diejenigen, die aus dem Krankenhaus geheilt gehen und andere, die nach dem Absitzen ihrer Strafe das Gefängnis verlassen, so verlässt der Mensch die Erde, wenn er von seinen moralischen Krankheiten geheilt ist.

UNTERWEISUNGEN DER GEISTIGEN WELT

NIEDERE WELTEN UND ERHABENE WELTEN

8. Die Qualifizierung der niederen und erhabenen Welten ist nicht uneingeschränkt, sondern sehr relativ. Eine Welt ist niederer oder erhabener bezüglich einer anderen, die auf der Leiter des Fortschrittes über oder unter ihr ist.

Wenn man die Erde als Vergleich nimmt, kann man sich eine Vorstellung von einer niederen Welt machen, in der Annahme, dass immer noch Menschen auf dem Niveau wilder Rassen oder barbarischer Völker unter uns zu finden sind. Es sind Spuren des primitiven Zustandes unseres Planeten. Jedenfalls sind die Bewohner in den rückständigeren Welten, in einer gewissen Art, rudimentär. Sie haben die menschliche Gestalt ohne jegliche Schönheit. Ihre Instinkte werden weder durch zarte beziehungsweise wohlwollende Gefühle, noch durch Auffassungen von

Gerechtigkeit und Ungerechtigkeit gemäßigt. Die brutale Kraft ist das einzige Gesetz unter ihnen. Da sie keine Industrie und Erfindungen haben, verbringen sie das Leben mit der Suche nach Nahrung.

Gott verlässt aber keines Seiner Geschöpfe. Tief in der Finsternis der Intelligenz verbirgt sich eine verschwommene mehr oder weniger entwickelte Intuition von einem höchsten Wesen. Dieser Instinkt reicht aus, um sich weiter zu entwickeln als die anderen. Das ist die Vorbereitung für den Aufstieg in ein vollkommeneres Leben. Sie sind keine degradierten Wesen, sondern unwissende Kinder auf dem Weg des Erwachsenwerdens. Zwischen den Entwicklungsstadien gibt es insofern unzählige Stufen, die der Mensch durchläuft. An den reinen, unstofflichen und von himmlischer Herrlichkeit glänzenden Geistern ist ihr früheres primitives Wesen genauso sehr schwer zu erkennen, wie an einem erwachsenen Menschen der Embryo.

9. In den Welten, die eine hohe Entwicklungsstufe erreicht haben, sind die Umstände des moralischen und materiellen Lebens vollkommen anders als die des Lebens auf der Erde. Wie überall, ist dort die Gestalt des Körpers immer die menschliche. Sie ist jedoch verschönert, vervollkommnet und vor allem gereinigt. Ihr Körper hat nichts von der irdischen Stofflichkeit und ist folglich nicht den Bedürfnissen, auch nicht den Krankheiten oder dem Verfall unterworfen, welche die Vorherrschaft der Materie verursachen. Die viel feineren Sinne nehmen das wahr, was die Grobstofflichkeit der Organe in unserer Welt verbirgt. Die spezifische Leichtigkeit ihres Körpers ermöglicht eine schnelle und leichte Fortbewegung. Statt beschwerlich über den Boden zu schlurfen, gleiten sie gewissermaßen über die Oberfläche oder sie segeln in der Atmosphäre ohne irgendeine weitere Anstrengung außer der des Willens. Dies geschieht, ähnlich wie man sich die Engel vorstellt oder wie man sich in der Antike die Manen[41] in den Champs-Elysees vorgestellt hat. Die Menschen in den glückseligen Welten behalten nach ihrem Belieben die Gestalt ihrer vergangenen Existenzen. Sie erscheinen ihren Freunden so wie diese sie gekannt haben, dennoch strahlend von göttlichem Licht, verwandelt durch die inneren Empfindungen, die fortwährend erhaben

---

[41] Gute Geistwesen der Verstorbenen in der römischen Mythologie; (Anmerkung des Herausgebers)

sind. Statt blassen Gesichtern, gezeichnet durch Leiden und Leidenschaften, leuchten die Intelligenz und das Leben auf. Die Maler stellten diesen Glanz als Aureole oder Heiligenschein dar. Der geringe Widerstand, den die Materie den fortgeschrittenen Geistern leistet, ermöglicht eine schnelle Entwicklung der Körper und verkürzt ihre Kindheit oder hebt sie fast auf. Das Leben, befreit von Sorgen und Angstgefühlen, ist verhältnismäßig viel länger als das auf der Erde. Die Langlebigkeit steht grundsätzlich im Verhältnis zu dem Grade des Fortschrittes der Welten. Der Tod unterliegt dort nicht dem Grauen des Zerfalls. Statt Entsetzen zu verursachen, wird er als eine glückliche Verwandlung angesehen, weil Zukunftsängste nicht existieren. Da die Seele während des Lebens nicht in eine enge Materie eingezwängt ist, strahlt sie. Sie genießt eine Klarheit, die sie in einen nahezu dauerhaften Zustand der Befreiung versetzt und ihr die freie Übertragung des Gedankens ermöglicht.

10. In diesen glückseligen Welten werden die immer freundschaftlichen Beziehungen von einem Volk zu einem anderen nie durch den Ehrgeiz gestört, seinen Nachbarn zu beherrschen und auch nicht durch daraus entstehende Kriege. Es gibt weder Sklavenhalter, noch Sklaven, noch von Geburt an Privilegierte. Nur die moralische und vernunftbegabte Überlegenheit bestimmt die verschiedenen Zustände und gilt als einzige Hoheit. Das Ansehen von jemandem wird immer geachtet, weil es nur aufgrund von Verdienst verliehen und immer mit Gerechtigkeit ausgeübt wird. *Der Mensch versucht sich nicht über den Menschen zu erheben, sondern über sich selbst, indem er sich weiter entwickelt.* Sein Ziel ist es, die Kategorie der reinen Geister zu erreichen. Dieser unablässige Wunsch ist für ihn keine Qual, sondern ein edles Streben, das ihn mit Inbrunst zum Lernen verleitet, um den reinen Geistern ähnlich zu werden. Alle zärtlichen und erhabenen Empfindungen der menschlichen Natur befinden sich dort erhöht und gereinigt. Hass, schäbige Eifersucht und die niedere Gier des Neides sind dort unbekannt. Ein Band der Liebe und der Brüderlichkeit vereinigt alle Menschen. Die Stärkeren helfen den Schwächeren. Sie besitzen etwas in größerer oder kleinerer Menge, je nachdem, in welchem Maße sie diese durch ihre Vernunftbegabung auch erworben haben. Niemand leidet dennoch Mangel am Notwendigen, da sich dort niemand

zur Abbüßung befindet. Mit einem Satz: Die Schlechtigkeit gibt es dort nicht.

11. In euerer Welt habt ihr die Schlechtigkeit nötig, um das Gute zu spüren; die Nacht, um das Licht zu bewundern; die Krankheit, um die Gesundheit zu schätzen. In den erhabenen Welten sind solche Gegensätze nicht notwendig. Das ewige Licht, die ewige Schönheit und die ewige Gemütsruhe der Seele verschaffen eine ewige Freude, die durch Angstgefühle des materiellen Lebens oder durch Kontakt mit den niederen Bosheiten, die dort keinen Zugang haben, nicht gestört wird. Der menschliche Geist hat große Schwierigkeiten dies zu verstehen. Er war sehr erfinderisch, um sich die Qualen der Hölle auszumalen, konnte sich aber nie die Freude des Himmels vorstellen. Aber warum das? Da er in einem niederen Zustand ist, hatte er nur Leiden und Elend erfahren und die himmlische Helligkeit konnte er nicht einmal ahnen. Er kann deswegen nur über etwas sprechen, das er kennt. Je mehr er sich jedoch erhebt und reinigt, desto mehr erleuchtet sich sein Horizont und er versteht das Gute, das er vor sich hat, wie er das Schlechte verstand, das hinter ihm blieb.

12. Die glückseligen Welten sind jedoch keineswegs privilegierte Welten. Da Gott nicht für irgendeines Seiner Kinder Partei ergreift, gibt Er allen die gleichen Rechte und die gleichen Fertigkeiten, um diese Welten zu erreichen. Er lässt alle vom gleichen Standpunkt aus anfangen und gibt keinem mehr als den anderen. Die hohen Kategorien sind für alle erreichbar. Es liegt nun an ihnen, durch ihre Arbeit dorthin zu gelangen, sie schneller zu erreichen, oder über Jahrhunderte hinweg in dem Morast der Menschheit untätig zu bleiben. (Zusammenfassung der Lehre aller erhabenen Geister bezüglich dieses Themas)

WELTEN DER ABBÜßUNGEN UND DER PRÜFUNGEN

13. Was soll ich euch sagen, was ihr noch nicht kennt, über die Welten der Abbüßungen, wenn es euch reicht, die Welt, in der ihr wohnt, zu beobachten? Die Überlegenheit der Vernunftbegabung einer großen Zahl ihrer Bewohner zeigt, dass die Erde keine primitive Welt ist, deren

Bestimmung in der Inkarnation von Geistern liegt, die soeben aus den Händen des Schöpfers hervorgegangen sind. Die angeborenen Eigenschaften, welche die Menschen hier mit sich bringen, beweisen andererseits, dass sie schon gelebt und gewisse Fortschritte gemacht haben. Aber die zahlreichen Laster, zu denen die Menschen neigen, sind Anzeichen einer großen moralischen Unvollkommenheit. Deswegen hat Gott sie in einer unangenehmen Welt untergebracht. Dort sollen sie durch schwere Arbeit und im Elend des Lebens ihre Fehler büßen, bis sie es sich verdient haben, zu einer glücklicheren Welt aufzusteigen.

14. Nicht alle auf der Erde inkarnierten Geister sind dennoch hier hergekommen, um abzubüßen. Die Rassen, die ihr „Wilde" nennt, sind Geister, die erst aus der geistigen Kindheit gekommen sind und die sich auf der Erde gewissermaßen in einer Erziehungsphase befinden. Durch den Kontakt mit fortgeschrittenen Geistern werden sie sich entwickeln. Nach diesen kommen die halb zivilisierten Rassen, von den gleichen Geistern gebildet, die auf dem Weg des Fortschrittes sind. Sie sind, in gewisser Weise, die indigenen Völker der Erde, die sich nach und nach durch jahrhundertelange Zeitabschnitte erhoben haben. Einige von ihnen haben die intellektuelle Vollkommenheit aufgeklärter Völker erreicht.
  Die Geister im Zustand der Abbüßung auf der Erde sind, wenn man es so ausdrücken möchte, aus einem sehr fernen Land stammend.[42] Sie haben schon auf anderen Welten gelebt und sind aufgrund ihres hartnäckigen Festhaltens an der Bosheit und, weil sie Störungen bei den Guten verursachten, von dort ausgeschlossen worden. Sie wurden für einige Zeit zu rückständigen Geistern verbannt. Sie bekamen den Auftrag, diese vorwärts zu bringen, da sie ihre entwickelte Intelligenz und die Keime der erworbenen Kenntnisse mitgenommen haben. Darum befinden sich die abbüßenden Geister unter den intelligentesten Rassen. Diese Rassen sind es auch, die unter dem bitteren Elend des Lebens besonders leiden, da sie mehr Empfindungsvermögen besitzen und bei den Schwierigkeiten mehr leiden als die primitiven Rassen, deren moralischer Sinn ein stumpfer ist.

15. Die Erde ist also eine dieser Welten der Abbüßungen, deren Vielfältigkeit unendlich ist. Sie haben dennoch das gemeinsame Merkmal,

---

[42] Original französisch: « exotiques »; (Anmerkung des Übersetzers)

als Verbannungsort für Geister zu dienen, die gegenüber dem Gesetz Gottes aufständisch sind. Diese verbannten Geister müssen in diesen Welten gleichzeitig gegen die Perversion der Menschen und gegen die Härte der Natur kämpfen. Es ist eine doppelt beschwerliche Arbeit, welche die Intelligenz und die Eigenschaft des Herzens entwickelt. Und so macht Gott in Seiner Güte, dass sogar die Strafe dem Fortschritt des Geistes diene.
(Hl. Augustinus, Paris, 1862)

ERNEUERUNGSWELTEN

16. Wie viele Welten sind unter den Sternen, die am blauen Himmelsgewölbe funkeln, die wie eure von dem Herrn für Abbüßungen und Prüfungen bestimmt sind! Es gibt aber auch die elenderen und die besseren, wie auch die des Überganges, die man Erneuerungswelten nennen kann. Jeder planetarische Wirbel im Weltraum, der sich um ein allgemeines Zentrum dreht, schleppt mit sich seine primitiven Welten, die Welten der Verbannung, die der Prüfungen, der Erneuerung und die der Glückseligkeit. Es ist euch schon über Welten berichtet worden, auf denen die neu geborenen Seelen untergebracht werden. In Unkenntnis des Guten und des Unguten können sie dort, im Besitz ihres freien Willens, über sich selbst bestimmend, in Gottes Richtung fortschreiten. Ihr habt schon von den umfassenden Fähigkeiten gehört, mit der die Seele ausgestattet wurde, um Gutes zu tun. Aber o weh, viele erliegen! Da Gott sie nicht zunichte machen will, erlaubt Er ihnen, zu diesen Welten zu gehen, wo sie Inkarnation für Inkarnation, sich reinigen, erneuern und kehren dann würdig der für sie bestimmten Seligkeit zurück.

17. Die Erneuerungswelten dienen als Übergang zwischen den Welten der Abbüßung und den glückseligen Welten. Die reumütige Seele findet dort Ruhe und Erholung und reinigt sich schließlich. In solchen Welten ist der Mensch ohne Zweifel noch immer den Gesetzen unterworfen, welche die Materie regieren. Die Menschheit auf den Erneuerungswelten erleidet eure Empfindungen und Wünsche, sie ist aber befreit von ungezügelter Leidenschaft, deren Sklaven ihr noch seid. Sie ist frei von Stolz, der das Herz verstummen lässt, von Neid, der sie quält und von Hass, der sie

erstickt. In jedem Gesicht steht das Wort Liebe geschrieben. Ein vollkommenes Rechtsgefühl regelt die gesellschaftlichen Beziehungen. Alle erkennen Gott an, versuchen Ihm entgegenzugehen und befolgen Seine Gesetze.

Dennoch herrscht in diesen Welten noch nicht das vollkommene Glück, sondern die Morgenröte dieses Glückes. Der Mensch dort ist immer noch aus Fleisch und deswegen den Schicksalsschlägen unterworfen, von denen nur die vollständig unstofflichen Wesen befreit sind. Dort muss er noch Prüfungen ertragen, aber ohne die schmerzlichen Angstgefühle der Abbüßung. Im Vergleich zur Erde sind diese Welten sehr glücklich und viele unter euch würden sich freuen, dort zu wohnen, denn diese sind wie die Ruhe nach dem Sturm und die Genesung nach der grausamen Krankheit. Der Mensch dort sieht jedenfalls die Zukunft besser als ihr, denn er ist weniger an materielle Sachen gebunden. Er versteht, dass es andere Freuden gibt, die der Herr denjenigen verspricht, die ihrer würdig sind. Ihnen steht dann das wahre Leben zu, wenn der Tod ihren Körper noch einmal dahingerafft hat. Dann wird die Seele über allen Horizonten befreit schweben. Sie wird keine materiellen und grobstofflichen Sinne mehr haben, sondern nur die Empfindung eines reinen himmlischen Perisprits.[43] Sie wird die Ausstrahlung atmen, die von Gott selbst kommt, umgeben in Schwingungen der Liebe und der Nächstenliebe, die von Seinem Inneren ausgesendet werden.

18. Ach, in diesen Welten ist der Mensch aber immer noch fehlbar und der Geist des Übelwollens hat dort seine Herrschaft nicht endgültig verloren! Nicht vorwärts zu kommen bedeutet zurückzugehen und, sollte der Mensch noch nicht ganz fest auf dem Wege des Guten sein, kann er wieder in die Welten der Abbüßungen zurückfallen, wo neue und noch schrecklichere Prüfungen auf ihn warten.

Betrachtet also dieses blaue Gewölbe bei Nacht, in der Stunde der Ruhe und des Gebetes und diese unzähligen Sphären, die über eueren Köpfen funkeln und fragt euch selbst, welche zu Gott führen und bittet Ihn, dass euch nach der Abbüßung auf der Erde eine erneuernde Welt ihr Inneres öffnet.

(Hl. Augustinus, Paris, 1862)

---

[43] Geisterhülle; (Anmerkung des Übersetzers)

PROGRESSION DER WELTEN

19. Der Fortschritt ist eines der Gesetze der Natur. Alle lebenden und leblosen Wesen der Schöpfung sind ihm durch die Güte Gottes unterworfen. Er will, dass alles wächst und gedeiht. Selbst die Zerstörung, die den Menschen als das Ende von allen erscheint, ist nur ein Mittel, um durch die Verwandlung in einen vollkommenen Zustand zu gelangen. Denn alles stirbt, um wieder aufzuleben und Nichts kehrt in das Nichts zurück.

Zeitgleich mit der moralischen Entwicklung aller lebendigen Wesen entwickeln sich auch die Welten, auf denen sie wohnen, in materieller Weise. Wenn jemand eine Welt in ihren verschiedenen Phasen verfolgen könnte, von dem Moment an, in dem sich die Ersten für ihren Aufbau bestimmten Atome zusammenballten, würde er sehen, wie sie eine unaufhörlich progressive Skala durchläuft, jedoch in für jede Generation unbemerkbaren Schritten. Er würde außerdem sehen, dass diese ihren Bewohnern einen um so angenehmeren Aufenthalt bietet, je mehr sie sich selbst auf dem Pfad des Fortschrittes vorwärts bewegen. In dieser Form verläuft der Fortschritt des Menschen parallel zu dem der Tiere, seiner Helfer, der Pflanzen und seines Wohnraumes, weil in der Natur nichts unveränderlich ist. Wie großartig ist doch dieser Gedanke und wie würdig der Erhabenheit des Schöpfers! Wie klein und unwürdig Seiner Macht gegenüber, ist dagegen der Gedanke, Gott würde Seine ausschließliche Sorge und Vorsehung auf dieses verschwindend kleine Sandkorn, nämlich die Erde, konzentrieren, die ganze Menschheit würde sich auf die wenigen Menschen, welche die Erde bewohnen, beschränken!

Gemäß diesem Gesetz war die Erde materiell und moralisch in einem niedereren Zustand als heute und sie wird unter diesem Doppelaspekt einen erhabeneren Grad erreichen. Die Erde hat eine ihrer Umwandlungsphasen erreicht, in der sie von einer Welt der Abbüßungen zu einer Welt der Erneuerung verwandelt wird, in der die Menschen glücklich sein werden, weil dann das Gesetz Gottes auf ihr überwiegen wird.

(Hl. Augustinus, Paris, 1862)

KAPITEL IV -

Keiner kann das Reich Gottes sehen, wenn er nicht wiedergeboren wird

Auferstehung und Reinkarnation - Die Reinkarnation stärkt die Familienbande, während die einmalige Existenz sie bricht
Unterweisungen der Geistigen Welt: Grenzen der Inkarnation - Ist die Inkarnation eine Strafe?

1. Da kam Jesus in die Gegend von Cäsarea Philippi und fragte seine Jünger und sprach: Wer sagen die Leute, daß der Menschen Sohn sei? Sie sprachen: Einige sagen, du seist Johannes der Täufer, andere, du seist Elia, wieder andere, du seist Jeremia oder einer der Propheten. Er fragte sie: Wer sagt denn ihr, daß ich sei? Da antwortete Simon Petrus und sprach: Du bist Christus, des lebendigen Gottes Sohn! Und Jesus antwortete und sprach zu ihm: Selig bist du, Simon, Jonas Sohn; denn Fleisch und Blut haben dir das nicht offenbart, sondern mein Vater im Himmel. (Matthäus XVI, 13 - 17; Markus, VIII, 27 - 30)[44]

2. Und es kam dem König Herodes zu Ohren; denn der Name Jesu war nun bekannt. Und die Leute sprachen: Johannes der Täufer ist von den Toten auferstanden; darum tut er solche Taten. Einige aber sprachen: Er ist Elia; andere aber: Er ist ein Prophet wie einer der Propheten. Es kam aber vor Herodes, den Landesfürsten, alles, was geschah; und er wurde unruhig, weil von einigen gesagt wurde: Johannes ist von den Toten auferstanden; von einigen aber: Elia ist erschienen; von andern aber: Einer von den alten Propheten ist auferstanden. Und Herodes sprach: Johannes, den habe ich enthauptet; wer ist aber dieser, über den ich solches höre? Und er begehrte ihn zu sehen. (Markus VI, 14 - 15; Lukas IX, 7 - 9)

3. (Nach der Verklärung) Und seine Jünger fragten ihn und sprachen: Warum sagen denn die Schriftgelehrten, zuerst müsse Elia kommen? Jesus antwortete und sprach zu ihnen: Elia soll freilich kommen und alles zurechtbringen. Doch ich sage euch: Elia ist schon gekommen, aber sie haben ihn nicht erkannt, sondern haben mit ihm getan, was sie wollten. So wird auch der Menschensohn durch sie leiden müssen. Da verstanden die Jünger,

---

[44] „Und Jesus ging fort mit seinen Jüngern in die Dörfer bei Cäsarea Philippi. Und auf dem Wege fragte er seine Jünger und sprach zu ihnen: Wer sagen die Leute, daß ich sei? Sie antworteten ihm: Einige sagen, du seist Johannes der Täufer; einige sagen, du seist Elia; andere, du seist einer der Propheten. Und er fragte sie: Ihr aber, wer sagt ihr, daß ich sei? Da antwortete Petrus und sprach zu ihm: Du bist der Christus! Und er gebot ihnen, daß sie niemandem von ihm sagen sollten." (Markus VIII, 27 – 30); (Anmerkung des Herausgebers)

daß er von Johannes dem Täufer zu ihnen geredet hatte. (Matthäus XVII, 10 - 13; Markus, IX, 11 - 13)

Auferstehung und Reinkarnation

4. Die Reinkarnation gehörte unter dem Namen *Auferstehung*[45] zu den Dogmen der Juden. Nur die Sadduzäer glaubten, dass mit dem Tod alles zu Ende sei. Die Vorstellungen der Juden darüber und über anderes auch, waren dennoch nicht sehr klar definiert. Sie hatten sehr verschwommene und unvollständige Kenntnisse in Bezug auf die Seele und auf deren Verbindung mit dem Körper. Zwar glaubten sie, ein Mensch, der gelebt hat, könne wiederkehren, wussten aber nicht genau, wie dies zu Stande komme. Sie bezeichneten als Auferstehung das, was der Spiritismus in verständlicher Weise *Reinkarnation* nennt. *Auferstehung* ist in der Tat die Vorstellung, dass das Leben in den bereits verstorbenen Körper zurückkehrt. Die Wissenschaft beweist uns jedoch, dass dies materiell unmöglich sei. Vor allem, wenn die Körperbestandteile bereits lange aufgelöst sind und aufgezehrt wurden. Die *Reinkarnation* dagegen ist die Rückkehr der Seele beziehungsweise des Geistes in das physische Leben. Die Seele bewohnt aber einen neuen speziell für sie geformten Körper, der mit dem alten Nichts gemeinsam hat. Das Wort *Auferstehung* könnte also bei Lazarus Anwendung finden aber nicht bei Elia und anderen Propheten. Wenn, ihres Glaubens nach, Johannes der Täufer Elia war, konnte der Körper des Johannes nicht der von Elia sein. Denn Johannes sah man schon als kleines Kind und seine Eltern waren bekannt. Johannes könnte also die *Reinkarnation* von Elia sein, aber nicht seine *Auferstehung*.

5. Es war aber ein Mensch unter den Pharisäern mit Namen Nikodemus, einer von den Oberen der Juden. Der kam zu Jesus bei Nacht und sprach zu ihm: Meister, wir wissen, du bist ein Lehrer, von Gott gekommen; denn niemand kann die Zeichen tun, die du tust, es sei denn Gott mit ihm. Jesus antwortete und sprach zu ihm: Wahrlich, wahrlich, ich sage dir: Es sei denn, daß jemand von neuem geboren werde, so kann er das Reich Gottes nicht

---

[45] „Das Thema des «Gilgul Neschamot» (wörtlich: Rollen der Seelen) ist in der Thora nicht explizit erwähnt. Im «Sohar» (Leuchten) in Paraschat «Mischpatim» unter dem Titel «Saba de Mischpatim» (Großvater oder Alter Mann der Paraschat Mischpatim) werden die Geheimnisse der Reinkarnation ausführlich diskutiert." Quelle: http://www.hagalil.com; (Anmerkung des Herausgebers)

sehen. Nikodemus spricht zu ihm: Wie kann ein Mensch geboren werden, wenn er alt ist? Kann er denn wieder in seiner Mutter Leib gehen und geboren werden? Jesus antwortete: Wahrlich, wahrlich, ich sage dir: Es sei denn, daß jemand geboren werde aus Wasser und Geist, so kann er nicht in das Reich Gottes kommen. Was vom Fleisch geboren ist, das ist Fleisch; und was vom Geist geboren ist, das ist Geist. Wundere dich nicht, daß ich dir gesagt habe: Ihr müßt von neuem geboren werden. Der Wind bläst, wo er will, und du hörst sein Sausen wohl; aber du weißt nicht, woher er kommt und wohin er fährt. So ist es bei jedem, der aus dem Geist geboren ist. Nikodemus antwortete und sprach zu ihm: Wie kann dies geschehen? Jesus antwortete und sprach zu ihm: Bist du Israels Lehrer und weißt das nicht? Wahrlich, wahrlich, ich sage dir: Wir reden, was wir wissen, und bezeugen, was wir gesehen haben; ihr aber nehmt unser Zeugnis nicht an. Glaubt ihr nicht, wenn ich euch von irdischen Dingen sage, wie werdet ihr glauben, wenn ich euch von himmlischen Dingen sage? (Johannes, III, 1 - 12)

6. Die Vorstellung, dass Johannes der Täufer Elia war, und dass die Propheten in das Leben zurückkehren konnten, findet man an vielen Stellen der Evangelien, insbesondere an den oben erwähnten. (siehe Abs. 1 - 3) Wenn dieser Glaube falsch wäre, hätte Jesus ihn bekämpft, wie er viele andere auch bekämpft hat. Im Gegenteil, er bestätigt diesen Glauben mit seiner ganzen Aussagekraft und nimmt ihn als Grundsatz und Voraussetzung, als er sagte: *Keiner kann das Reich Gottes sehen, wenn er nicht wiedergeboren wird.* Er bekräftigte dies und fügte hinzu: *„Wundere dich nicht, daß ich dir gesagt habe: Ihr müßt von neuem geboren werden."*

7. Diese Worte: *„daß jemand geboren werde aus Wasser und Geist"* wurden im Sinne der Erneuerung durch das Wasser der Taufe interpretiert. Der ursprüngliche Text lautete aber *„nicht aus dem Wasser und aus dem Geist wiedergeboren"*, während in einigen Übersetzungen die Worte *„aus dem Geist"* durch die Worte *„aus dem Heiligen Geist"* ersetzt wurden, was nicht demselben Gedanken entspricht. Dieser Hauptgedanke kommt von den ersten Kommentaren, die über die Evangelien gemacht wurden, wie es

eines Tages festgestellt wird, ohne irgendeinen Irrtum.[46]

8. Um den wahren Sinn dieser Worte zu verstehen, muss man auch die Bedeutung des Wortes „Wasser" beachten, das dort nicht in seiner Grundbedeutung gebraucht wurde.

Die Kenntnisse der Alten in der Physik waren sehr unvollkommen. Man glaubte, dass die Erde aus dem Wasser entstanden war, und deswegen hielt man es für das absolut erzeugende Element. In der Genesis wird es außerdem in der Weise dargestellt: „Der Geist Gottes war über den Wassern; er schwebte auf dem Wasser; (...) und Gott sprach: Es werde eine Feste (Himmel) zwischen den Wassern, die da scheide zwischen den Wassern; (...) Und Gott sprach: Es sammle sich das Wasser unter dem Himmel an besonderen Orten, dass man das Trockene sehe; (...) Und Gott sprach: Es wimmle das Wasser von lebendigem Getier, und Vögel sollen fliegen auf Erden unter der Feste des Himmels."[47]

Diesem Glauben nach ist das Wasser zum Symbol der materiellen Natur geworden, wie der Geist Symbol der intelligenten Natur war. Diese Worte: „daß jemand geboren werde aus Wasser und Geist" oder „im Wasser und im Geist", bedeuten soviel wie: „Wenn der Mensch nicht mit seinem Körper und seiner Seele wiedergeboren wird." In diesem Sinne hat man anfangs diese Worte verstanden.

Solche Darstellung ist ohnehin durch diese anderen Worte zu rechtfertigen: *„Was vom Fleisch geboren ist, das ist Fleisch; und was vom Geist geboren ist, das ist Geist."* Jesus macht hier einen bejahenden Unterschied zwischen Geist und Körper. „Was vom Fleisch geboren ist, das ist Fleisch" zeigt sehr deutlich die Unabhängigkeit des Geistes vom Körper, denn nur der Körper kann aus dem Körper stammen.

---

[46] Die Übersetzung von Osterwald stimmt mit dem ursprünglichen Text überein; sie sagt „nicht wiedergeboren sein aus dem Wasser und dem Geist". Die von Sacy sagt hingegen „aus dem Geist, der heilig ist" (« du Saint-Esprit »), und Lamennais übersetzt „aus dem Heiligen Geist". (« de l'Esprit-Saint »)
- Anmerkung zur deutschen Übersetzung: In der Übersetzung von Luther steht indes: „Es sei denn, dass jemand geboren werde aus **Wasser und Geist**, so kann er nicht in das Reich Gottes kommen." (Hes 36,25-27; Mt 3,11; Tit 3,5);

[47] 1 Moses (Genesis) I, 2, 6, 9 und 20; (Anmerkung des Herausgebers)

9. „Der Wind bläst, wo er will, und du hörst sein Sausen wohl; aber du weißt nicht, woher er kommt und wohin er fährt." Man kann dergestalt so verstehen, dass es sich hier um den Geist Gottes handelt, der Leben gibt, wem er will. Oder es handelt sich um die Seele des Menschen. In diesem letzten Sinne von „... du weißt nicht, woher er kommt und wohin er fährt." bedeutet, dass niemand weiß, weder was der Geist war, noch was der Geist sein wird. Wenn der Geist oder die Seele gleichzeitig mit dem Körper geschaffen worden sind, könnte man wissen, woher er kommt, denn man würde seinen Anfang kennen. Wie dem auch sein mag, diese Stelle ist die Anerkennung des Prinzips der Präexistenz der Seele und folglich das Prinzip der Pluralität der Existenzen.

10. Aber von den Tagen Johannes des Täufers bis heute leidet das Himmelreich Gewalt, und die Gewalttätigen reißen es an sich. Denn alle Propheten und das Gesetz haben geweissagt bis hin zu Johannes; und wenn ihr's annehmen wollt: er ist Elia, der da kommen soll. Wer Ohren hat, der höre! (Matthäus XI, 12 - 15)

11. Wenn das Prinzip der Reinkarnation, wie es beim Johannes Evangelium, streng genommen, in einem reinen mystischen Sinne interpretiert werden könnte, könnte das Gleiche nicht mit dieser Stelle bei Matthäus geschehen, die kein Missverständnis zulässt: *„er ist Elia, der da kommen soll."* Hier gibt es weder Figur noch Allegorie: Es ist eine positive Bejahung.

„Aber von den Tagen Johannes des Täufers bis heute leidet das Himmelreich Gewalt." Was bedeuten diese Worte, da Johannes der Täufer in diesem Augenblick noch lebt? Jesus erklärt dies, indem er sagt: „und wenn ihr's annehmen wollt: er ist Elia, der da kommen soll". Da Johannes der Täufer kein anderer als Elia nun war, weist Jesus auf die Zeiten hin, in der Johannes der Täufer unter dem Namen Elia lebte. „Bis heute leidet das Himmelreich Gewalt" ist ein weiterer Hinweis auf die Gewalttätigkeit des mosaischen Gesetzes, das die Vernichtung der Ungläubigen anordnete, um das versprochene Land zu gewinnen: das Paradies der Hebräer. Nach dem neuen Gesetz gewinnt man andererseits den Himmel durch Nächstenliebe und Sanftmut.

Und er fügt hinzu: „Wer Ohren hat, der höre!" Diese Worte, die Jesus so oft wiederholte, sagen deutlich, dass nicht alle in der Lage waren, gewisse Wahrheiten zu verstehen.

12. Diejenigen von euerem Volk, die verstorben sind, werden wieder leben; meine Verstorbenen werden auferstehen. Wachet aus euerem Schlaf auf und lobpreiset Gott, ihr Bewohner des Staubes; denn der Tau, welcher über euch fällt, ist ein Tau des Lichtes, weil ihr die Erde und das Reich des Giganten ruinieren werdet. (Jesaja, XXVI, 19)

13. Auch diese Stelle von Jesaja ist sehr deutlich: „Diejenigen von euerem Volk, die verstorben sind, werden wieder leben;" Wenn der Prophet über das geistige Leben hätte sprechen wollen, wenn er vorgehabt hätte, zu sagen, dass diejenigen, die hingerichtet wurden, geistig nicht tot waren, hätte er gesagt: „Sie leben noch" und nicht: „werden wieder leben". Die erste Interpretation wäre rein geistig betrachtet widersinnig, denn sie würde eine Unterbrechung des Lebens der Seele bedeuten. Im Sinne der moralischen Erneuerung wären sie die Verneinung der ewigen Strafen. Diese Worte bekräftigten tatsächlich, *dass alle Verstorbenen wieder leben werden.*

14. Aber, wenn der Mensch einmal gestorben ist, wenn sein von seinem Geiste getrennter Körper aufgezehrt ist, was wird aus ihm werden? (...) Einmal gestorben, könnte der Mensch wieder lebendig werden? In diesem Kampf, in dem ich mich alle Tage meines Lebens befinde, erwarte ich, dass meine Veränderung kommt. (Hiob, XIV, 10, 14 - Übersetzung vom „Le Maître de Sacy")
Wenn der Mensch stirbt, verliert er all seine Kraft, er verscheidet. Wo ist er danach? (...) Wenn der Mensch stirbt, wird er wieder leben? Werde ich alle Tage meines Kampfes warten, bis zu dem Tag, an dem mir irgendeine Veränderung kommen wird? (Hiob, XIV, 10, 14 - Protestantischer Übersetzung von Osterwald)
Wenn der Mensch tot ist, lebt er immer; wenn die Tage meiner irdischen Existenz zu Ende gehen, werde ich warten, denn zu ihr werde ich zurückkehren. (Hiob, XIV, 10, 14 - Version der griechischen Kirche)[48]

---

[48] „Stirbt aber ein Mann, so ist er dahin; kommt ein Mensch um - wo ist er? (...)Meinst du, ein toter Mensch wird wieder leben? Alle Tage meines Dienstes wollte ich harren, bis meine Ablösung kommt." - Nach der Übersetzung Martin Luthers; (Anmerkung des Übersetzers)

15. In diesen drei Versionen ist das Prinzip der Pluralität der Existenzen deutlich ausgedrückt. Man kann nicht annehmen, dass Hiob über die Erneuerung durch das Taufwasser hätte sprechen wollen, das er gewiss nicht kannte. *„Einmal* gestorben, könnte der Mensch *wieder lebendig werden?"* Der Gedanke, einmal zu sterben und wiedergeboren zu werden, bedeutet: sterben und mehrmals wiedergeboren werden. Die Version der griechischen Kirche drückt das, falls möglich, noch deutlicher aus: „Wenn die Tage meiner irdischen Existenz zu Ende gehen, werde ich warten, denn zu ihr werde ich zurückkehren.", d. h.: Ich werde zu der irdischen Existenz zurückkehren. Das ist genauso deutlich, wie wenn man sagen würde: „Ich gehe aus meinem Haus, aber ich werde zu ihm zurückkehren."

„In diesem Kampf, in dem ich mich alle Tage meines Lebens befinde, erwarte ich, dass meine Veränderung kommt." Hiob wollte selbstverständlich den Kampf, den er gegen das Elend des Lebens aushielt, erwähnen. Er wartet auf seine Veränderung, in kurzen Worten, er ergibt sich in das Schicksal. „... Werde ich warten" in der griechischen Version scheint auf eine neue Existenz hinzudeuten. „Wenn die Tage meiner irdischen Existenz zu Ende gehen, werde ich warten, denn zu ihr werde ich zurückkehren." Hiob scheint sich vorzustellen, nach dem Tod in einer Zwischenzeit zu sein, die eine Existenz von der anderen trennt und sagt, dass er dort auf den Moment seiner Rückkehr warten wird.

16. Es ist dann nicht zu bezweifeln, dass unter dem Namen „Auferstehung" das Prinzip der Reinkarnation eine der Hauptmaximen der Juden war. Jesus und die Propheten haben in einer förmlichen Art und Weise dies bestätigt. Man kann daraus schließen: Die Reinkarnation zu verneinen bedeutet die Worte Christus zu verneinen. Seine Worte werden eines Tages Aussagekraft über diesen Punkt, wie über viele andere auch, haben, wenn ohne Vorurteile über sie nachgedacht wird.

17. Zu dieser Aussagekraft, aus dem religiösen Gesichtspunkt, fügt man die Beweise aus dem philosophischen Gesichtspunkt hinzu, die sich aus der Beobachtung der Tatsachen ergeben. Wenn es darum geht, von den Wirkungen auf die Ursachen zurückzugehen, erscheint die Reinkarnation

als eine uneingeschränkte Notwendigkeit und als eine innewohnende Beschaffenheit der Menschheit. Kurz gesagt: als ein Gesetz der Natur. Sie offenbart sich durch ihre Ergebnisse, in einer gewissermaßen materiellen Art, wie ein verborgener Motor, der sich durch seine Bewegung offenbart. Nur die Lehre der Reinkarnation kann dem Menschen deutlich machen, *woher er kommt, wohin er geht und warum er auf der Erde ist.* Ferner kann sie alle Regelwidrigkeiten und alle scheinbaren Ungerechtigkeiten, die das Leben mit sich bringt, rechtfertigen.[49]

Ohne das Prinzip der Präexistenz der Seele und der Pluralität der Existenzen sind die Maximen des Evangeliums zum großen Teil unverständlich. Deswegen waren widersprüchliche Interpretationen möglich. Dieses Prinzip ist der Schlüssel, der den wahren Sinn dieser Maximen wieder herstellen wird.

DIE REINKARNATION STÄRKT DIE FAMILIENBANDE, WÄHREND DIE EINMALIGE EXISTENZ SIE BRICHT

18. Die Familienbande sind durch die Reinkarnation nicht zerstört, wie gewisse Menschen es denken. Sie werden, im Gegenteil, verstärkt und enger: Das entgegengesetzte Prinzip ist es, das sie zerstört.

Die Geister bilden im Weltraum Gruppen oder Familien, die sich durch Zuneigung, Sympathie und ähnliche Neigung vereinigen. Diese Geister suchen einander, um glücklich miteinander zu sein. Die Reinkarnation trennt sie nur vorübergehend, denn sie treffen sich wieder, wenn sie zur Erraticität zurückkehren, ähnlich wie Freunde nach der Rückkehr einer Reise. Sie folgen oftmals den anderen in eine Inkarnation sogar nach, wo sie sich in derselben Familie oder in einem gleichen Kreis wiedervereinigen und zusammen für ihren gegenseitigen Fortschritt arbeiten. Wenn manche von denen inkarniert sind, andere aber nicht, sind sie trotzdem durch den Gedanken verbunden. Diejenigen, die im geistigen Zustand frei sind, sorgen für andere, die in der Gefangenschaft des Körpers sind. Die Fortgeschrittenen versuchen den Nachzüglern bei der Entwicklung zu helfen. Nach jeder Existenz haben sie einen Schritt mehr

---

[49] Die Lehre der Reinkarnation wird in den Büchern „Das Buch der Geister", Kap. IV und V; „Was ist der Spiritismus"(Allan Kardec) und „Die Pluralität der Existenzen" (A. Pezzani) tiefer behandelt;

auf dem Weg zur Vervollkommnung gemacht. Ihre gegenseitige Zuneigung wird umso lebendiger, je weniger sie an die Materie gebunden sind. Aus demselben Grund gilt, je reiner diese Zuneigung ist, umso weniger wird sie durch den Egoismus gestört oder noch durch die Leidenschaft vernebelt. Sie können also eine unbegrenzte Zahl von körperlichen Existenzen durchlaufen, ohne dass irgendetwas die gegenseitige Zuneigung zerstört.

Man versteht hier die wahre Zuneigung von Seele zu Seele. Das ist die Einzige, welche die Vernichtung des Körpers überlebt. Deswegen haben andererseits die Menschen, die sich in dieser Welt nur aufgrund der Sinnlichkeit verbunden haben, keinen Grund, sich in der Geistigen Welt zu suchen. Nur die spirituelle Zuneigung ist eine dauerhafte. Die körperliche Zuneigung löst sich zusammen mit dem Grund auf, der sie verursacht hat. In der Geistigen Welt existiert nun diese Ursache nicht mehr. Die Seele dagegen existiert immer. Die nur nach Interessen verbundenen Menschen haben zueinander in Wirklichkeit keine Bindung: Der Tod trennt sie auf der Erde, so wie im Himmel.

19. Die Vereinigung und die Zuneigung zwischen Verwandten sind Anzeichen von vorheriger Anziehung, die sie einander näher brachte. Man sagt auch, wenn man über eine Person spricht, dass deren Charakter, Geschmack und Neigung keine Ähnlichkeit mit denen ihrer Verwandten aufweisen, sie gehöre nicht zu dieser Familie. Indem man das sagt, drückt man eine Wahrheit aus, die tiefsinniger ist, als man denkt. Gott erlaubt, dass solche Inkarnationen von einander unsympathischen und befremdenden Geistern in den Familien vorkommen, mit einem doppelten Zweck: als Prüfung für einige und als Mittel der Entwicklung für andere. Die Böswilligen bessern sich dann, nach und nach, durch den Kontakt mit den Guten und wegen der Aufmerksamkeiten, die sie von diesen bekommen, die ihren Charakter besänftigen, ihre Angewohnheiten reinigen und die Abneigungen auslöschen. Und so wird die Verschmelzung zwischen den verschiedenen Entwicklungsgraden von Geistern begründet, wie es zwischen den Rassen und Völkern auf der Erde geschieht.

20. Die Angst vor der unbegrenzten Erweiterung der Verwandtschaft, aufgrund der Reinkarnation, ist eine egoistische Angst, die beweist, dass man eine umfassende Liebe nicht empfinden kann, um eine große Zahl von Menschen damit einzuschließen. Wird ein kinderreicher Vater all seine Kinder weniger lieben, als wenn er nur ein Einziges hätte? Die Egoisten sollen sich beruhigen, weil diese Angst kein Fundament hat. Aus der Tatsache heraus, dass ein Mensch zehn Inkarnationen durchlebte, kann man nicht schließen, dass er in der Geistigen Welt zehn Väter, zehn Mütter, zehn Frauen und eine verhältnismäßige Zahl von Kindern und neuen Verwandten treffen würde. Er wird immer dieselben treffen, die Objekt seiner Zuneigung waren, die mit ihm auf der Erde verbunden waren, in verschiedenen Rollen oder vielleicht in denselben Rollen.

21. Betrachten wir jetzt die Konsequenzen der „Anti-Reinkarnations-Lehre". Diese Lehre hebt insbesondere die Präexistenz der Seele auf. Da die Seelen zur gleichen Zeit wie ihre Körper erschaffen werden, existiert kein vorheriges Band zwischen ihnen. Sie wären einander vollständig fremd. Der Vater wäre demnach seinem Sohn fremd. Die Verbindung der Familie beschränkte sich also nur auf die körperliche Verbindung, ohne irgendeine spirituelle Bindung. Es gibt nun keinen Grund zu prahlen, dass man diese oder jene berühmte Persönlichkeit als Vorfahren gehabt hätte. Durch die Reinkarnation dagegen können Vorfahren und Nachkommen sich schon kennengelernt, zusammen gelebt, sich geliebt haben und können außerdem später zusammen kommen, um ihre sympathischen Bande enger zu ziehen.

22. Soviel hinsichtlich der Vergangenheit. Was jedoch die Zukunft angeht, ist das Schicksal der Seelen unwiderruflich nach einer einmaligen Existenz festgelegt, gemäß einem der Hauptdogmen, das aus dieser „Anti-Reinkarnations-Lehre" stammt. Die endgültige Festsetzung des Schicksals impliziert das Aufhören von allen Fortschritten. Denn, wenn es irgendeinen Fortschritt gibt, gibt es kein endgültiges Schicksal. Je nachdem, wie man gelebt hat, gut oder schlecht, geht man sofort zur Wohnung der Glückseligen oder zur ewigen Hölle. Man ist nun sofort getrennt, für immer, ohne Hoffnung, dass man sich wieder nahe kommen wird; sodass Väter, Mütter und Kinder, Ehemann und Ehefrau, Brüder,

Schwestern und Freunde sich nie sicher sind, ob sie sich wiedersehen werden. Es ist der absolute Bruch der Familiebande. Mit der Reinkarnation und dem Fortschritt, der von ihr eine Folge ist, werden sich dagegen diejenigen, die sich geliebt haben, sowohl auf der Erde als auch im Weltraum wieder treffen und sich zusammen zu Gott hingezogen fühlen. Wenn einige auf dem Weg hinfallen, verlangsamen sie ihren Fortschritt und ihr Glück, aber die ganze Hoffnung ist nicht verloren. Geholfen, ermutigt und unterstützt von denjenigen, die sie lieben, werden sie eines Tages aus dem Sumpf heraus kommen, in dem sie versunken sind. Mit der Reinkarnation ist schließlich die Solidarität zwischen den Inkarnierten und Nichtinkarnierten ewig. Daraus ergibt sich eine Verengung des Zuneigungsbandes.

23. Zusammenfassend sind den Menschen vier Alternativen für seine Zukunft dargeboten:

a. das Nichts, gemäß der materialistischen Lehre;

b. die Absorption[50] im universellen Ganzen, gemäß der pantheistischen[51] Lehre;

c. die Individualität mit einer endgültigen Festsetzung ihres Schicksals, gemäß der kirchlichen Lehre und;

d. die Individualität mit einer grenzenlosen Progression, gemäß der Spiritistischen Lehre.

Entsprechend der ersten Zwei, brechen die Familienbande nach dem Tode und es gibt keine Hoffnung auf ein Wiedertreffen. Mit dem Dritten gibt es die Chance, sich wiederzusehen, sofern man sich in der gleichen Umgebung befindet, die sowohl die Hölle wie auch das Paradies sein kann. Die Pluralität der Existenzen, die von der allmählichen Progression untrennbar ist, gibt uns die Gewissheit über die Fortdauer der Verbindungen zwischen denjenigen, die sich geliebt haben. Und das bildet die wahre Familie.

---

[50] (lat.) Aufnahme; (Anmerkung des Übersetzers)
[51] (rel.) Pantheismus: Allgottlehre, Lehre in der Gott und Welt identisch sind; (Anmerkung des Übersetzers)

UNTERWEISUNGEN DER GEISTIGEN WELT
GRENZEN DER INKARNATION

24. Welche sind die Grenzen der Inkarnation?

Die Inkarnation lässt sich gewissermaßen schwer genau eingrenzen, wenn man sich auf die Hülle des Körpers des Geistes[52] bezieht. Denn der Aufbau dieser Hülle wird feinstofflicher, je mehr der Geist sich reinigt. In gewissen Welten, die entwickelter als die Erde sind, ist der Körper weniger stofflich, leichter und nicht so grob und deshalb weniger den Schicksalsschlägen unterworfen. In einem erhabenen Stadium ist er durchsichtig und fast fluidal.[53] Von Grad zu Grad wird er unstofflicher und schließlich verschmelzt sich dieser geistige Körper mit diesem Perisprit. Der Geist passt sich der Natur jener Welt an, in die er zum Leben gerufen worden ist und holt sich die angemessene stoffliche Hülle.

Der eigene Perisprit macht somit allmählich Veränderungen durch. Er wird ätherischer bis zur vollständigen Reinigung, die dem Zustand der reinen Geister entspricht. Wenn besondere Welten als Aufenthalt für weiter entwickelte Geister bestimmt sind, sind diese Geister an diese nicht gebunden, wie in den niederen Welten. Der gelöste Zustand, in dem sie sich befinden, ermöglicht ihnen überall hinzugehen, wohin die ihnen anvertrauten Missionen sie rufen.

Wenn man die Inkarnation unter dem materiellen Gesichtspunkt betrachtet - wie es auf der Erde vorkommt-, kann man sagen, dass ihre Notwendigkeit sich auf die niederen Welten beschränkt. Es hängt folglich von dem Geist ab, sich mehr oder weniger schnell von diesem Bedürfnis zu befreien, indem er für seine Reinheit arbeitet.

So ist es auch zu bemerken, dass der Zustand des Geistes im entkörperten Zustand - das heißt in der Zeit zwischen den körperlichen Existenzen - im Verhältnis zu der Natur jener Welt steht, mit der sein Entwicklungsstadium ihn bindet. Dabei ist er in dieser Erraticität mehr oder weniger glücklich, frei und aufgeklärt, je nachdem, ob er mehr oder weniger vergeistigt ist.

(Hl. Ludwig, Paris, 1859)

---

[52] Der Perisprit; (Anmerkung des Übersetzers)
[53] Von Fluidum, Fluida; (Anmerkung des Übersetzers)

IST DIE INKARNATION EINE STRAFE?

25. *Ist die Inkarnation eine Strafe und sind nur die schuldhaften Geister ihr unterworfen?* Der Durchgang der Geister durch das körperliche Leben ist notwendig, damit sie mit der Hilfe einer materiellen Handlung die Pläne erfüllen können, deren Ausführung Gott ihnen anvertraut hat. Die Vollstreckung von Gottes Willen ist für sie selbst notwendig, weil die Tätigkeit, die sie zu erfüllen verpflichtet sind, der Entwicklung ihrer Vernunftbegabung hilft. Da Gott allgerecht ist, hält Er alle Seine Kinder gleich. Deswegen gibt Er allen den gleichen Ausgangspunkt, die gleichen Fähigkeiten, *die gleichen Verpflichtungen zu erfüllen und die gleiche Freiheit zu handeln.* Jedes Privileg wäre ein Vorzug und aller Vorzug eine Ungerechtigkeit. Die Inkarnation ist für alle Geister dennoch nichts anderes, als ein vorübergehender Zustand. Sie ist eine Aufgabe, die Gott ihnen beim Eintritt in das Leben erteilt. Sie dient als erste Prüfung des Gebrauchs ihres freien Willens. Diejenigen, die diese Aufgabe mit Inbrunst erfüllen, erreichen schnell und weniger schmerzlich ihre ersten Stufen der Einweihung und genießen früher die Früchte ihrer Arbeit. Diejenigen, die im Gegenteil dazu, schlecht mit der ihnen von Gott gegebenen Freiheit umgehen, verlangsamen ihren Fortschritt. Sie können wegen ihrer Hartnäckigkeit die Notwendigkeit, sich wieder zu inkarnieren auf unbestimmte Zeit verlängern und so kommt es, dass die Inkarnation zu einer Strafe wird.
(Hl. Ludwig, Paris, 1859)

26. *Bemerkung*: Ein gewöhnlicher Vergleich möchte diesen Unterschied zum besseren Verstehen bringen. Der Schüler erreicht die Stufen der Wissenschaft erst, nachdem er alle Klassen, die ihn dorthin führen, durchlaufen hat. Diese Klassen, was immer für eine Arbeit sie auch verlangen, sind ein Mittel, um das Ziel zu erreichen und nicht eine Strafe. Für den fleißigen Schüler scheint die Schulzeit bis dahin schneller und leichter zu vergehen und er trifft auf diesem Weg auf wenige Dornen. Anders geschieht es dem nachlässigen und faulen Schüler, da er zur Wiederholung gewisser Klassen gezwungen ist. Dabei ist nicht die Arbeit jener Klasse, die eine Strafe ist, sondern die Verpflichtung, die gleiche Arbeit von vorne wieder anzufangen.

Das geschieht mit dem Menschen auf der Erde. Für den Geist des Wilden, der sich fast am Anfang des geistigen Lebens befindet, ist die Inkarnation ein Mittel, seine Vernunftbegabung zu entwickeln. Andererseits ist sie eine Bestrafung für den aufgeklärten Menschen, bei dem der moralische Sinn weit gehend entwickelt ist. Denn er sieht sich in der notwendigen Situation, seinen Aufenthalt in einer niederen und unglücklichen Welt zu verlängern. Er ist gezwungen, die Abschnitte seines körperlichen Lebens voller Angstgefühle von vorne wieder anzufangen, auch wenn er schon sein Ziel hätte erreichen können. Wer im Gegenteil sehr eifrig für seine moralische Entwicklung arbeitet, kann nicht nur die Dauer der materiellen Inkarnation verkürzen, sondern auch die Zwischenstufen, die ihn von den erhabenen Welten trennen, auf einmal erreichen.

Könnten nicht die Geister nur einmal auf einem bestimmten Planeten inkarnieren und in unterschiedlichen Entwicklungsebenen ihrer verschiedenen Existenzen erfüllen?

Diese Auffassung wäre nur zulässig, wenn alle Menschen auf der Erde auf demselben intellektuellen und moralischen Niveau wären. Die Unterschiede, die zwischen ihnen existieren, von wilden bis zu zivilisierten Menschen zeigen die Stufen, die sie erreichen sollen. Die Inkarnation soll einen nützlichen Zweck haben. Nun, welchen Zweck hätten die kurzlebigen Inkarnationen von Kindern, die im zarten Alter sterben? Sie hätten ohne Nutzen für sich und für die anderen gelitten. Gott, Dessen Gesetze von souveräner Weisheit sind, bewirkt allerdings nichts Nutzloses. Durch die Reinkarnation auf der gleichen Welt wollte Er, dass die gleichen Geister, indem sie wieder miteinander in Verbindung treten, die Möglichkeit erlangen, ihre gegenseitigen Fehler wieder gutzumachen. Wegen ihrer vorherigen Beziehungen wollte Er einerseits die Familienbande auf eine spirituelle Basis setzen und andererseits die Prinzipien des Zusammengehörigkeitsgefühls, der Brüderlichkeit und der Gleichheit auf ein natürliches Gesetz stützen.

KAPITEL V -
SELIG SIND DIE LEIDTRAGENDEN

Gerechtigkeit des Kummers - Gegenwärtige Ursachen des Kummers - Ursachen des Kummers in der Vergangenheit - Vergessen der Vergangenheit - Gründe für die Resignation[54] - Selbstmord und Wahnsinn **Unterweisungen der Geistigen Welt:** Gut oder schlecht leiden - Das Übel und sein Ausweg - Das Glück ist nicht von dieser Welt - Der Verlust geliebter Menschen. Der frühe Tod - „Jung stirbt, wen die Götter lieben."[55] - Die freiwillige Folterqual - Das wahre Unglück - Schwermut - Freiwillige Prüfungen. Das wahre Büßergewand - Soll man den Prüfungen seines Nächsten ein Ende setzen? - Ist es erlaubt, das Leben eines unheilbar Kranken zu verkürzen? - Sein eigenes Leben opfern - Vorteil der Leiden für andere Menschen

1. Selig sind die Sanftmütigen; denn sie werden das Erdreich besitzen. Selig sind, die da hungert und dürstet nach der Gerechtigkeit; denn sie sollen satt werden. (...) Selig sind, die um der Gerechtigkeit willen verfolgt werden; denn ihrer ist das Himmelreich. (Matthäus V,5 - 6 und 10)
2. Und er hob seine Augen auf über seine Jünger und sprach: Selig seid ihr Armen; denn das Reich Gottes ist euer. Selig seid ihr, die ihr jetzt hungert; denn ihr sollt satt werden. Selig seid ihr, die ihr jetzt weint; denn ihr werdet lachen. (Lukas, VI, 20 - 21)
3. Aber dagegen: Weh euch Reichen! Denn ihr habt euren Trost schon gehabt. Weh euch, die ihr jetzt satt seid! Denn ihr werdet hungern. Weh euch, die ihr jetzt lacht! Denn ihr werdet weinen und klagen. (Lukas, VI, 24 - 25)

GERECHTIGKEIT DES KUMMERS
3. Die Ausgleiche, die Jesus den Leidtragenden der Erde verspricht, können nur im zukünftigen Leben stattfinden. Ohne die Gewissheit über die Zukunft wären diese Grundsätze ein Widersinn, mehr noch, sie wären eine Täuschung. Selbst mit dieser Gewissheit versteht man schwerlich den Nutzen des Leidens, um das wahre Glück zu erreichen. Es heißt, man habe dadurch einen größeren Verdienst. Aber dann fragt man sich: Warum leiden einige mehr als andere? Warum werden die einen im Elend

---

[54] Gefasstheit, Ergebung in das Schicksal; (Anmerkung des Übersetzers)
[55] "Quem di diligunt adulescens moritur", Platon – siehe Fußnote 58 ;
(Anmerkung des Übersetzers)

und die andere im Reichtum geboren, ohne dass sie irgendetwas getan hätten, das diese Lage rechtfertigt? Warum gelingt einigen Menschen nichts, während bei anderen alles zu gelingen scheint? Was man jedoch noch weniger versteht, ist die ungleichmäßige Verteilung von Gütern und Plagen zwischen lasterhaften und tugendhaften Menschen; tugendhafte Menschen leiden neben niederträchtigen, die Glück haben. Der Glaube an die Zukunft kann trösten und Geduld lehren, erklärt aber nicht solcher Grundsatzverstöße, die Gottes Gerechtigkeit zu widerlegen scheinen.

Auf der anderen Seite, sobald man die Existenz Gottes zugibt, ist Er nicht ohne unendliche Vollkommenheit zu begreifen. Er muss der Allmächtige, der Gerechte, der Gütige sein, andernfalls wäre Er nicht Gott. Wenn Gott erhaben, gut und gerecht ist, kann Er weder launisch noch parteiisch handeln. *Die Schicksalsschläge des Lebens haben somit eine Ursache und da Gott gerecht ist, muss diese Ursache gerecht sein.* Das ist es, was jeder gut ergründen muss. Gott brachte die Menschen auf den Weg, diese Ursache zu ergründen durch die Lehre Jesu. Und heute, da Er die Menschen für reif genug hält, diese zu verstehen, offenbart Er sie ihnen vollständig durch *den Spiritismus,* das heißt *durch die Worte der Geister.*

Gegenwärtige Ursachen des Kummers

4. Es gibt im Leben zwei Arten von Schicksalsschlägen, oder anders ausgedrückt, sie haben zwei unterschiedliche Ursachen, die es zu unterscheiden gilt. Die einen haben ihre Ursache im gegenwärtigen Leben, die anderen außerhalb dieses Lebens.

Indem man zum Ursprung irdischer Leiden zurückgeht, wird man erkennen, dass viele eine natürliche Folge des Charakters und des Verhaltens derjenigen sind, die sie ertragen.

Wie viele Menschen fallen durch ihre eigenen Fehler! Wie viele sind Opfer ihrer Sorglosigkeit, ihres Stolzes und ihres Ehrgeizes!

Wie viele ruinieren sich selbst durch Mangel an Ordnung, an Beharrlichkeit, durch schlechte Handlung und weil sie ihre Wünsche nicht eingeschränkt haben!

Wie viele unglückliche Verbindungen gibt es, die aus berechnendem Interesse oder aus Eitelkeit entstanden sind, mit denen das Herz nichts zu tun hat! Wie viele Streitigkeiten und verhängnisvolle

Auseinandersetzungen hätten mit mehr Mäßigung und weniger Empfindlichkeit vermieden werden können! Wie viele Krankheiten und Gebrechen sind die Folge von Unmäßigkeit und Übermaß aller Art! Wie viele Eltern sind unglücklich über ihre Kinder, weil sie ihre schlechte Veranlagung nicht von Anfang an bekämpft haben! Aus Schwäche oder Gleichgültigkeit haben sie es zugelassen, dass sich in ihnen Keime des Stolzes, des Egoismus und törichter Eitelkeit entwickeln konnten, die das Herz ausdörren. Und wenn sie später die Früchte ihrer Erziehung ernten, wundern sie sich und beklagen sich über deren Respektlosigkeit und Undankbarkeit.

Menschen, die von Schicksalsschlägen und Lebensenttäuschungen tief getroffen wurden, mögen einmal ganz nüchtern ihr Gewissen befragen. Sie mögen Stück für Stück die Quelle ihres Leidens aufsuchen; dann werden sie einsehen, dass sie in den meisten Fällen sagen können: *„Hätte ich dies getan oder jenes vermieden, wäre ich nicht in dieser Lage."*

Wem soll man nun die Verantwortung für all unseren Kummer geben, wenn nicht uns selbst? Der Mensch ist in vielen Fällen Urheber seines eigenen Unglücks; aber statt dies zu erkennen, findet er es einfacher und weniger demütigend für seine Eitelkeit, das Schicksal, die Vorsehung, die ungünstigen Gelegenheiten und seinen schlechten Stern anzuklagen, obwohl sein schlechter Stern nur in seiner Nachlässigkeit begründet liegt.

Derartige Leiden stellen sicherlich einen bedeutenden Anteil an den Schicksalsschlägen des Lebens dar. Der Mensch wird sie vermeiden, indem er gleichermaßen an seiner moralischen wie intellektuellen Besserung arbeitet.

5. Das menschliche Gesetz erfasst bestimmte Verstöße und bestraft sie. Der Verurteilte könnte somit einsehen, dass er die Konsequenzen für das trägt, was er angerichtet hat. Dieses Gesetz ist aber nicht in der Lage, alle Verstöße zu erfassen. Es betrifft insbesondere solche Vergehen, die der Gesellschaft Schaden zufügen, nicht aber solche, die nur denjenigen schaden, die sie begehen. Gott aber will den Fortschritt all Seiner Geschöpfe. Er lässt folglich keine Abweichung vom rechten Weg ohne Konsequenzen. Jeder Verstoß, mag er noch so klein sein, jede einzelne Handlung, die Seinem Gesetz zuwiderläuft, hat zwangsläufige,

unvermeidliche und mehr oder weniger unangenehme Konsequenzen. Daraus folgt, dass der Mensch in kleinen wie in großen Sachen immer an dem Punkt bestraft wird, an dem er Fehler begangen hat. Das Leiden als eine Folge dessen ist eine Ermahnung für seine Fehler. Das gibt ihm Erfahrung und lässt ihn den Unterschied zwischen Gut und Ungut spüren sowie die Notwendigkeit, sich zu bessern, um in Zukunft das zu vermeiden, was die Quelle seines Leidens war. Ohne diese Folgen hätte er keinen Grund sich zu ändern. Glaubte er an Bestrafungslosigkeit, würde er seinen Fortschritt und folglich sein zukünftiges Glück verzögern.

Die Erkenntnis kommt allerdings manchmal etwas spät. Wenn das Leben verschwenderisch und wirr geführt wurde, wenn die Kräfte schon verbraucht sind und das Übel nicht wieder gutzumachen ist, dann beginnt der Mensch zu sagen: „Wenn ich am Anfang meines Lebens gewusst hätte, was ich heute weiß, wie viele Fehltritte hätte ich vermeiden können! *Wenn ich wieder anfangen müsste*, würde ich mich anders verhalten. Es bleibt nun aber keine Zeit mehr!" Wie der faule Arbeiter, der sagt: „Ich habe meinen Tag vergeudet.", so sagt auch er: „Ich habe mein Leben vergeudet." Aber so wie für den Arbeiter die Sonne am nächsten Tag aufgeht und ihm erlaubt, die verlorene Zeit wieder gutzumachen, so wird auch für den Menschen nach der Grabesnacht die Sonne eines neuen Lebens scheinen, in dem es ihm möglich wird, die Erfahrungen der Vergangenheit und seine guten Vorsätze für die Zukunft zu nutzen.

Ursachen des Kummers in der Vergangenheit

6. Wenn es aber in diesem Leben Übel gibt, deren ursprüngliche Ursache der Mensch ist, so gibt es auch andere, an denen er, zumindest dem Anschein nach, völlig unbeteiligt ist und die ihn wie durch Schicksal zu treffen scheinen. So z. B. der Verlust geliebter Wesen und der Wegfall des Familienrückhaltes; oder Unfälle, die keine Voraussicht vermeiden konnte; Schicksalsschläge, die sämtlich die Umsicht vereitelt; dann die natürlichen Geißeln, die Geburtskrankheiten, vor allem solche, die so vielen Unglücklichen die Möglichkeit nehmen, ihren Lebensunterhalt durch Arbeit zu verdienen, wie zum Beispiel Missbildungen, Idiotie, Kretinismus, usw.

Diejenigen, die unter solchen Umständen geboren werden, haben in diesem Leben mit Sicherheit nichts getan, dass sie ein so trauriges Schicksal verdienen, ohne jegliche Entschädigung. Ein Schicksal, das sie nicht vermeiden konnten, das sie aus eigener Kraft zu verändern nicht in der Lage sind und das sie der Willkür öffentlichen Mitleides aussetzt. Warum also gibt es solch unglückliche Menschen, während andere neben ihnen, unter demselben Dach, in derselben Familie in jeder Hinsicht begünstigt sind?

Und was ist mit jenen Kindern, die so jung sterben und die im Leben nur das Leid kennengelernt haben? Das sind Probleme, die noch keine Philosophie lösen konnte, Ungerechtigkeiten, die noch keine Religion rechtfertigen konnte, die im Grunde eine Verneinung der Güte, der Gerechtigkeit und der Vorsehung Gottes wären, wenn man annähme, dass die Seele gleichzeitig mit dem Körper erschaffen und ihr Schicksal nach kurzem Aufenthalt auf der Erde unwiderruflich festgelegt würde. Was hätten diese Seelen, die gerade aus den Händen des Schöpfers erschaffen wurden, gemacht, um auf dieser Welt soviel Leid zu ertragen und in der Zukunft irgendeine Belohnung oder Bestrafung zu erhalten, wenn sie weder Gutes noch Böses hätten tun können?

Auf der Basis des Gesetzes, dass *jede Wirkung eine Ursache hat*, ist andererseits auch ein solches Elend eine Wirkung, die eine Ursache haben muss. Da wir annehmen, dass Gott gerecht ist, muss auch diese Ursache gerecht sein. Da nun die Ursache immer der Wirkung vorausgeht und nicht im gegenwärtigen Leben zu finden ist, muss sie vor diesem Leben zu suchen sein, das heißt in einer früheren Existenz. Gott bestraft niemanden für das Gute, das er getan hat, noch für das Übel, das er nicht begangen hat. Wenn wir nun doch bestraft werden, müssen wir wohl etwas Schlechtes getan haben. Und wenn dies nicht im gegenwärtigen Leben geschehen ist, dann in einem anderen. Vor dieser Alternative gibt es kein Entrinnen, hier entscheidet die Logik, auf welcher Seite die Gerechtigkeit Gottes wirkt.

Der Mensch wird also nicht immer in seinem gegenwärtigen Leben teilweise oder ganz bestraft. Er kommt dennoch nie an den Konsequenzen seiner Verstöße vorbei. Das Übel kann nur vorübergehend gedeihen. Wer seine Schuld heute nicht büßt, wird es morgen tun, wohingegen derjenige, der leidet, gerade dabei ist, seine Vergangenheit abzubüßen. Denn schließlich hat jedes Unglück, das auf den ersten Blick unverdient erscheint, seine Ursache, und derjenige, der leidet, hat immer Grund zu sagen: „Verzeihe mir Herr, denn ich habe gefehlt."

7. Sowohl die Leiden, deren Ursachen in einem vergangenen Leben liegen, als auch solche, deren Verstöße dem gegenwärtigen Leben zu Grunde liegen, sind oft die natürliche Folge begangener Fehler. Das heißt, aufgrund einer streng verteilten Gerechtigkeit leidet der Mensch unter dem, was er anderen angetan hat. Wenn er hart und unmenschlich war, kann er seinerseits hart und unmenschlich behandelt werden. War er hochmütig, wird er vielleicht in einem für ihn demütigenden Zustand geboren werden. Wenn er geizig oder egoistisch war oder Missbrauch mit seinem Vermögen getrieben hat, kann ihm womöglich das Notwendige entzogen werden. Und angenommen er wäre ein schlechter Sohn gewesen, könnten ihm nun seine Kinder Sorgen bereiten, usw.
So lassen sich durch die Vielzahl der Existenzen und durch die Bestimmung der Erde als eine Welt der Abbüßung die Unregelmäßigkeiten erklären, die sich in Form einer Aufteilung von Glück und Unglück unter den guten und den böswilligen Menschen hier auf Erden darstellen. Diese vermeintliche Regelwidrigkeit erscheint uns nur deshalb so, weil wir sie ausschließlich vom Standpunkt des gegenwärtigen Lebens aus betrachten. Indem man sich jedoch gedanklich erhebt, um eine ganze Reihe von Existenzen zu erfassen, wird man begreifen, dass jeder den Anteil bekommt, der ihm zusteht. Dies geschieht ungeachtet dessen, was ihn in der Geistigen Welt erwartet. Die Gerechtigkeit Gottes wirkt ununterbrochen.
Nie sollte der Mensch aus den Augen verlieren, dass er sich in einer niederen Welt befindet, an die er nur durch seine Unvollkommenheit gebunden bleibt. Bei jedem Schicksalsschlag soll er sich daran erinnern, dass dies nicht geschehen würde, wenn er einer fortschrittlichen Welt angehöre und dass es in seiner Hand liegt, nicht mehr auf diese Welt zurückkehren zu müssen, indem er an seiner Vervollkommnung arbeitet.

8. Die Drangsale des Lebens können hartherzigen Geistwesen auferlegt werden oder solchen, die zu unwissend sind, um in Kenntnis der Ursachen eine Wahl zu treffen. Die *bereuenden* Geister wählen dagegen

diese Prüfungen freiwillig. Denn sie wollen ihre Übeltaten wieder
gutmachen und besser handeln, wie jemand, der seine Pflicht schlecht
erfüllt hat und nun darum bittet, noch einmal von vorn anzufangen, um
den Nutzen seiner Arbeit nicht einzubüßen. Daher sind solche Drangsale
gleichzeitig Abbüßungen der Vergangenheit, die dadurch bestraft wird
und auch Prüfungen für die Zukunft, auf die sie uns vorbereiten. Lasst uns
Gott danken, dass Er in Seiner Barmherzigkeit dem Menschen erlaubt,
seine Verstöße wieder gutzumachen und ihn nicht beim ersten Verstoß
unwiderruflich verurteilt!

9. Es wäre andererseits irrtümlich zurückzuschließen, dass jedes auf dieser
Welt erduldete Leid zwangsläufig auf einen bestimmten Verstoß
hindeutet. Oft sind es einfache Prüfungen, die sich der Geist ausgesucht
hat, um seinen Reinigungsprozess zu vollenden und seinen Fortschritt zu
beschleunigen. Demnach dient die Abbüßung immer als Prüfung, aber
nicht immer ist die Prüfung eine Abbüßung. Beide, Prüfungen und
Abbüßungen,   sind   jedoch   immer   Zeichen   einer   relativen
Unvollkommenheit. Denn was vollkommen ist, bedarf keiner Prüfung
mehr. Ein Geist kann folglich einen bestimmten Grad der Erhabenheit
erreicht haben und dennoch einen Auftrag erbitten, um weitere
Fortschritte zu machen. Und je schwieriger der Kampf war, desto mehr
wird er für die Erfüllung seiner Aufgabe belohnt werden. Dies sind
insbesondere Menschen, deren Anlagen von Natur aus gut sind, deren
Seelen erhaben und deren Gefühle edelmütig sind; Menschen, die
scheinbar nichts Schlechtes aus ihrer vorigen Existenz mitgebracht haben;
Menschen, die mit wahrer christlicher Ergebung in das Schicksal die
größten Leiden erdulden und Gott nur darum bitten, dass sie ihr Leid
ertragen mögen, ohne zu murren. Man kann dagegen den Kummer, der
Klagen hervorrufen und die Menschen zur Auflehnung gegen Gott
antreiben kann, als Abbüßungen betrachten.
Zweifelsohne kann das Leid, das keine Klagen auslöst, eine Abbüßung
sein. Es ist jedoch eher ein Anzeichen dafür, dass dieses Leid freiwillig
gewählt und nicht aufgebürdet wurde und es ist ein Beweis für einen
starken Entschluss, dass man als ein Zeichen von Fortschritt betrachten
kann.

10. Die Geister können eine vollständige Glückseligkeit nur anstreben, wenn sie rein geworden sind. Dabei verbietet ihnen der geringste Makel den Eintritt in die glückseligen Welten. Sie sind wie Passagiere eines Schiffes, auf dem die Pest ausgebrochen ist, denen der Zutritt zu einer Stadt erst gewährt wird, wenn sie wieder gesund sind. In ihren verschiedenen körperlichen Existenzen befreien sich die Geister nach und nach von ihren Unvollkommenheiten. Die Prüfungen des Lebens bringen nur dann Fortschritt, wenn sie gut ertragen werden. Als Abbüßungen merzen sie die Fehler aus und wirken reinigend. Sie sind das Medikament, das die Wunden reinigt und den Kranken heilt. Je schwerer das Übel, desto energischer muss das Medikament sein. Wer also viel leidet, sollte sich eingestehen, dass er viel abzubüßen hatte, und sich auf seine baldige Genesung freuen. Es liegt an ihm, ob er aus seinem Leid durch Ergebung in das Schicksal einen Nutzen zieht oder durch Klagen das Ziel verfehlt. In diesem Fall müsste er wieder von vorne beginnen.

Vergessen der Vergangenheit

11. Vergebens wendet man ein, das Vergessen hindere die Menschen daran, Erfahrungen aus vorangegangenen Leben zu nutzen. Wenn Gott es für angebracht hielt, einen Schleier über die Vergangenheit zu werfen, dann hatte das auch einen Sinn. In der Tat würde die Erinnerung folgenschwere Nachteile mit sich bringen. Sie könnte uns in bestimmten Fällen auf sonderbare Weise demütigen; oder den Stolz in uns erregen und dadurch unseren freien Willen beeinträchtigen. In all diesen Fällen würde sie unvermeidliche Störungen in unseren sozialen Beziehungen verursachen.

Der Geist wird oftmals in derselben Umgebung wiedergeboren, in der er schon gelebt hat; er nimmt wieder Beziehung zu denselben Menschen auf, um das Übel, das er ihnen angetan hat, wieder gutzumachen. Wenn er in ihnen diejenigen, die er gehasst hat, erkennen würde, würde sein Hass vielleicht wiedererweckt werden. Er würde sich jedenfalls vor den Menschen, die er beleidigt hat, erniedrigt fühlen.

Damit wir uns verbessern, gewährt Gott uns genau das, was wir brauchen und was uns genügt: die Stimme des Gewissens und die instinktiven Neigungen. Er entzieht uns das, was uns schaden könnte.

Mit der Geburt bringt der Mensch das mit, was er sich erworben hat. Er kommt so auf die Welt, wie er sich selbst entwickelt hat. Jede Existenz ist für ihn ein neuer Ausgangspunkt. Seine Vergangenheit interessiert ihn nicht: Er ist bestraft, weil er eine Übeltat begangen hat. Seine gegenwärtigen schlechten Anlagen zeigen, wo er sich noch ändern muss. Darauf muss er seine ganze Aufmerksamkeit richten. Denn das, was man vollständig verbessert hat, würde keine Spur mehr aufweisen. Die guten Entscheidungen, die er getroffen hat, sind die Stimme seines Gewissens, die ihn auf das Gute und das Schlechte aufmerksam macht und ihm Kraft gibt, Versuchungen zu widerstehen.

Dieses Vergessen findet allerdings nur während des körperlichen Lebens statt. Wenn der Geist in sein immaterielles Leben zurückkehrt, erinnert er sich an seine Vergangenheit wieder. Folglich handelt es sich nur um eine vorübergehende Unterbrechung, ähnlich dem Zustand des Schlafes. Der Schlaf hindert uns dennoch nicht daran, am nächsten Tag uns an das zu erinnern, was wir am Vorabend und an vorangegangenen Tagen gemacht haben.

Es ist jedoch nicht so, dass der Geist die Erinnerung an seine Vergangenheit nur erst nach dem Tod wiedererhält. Man könnte sagen, dass er sie nie verliert: Denn die Erfahrung zeigt, dass sich der Geist während seiner Inkarnation in der Schlafphase des Körpers, in der er eine gewisse Freiheit genießt, seiner früheren Taten bewusst ist. Er weiß, weshalb er leidet und dass sein Leiden gerecht ist. Die Erinnerung erlischt nur während des äußerlichen Umgangs, aus seinem Leben. In Ermangelung einer genauen Erinnerung, die für ihn bestrafend sein könnte und seinem Sozialleben schaden würde, schöpft er aber neue Kräfte in den Augenblicken der Befreiung der Seele, sofern er diese auch zu nutzen weiß.

Gründe für die Resignation

12. Durch die Worte *„Selig sind, die da Leid tragen; denn sie sollen getröstet werden."*[56] deutet Jesus gleichermaßen auf die Entschädigung hin, welche

---

[56] Matthäus V, 4; (Anmerkung des Herausgebers)

die Leidenden erwartet und auch auf die Resignation[57], durch welche diese ihr Leid als Vorspiel der Heilung gut zu heißen vermögen.

Man kann es auch anders ausdrücken: Ihr sollt euch glücklich schätzen, dass ihr leidet, denn eure Leiden in diesem Leben sind die Begleichung der Schuld aus vergangenen Fehlern. Und wenn ihr sie auf der Erde geduldig ertragt, erspart ihr euch Jahrhunderte an Leid in künftigen Leben. Seid daher glücklich, dass Gott eure Schuld verringert, indem Er euch gestattet, diese jetzt abzutragen. So könnt ihr euch einer ruhigen Zukunft gewiss sein. Der Leidende ähnelt einem hochverschuldeten Menschen, dem sein Gläubiger sagt: „Wenn du mir heute noch ein Hundertstel deiner Schuld bezahlst, werde ich dir den Rest erlassen und du wirst frei sein. Wenn du aber das nicht machst, werde ich dich quälen, bis die letzte Rate bezahlt ist." Sollte sich der Schuldner nicht darüber freuen, wenn er alle möglichen Entbehrungen duldet, um sich schließlich zu befreien, indem er nur ein Hundertstel seiner Schuld bezahlt? Sollte er seinem Gläubiger nicht sogar zu Dank verpflichtet sein, anstatt sich über ihn zu beklagen?

Das ist nun der Sinn dieser Worte „Selig sind, die da Leid tragen; denn sie sollen getröstet werden." Sie sind glücklich, weil sie Schuld abtragen. Und wenn alles beglichen ist, werden sie befreit sein. Wenn der Mensch aber einerseits Schuld abträgt und andererseits neue Schuld auf sich lädt, wird er seine Befreiung nie erlangen können. Folglich erhöht jeder neue Verstoß diese Schuld. Denn jeder dieser Verstöße, was auch immer es sein mag, hat eine zwangsläufige und unvermeidliche Bestrafung zur Folge. Wenn das heute nicht geschieht, wird es morgen passieren - wenn nicht in diesem, so im nächsten Leben.

Unter diesen Verstößen steht an erster Stelle der Mangel an Gehorsam gegenüber dem Willen Gottes. Wenn wir uns also in unserem Kummer beklagen; wenn wir ihn nicht mit Ergebung in das Schicksal und als etwas akzeptieren, wofür wir wohl selbst die Verantwortung tragen müssen; wenn wir Gott beschuldigen, ungerecht zu sein, so laden wir neue Last auf uns und vergeuden damit den Nutzen, den wir aus dem Leid ziehen könnten. So müssen wir wieder von vorne anfangen, als ob wir einem Gläubiger, der uns quält, die Raten abbezahlt hätten und wir dann dieses Geld wieder von Neuem leihen würden.

---

[57] Gefasstheit, Ergebung in das Schicksal; (Anmerkung des Übersetzers)

Bei seinem Eintritt in die Geistige Welt ist der Mensch noch wie ein Arbeiter, der am Zahltag erscheint. Zu manchen von denen wird der Herr sagen: „Hier hast du den Preis für deine geleistete Arbeit." Zu anderen dagegen, denen es auf der Erde gut ging, die im Müßiggang lebten, die ihr Glück in weltlichen Genüssen und in der Befriedigung ihrer Selbstliebe suchten, wird Er sagen: „Ihr bekommt nichts, denn ihr seid bereits auf der Erde bezahlt worden. Geht und fangt wieder an zu arbeiten."

13. Der Mensch kann somit die Bitterkeit seiner Prüfungen entweder mildern oder verstärken, je nachdem, wie er das irdische Leben betrachtet. Je länger ihm das Leiden erscheint, desto mehr leidet er. Folglich erfasst derjenige, der das Leben aus spiritueller Sicht betrachtet, das körperliche Leben auf einen Blick. Es erscheint ihm wie ein Punkt in der Unendlichkeit, er begreift seine kurze Dauer und erkennt, dass dieser anstrengende Augenblick schnell vergehen wird. Die Gewissheit einer nahen glücklicheren Zukunft stützt und ermutigt ihn, und, statt sich zu beklagen, dankt er dem Himmel für das Leid, das ihn voran bringt. Wer dagegen nur das körperliche Leben ansieht, dem erscheint es beinahe endlos und der Schmerz lastet auf ihm mit seiner ganzen Schwere. Das Leben, auf die erste Art und Weise betrachtet, bewirkt, dass man weltlichen Angelegenheiten weniger Bedeutung beimisst; dass der Mensch dazu gebracht wird, seine Wünsche zu mäßigen, sich mit seiner Lage zufrieden zu geben, ohne andere zu beneiden und den moralischen Druck, der durch Unglück und Enttäuschungen auf ihm lastet, abzuschwächen. Er schöpft daraus Ruhe und Ergebung in das Schicksal, was sowohl für die körperliche als auch für die seelische Gesundheit von Nutzen ist. Durch Neid, Eifersucht und Ehrgeiz dagegen, quält er sich freiwillig und vergrößert somit das Elend und die Ängste seiner kurzen Existenz.

SELBSTMORD UND WAHNSINN

14. Die Ruhe und die Ergebung in das Schicksal, die man aus der Art und Weise, wie man das irdische Leben betrachtet, sowie aus dem Glauben an die Zukunft, schöpft, geben dem Geiste eine Heiterkeit, die der beste Schutz gegen *Wahnsinn und Selbstmord* ist. Dabei sind die meisten Fälle von Wahnsinn gewiss die Folge einer Erschütterung, die ihrerseits durch

Schicksalsschläge hervorgerufen wurde. Das sind Schicksalsschläge, die der Mensch aus eigener Kraft nicht zu ertragen vermag. Wenn er andererseits nun die Sachen auf dieser Welt in der Art und Weise, wie der Spiritismus es einem zu veranschaulichen verhilft, betrachtet, so wird er Unglück und Enttäuschungen, die ihn unter anderen Umständen zur Verzweiflung gebracht hätten, nunmehr mit einer Gleichgültigkeit, ja sogar mit einer Freude annehmen. Es ist offensichtlich, dass diese Kraft ihn über die Geschehnisse stellt und seinen Verstand vor Erschütterungen schützt, die ihn sonst in das Wanken bringen würden.

15. Dasselbe gilt für den Selbstmord. Denn abgesehen von denjenigen, die sich in einem Rausch- und Wahnsinnszustand umbringen, die nicht bei vollem Bewusstsein sind, so ist es in den anderen Fällen gewiss, dass die Ursache des Selbstmordes immer in einer Unzufriedenheit liegt, was auch immer die speziellen Gründe dafür sein mögen. Wer hingegen sich sicher ist, dass er nur einen Tag lang unglücklich ist und dass es ihm an den kommenden Tagen besser gehen wird, der übt sich gerne in Geduld. Er gerät nur in Verzweiflung, wenn er kein Ende mehr für seine Leiden sieht. Ist das menschliche Leben im Vergleich zur Ewigkeit nicht viel kürzer als ein Tag? Wer jedoch nicht an die Ewigkeit glaubt und meint, dass mit dem Leben alles zu Ende sei, der sieht eine Lösung für sein Leid nur im Tod, wenn Unglück und Kummer ihn bedrücken. Da er nichts mehr erwartet, hält er es für natürlich und sogar für sehr logisch, sein Leid durch Selbstmord zu verkürzen.

16. Die Ungläubigkeit, der schlichte Zweifel an der Zukunft, kurz, die materialistischen Gedanken sind die Hauptbeweggründe für den Selbstmord. Sie lösen die *moralische Mutlosigkeit* aus. Wenn man sieht, wie sich Wissenschaftler auf die Autorität ihres Wissens stützen, um ihren Hörern oder Lesern mühsam zu beweisen, dass sie nach dem Tode nichts zu erwarten haben, treiben sie sie nicht etwa zu der Schlussfolgerung, dass ihnen nichts anderes übrig bleibt, als sich umzubringen, wenn sie unglücklich sind? Was könnten sie ihnen sagen, um sie von diesem Entschluss abzubringen? Welchen Ausweg können sie ihnen anbieten? Welche Hoffnung können sie ihnen geben? Keinen. Es bliebe nur das Nichts.

Daraus muss man folgenden Schluss ziehen: Wenn das Nichts das einzig heldenhafte Hilfsmittel und die einzige Perspektive ist, dann ist es besser, sich möglichst schnell da hineinzustürzen, um nicht so lange zu leiden. Die Verbreitung materialistischer Ansichten ist folglich das Gift, das bei vielen Menschen Selbstmordgedanken auslöst. Wer sich zu Anhängern und Verkündern solcher Lehren macht, nimmt eine schreckliche Verantwortung auf sich. In der Spiritistischen Lehre dagegen bleibt kein Raum mehr für Zweifel, und so ändert sich die Betrachtungsweise des Lebens. Wer daran glaubt, weiß, dass sich das Leben jenseits des Grabes unbegrenzt fortsetzt, allerdings unter völlig anderen Bedingungen. Somit werden Geduld und Ergebung in das Schicksal ihn auf ganz natürlicher Weise von Selbstmordgedanken abbringen. Das führt, mit anderen Worten, zu *moralischem Mut*.

17. Unter diesem Gesichtspunkt führt der Spiritismus noch zu einem anderen gleichermaßen positiven und vielleicht sogar entscheidenderen Ergebnis. Er stellt uns die Selbstmörder selbst vor, die uns über ihre unglückliche Situation berichten, die uns beweisen, dass keiner das Gesetz Gottes ohne Bestrafung verletzen kann. Dieses untersagt dem Menschen, sein Leben zu verkürzen.

Unter diesen Selbstmördern gibt es einige, deren Leiden, selbst wenn sie nur vorübergehender Natur sind und nicht ewig andauern, dennoch nicht weniger schrecklich sind. Sie veranlassen zur Reflexion jeden, der möglicherweise daran denken würde, das Leben vor Gottes Befehl zu verlassen. Der Spiritist hat demnach mehrere Gründe, sich gegen die Idee des Selbstmordes zu stellen. Die *Gewissheit* eines zukünftigen Lebens, von dem er *weiß*, dass es in dem Maße glücklicher sein wird, wie er auf Erden unglücklich und dabei in das Schicksal ergeben war. Die *Gewissheit*, dass er durch Selbstmord zu einem ganz anderen Ergebnis kommen wird, als er sich erhofft hat; dass er ein Übel gegen ein noch schlimmeres, längeres und schrecklicheres einlöst; dass er sich irrt, wenn er glaubt, dadurch schneller in den Himmel zu kommen; dass schließlich der Selbstmord ihn daran hindert, sich im Jenseits mit denjenigen zu treffen, die er liebte und wieder zu sehen erwartet. Daraus folgt, dass der Selbstmord seinen eigenen Interessen zuwiderläuft, da er nur Enttäuschungen mit sich bringt. Deswegen ist die Anzahl derer, die durch den Spiritismus daran gehindert worden sind, Selbstmord zu begehen, beträchtlich und man kann daraus wiederum schließen, dass es keinen bewussten Selbstmord gäbe, wenn alle Menschen Spiritisten wären. Wenn man also die Ergebnisse der materialistischen mit denen der Spiritistischen Lehre allein aus der Sicht des Selbstmordes vergleicht, stellt man fest, dass die Logik der Ersten zum Selbstmord führt, während die der anderen ihn verhindert. Das ist eine Tatsache, die durch die Erfahrung bestätigt ist.

UNTERWEISUNGEN DER GEISTIGEN WELT
GUT ODER SCHLECHT LEIDEN

18. Als Christus sagte „Selig sind, die da Leid tragen; denn sie sollen getröstet werden.", gedachte er nicht diejenigen, die allgemein leiden. Denn alle, die sich auf der Erde befinden, leiden, ob man auf einem Thron sitzt oder auf Stroh liegt. Ach, wenige aber ertragen das Leid gut! Wenige können verstehen, dass nur die gut erduldeten Prüfungen sie zum Reich Gottes führen können. Mutlosigkeit ist dagegen ein Fehler. So bekommt ihr von Gott keinen Trost, wenn euch der Mut fehlt. Das Gebet ist dabei eine Stütze für die Seele, das reicht jedoch nicht aus. Es muss auf einem lebhaften Glauben an die Güte Gottes basieren. Es wurde euch wohl oft gesagt, dass Er keine schwere Last auf schwache Schultern lädt. Diese Last steht vielmehr im Verhältnis zu den Kräften, genauso wie sich die Belohnung nach der Resignation und dem Mut richten wird. Je beschwerlicher der Kummer ist, umso reichlicher wird diese Belohnung also sein. Diese muss man sich aber verdienen. Das Leben ist deswegen voller Drangsale.

Jeder Sportler, der nicht auf das Spielfeld geschickt wird, ist wohl unzufrieden, da ihm die Ruhepause keine Leistungsverbesserung ermöglicht. Seid daher wie ein Wettkämpfer und verlangt nicht nach Ruhe. Euer Körper würde sich dadurch nur aufregen und eure Seele untätig werden. Freut euch, wenn Gott euch in den Wettkampf schickt. Dieser Kampf ist keine Schlacht, sondern gleich bedeutend mit der Bitterkeit des Lebens. Hierzu benötigt man bisweilen mehr Mut als auf einem blutigen Kampf. Denn jemand, der vor einem Feind stark bleibt, beugt sich womöglich dem Druck einer moralischen Strafe. Man erhält für diese Art Mut keine Belohnung. Gott hält aber dem Menschen den

Siegestaumel und einen ruhmreichen Ort bereit. Wenn etwas euch Leid oder Ärger bereitet, versucht euch darüber zu erheben. Wenn ihr es geschafft habt, Anflüge von Ungeduld, Zorn und Verzweiflung zu beherrschen, sagt zu euch selbst voller berechtigter Zufriedenheit: „Ich war der Stärkere."

„*Selig sind, die da Leid tragen;* " kann schließlich wie folgt übersetzt werden: Selig sind diejenigen, welche die Gelegenheit haben, ihren Glauben, ihre Stärke, ihre Beharrlichkeit und die Gottergebenheit zu beweisen, denn sie werden hundertfach die Freuden erhalten, die ihnen auf Erden fehlten. Nach der mühevollen Arbeit wird die Ruhe außerdem folgen.

(Lacordaire, Le Havre, 1863)

DAS ÜBEL UND SEIN AUSWEG

19. Ist eure Erde also ein Ort des Genusses, ein Paradies der Freude? Erreicht die Stimme des Propheten eure Ohren nicht mehr? Hat sie nicht hinausgerufen, dass es Tränen und Zähneknirschen für diejenigen gäbe, die in diesem Tal des Leidens geboren würden? Ihr, die ihr hier lebt, seid gefasst auf quälende Tränen und bitteres Leid! So stechend und tief eure Schmerzen auch sein mögen, richtet eueren Blick zum Himmel und preiset den Herrn, dass Er euch hat prüfen wollen! ... O Menschen! Werdet ihr die Macht eueres Herrn denn nur erkennen, wenn Er die Wunden eueres Körpers geheilt und eure Tage mit Seligkeit und Glück gekrönt hat? Werdet ihr Seine Liebe nur erkennen, wenn Er eueren Körper mit aller Glorie verziert und ihm Glanz und Pracht gegeben hat? Folgt euerem Vorbild nach, das euch gegeben wurde und das in der letzten Stufe der Abscheulichkeit und der Erbärmlichkeit, auf einem Müllhaufen geworfen, zu Gott sagte: „Herr, ich habe alle Wonnen des Reichtums kennen gelernt und Du hast mich in die völlige Armut zurückversetzt; danke, danke, mein Gott, dass Du Deinen Diener hast prüfen wollen!" Bis wann werden eure Blicke am Horizont stehen bleiben, der durch den Tod gekennzeichnet ist? Wann wird eure Seele endlich den Wunsch verspüren, sich jenseits der Grenzen eines Grabes aufzuschwingen? Und wenn ihr auch ein ganzes Leben lang weinen und leiden müsstet, was wäre das vor der ewigen Herrlichkeit, die demjenigen bereitgehalten wird, der die Prüfung mit Glaube, Liebe und Resignation erduldet hat? Sucht daher den

Trost für eure Übel in der Zukunft, die Gott euch bereitet und sucht ihre Ursachen in der Vergangenheit. Und ihr, die ihr am meisten leidet, haltet euch für die Glückseligen dieser Erde.

Im nichtinkarnierten Zustand, als ihr noch durch das All schwebtet, habt ihr eure Prüfungen ausgewählt, weil ihr euch für stark genug hieltet, diese zu erdulden. Warum jetzt klagen? Ihr, die ihr um Reichtum und Ruhm gebeten habt, wolltet den Kampf gegen die Versuchung aufnehmen und sie besiegen. Ihr, die ihr gebeten habt, mit Leib und Seele gegen das moralische und das physische Übel anzukämpfen, wusstet, je härter die Prüfung ausfiele, desto glorreicher wäre der Sieg. Ihr wusstet außerdem, dass, falls ihr triumphiert, selbst wenn euer Fleisch auf einen Müllhaufen geworfen wäre, aus ihm nach dem Tod eine strahlend glänzende Seele sich befreien würde, gereinigt durch die Erlösung der Abbüßung und des Leides.

Welches Hilfsmittel sollte man nun denjenigen anbieten, die von grausamen Besessenheiten und quälendem Übel heimgesucht werden? Nur eines ist unfehlbar: der Glaube, der Blick zum Himmel. Wenn ihr in einem Anfall grausamsten Leides Hymnen für den Herrn singt, wird euch der Engel an euerem Kopfende mit der Hand das Zeichen der Erlösung geben und den Platz zeigen, den ihr eines Tages einnehmen werdet ... Der Glaube ist das sichere Heilmittel für das Leid. Er zeigt immer den Horizont der Unendlichkeit, vor dem die wenigen dunklen Tage der Gegenwart verblassen. Fragt uns daher nicht mehr, welches Heilmittel dieses Geschwür oder jene Wunde, diese Versuchung oder jene Prüfung heilen kann. Erinnert euch daran, dass derjenige, der glaubt, durch die Hilfe des Glaubens stark ist; dass wer andererseits auch nur einen Augenblick an seiner Wirkung zweifelt, derart sofort bestraft wird, weil er in dem Moment auch die schmerzvollen Qualen des Kummers spürt.

Der Herr hat all diejenigen, die an Ihn glauben, mit seinem Siegel gekennzeichnet. Christus hat euch gesagt, der Glaube könne Berge versetzen. Ich sage euch, dass diejenigen, die leiden und durch einen starken Glauben gestützt werden, in Seinem Schutz stehen und nicht mehr leiden werden. Die Augenblicke der stärksten Schmerzen werden für ihn die ersten Vermerke einer glückseligen Ewigkeit sein. Die Seele wird sich in einer Weise vom Körper ablösen, dass sie, noch während er sich unter

Krämpfen windet, in himmlische Regionen schweben und mit den Engeln Hymnen zum Dank und zu Ehren Gottes singen wird.

Glückselig sind diejenigen, die leiden und weinen! Ihre Seelen sollen sich erfreuen, denn sie werden von Gott erfüllt werden.

(Hl. Augustinus, Paris, 1863)

DAS GLÜCK IST NICHT VON DIESER WELT

20. „Ich bin nicht glücklich! Das Glück ist nicht für mich gemacht!" ruft der Mensch meistens und zwar in allen Gesellschaftsschichten. Dies, meine lieben Kinder, beweist besser als sämtliche Überlegungen die Wahrheit dieser Maxime aus dem Buch Prediger: Das Glück ist nicht von dieser Welt.[58] In der Tat sind weder Reichtum noch Macht und auch nicht die blühende Jugend Hauptbedingungen für das Glück. Sogar nicht einmal diese drei so begehrten Bedingungen zusammen. Denn man hört unablässig, mitten in den privilegiertesten Schichten, Menschen aller Altersstufen, die sich über ihre Lebenssituation bitter beklagen.

Vor diesem Hintergrund ist es unbegreiflich, dass die kämpfende Arbeiterschicht mit so viel Begierde die Stellung derer beneidet, die durch das Schicksal begünstigt zu sein scheinen. In dieser Welt hat jeder, sosehr man sich auch bemüht, sein Stück Arbeit und Elend, seinen Anteil an Leid und Enttäuschung, woraus man mühelos den Schluss ziehen kann, dass die Erde ein Ort der Prüfungen und der Abbüßungen sei.

Somit irren sich diejenigen, welche die Erde als einziger Wohnort des Menschen verkünden und sagen, dass es ihm gestattet ist, nur dort und in nur einmaliger Existenz die höchste Stufe der Glückseligkeit, die seine Natur erfassen kann, zu erreichen. Und sie täuschen ihre Zuhörer, da durch jahrhundertealte Erfahrung bewiesen ist, dass dieser Planet nur in Ausnahmefällen die notwendigen Bedingungen für die vollkommene Glückseligkeit des Individuums umfasst.

Man kann allgemein bejahen, dass dieses Glück auf der Erde eine Utopie ist, zu der sich jede Generation aufmacht, ihr nachzustreben, ohne jemals ans Ziel zu gelangen. Denn, wenn weise Menschen schon eine Seltenheit auf dieser Welt sind, umso weniger findet man hier den vollkommen glückseligen Menschen.

---

[58] Buch Prediger (Salomo) 2; (Anmerkung des Herausgebers)

Das, woraus das Glück auf dieser Erde besteht, ist eine so vergängliche Sache, dass jemand, der sich nicht von der Weisheit leiten lässt, für ein Jahr, einen Monat oder eine Woche vollständiger Befriedigung alles andere in einer Abfolge von Bitterkeit und Enttäuschungen verrinnt. Und bemerkt, meine lieben Kinder, dass ich von den Glücklichen der Erde spreche, von denen, die von der Masse beneidet werden.

Wenn das Leben auf der Erde für Prüfungen und Abbüßungen bestimmt ist, muss man folglich annehmen, dass es an anderen Orten vorzüglichere Wohnorte geben soll, an denen der Geist, obwohl er noch in einem materiellen Körper gefangen ist, über die dem menschlichen Leben innewohnende Freude vollständig verfügt. Deswegen hat Gott in euerem Luftwirbel solche schönen erhabenen Planeten ausgesät, zu denen ihr durch eure Anstrengungen und Neigungen eines Tages hingezogen werdet, wenn ihr genügend gereinigt und vervollkommnet seid.

Trotzdem solltet ihr aus meinen Worten nicht folgern, dass die Erde für immer bestimmt ist, eine Strafanstalt zu sein. Gewiss nicht! Denn aus den schon verwirklichten Fortschritten könntet ihr mühelos zukünftige Fortschritte herleiten und aus den erreichten sozialen Verbesserungen neue und fruchtbarere Verbesserungen. Das ist die große Aufgabe, die diese neue Lehre erfüllen soll, welche die Geistwesen euch offenbart haben.

So möge euch, meine lieben Kinder, dieser himmlische Wetteifer beleben, auf dass jeder den „alten Menschen" in sich energisch ablege. Ihr sollt euch zur Verbreitung des Spiritismus berufen fühlen, der eure eigene Erneuerung bereits in Gang gesetzt hat. Ihr habt die Pflicht, eure Geschwister an den Strahlen des göttlichen Lichtes teilhaben zu lassen. Also, an die Arbeit, meine lieben Kinder! Auf dass in dieser feierlichen Zusammenkunft eure ganzen Herzen nach diesem großartigen Ziel streben, den künftigen Generationen eine Welt vorzubereiten, in der Glück nicht mehr nur ein leeres Wort sein wird.

(François-Nicolas-Madeleine, Kardinal Morlot, Paris, 1863)

Der Verlust geliebter Menschen. Der frühe Tod

21. Wenn der Tod eure Familienmitglieder dahinrafft und ohne Einschränkungen die Jüngere vor den Älteren nimmt, pflegt ihr zu sagen:

„Gott ist ungerecht, denn Er opfert jemanden, der stark ist und eine großartige Zukunft vor sich hatte, um diejenigen zu beschützen, die schon viele Jahre voller Enttäuschungen gelebt haben. So nimmt Er jene, welche nützlich sind und lässt andere zurück, die zu nichts mehr taugen. Er bricht das Herz einer Mutter, indem Er ihr das unschuldige Wesen wegnimmt, das ihre ganze Freude war."

Menschen, in diesem Punkt müsst ihr euch über das Irdische wohl erheben, um zu verstehen, dass das Gute oft da ist, wo ihr meint, das Übel zu sehen und dass die weise Vorsehung dort ist, wo ihr das blinde unabwendbare Schicksal vermutet. Warum messt ihr die göttliche Gerechtigkeit an dem Wert, den sie für euch hat? Könnt ihr glauben, dass der Herr der Welten euch aus purer Lust und Laune grausame Strafen auferlegen möchte? Nichts geschieht ohne eine bedachte Absicht und was auch immer passiert, hat alles seine Daseinsberechtigung. Wenn ihr jeden Kummer, der euch trifft, besser durchschauen würdet, so könntet ihr darin immer die göttliche Vernunft - ja, eine erneuernde Vernunft – vorfinden. Eure schäbigen Interessen wären nebensächliche Gedanken, die in den Hintergrund treten würden.

Glaubt mir, dass, selbst bei einer Inkarnation von zwanzig Jahren, der Tod einer schamhaften Zügellosigkeit vorzuziehen ist. Denn sie betrüben die ehrwürdigen Familien und zerbrechen die Mütterherzen, mit der Folge, dass das Haar der Eltern frühzeitig ergrauen. Der frühe Tod ist oft ein großes Geschenk, das Gott demjenigen gewährt, der stirbt und der somit vom Elend und den Versuchungen verschont bleibt, die ihn vielleicht in den Ruin gestürzt hätten. Wer in der Blüte seines Lebens stirbt, ist keineswegs ein Opfer des Schicksals. Vielmehr erachtet Gott es als sinnvoll für ihn, dass er nicht länger auf der Erde bleibt.

Ihr sagt „Es sei ein schreckliches Unglück.", wenn der Faden eines Lebens, das voller Hoffnungen war, so früh durchtrennt wird. Von welchen Hoffnungen sprecht ihr? Von den irdischen Hoffnungen, dass der Verstorbene die Chance gehabt hätte, erfolgreich zu sein und ein Vermögen aufzubauen? Immer dieser engstirnige Blick, dem es nicht gelingt, sich über die Materie zu erheben. Wisst ihr wie das Schicksal dieses Menschen ausgesehen hätte, das euerer Meinung nach so hoffnungsvoll war? Wer sagt euch, dass dieses Leben nicht voller Leid gewesen wäre? Verachtet ihr also die Hoffnungen des zukünftigen Lebens so sehr, dass ihr den Hoffnungen dieses vergänglichen Lebens, das ihr auf Erden führt, den Vorzug gebt? Nehmt ihr also an, dass ein hoher Rang unter den Menschen mehr wert ist, als ein Platz unter den glückseligen Geistern?

Freut euch, statt euch zu beschweren, wenn es Gott gefällt, eins Seiner Kinder aus diesem Tal des Elends wegzuholen. Ist es nicht egoistisch, sich zu wünschen, dass diese Person da bleiben möge, um mit euch zu leiden? Ach, dieser Schmerz ist begreiflich bei demjenigen, der keinen Glauben hat und der im Tod eine Trennung für immer sieht! Ihr Spiritisten aber wisst, dass die Seele freier lebt, wenn sie von ihrer körperlichen Hülle befreit ist. Und ihr Mütter, seid euch bewusst, dass eure geliebten Kinder nah bei euch sind; ja, sie sind sehr nah. Denn ihre fluidalen Körper umgeben euch, ihre Gedanken schützen euch, eure Erinnerung an sie erfüllt sie mit Freude, aber auch euer törichtes Leid bedrückt sie, denn es zeigt Mangel an Glauben und Auflehnung gegen den Willen Gottes.

Ihr, die ihr das spirituelle Leben versteht, hört auf den Schlag eueres Herzens, wenn ihr die geliebten Wesen ruft; und wenn ihr Gott darum bittet, sie zu segnen, werdet ihr jenen mächtigen Trost fühlen, der die Tränen trocknet. Ihr werdet jenes wunderbare Verlangen empfinden, das euch die Zukunft zeigt, welche der erhabene Herr euch versprochen hat.

(Sanson, früheres Mitglied der Pariser Spiritistischen Gesellschaft, 1863)

„Jung stirbt, wen die Götter lieben"[59]

22. Ihr sagt oft, wenn es sich um einen schlechten Menschen handelt, der einer Gefahr entgangen ist: „Jung stirbt, wen die Götter lieben." Indem ihr das sagt, habt ihr es getroffen, denn es geschieht in der Tat recht oft, dass Gott einem jungen Geist, der sich noch auf dem Weg des Fortschrittes befindet, eine längere Prüfung auferlegt als einem guten Geist. Diesem wird als Lohn für seine Verdienste die Gnade zuteil, dass seine Prüfung so

---

[59] "Quem di diligunt adulescens moritur." (Platon) im französischen Text heißt es: « Si c'était un homme de bien, il se serait tué. » Hierbei handelt es sich um eine französische Redewendung, die wörtlich übersetzt hieße: ‚Wäre er ein guter Mensch, wäre er gestorben.' Da diese Redewendung jedoch im Deutschen so nicht existiert, wurde stattdessen das lateinische Sprichwort übernommen, das sich auch im Deutschen findet und der hier gemeinten Bedeutung am nächsten kommt. - Der Begriff „Götter" ist daher nicht im Sinne des Spiritismus zu verstehen; (Anmerkung des Übersetzers)

kurz wie möglich ausfällt. So gesehen sollt ihr nicht denken, ihr begeht Gotteslästerung, wenn ihr diesen Grundsatz aussprecht.

Wenn ein guter Mensch stirbt, dessen Nachbar ein schlechter Mensch ist, dann sagt ihr voreilig: „Mir wäre lieber, wenn dieser gestorben wäre." Ihr irrt euch gewaltig, denn derjenige, der gegangen ist, hat seine Aufgabe beendet und der andere, der bleibt, vielleicht noch gar nicht damit begonnen hat. Warum möchtet ihr also, dass der Schlechte keine Zeit mehr bekommt, sie zu erledigen und dass der andere noch auf irdischem Boden gefangen bleibt? Was würdet ihr sagen, wenn man einen Gefangenen, der seine Strafe bereits abgebüßt hat, weiter im Gefängnis behielte, während demjenigen Freiheit gegeben würde, der auf sie kein Recht hätte? Wisset daher, dass die wahre Freiheit in der Sprengung der körperlichen Fesseln liegt; solange ihr auf der Erde seid, seid ihr in Gefangenschaft.

Lernt Sachen nicht zu verurteilen, die ihr nicht verstehen könnt und glaubt, dass Gott in allen Angelegenheiten gerecht ist. Was euch als Böses erscheint, ist oft Gutes. Aber eure Fähigkeiten sind so begrenzt, dass die Gesamtheit des großen Ganzen eueren stumpfen Sinnen entgeht! Bemüht euch, mit den Gedanken aus eueren engen Sphären herauszutreten. Und in dem Maße, wie ihr euch erhebt, wird die Bedeutung des materiellen Lebens zusehends schwinden. Dann erscheint es euch nur mehr wie ein Zwischenfall in der unendlichen Dauer euerer spirituellen Existenz, der einzig wahren Existenz.
(Fénelon, Sens, 1861)

Die freiwillige Folterqual

23. Der Mensch läuft ständig dem Glück hinterher, das ihm jedoch immer wieder entgleitet. Denn ungetrübtes Glück gibt es auf der Erde nicht. Allerdings könnte der Mensch trotz der Schicksalsschläge, die in diesem Leben eine unvermeidliche Begleiterscheinung sind, wenigstens relatives Glück genießen. Er aber sucht es in vergänglichen Dingen, die denselben Schicksalsschlägen unterworfen sind, das heißt in materiellen Vergnügungen, statt es in den Freuden der Seele zu suchen, die ihrerseits ein Vorgeschmack auf die unvergänglichen himmlischen Freuden darstellen. Statt den Frieden des Herzens zu suchen, das einzig wahre

Glück auf dieser Welt, ist der Mensch gierig nach allem, was ihn aufwühlen und verwirren kann. Seltsamerweise scheint er sich sogar absichtlich Qual zu bereiten, die er selbst vermeiden könnte.

Gibt es größere Leiden als diejenigen, die durch Neid und Eifersucht verursacht werden? Für den neidischen und eifersüchtigen Menschen gibt es keinen Frieden. Er fiebert immer. Was er nicht hat, das wiederum andere besitzen, bereitet ihm Schlaflosigkeit. Erfolge seiner Gegner machen ihn schwindlig. Er kämpft ausschließlich darum, seinen Nachbarn in den Schatten zu stellen und seine ganze Freude besteht darin, diese rasende Eifersucht, von der er besessen ist, auch bei denen auszulösen, die ebenso geistesgestört sind, wie er. Es sind in der Tat arme Narren, die nicht daran denken, dass sie vielleicht schon morgen all diesen Tand aufgeben müssen, denn die Gier danach hat ihr Leben vergiftet! Zu ihnen passen sicherlich nicht die Worte: „Selig sind, die da Leid tragen; denn sie sollen getröstet werden." Denn ihre Sorgen zählen nicht zu denen, für die es im Himmel den verdienten Ausgleich gibt.

Wie viel Kummer erspart sich dagegen derjenige, der sich mit dem zufrieden gibt, was er hat, der ohne Neid auf das blickt, was er nicht hat und der nicht versucht mehr darzustellen, als tatsächlich vorhanden ist. Dieser ist immer reich, denn wenn er seinen Blick nicht nach oben, sondern nach unten richtet, wird er immer Menschen sehen, die noch weniger haben. Er ist ruhig, denn er schafft sich keine trügerischen Bedürfnisse. Und diese Ruhe, inmitten der Lebensstürme, ist das nicht Glück?

(Fénelon, Lyon, 1860)

Das wahre Unglück

24. Jeder spricht von Unglück, jeder hat es schon einmal gefühlt und glaubt, seinen vielfältigen Charakter zu kennen. Ich möchte euch sagen, dass sich fast alle irren und dass das wahre Unglück keineswegs das ist, was die Menschen, also die Unglücklichen, vermuten. Sie sehen es in der Armut, in dem Herd ohne Feuer, in dem drohenden Gläubiger, in der leeren Wiege, in der einst der Engel lächelte, in den Tränen, in dem Sarg, den man mit unbedecktem Haupt und gebrochenem Herzen begleitet, in der Furcht vor Verrat, in der Not des Stolzes, der sich in Purpur

einkleiden möchte und seine Blöße unter den Lumpen der Eitelkeit kaum verbergen kann. Dies alles und noch vielmehr nennt man in der menschlichen Sprache Unglück. Ja, das ist Unglück für diejenigen, die nur die Gegenwart sehen; das wahre Unglück ist jedoch vielmehr in den Folgen einer Sache als in der Sache selbst zu suchen. Sagt mir, ob ein Ereignis, das zwar für den Augenblick als glücklich angesehen wird, das jedoch unheilvolle Auswirkungen hat, in Wirklichkeit nicht viel unglücklicher ist als jenes, das zunächst heftigen Ärger verursacht und schließlich Gutes hervorbringt. Sagt mir, ob ein Sturm, der eure Bäume entwurzelt, jedoch die Luft reinigt, indem er schädliche Stoffe auflöst, die tödlich gewesen wären, nicht vielmehr Glück als Unglück ist.

Um irgendetwas zu beurteilen, müssen wir dessen Konsequenzen bedenken. Um einzuschätzen, was für den Menschen wahrhaftiges Glück oder Unglück ist, müssen wir uns in das Jenseits dieses Lebens begeben. Denn genau dort sind diese Konsequenzen spürbar. So hört all das, was man in seiner beengten Sichtweise Unglück nennt, mit dem körperlichen Leben auf und findet seinen Ausgleich in dem zukünftigen Leben.

Ich werde euch das Unglück in einer neuen Weise offenbaren, in einer schönen und angenehmen Weise, die ihr annehmt und euch mit der ganzen Kraft euerer getäuschten Seelen wünscht. Das Unglück sind die falsche Freude, das Vergnügen, der Tumult, die unnütze Aufregung und die törichte Befriedigung der Eitelkeit, die das Gewissen zum Schweigen bringen, die Gedankentätigkeit unterdrücken und den Menschen von seiner Zukunft ablenken. Das Opium des Vergessens, das ihr euch so sehnlichst herbeiwünscht, das ist das Unglück.

Wartet ab, ihr, die ihr weint! Zittert, ihr, die ihr lacht, weil eure Körper zufrieden sind! Gott betrügt man nicht; dem Schicksal entrinnt man nicht; und die Prüfungen, diese Gläubiger, die noch unerbittlicher sind als eine vom Elend aufgepeitschte Menge, lauern euerer trügerischen Ruhe auf, um euch urplötzlich in den Todeskampf des wahren Unglücks zu stürzen, das die von Gleichgültigkeit und Egoismus geschwächte Seele überrascht.

Möge euch der Spiritismus Erleuchtung bringen und Wahrheit und Irrtum, die durch eure Blindheit so befremdend entstellt sind, in das rechte Licht rücken! Dann werdet ihr wie tapfere Kämpfer handeln, die eben nicht vor der Gefahr fliehen, sondern waghalsige Kämpfe dem Frieden vorziehen, der ihnen weder Ruhm noch Fortschritt bringen kann!

Welche Bedeutung hat es für einen Kämpfer, seine Waffen, sein Gepäck und seine Uniform zu verlieren, wenn er sieg- und ruhmreich daraus hervorgeht? Was bedeutet es demjenigen, der den Glauben an die Zukunft hat, auf dem Schlachtfeld des Lebens sein Vermögen und seine körperliche Hülle zu lassen, wenn seine Seele strahlend das himmlische Reich betritt?
(Delphine de Girardin, Paris, 1861)

SCHWERMUT

25. Wisst ihr, warum oftmals eine unerklärliche Trauer Besitz von euerem Herzen ergreift und euch das Leben so bitter empfinden lässt? Das ist euer Geist, der nach Glück und Freiheit trachtet und, da er an den Körper gebunden ist, der ihm als Gefängnis dient, in vergeblichen Bemühungen sich erschöpft, aus ihm zu entfliehen. Indem er merkt, dass diese Anstrengungen nutzlos sind, verfällt er in Mutlosigkeit. Da der Körper seinem Einfluss unterliegt, ergreifen Kraftlosigkeit, Niedergeschlagenheit und eine Art Apathie Besitz von euch und ihr fühlt euch unglücklich.

Glaubt mir, ihr müsst diesem Druck, der eueren Willen schwächt, mit aller Kraft Widerstand leisten. Dieses Streben nach einem besseren Leben ist dem Geist aller Menschen angeboren, doch sucht es nicht auf dieser Welt. Und jetzt, da Gott Seine Geister sendet, um euch über das Glück, dass Er euch bereit hält, zu unterrichten, wartet geduldig auf den Engel der Erlösung, der euch helfen wird, die Fesseln zu durchtrennen, die eueren Geist gefangen halten. Denkt daran, dass ihr während euerer Prüfungsphase auf der Erde eine Aufgabe erfüllen müsst, von der ihr nichts ahnt, sei es in der Hingabe an die Familie oder in der Erfüllung verschiedener Aufgaben, die Gott euch anvertraut hat. Wenn ihr im Laufe dieser Prüfung und während der Erfüllung euerer Pflichten merkt, wie Sorgen, Unruhe und Kummer in euch aufsteigen, so ertragt sie mit Stärke und Mut. Tretet ihnen offen entgegen; sie sind von kurzer Dauer und sollen euch zu den Freunden führen, die ihr beweint, die sich auf eure Ankunft freuen und euch bei der Hand nehmen werden, um euch zu dem Ort zu führen, zu dem irdischer Kummer keinen Zugang hat.
(François de Genève, Bordeaux)

FREIWILLIGE PRÜFUNGEN. DAS WAHRE BÜßERGEWAND

26. Ihr fragt, ob es erlaubt ist, seine Prüfungen abzumildern? Diese Frage läuft auf folgende Frage hinaus: Ist es jemandem, der ertrinkt, erlaubt sich zu retten? Und demjenigen, der einen Dorn im Finger hat, ihn zu entfernen? Demjenigen, der krank ist, einen Arzt zu rufen?

Ziel der Prüfungen ist es, Intelligenz sowie Geduld und Ergebung in das Schicksal zu entwickeln. Ein Mensch kann gerade deshalb in einer sehr schwierigen Situation zur Welt kommen, um so gezwungenermaßen einen Weg zu suchen, die Schwierigkeiten zu besiegen. Der Verdienst besteht darin, die Folgen des unvermeidlichen Problems ohne Klage zu ertragen; den Kampf durchzustehen; nicht zu verzweifeln, wenn etwas nicht gelingt und sich jedoch auch nicht hängen zu lassen. Denn das wäre Trägheit und keine Tugend.

Diese Frage führt uns selbstverständlich zu einer anderen. Jesus sagte: „Selig sind, die da Leid tragen." Ist es daher lobenswert das Leid zu suchen, indem man sich durch freiwilliges Leiden seine Prüfungen erschwert? Darauf antworte ich sehr klar: Ja, wenn Leiden und Verzicht das Wohl des Nächsten zum Ziel haben. Das ist ein großer Verdienst. Denn das ist Nächstenliebe durch Aufopferung. Nein, wenn man es nur, um seiner selbst willen tut, denn das ist Egoismus durch Fanatismus.

Man muss hier einen großen Unterschied machen. Was euch persönlich betrifft, seid zufrieden mit den Prüfungen, die Gott euch sendet und bürdet euch nicht mehr auf, als ihr ohnehin schon tragen müsst. Nehmt sie mit Vertrauen an, ohne zu klagen. Das ist alles, was Gott von euch verlangt. Schwächt eueren Körper nicht durch unnötige Entbehrungen und zwecklose Kasteiungen. Denn ihr benötigt all eure Kräfte, um eure Aufgaben auf der Erde zu vollenden. Den eigenen Körper freiwillig zu quälen bedeutet gegen das Gesetz Gottes zu verstoßen, Der euch Mittel gibt, ihn aufrecht zu halten und zu stärken. Den Körper unnötig zu schwächen ist wahrer Selbstmord. Gebraucht, aber missbraucht nicht: So lautet das Gesetz. Der Missbrauch der besten Sachen zieht eine Bestrafung durch unvermeidbare Konsequenzen nach sich.

Anderes verhält es sich mit dem Leid, das man sich auferlegt, um seinem Nächsten zu helfen; wenn ihr Kälte und Hunger ertragt, um einen bedürftigen Menschen zu wärmen und zu ernähren und somit euerem

Körper Leid zufügt: Ein solches Opfer wird von Gott gesegnet. Ihr, die ihr eure wohl riechenden Wohnungen verlasst, um einem anderen Trost zu bringen, der in einem verwahrlosten Zimmer lebt; ihr, die ihr eure zarten Hände schmutzig macht, um Wunden zu versorgen; ihr, die ihr den Schlaf einbüßt, um am Bett eines Kranken zu wachen, der auch euer Bruder in Gott ist; ihr alle, die ihr eure Gesundheit in den Dienst guter Taten stellt; hier leistet ihr Abbüßung, wahre Abbüßung voller Segen, weil das Glück der Welt eure Herzen nicht ausgetrocknet hat. Ihr habt euch nicht inmitten der aufregenden Vergnügungen des Wohlstandes zur Ruhe gesetzt, sondern wurdet zu tröstenden Engeln für die Bettelarmen.

Aber ihr, die ihr euch aus der Welt zurückzieht, um Verführungen zu entgehen und in Einsamkeit zu leben, worin besteht euer Nutzen auf dieser Erde? Wo ist euer Mut zu Prüfungen, da ihr vor dem Kampf flieht und davonlauft? Wenn ihr euch der Abbüßung unterziehen wollt, so tut dies an der Seele und nicht am Körper; kasteit eueren Geist und nicht euer Fleisch. Geißelt eure Selbstliebe, nehmt Erniedrigungen auf euch ohne zu klagen, bekämpft eure Selbstgefälligkeit und stemmt euch gegen die Schmerzen der Beleidigungen und Verleumdungen, die stechender sind als körperliche Schmerzen. Das ist die wahre Abbüßung, deren Wunden euch angerechnet werden, weil sie euch Mut und Gottgehorsam bescheinigen.

(Ein Schutzgeist, Paris, 1863)

SOLL MAN DEN PRÜFUNGEN SEINES NÄCHSTEN EIN ENDE SETZEN?

27. Soll man den Prüfungen seines Nächsten möglichst ein Ende setzen oder aus Achtung vor dem Plan Gottes die Zustände ihren Lauf nehmen lassen?

Wir haben euch wiederholt gesagt, dass ihr auf diesem Planeten der Abbüßung seid, um eure Prüfungen zu vollenden; und dass alles, was euch geschieht, Folgen aus eueren früheren Existenzen sind, der Schuldanteil, den ihr noch zu bezahlen habt. Dieser Gedanke ruft jedoch bei manchen Menschen Überlegungen hervor, die unbedingt abgestellt werden müssen, weil sie schlimme Folgen haben könnten.

Einige denken, dass, wenn sie auf der Erde schon zur Buße sind, sie die Prüfungen ihren Lauf nehmen lassen müssen. Ebenso verhält es sich mit denjenigen, die sogar soweit gehen zu glauben, man müsse nichts tun, um sie zu mildern, sondern im Gegenteil, die Prüfungen noch verschärfen, um noch mehr Nutzen daraus zu ziehen. Das ist ein großer Irrtum. Ja, eure Prüfungen sollen den Weg gehen, den Gott euch vorgezeichnet hat. Kennt ihr aber diesen Weg? Wisst ihr, wie weit sie gehen müssen und ob der barmherzige Vater über das Leiden dieses oder jenes Bruders nicht gesagt hat: „Bis hierher und nicht weiter"? Wisst ihr denn, ob Seine Vorsehung euch nicht ausgewählt hat, nicht etwa als Werkzeug der Pein, um das Leid des Schuldigen noch zu verschlimmern, sondern womöglich als tröstender Balsam, um die Wunden zu heilen, die Seine Gerechtigkeit geöffnet hat? Wenn ihr also einen euerer Brüder seht, der vom Schicksal getroffen wurde, dann sagt nicht: Das ist die Gerechtigkeit Gottes, sie muss ihren Lauf nehmen. Im Gegenteil, sagt euch: „Lasst uns sehen, mit welchen Mitteln mich der barmherzige Vater ausgestattet hat, um das Leid meines Bruders zu lindern. Lasst uns sehen, ob mein moralischer Beistand, meine materielle Hilfe oder mein Rat ihm nicht helfen können, diese Prüfung mit mehr Kraft, Geduld und Ergebung in das Schicksal zu überstehen. Lasst uns auch sehen, ob Gott mir nicht ein Mittel an die Hand gegeben hat, um dieser Prüfung ein Ende zu setzen; ob es mir selbst nicht als Prüfung, vielleicht ja als Abbüßung, auferlegt wurde, das Übel abzustellen und es durch Frieden zu ersetzen.

Helft euch daher stets bei eueren jeweiligen Prüfungen und betrachtet euch nie als Folterinstrumente. Dieser Gedanke muss jeden Menschen, der ein gutes Herz hat, empören, vor allem den Spiritisten. Denn der Spiritist muss, mehr als jeder andere, das unendliche Ausmaß der Güte Gottes begreifen. Der als Spiritist muss man daran denken, dass sein ganzes Leben ein Akt der Liebe und der Ergebenheit ist und dass die Gerechtigkeit ihren Lauf nehmen wird, was immer er auch tut, um den Entscheidungen des Herrn entgegenzuwirken. Er kann daher ohne Furcht alles unternehmen, um die Bitterkeit der Prüfungen zu lindern, aber Gott allein kann sie beenden oder verlängern, je nachdem, wie Er es für angebracht hält.

Wäre nicht ein Zeichen von übermäßigem Hochmut bei dem Menschen zu finden, der sich dazu berechtigt fühlte, das Schwert gewissermaßen noch einmal in die Wunde zu stoßen? Oder die Dosis des Giftes in der Brust des Leidenden zu erhöhen, unter dem Vorwand, dergestalt sei seine

Abbüßung? Ja! Betrachtet euch andernfalls immer als ein Instrument, das ausgewählt wurde, Schmerzen zu beheben.

Fassen wir demnach zusammen: Ihr seid alle auf der Erde, um abzubüßen, aber ihr solltet euch alle, ausnahmslos, nach Kräften bemühen, die Abbüßungen euerer Geschwister nach dem Gesetz der Liebe und der Nächstenliebe zu lindern.

(Bernardin, Schutzgeist, Bordeaux, 1863)

IST ES ERLAUBT, DAS LEBEN EINES UNHEILBAR KRANKEN ZU VERKÜRZEN?

28. *Ein Mann ist im Todeskampf, geplagt von grausamen Schmerzen. Man weiß, dass sein Zustand hoffnungslos ist. Ist es erlaubt, ihm einige Momente der Qual zu ersparen, indem man sein Ende schneller herbeiführt?*

Wer hätte euch das Recht erteilt, Gottes Vorhaben zu beurteilen? Kann Er einen Menschen etwa nicht bis an den Rand des Grabens führen und ihn wieder zurückziehen, um ihm zu helfen, zu sich selbst zurückzukehren und ihn auf andere Gedanken zu bringen? In welcher Notlage ein Todkranker sich auch immer befinden mag, niemand kann mit Gewissheit sagen, dass seine letzte Stunde gekommen ist. Hat sich die Wissenschaft in ihren Vorhersagen etwa nie geirrt?

Ich weiß, dass es Fälle gibt, die man zurecht als aussichtslos bezeichnen kann. Selbst wenn keine begründete Hoffnung auf eine endgültige Rückkehr zum Leben und zur Gesundheit besteht, gibt es nicht dennoch unzählige Beispiele von Kranken, die im Moment ihres letzten Atemzuges wieder zu sich kommen und für ein paar Augenblicke wieder ihre Kräfte erlangen? Nun gut! Diese Stunde der Gnade, die ihnen gewährt wird, kann für sie von größter Bedeutung sein; denn ihr wisst nichts von den Überlegungen, die während des Todeskampfes in dem Geist stattfinden können; und welche Qualen ihm eine Erleuchtung durch Reue ersparen kann.

Der Materialist, der nur den Körper sieht und der Seele keinerlei Bedeutung beimisst, kann diese Sachen nicht verstehen; doch der Spiritist, der weiß, was jenseits des Grabes geschieht, kennt den Wert des letzten Gedankens. Lindert die letzten Schmerzen soweit ihr könnt. Hütet euch aber davor, ein Leben zu verkürzen und sei es auch nur um eine Minute,

denn diese Minute kann in der Zukunft viele Tränen ersparen.
(Hl. Ludwig, Paris, 1860)

Sein eigenes Leben opfern

29. *Ist derjenige, der seines Lebens überdrüssig ist, jedoch keinen Selbstmord begehen möchte, schuldig, wenn er den Tod auf dem Schlachtfeld sucht, mit dem Gedanken, sich durch seinen Tod nützlich zu machen?*

Ob sich der Mensch das Leben nimmt oder sich umbringen lässt, das Ziel ist immer, das Leben zu verkürzen; folglich gibt es den absichtlichen Selbstmord, andernfalls den herbeigeführten. Der Gedanke, sein Tod könne zu etwas nützlich sein, ist trügerisch. Er ist nur ein Vorwand, um seine Tat zu beschönigen, um sich vor sich selbst zu entschuldigen. Wenn er ernsthaft den Wunsch hätte, seinem Land zu dienen, würde er versuchen zu leben, um es zu verteidigen und nicht zu sterben. Denn tot kann er dem Land nicht mehr nützlich sein. Die wahre Ergebenheit besteht nur darin, keine Angst vor dem Tod zu haben, wenn es darum geht, nützlich zu sein und der Gefahr zu trotzen und, wenn nötig, sein Leben vorzeitig und ohne Reue zu opfern. Aber die geplante Absicht, den Tod zu suchen, indem man sich der Gefahr aussetzt, selbst um einen Dienst zu erweisen, macht den Wert dieser Tat zunichte.
(Hl. Ludwig, Paris, 1860)

30. *Ein Mensch setzt sich drohender Gefahr aus, um das Leben eines Mitmenschen zu retten, obwohl er weiß, dass er selbst dabei umkommen wird. Kann das als Selbstmord betrachtet werden?*

Sofern der Tod nicht absichtlich gesucht wird, handelt es sich auch nicht um Selbstmord, sondern um Hingabe und Verzicht, ungeachtet der Gewissheit, sein Leben möglicherweise zu verlieren. Wer aber kann diese Gewissheit haben? Wer sagt, dass die Vorsehung nicht im kritischsten Augenblick noch ein unerwartetes Mittel zur Rettung bereithält? Kann sie nicht sogar Menschen retten, die vor einem Kanonenrohr stehen? Oft kann es sein, dass sie die Prüfung der Ergebung in das Schicksal bis zum Äußersten treibt und ein unerwarteter Umstand wendet den verhängnisvollen Schlag schließlich ab.
(Hl. Ludwig, Paris, 1860)

NUTZEN DES LEIDES FÜR ANDERE MENSCHEN

31. *Arbeiten diejenigen, die ihr Leid mit Ergebung in das Schicksal annehmen, weil sie sich dem Willen Gottes unterziehen und den Blick auf ihr zukünftiges Glück gerichtet haben, nur für sich selbst; und kann ihr Leid auch für andere Menschen nützlich sein?*

Diese Leiden können für andere materiell und moralisch nützlich sein. Materiell gesehen, wenn sie durch Arbeit, Entbehrungen und selbst auferlegte Opfer zum materiellen Wohl ihrer Nächsten beitragen; moralisch durch ihr Beispiel, das sie geben, wenn sie sich dem Willen Gottes unterordnen. Dieses Beispiel für die Kraft des spiritistischen Glaubens kann viele Unglückliche zur Ergebung in das Schicksal ermuntern und sie vor der Verzweiflung sowie sie vor den traurigen Folgen in der Zukunft bewahren.

(Hl. Ludwig, Paris, 1860)

KAPITEL VI -
CHRISTUS, DER TRÖSTER

Mein Joch ist leicht - Der versprochene Tröster
Unterweisungen der Geistigen Welt: Ankunft des Geistes der Wahrheit

MEIN JOCH IST LEICHT

1. Kommt her zu mir, alle, die ihr mühselig und beladen seid; ich will euch erquicken. Nehmt auf euch mein Joch und lernt von mir; denn ich bin sanftmütig und von Herzen demütig; so werdet ihr Ruhe finden für eure Seelen. Denn mein Joch ist sanft, und meine Last ist leicht. (Matthäus XI, 28 - 30)

2. All die Leiden - Unglück, Enttäuschungen, körperliche Schmerzen, der Verlust geliebter Wesen - finden ihren Trost im Glauben an das zukünftige Leben und im Glauben an die Gerechtigkeit Gottes, den Christus gekommen ist, um den Menschen zu lehren.

Auf demjenigen, der dagegen nach diesem Leben nichts erwartet oder einfach zweifelt, lastet der Kummer mit seinem ganzen Gewicht und keine Hoffnung vermag seine Bitterkeit zu mildern. Deshalb sagte Jesus: „Kommt her zu mir, alle, die ihr mühselig und beladen seid; ich will euch erquicken."

Jesus stellt jedoch eine Bedingung für seine Hilfe und die Glückseligkeit, die er den Leidenden verspricht. Diese Bedingung ist das Gesetz, das er lehrt: Sein Joch ist die Befolgung dieses Gesetzes. Aber dieses Joch ist leicht und das Gesetz sanft, da als Pflicht Liebe und Nächstenliebe verlangt werden.

DER VERSPROCHENE TRÖSTER

3. Liebet ihr mich, so werdet ihr meine Gebote halten. Und ich will den Vater bitten, und er wird euch einen andern Tröster geben, daß er bei euch sei in Ewigkeit: *den Geist der Wahrheit*, den die Welt nicht empfangen kann, denn sie sieht ihn nicht und kennt ihn nicht. Ihr kennt ihn, denn er bleibt bei euch und wird in euch sein. Aber der Tröster, der heilige Geist, den mein Vater senden wird in meinem Namen, der wird euch alles lehren und euch an alles erinnern, was ich euch gesagt habe. (Johannes, XIV, 15 - 17 und 26)

4. Jesus verspricht einen anderen Tröster: Den *Geist der Wahrheit*, den die Welt noch nicht kennt, weil sie noch nicht reif ist, um ihn zu verstehen und den der Vater senden wird, um all die Sachen zu lehren und an das zu erinnern, was Jesus sagte. Wenn also der Geist der Wahrheit später kommen sollte, um alles zu lehren, bedeutet es, dass Christus nicht alles gesagt hat. Wenn er kommt, um uns an das zu erinnern, was Christus gesagt hat, dann deshalb, weil die Lehre vergessen oder missverstanden wurde.

Der Spiritismus kommt zum festgesetzten Zeitpunkt, um das Versprechen Christi einzulösen: Der Geist der Wahrheit leitet seine Errichtung. Er erinnert die Menschen an die Befolgung des Gesetzes; lehrt alle Sachen, indem er verständlich macht, was Christus nur in Gleichnissen verkündet hat. Christus sagte: „Wer Ohren hat zu hören, der höre." Der Spiritismus kommt, um Augen und Ohren zu öffnen, weil er ohne Sinnbilder oder Allegorien spricht. Er hebt den Schleier, der absichtlich über bestimmte Mysterien geworfen wurde und kommt schließlich, um den Benachteiligten dieser Erde und allen Leidenden erhabenen Trost zu bringen, indem er eine gerechte Ursache und ein nützliches Ziel für all dieses Leiden aufzeigt.

Christus sagte „Selig sind, die da Leid tragen; denn sie sollen getröstet werden." Wie soll man dennoch sich in seinem Leid glücklich fühlen, wenn man nicht weiß, warum man leidet? Der Spiritismus verweist auf die Ursache in früheren Existenzen und in der Bestimmung der Erde, wo der Mensch seine Vergangenheit abbüßt. Er zeigt die damit verbundene Absicht, wonach das Leid wie eine heilsame Krise ist, die zur Genesung führt, ein Reinigungsprozess, der das Glück in künftigen Existenzen sichert. Der Mensch versteht dann, dass er sein Leid verdient hat und findet sein Leid gerecht. Er weiß, dass dieses Leid seinem Fortschritt dient und nimmt es an, ohne zu murren, wie der Arbeiter die Arbeit annimmt, die ihm seinen Unterhalt garantiert. Der Spiritismus gibt ihm einen unerschütterlichen Glauben an die Zukunft. Der stechende Zweifel ist dann keine Gewalt mehr über seine Seele. Indem er ihn dazu bringt, die Gegebenheiten von einer höheren Warte aus zu betrachten, verliert sich die Wichtigkeit irdischer Schicksalsschläge am breiten strahlenden Horizont, den er erfasst und die Aussicht auf das Glück, das ihn erwartet, gibt ihm Geduld, Ergebenheit und Mut, um den Weg zu Ende zu gehen.

Auf diese Weise verwirklicht der Spiritismus das, was Jesus vom versprochenen Tröster sagte: Die Kenntnis der Gegebenheiten, die dazu führt, dass der Mensch weiß, woher er kommt, wohin er geht und warum er auf der Erde ist. Er führt uns zu den wahren Prinzipien der Gesetze Gottes zurück und tröstet mit dem Glauben und mit der Hoffnung, die er erweckt.

UNTERWEISUNGEN DER GEISTIGEN WELT
ANKUNFT DES GEISTES DER WAHRHEIT[60]

5. Ich komme wie damals, unter die verlorenen Kinder Israels, um die Wahrheit zu bringen und um die Finsternis zu vertreiben. Hört mich! Der Spiritismus soll, wie einst mein Wort, die Ungläubigen daran erinnern, dass über ihnen die unveränderliche Wahrheit regiert: Der gütige, große Gott, Der die Saat keimen lässt und die Wogen erhebt. Ich habe die göttliche Lehre verkündet. Wie ein Mäher habe ich das Gute, das unter der Menschheit verstreut lag, zusammen gebunden und gesagt: „Kommt her zu mir, alle, die ihr leidet!"

Aber die undankbaren Menschen sind von dem geraden und breiten Weg abgekehrt, der zu dem Reich meines Vaters führt und haben sich auf den unebenen Pfaden der Herzlosigkeit verirrt. Mein Vater will die menschliche Rasse nicht vernichten. Er möchte, dass ihr euch gegenseitig helft, Verstorbenen wie Lebenden, wobei tot' nur im Hinblick auf den Körper zu betrachten ist, da der Tod nicht existiert; dass ihr euch beisteht und dass nicht mehr die Stimmen der Propheten und Apostel, sondern die Stimme derjenigen, die nicht mehr auf der Erde sind, gehört werden, wenn sie euch zurufen: Betet und glaubt! Denn der Tod ist Wiederauferstehung und das Leben die ausgewählte Prüfung, durch die eure gewachsenen Tugenden gedeihen und sich entwickeln sollen, wie die Zeder.

Ach, ihr schwachen Menschen, die ihr die Dunkelheit euerer Intelligenz begreift, entfernt nicht die Fackel, welche die Gnade Gottes in eure Hände

---

[60] Die Kundgaben des Geistes der Wahrheit sind teilweise in der ersten Person formuliert. Es steht dennoch im Hintergrund eine Gemeinschaft von erhabenen Geistern, welche die Lehre Christi - die Lehre der Liebe – verkünden; (Anmerkung des Herausgebers)

gegeben hat, um eueren Weg zu beleuchten und euch, verlorene Kinder, in den Schoß eueres Vaters zurückzuführen!

Ich bin zu sehr berührt von Mitleid mit eurem Elend, eueren großen Schwächen, als dass ich jenen unglücklichen Verirrten, die, obwohl sie den Himmel sehen, in den Abgrund des Irrtums stürzen, eine helfende Hand nicht reichen würde. Glaubt, liebet und denkt über das euch Offenbarte nach. Vermengt nicht, den Weizen mit den guten Körnern, die Utopien mit der Wahrheit.

Spiritisten! Liebet euch, dies ist das erste Gebot; unterrichtet euch, das ist das Zweite! Alle Wahrheit findet sich im Christentum; die Fehler, die sich dort festgesetzt haben, sind menschlichen Ursprungs. Und siehe, jenseits des Grabes, das ihr für das Nichts hieltet, rufen euch Stimmen zu: Geschwister, nichts vergeht! Christus ist der Sieger über das Böse, seid ihr die Sieger über die Herzlosigkeit.

(Geist der Wahrheit, Paris, 1860)

6. Ich komme, um die armen Benachteiligten zu lehren und zu trösten; ich komme, um ihnen zu sagen, dass sie ihre Ergebung in das Schicksal an das Maß ihrer Prüfungen anpassen sollen; dass sie weinen sollen, da der Schmerz im Olivenhain heilig geworden ist; dass sie jedoch Hoffnung hegen sollen. Denn es werden tröstende Engel kommen, um ihre Tränen zu trocknen.

Arbeiter, zieht eure Furchen! Nehmt gleich morgen von Neuem die harte Arbeit des Vortages auf. Die Arbeit euerer Hände liefert euerem Körper das irdische Brot, eure Seelen werden jedoch nicht vergessen. Ich, der göttliche Gärtner, pflege diese in der Stille euerer Gedanken. Wenn die Stunde der Ruhe erklingt, wenn der Faden des Lebens eueren Händen entgleitet und eure Augen sich bei Licht schließen, werdet ihr spüren, wie meine kostbare Saat in euch keimt und hervorquillt. Nichts geht verloren im Reich unseres Vaters. Euer Schweiß und euer Elend bilden den Schatz, der euch in den erhabeneren Sphären Reichtum beschert; dort, wo das Licht die Dunkelheit ersetzt, wo der Ärmste unter euch vielleicht der Glänzendste sein wird.

Wahrlich, ich sage euch: Diejenigen, die ihre Bürde tragen und ihren Geschwistern helfen, sind mir die Liebsten. Erwerbt euch die Kenntnisse dieser wertvollen Lehre, welche die Irrtümer euerer Aufsässigkeit auflöst und euch den erhabenen Sinn menschlicher Prüfungen lehrt. Und so wie der Wind den Staub wegfegt, dass auch der Hauch der Geister eueren Neid auf die Reichen dieser Welt vertreibt, die oftmals sehr bemitleidenswert sind. Denn ihre Prüfungen sind gefahrenreicher als eure. Ich bin bei euch und mein Apostel unterrichtet euch. Trinket an der lebendigen Quelle der Liebe, bereitet euch darauf vor, ihr Gefangenen des Lebens, euch eines Tages frei und freudig zu dem Schoße desjenigen aufzuschwingen, Der euch schwach erschaffen hat, damit ihr euch vervollkommnet. Er möchte, dass ihr selbst eueren weichen Ton modelliert, um selbst Handwerker euerer Unsterblichkeit zu werden. (Geist der Wahrheit, Paris, 1861)

7. Ich bin der große Arzt der Seelen, ich bringe euch das Medikament, das sie heilen soll. Die Schwachen, die Leidenden und die Gebrechlichen sind meine Lieblingskinder; ich komme, um sie zu retten. Kommt zu mir, alle, die ihr leidet und beladen seid, ihr werdet Erleichterung und Trost finden. Sucht den Trost und die Kraft nicht woanders. Denn die Welt ist nicht in der Lage, euch diese zu bieten. Gott sendet durch den Spiritismus einen himmlischen Appell an eure Herzen; hört auf ihn! Mögen Herzlosigkeit, Lügen, Irrtümer und Ungläubigkeit aus eueren betrübten Seelen herausgerissen werden! Dies sind Ungeheuer, die nicht genug von euerem reinen Blut bekommen können und euch fast immer tödliche Wunden zufügen. Möget ihr in Zukunft demütig und Gott gehorsam Sein himmlisches Gesetz ausführen. Liebet einander und betet. Seid folgsam gegenüber den Geistern des Herrn. Ruft Ihn aus der Tiefe euerer Herzen an, dann wird Er Seinen geliebten Sohn schicken, um euch zu unterrichten und diese guten Worte zu sagen: Hier bin ich; ich komme zu euch, weil ihr mich gerufen habt! (Geist der Wahrheit, Bordeaux, 1861)

8. Gott tröstet die Demütigen und gibt den Verzweifelten die Kraft, die sie erbitten. Seine Macht bedeckt die Erde und überall legte Er neben jede Träne einen tröstenden Balsam. Hingabe und Entsagung sind dauerhaftes Gebet und enthalten eine tiefgründige Lehre. Die menschliche Weisheit liegt in diesen beiden Worten. Mögen alle leidenden Geistwesen diese Wahrheit verstehen, statt sich über die Schmerzen und die moralischen

Leiden zu beklagen, die hier auf Erden euer Los sind. Nehmt nun als Grundsatz diese zwei Worte: *Hingabe und Entsagung* und ihr werdet stark sein, weil sie all die Pflichten zusammenfassen, welche die Nächstenliebe und die Demut euch abverlangen. Das Gefühl der Pflichterfüllung wird euch geistige Ruhe und Resignation schenken. Das Herz schlägt dann besser, die Seele beruhigt sich und der Körper spürt keine Schwäche mehr. Denn der Körper leidet indes um so mehr, je tiefer der Geist belastet ist.

(Geist der Wahrheit, Le Havre, 1863)

KAPITEL VII -
SELIG SIND, DIE IM GEISTE ARM SIND

Was man unter „im Geiste arm" zu verstehen hat - Wer sich selbst erhöht, wird erniedrigt werden - Die den Gelehrten und Klugen verborgenen Geheimnisse
Unterweisungen der Geistigen Welt: Hochmut und Demut - Die Aufgabe des klugen Menschen auf der Erde

WAS MAN UNTER „IM GEISTE ARM" ZU VERSTEHEN HAT
Selig sind, die im Geiste arm sind; denn ihrer ist das Himmelreich. (Matthäus V, 3) [61]

2. Die Ungläubigkeit hat sich lustig über diese Maxime gemacht: *„Selig sind, die im Geiste arm sind."* ebenso wie sie über viele andere Sachen, die sie nicht versteht. Unter „im Geiste arm" versteht Jesus nicht die Geistesarmen, sondern die Demütigen. Er sagt, dass ihnen das Himmelreich gehört und nicht den hochmütigen Menschen.

Menschen von Kultur und Intelligenz, nach irdischer Einschätzung, schätzen sich auch selbst im Allgemeinem so hoch ein, dass sie betrachten, die Sache Gottes sei ihrer unwürdig. Fast immer nur, um sich selbst besorgt, können sie keine Gedanken zu Gott emporheben. Diese Tendenz, sich so überlegen zu nehmen, bringt sie oft genug dazu, alles zu verneinen, das ihnen höher steht. So dass sie nicht erniedrigt vor anderen da stehen könnten und deshalb verneinen sie selbst die Göttlichkeit. Wenn sie sich jedoch einverstanden erklären, die Göttlichkeit zu akzeptieren, bestreiten sie jedoch eines ihrer schönsten Attribute: Ihre mit weiser Vorsehung bedachte Wirkung auf die irdischen Angelegenheiten, da sie ja überzeugt sind, sie alleine könnten die Welt gut regieren. Sie legen ihre Intelligenz als universellen Maßstab an und fühlen sich in der Lage, alles zu verstehen. Daher können sie die Möglichkeit, dass es etwas gibt, was sie nicht verstehen, nicht akzeptieren. Haben sie ein Urteil gefällt, dann ist es unwiderruflich.

Wenn sie die Existenz der unsichtbaren Welt und einer übermenschlichen Macht nicht gelten lassen, dann nicht etwa, weil dies ihr Vorstellungsvermögen übersteigt, sondern weil sie sich gegen den

---

[61] Bei diesem Vers schien uns diese deutsche Formulierung zu der „Nova Vulgata" passender, als die Version der lutherischen Übersetzung zu verwenden; (Anmerkung des Herausgebers)

Gedanken auflehnen, d[...]ht überlegen sind und das sie von ihrem [...]m Grunde haben sie für alles, was nicht [...]lt kommt, nur ein verächtliches Lächeln ü[...]det und geistreich, um an Sachen zu gl[...] für die *einfachen Menschen* gut sin[...]*iste arm"*, die solche Dinge erns[...]

Doch, was imme[...]anderen, in diese unsichtbare [...]rliche ziehen. Dann werden sie die [...]nen.

Aber Gott, Der gerecht ist, k[...]r Seine Macht missachtet hat, weder in derselben Weise [...]denjenigen, der sich Seinen Gesetzen demütig untergeordn[...]beiden die gleiche Stellung verleihen. Indem Jesus sagt, das Himmelreich gehöre den einfachen Menschen, versteht er darunter, dass niemand ohne *die Bescheidenheit im Herzen und die Demut im Geiste* dort aufgenommen wird. Somit wird der Unwissende, der diese Eigenschaften besitzt, dem Gelehrten, der mehr an sich als an Gott glaubt, vorgezogen. In jedem Fall erhebt Jesus die Demut in den Rang der Tugenden, die uns näher zu Gott bringen und ordnet den Stolz den Lastern zu, die uns von Ihm entfernen. Der Grund hierfür ist ein natürlicher: Demut bedeutet, sich Gott zu unterwerfen, Stolz jedoch heißt, sich gegen Gott aufzulehnen. Für die zukünftige Glückseligkeit des Menschen ist es, irdisch betrachtet, also wertvoller, *arm im Geiste* zu sein, dafür aber reich an moralischen Eigenschaften.

Wer sich selbst erhöht, wird erniedrigt werden

3. Zu derselben Stunde traten die Jünger zu Jesus und fragten: Wer ist doch der Größte im Himmelreich? Jesus rief ein Kind zu sich und stellte es mitten unter sie und sprach: Wahrlich, ich sage euch: Wenn ihr nicht umkehrt und werdet wie die Kinder, so werdet ihr nicht ins Himmelreich kommen. Wer nun sich selbst erniedrigt und wird wie dies Kind, der ist der Größte im Himmelreich. Und wer ein solches Kind aufnimmt in meinem Namen, der nimmt mich auf. (Matthäus XVIII, 1 - 5)

4. Da trat zu ihm die Mutter der Söhne des Zebedäus mit ihren Söhnen, fiel vor ihm nieder und wollte ihn um etwas bitten. Und er sprach zu ihr: Was willst du? Sie sprach zu ihm: Laß diese meine beiden Söhne sitzen in deinem

Reich einen zu deiner Rechten und den andern zu deiner Linken. Aber Jesus antwortete und sprach: Ihr wißt nicht, was ihr bittet. Könnt ihr den Kelch trinken, den ich trinken werde? Sie antworteten ihm: Ja, das können wir. In der späteren Überlieferung finden sich zusätzlich die Worte: »und euch taufen lassen mit der Taufe, mit er ich getauft werde?« Er sprach zu ihnen: Meinen Kelch werdet ihr zwar trinken, aber das sitzen zu meiner Rechten und Linken zu geben, steht mir nicht zu. Das wird denen zuteil, für die es bestimmt ist von meinem Vater. In der späteren Überlieferung finden sich zusätzlich die Worte: »und mit der Taufe, mit der ich getauft werde, werdet ihr getauft werden«. Als das die Zehn hörten, wurden sie unwillig über die zwei Brüder. Aber Jesus rief sie zu sich und sprach: Ihr wißt, daß die Herrscher ihre Völker niederhalten und die Mächtigen ihnen Gewalt antun. So soll es nicht sein unter euch; sondern wer unter euch groß sein will, der sei euer Diener; und wer unter euch der Erste sein will, der sei euer Knecht, so wie der Menschensohn nicht gekommen ist, daß er sich dienen lasse, sondern daß er diene und gebe sein Leben zu einer Erlösung für viele. (Matthäus XX, 20 – 28)

5. Und es begab sich, daß er an einem Sabbat in das Haus eines Oberen der Pharisäer kam, das Brot zu essen, und sie belauerten ihn. (...) Er sagte aber ein Gleichnis zu den Gästen, als er merkte, wie sie suchten, obenan zu sitzen, und sprach zu ihnen: Wenn du von jemandem zur Hochzeit geladen bist, so setze dich nicht obenan; denn es könnte einer eingeladen sein, der vornehmer ist als du, und dann kommt der, der dich und ihn eingeladen hat, und sagt zu dir: Weiche diesem!, und du mußt dann beschämt untenan sitzen. Sondern wenn du eingeladen bist, so geh hin und setz dich untenan, damit, wenn der kommt, der dich eingeladen hat, er zu dir sagt: Freund, rücke hinauf! Dann wirst du Ehre haben vor allen, die mit dir zu Tisch sitzen. Denn wer sich selbst erhöht, der soll erniedrigt werden; und wer sich selbst erniedrigt, der soll erhöht werden. (Lukas, XIV, 1, 7 – 11)

6. Diese Grundsätze sind die Folgen des Prinzips der Demut, das Jesus unaufhörlich als wesentliche Bedingung für die Glückseligkeit darstellt, die den Auserwählten Gottes versprochen wurde, und dass er folgendermaßen formuliert hat: „Selig sind, die im Geiste arm sind; denn ihrer ist das Himmelreich." Und er nimmt ein Kind als Beispiel für die Einfachheit des Herzens und sagt, dass jemand der Größte im himmlischen Reich sein wird, wenn er Demut übt und sich so klein wie dieses Kind macht. Das bedeutet keinen Anspruch auf Überlegenheit und Unfehlbarkeit hegen.

Derselbe fundamentale Gedanke findet sich auch in diesem Grundsatz wieder: „wer unter euch groß sein will, der sei euer Diener." und in dem folgenden: „Denn wer sich selbst erhöht, der soll erniedrigt werden; und wer sich selbst erniedrigt, der soll erhöht werden." [62]

Der Spiritismus kommt diese Theorie durch Beispiele zu bestätigen, in dem er uns zeigt, dass diejenigen, die auf der Erde klein waren, in der Geistigen Welt groß sind, und dass oft wer auf der Erde groß und mächtig war, nun ziemlich klein ist. Und zwar deshalb, weil Erstere mit dem Sterben das mitgenommen haben, was im Himmel wahre Größe ausmacht und was man nicht verliert: „die Tugend". Die anderen hingegen mussten all das zurücklassen, was sie auf Erden groß machte und was nicht mitzunehmen ist: „Vermögen, Titel, Ruhm und Abstammung". Da sie sonst nichts besitzen, kommen sie in der anderen Welt völlig entblößt an, wie Schiffbrüchige, die alles, bis auf ihre Kleidung, verloren haben. Sie haben nur den Stolz behalten, der ihre neue Situation noch demütigender macht, weil sie über sich, in strahlendem Glanz, diejenigen sehen, die sie auf der Erde mit Füssen getreten haben.

Der Spiritismus zeigt uns noch eine andere Anwendung dieses Prinzips, und zwar in den aufeinander folgenden Inkarnationen, wo diejenigen, die in einer Existenz am höchsten standen, in der folgenden auf den letzten Platz verwiesen werden, wenn sie von Stolz und Ehrgeiz beherrscht waren. Strebt daher weder nach dem ersten Rang auf der Erde, noch danach, euch über andere zu erheben, wenn ihr nicht gezwungen sein wollt, wieder hinabzusteigen. Sucht vielmehr die bescheidensten und einfachsten Plätze. Denn Gott kann euch im Himmel zu einem höheren Ort erheben, wenn ihr dies verdient.

DIE DEN GELEHRTEN UND KLUGEN VERBORGENEN GEHEIMNISSE

7. Zu der Zeit fing Jesus an und sprach: Ich preise dich, Vater, Herr des Himmels und der Erde, weil du dies den Weisen und Klugen verborgen hast und hast es den Unmündigen offenbart. (Matthäus XI, 25)

8. Es mag sonderbar erscheinen, dass Jesus Gott dafür dankt, dass er diese Dinge nur den einfachen und kleinen Leuten offenbart hat, die arm im

---

[62] Siehe Wer sich selbst erhöht, wird erniedrigt werden, S. 125; (Anmerkung des Herausgebers)

Geiste sind, und sie den Weisen und Klugen, die dem Anschein nach eher im Stande sind, sie zu verstehen, vorenthalten hat. Unter Ersteren muss man die Demütigen verstehen, die sich vor Gott klein machen und nicht meinen, sie seien allen Menschen überlegen. Letztere sind die Stolzen, die wegen ihres weltlichen Wissens eingebildet sind und sich für klug halten, da sie Gott leugnen. Und wenn sie Ihn schon nicht ablehnen, sprechen sie Ihn dennoch wie einen Ebenbürtigen an. In der Antike war das Wort ‚weise' Synonym für ‚gelehrt'. Deshalb überlässt Gott ihnen die Suche nach den Geheimnissen der Erde und offenbart den Bescheidenen und Demütigen, die sich vor Seiner Herrlichkeit verneigen, die Geheimnisse des Himmels.

9. Ebenso verhält es sich heute mit den großen Wahrheiten, die durch den Spiritismus offenbart werden. Manche Ungläubigen wundern sich, dass die Geister sich so wenig Mühe geben, sie zu überzeugen. Der Grund ist, dass sie sich vorzugsweise mit den Menschen beschäftigen, die sich bemühen, nach bestem Gewissen und in Demut das Licht zu suchen, als mit denjenigen, die glauben, das ganze Licht zu besitzen und scheinbar denken, Gott müsste überglücklich sein, wenn Er sie zu Sich zurückführt, indem Er ihnen Seine Existenz beweist.

Die Macht Gottes kommt in den kleinsten wie auch den größten Dingen zum Vorschein. Er stellt Sein Licht nicht unter den Scheffel, sondern verbreitet es überall in Strömen. Blinde sind daher diejenigen, die es nicht sehen. *Gott will ihnen die Augen nicht mit Gewalt öffnen, da sie diese ja lieber geschlossen halten.* Ihr Tag wird kommen. Zuvor müssen sie jedoch die Angst der Dunkelheit spüren und in der Hand, die ihren Stolz erschüttert, Gott erkennen und darin nicht etwa einen Zufall sehen. Um die Ungläubigkeit zu besiegen, wendet Gott die Mittel an, die Ihm je nach Individuum geeignet erscheinen. Es steht dem Ungläubigen nicht zu, Gott vorzuschreiben, was Er zu tun hat, oder Ihm sagen: „Wenn Du mich überzeugen willst, musst Du das so oder so anstellen, lieber zu diesem Zeitpunkt als zu jenem, weil es mir gerade so passt."

Die Ungläubigen sollten sich daher nicht wundern, wenn Gott und die Geister, welche die ausführenden Kräfte Seiner Gebote sind, sich ihren Forderungen nicht unterwerfen. Sie sollten sich aber fragen, was sie dazu sagen würden, wenn der Letzte ihrer Bediensteten ihnen Vorschriften machen würde? Gott stellt Bedingungen, doch Er fügt sich ihnen nicht. Er hört diejenigen gütig an, die sich in Demut an Ihn wenden, nicht jedoch jene, die glauben, sie seien mehr als Er.

10. Nun wird man fragen, könnte Gott sie nicht persönlich durch aufsehenerregende Zeichen erschüttern, vor denen sich sogar der härteste Ungläubige verneigen müsste? Zweifellos könnte Er das. Worin bestünde dennoch ihr Verdienst und wozu wäre das alles gut? Sieht man nicht tagtäglich Menschen, die sich gegen die offenkundigsten Tatsachen sperren und sogar sagen: „Auch wenn ich es sehen würde, würde ich es nicht glauben, denn *ich weiß*, es ist unmöglich." Wenn sie sich weigern, die Wahrheit zu erkennen, dann deshalb, weil weder ihr Geist reif genug ist, sie zu verstehen, noch ihr Herz, um sie zu fühlen. *Der Stolz ist der graue Star, der ihnen die Sicht verschleiert.* Wozu sollte man einem Blinden das Licht zeigen? Zunächst einmal muss man die Ursache des Übels heilen. Deshalb gerichtet Gott, wie ein geschickter Arzt, zuerst den Stolz. Er gibt Seine verirrten Kinder nicht auf, da Er weiß, dass sich ihre Augen früher oder später öffnen werden. Er will aber, dass dies aus eigenem Willen heraus geschieht. Und Er weiß, dass sie sich dann, besiegt durch die Qualen der Ungläubigkeit, von selbst in Seine Arme werfen und Ihn, wie der verlorene Sohn, um Vergebung bitten werden.

UNTERWEISUNGEN DER GEISTIGEN WELT
HOCHMUT UND DEMUT

11. Friede sei mit euch, meine lieben Freunde! Ich komme zu euch, um euch zu ermutigen, den guten Weg zu verfolgen.

Gott gibt den armen Geistern, die einst die Erde bewohnt haben, nun den Auftrag, euch zu erleuchten. Gelobt sei Gott für die Gnade, die Er uns gewährt, um euch bei euren Fortschritten zu helfen. Möge der Geist, der heilig ist, mich erleuchten und mir helfen, mich verständlich auszudrücken, möge er mir die Gnade erweisen, diese Worte für euch fassbar zu machen! All ihr inkarnierten Wesen, die ihr in Kummer lebt und nach dem Licht sucht, möge der Wille Gottes mir beistehen, um dieses Licht vor euren Augen scheinen zu lassen!

Die Demut ist eine sehr vergessene Tugend unter euch. Den großen Vorbildern, die euch dazu gegeben wurden, werden selten gefolgt. Kann man Nächstenliebe ohne Demut dennoch ausüben? O nein! Denn dieses Gefühl macht alle Menschen gleich, es zeigt ihnen, dass sie alle Geschwister sind, dass sie sich einander helfen sollen und es führt sie zum Guten. Ohne Demut schmückt ihr euch mit Tugenden, die ihr nicht besitzt, als würdet ihr einen Mantel tragen, um die Missbildungen eueres Körpers zu verbergen. Erinnert euch an denjenigen, der uns errettet hat; erinnert euch an seine Demut, die ihn so groß gemacht und über alle Propheten gestellt hat.

Der Stolz ist der schreckliche Gegner der Demut. Als Christus das Himmelreich den Ärmeren versprochen hat, tat er das, weil die Großen dieser Erde meinen, dass die Titel und Reichtümer die Belohnung für ihren Verdienst seien und dass ihr Wesen reiner sei, als das der Armen. Sie denken, dass alle diese Titel und Reichtümer ihnen rechtmäßig zustehen. Sie werfen Gott daraufhin vor, wenn Er ihnen etwas wegnimmt, ungerecht zu sein. O Irrsinn und Blindheit! Hat Gott etwa zwischen euch irgendeinen körperlichen Unterschied gesetzt? Ist der Leib des Armen nicht der gleiche, wie der des Reiches? Hat der Schöpfer zwei Arten von Menschen geschaffen? All das, was Gott tut, ist erhaben und weise. Übertragt auf Ihn nicht die naiven Ideen eueres stolzen Verstandes.

O Reicher! Während du vor Kälte geschützt in deinem luxuriösen Zimmer schläfst, weißt du nicht, wie viele Tausende deiner Brüder, die genauso viel wert sind wie du, auf Stroh liegen. Ist der hungrige Elende nicht deinesgleichen? Gewiss empört sich dein Stolz bei diesen Worten. Du wirst sogar einverstanden sein, ihnen ein Almosen zu geben. Würdest aber ihnen nie geschwisterlich die Hände zu schütteln. „Was!", wirst du aufschreien, „Ich bin geboren mit Adelsblut, einer der Großen dieser Erde. Soll ich mit diesem Elenden gleichgestellt sein? Vergebliche Utopie von Pseudophilosophen! Wenn wir gleich wären, warum würde Gott ihn so niedrig und mich so hoch stellen?"

Es ist wahr, dass eure Bekleidungen sehr unterschiedlich sind. Wenn ihr beide aber entkleidet seid, welcher Unterschied wäre da zu sehen? „Das Adelsblut", würdest du sagen. Die Chemie hat noch keinen Unterschied zwischen dem Blut eines Aristokraten und dem des Plebejers, zwischen Herrn und Sklaven gefunden. Könntest du mit Sicherheit sagen, dass du nicht einmal ein solcher Elender warst, wie er? Vielleicht hast du auch, um Almosen gebettelt oder wirst eines Tages um Almosen bei diesem einen Menschen betteln, den du heute verachtest. Sind etwa die Reichtümer ewig? Finden sie nicht mit dem Körper, der vergänglichen Hülle deines Geistes, ihr Ende? Oh, gehe voller Demut in dich! Richte deinen Blick schließlich auf die Wirklichkeit der Dinge dieser Erde und auf das, was einen Menschen erhaben macht und den anderen erniedrigt. Denke daran, dass der Tod dich oder andere Menschen auch genauso wenig verschonen wird; dass deine Titel dich nicht vor ihm schützen werden; dass der Tod dich morgen, heute oder in jeder Stunde treffen kann. Und wenn du dich in deinem Stolz verharrst, oh, dann tust du mir sehr Leid! Denn umso erbarmenswerter bist du!

Hochmütige Menschen, was wart ihr, bevor ihr adlig und mächtig wart? Vielleicht die Untersten euerer Diener. Verneigt eure stolze Stirn. Denn Gott kann sie erniedrigen, in dem Moment, da sie am höchsten ist. Alle Menschen sind auf der göttlichen Waage gleich, nur die Tugenden machen den Unterschied vor Gottes Augen. Alle Geistwesen sind von der gleichen Essenz und alle Körper sind aus der gleichen Materie gebildet. Alle Namen und alle Titel werden daran nichts ändern. Sie enden im Grab und bringen nicht das versprochene Glück der Auserwählten. Die Letzten tragen ihre noblen Titel der Nächstenliebe und der Demut.

Arme Kreatur! Du bist Mutter und deine Kinder leiden. Es ist ihnen kalt, sie haben Hunger. Du gehst gebückt unter dem Gewicht deines Kreuzes, musst dich demütigen, um ein Stück Brot zu erhalten. Ah, ich verneige mich vor dir! Wie nobel, heilig und groß bist du vor meinen Augen! Warte und bete, das Glück ist nicht von dieser Welt! Gott gewährt den armen Unterdrückten, die Ihm vertrauen, das Himmelreich.

Und du, arme Tochter, die du noch ein junges Mädchen bist, so fleißig arbeitest und dennoch nur Not kennst, warum diese traurigen Gedanken? Wozu weinen? Richte deine Augen zu Gott empor. Voller Mitleid und Gelassenheit, den Vögeln vom Himmel gibt Er Nahrung, vertraue Ihm. Er wird dich nicht verlassen. Die Klänge der Feiern und der weltlichen Heiterkeit lassen dein Herz höher schlagen. Du möchtest auch gerne alles mitmachen und unter den Glücklichen dieser Erde sein. Du möchtest wie die anderen fröhlichen und unbeschwerten Frauen, die vorbei gehen, auch reich sein. Ach, Vorsicht Kind! Wenn du wüsstest, wie viel Leid und

Tränen sich unter diesen wunderbaren, bestickten Kleidern verbergen, wie viel Seufzer unter dem heiteren Klang des Orchesters erstickt sind, hättest du lieber deine bescheidene Behausung und deine Dürftigkeit. Bleibe rein in Gottes Augen, wenn du nicht möchtest, dass dein Schutzengel sich von dir entfernt und zu Gott zurückkehrt, das Gesicht bedeckt mit seinen weißen Flügeln und dich mit deinen Gewissensbissen zurücklässt, ohne Führung und ohne Stütze auf dieser Erde, wo du verloren sein würdest und nur deine Abbüßung auf einer anderen erwarten würdest.

Und Ihr alle, die menschliche Ungerechtigkeiten erleidet, seid nachsichtig mit den Fehlern euerer Brüder. Denkt daran, dass ihr selbst nicht schuldlos seid. Das ist Nächstenliebe, aber auch Demut. Wenn ihr Verleumdungen erduldet, verneigt eueren Kopf vor dieser Prüfung. Was bedeuten die Verleumdungen dieser Welt? Wenn euer Verhalten richtig ist, kann Gott euch nicht entschädigen? Die Demütigungen mit Tapferkeit zu ertragen, heißt, demütig zu sein und anzuerkennen, dass nur Gott allmächtig und groß ist.

O mein Gott! Ist es notwendig, dass Christus nochmals auf den Planeten Erde kommen muss, um der Menschheit Deine Gesetze zu verkünden, die sie schon vergessen hat? Soll er wie damals die Händler aus dem Tempel werfen, die Dein Haus, diese Gebetsstätte, verunreinigen? Und wer weiß, o Menschen, wenn Gott euch jetzt erneut diese Gnade gäbe, ob ihr nicht wie früher ihn wieder verleugnen würdet? Ihr würdet ihn als Gotteslästerer anklagen, weil er den Stolz der modernen Pharisäer verletzen würde? Vielleicht würdet ihr ihn sogar nochmals zu dem Weg des Berges Golgatha hinauf führen?

Als Moses auf den Berg Sinai stieg, um die Gebote Gottes zu erhalten, war das Volk Israels auf sich selbst angewiesen, sie hatten den wahren Gott verlassen. Frauen und Männer hatten ihr Gold und ihre Juwelen abgegeben, um einen Götzen zu schaffen, den sie anbeten konnten. Und ihr, zivilisierte Menschen, tut dasselbe. Denn Christus hat euch seine Lehre hinterlassen. Er hat euch das Vorbild aller Tugenden gegeben und ihr habt euch von dieser Lehre und von diesem Beispiel abgewendet. Jeder von euch, beladen mit seinen Leidenschaften, hat sich einen Götzen nach seiner Lust geschaffen; für manchen schrecklich und blutig, für andere gleichgültig hinsichtlich des Interesses für unsere Welt. Der von euch erschaffene Gott ist noch solch ein goldenes Kalb, das sich den Leidenschaften und Ideen von jedem anpasst.

Meine Freunde, meine Geschwister, erwachet! Möge die Stimme der guten Geistwesen euer Herz aufmuntern. Seid ohne Prahlerei großmütig und mildtätig, das heißt, tut Gutes in Demut. Und dass jeder allmählich die Altare des Stolzes abreißt, die ihr des Stolzes wegen aufgebaut habt. Mit einem Wort, seid wahre Christen, so werdet ihr das Reich der Wahrheit erreichen. Zweifelt nicht an der Güte Gottes, gerade jetzt, da Er euch so viele Beweise sendet. Wir kamen, um den Weg der Erfüllung der Prophezeiungen vorzubereiten. Wann immer Gott euch eine Kundgebung Seiner Gnade anbietet, seht zu, dass der himmlische Lichtbote euch versammelt trifft, wie eine große Familie, mit sanftem, demütigem Herzen, würdig, um die heiligen Worte zu empfangen, die er euch mitbringt. Seht zu, dass der Auserwählte auf seinem Weg nur Palmen findet, die durch eure Rückkehr zur Nächstenliebe und zur Brüderlichkeit gelegt werden. Dann wird eure Welt ein irdisches Paradies sein. Wenn ihr dennoch gleichgültig gegenüber den Stimmen der Lichtboten bleibt, die geschickt werden, um die zivilisierte Gesellschaft zu reinigen und sie zu erneuern, die zwar reich an Wissen ist, aber arm an erhabenen Gefühlen, so wird euch nichts erspart bleiben, außer Weinen und Jammern um euer verlorenes Glück. Aber nein, so wird es nicht sein. Richtet euch an Gott, eueren Schöpfer! Dann werden wir alle, die daran gearbeitet haben, Seinen Willen in Erfüllung zu bringen, den Gesang der Dankbarkeit singen, für Seine unendliche Güte und Ihn verherrlichen, in alle Ewigkeit. So sei es. (Lacordaire, Constantine, 1863)

12. Menschen, warum beklagt ihr das Unglück, dass ihr euch selbst aufgeladen habt? Die heilige, göttliche Moral des Christus habt ihr vernachlässigt. Wundert euch nicht, dass der Kelch des Unheils allerseits übergelaufen ist.

Das Unbehagen ist überall. Wer könnte daran schuld sein, außer ihr selbst, die ihr ununterbrochen versucht, einer den anderen zu vernichten? Ihr könnt aber ohne das gegenseitige Wohlwollen nicht glücklich sein. Wie kann dennoch dieses Wohlwollen gemeinsam mit Stolz entstehen? Der Stolz ist die Quelle all eueres Leidens. Macht euch an die Arbeit, ihn abzubauen, wenn ihr nicht sehen wollt, dass seine schädlichen Folgen ewig andauern. Es gibt dafür nur ein Mittel, das allerdings unfehlbar ist: Nehmt die Lehre Christi als unveränderlicher Richtschnur für euer Verhalten an. Es sind dieselben Grundsätze, deren Interpretation ihr entweder abgelehnt oder verfälscht habt.

Warum bevorzugt ihr eher Dinge, die euch verzaubern, die vor eueren Augen glänzen, als die, welche euer Herz rühren? Warum habt ihr aus dem übermäßigen Laster ein Objekt euerer Begierde gemacht, wogegen ihr auf den wahren und verborgenen Verdienst mit Verachtung blickt? Der ausschweifende Reiche, verloren an Körper und Seele, kann sich überall präsentieren, alle Türen öffnen sich für ihn und alle Hochachtung wird ihm entgegengebracht. Währenddessen sieht man kaum eine Schutzgeste dem guten Mann gegenüber, der für sich arbeitet und davon lebt. Wenn man das Ansehen anderer Menschen nach den Aspekten beurteilt, wie viel Gold sie besitzen oder welchen Namen sie tragen, welches Interesse hätten sie dann, ihre Fehler zu korrigieren?

Anders wäre es, wenn die vergoldeten Laster der Mehrheit genauso wie die zerlumpten Bettler verachtet wären. Der Stolz ist aber mild zu allem, das ihm schmeichelt. Ihr sagt, dieses sei ein Jahrhundert von Lüsternheit und Geld. Ohne Zweifel. Warum habt ihr aber erlaubt, dass die materiellen Bedürfnisse sich über den gesunden Menschenverstand und die Vernunft hinwegsetzen? Warum wünscht sich jeder, besser als sein Bruder zu sein? Die Gesellschaft leidet heute die Folgen dieser Tatsachen.

Vergesst nicht, dass ein solcher Zustand immer ein sicheres Zeichen moralischer Dekadenz ist. Wenn der Stolz an seine Grenzen stößt, ist dies ein Anzeichen für einen bevorstehenden Fall, denn Gott verurteilt die Hochmütigen immer. Wenn er sie manchmal emporsteigen lässt, dann aus dem Grund, um ihnen Gelegenheit zu geben, unter den Schlägen, die er ihrem Stolz hin und wieder versetzt, um sie zu ermahnen, nachzudenken und sich zu ändern. Doch statt Demut zu lernen, empören sie sich. Wenn das Maß schließlich voll ist, bringt er sie vollständig zu Fall und dieser Fall ist um ein Vielfaches stärker als ihr Aufstieg.

Arme Menschheit, eure Wege sind durch Egoismus verdorben. Habt trotzdem Mut! Gott in Seiner unendlichen Nächstenliebe sendet ein starkes Heilungsmittel für eueren Schmerz, eine unerwartete Hilfe für eueren Kummer. Öffnet die Augen für das Licht. Hier sind die Geistwesen der Verstorbenen gekommen, um euch an eure Pflichten zu erinnern. Sie werden euch aus der erlebten Erfahrung sagen, wie unbedeutend in Anbetracht der Ewigkeit, die Überheblichkeit und Eitelkeit für eure kurze Existenz hier sind. Sie werden euch sagen, dass dort der Größte, nur wer auf der Erde am kleinsten war, sein wird. Derjenige, der seinen Bruder zutiefst geliebt hat, wird im Himmel am meisten geliebt werden. Die Mächtigen dieser Welt, die ihre Autorität missbrauchten, werden ihren Knechten gehorsam sein. Die Nächstenliebe und die Demut sind schließlich wie zwei Schwestern, die sich die Hände halten. Sie sind die besten Mittel, um die Gnade des Herrn zu erlangen.

(Adolphe, Bischof von Algier, Marmande, 1862)

DIE AUFGABE DES KLUGEN MENSCHEN AUF DER ERDE

13. Seid nicht hochmütig aufgrund eurer Kenntnisse, denn dieses Wissen findet in der Welt, in der ihr lebt, deutliche enge Grenzen. Es gibt da keinen Grund, sich etwas einzubilden, selbst wenn ihr vermutet, einer der Intelligentesten zu sein. Falls Gott in Seiner Absicht ermöglicht hat, euer Leben in einem Milieu zu verlaufen, in dem sich eure Intelligenz entfalten konnte, war das Sein Wille, eure Intelligenz zur Wohltat aller Menschen zu fördern. Er hat euch damit eine Mission anvertraut und euch ein Werkzeug in die Hände gelegt, um in euerer Umwelt andere entwickelnden Intelligenzen zu fördern, um sie zu Ihm zu führen. Zeigt die Art des Werkzeuges nicht, wofür es benutzt werden soll? Zeigt nicht die Hacke, die der Gärtner seinem Gehilfen gibt, dass er die Erde aufhacken soll? Was würdet ihr sagen, wenn der Arbeiter, statt zu arbeiten, die Hacke erhebt, um seinen Herrn zu verletzen? Würdet ihr nicht sagen, dass so eine Tat schrecklich sei und der Arbeiter soll hinausgeworfen werden? Geschieht nicht dasselbe mit demjenigen, der seine Intelligenz benutzt, um zwischen seinen Brüdern diese glückliche Fügung zu zerstören? Erhebt er nicht gegen seinen Herrn die Hacke, die er ihm gab, um den Boden zu bereiten? Hat er das Recht auf den versprochenen Lohn oder verdient er dagegen aus dem Garten rausgeworfen zu werden? Zweifelt nicht, denn so wird es sein. Er wird sich durch elende Existenzen voller Demütigungen dahin schleppen, bis er sich eines Tages vor Demjenigen verneigt, Dem er alles schuldet. [63]

---

[63] Siehe Was man unter „im Geiste arm" zu verstehen hat, S. 124; (Anmerkung des Herausgebers)

Die Intelligenz ist ein reicher Wert für die Zukunft, jedoch nur unter der Bedingung, sie gut anzuwenden. Würden alle Menschen mit diesen Gaben nach Gottes Willen dienen, so hätten die Geister eine leichte Aufgabe, die Menschheit zum Fortschritt zu führen. Leider verwandeln viele diese in Werkzeuge des Stolzes und des Verderbens für sich selbst. Der Mensch betreibt Missbrauch mit seiner Intelligenz, so wie mit und all seinen Fähigkeiten, obwohl ihm nicht der Lehrstoff an Warnungen fehlt, dass eine mächtige Hand ihm alles nehmen kann, was ihm gegeben wurde. (Ferdinand, ein Schutzgeist, Bordeaux, 1862)

KAPITEL VIII -
Selig sind, die reinen Herzens sind

Lasst die Kinder zu mir kommen - Laster durch die Gedanken. Ehebruch - Wahre Reinheit. Ungewaschene Hände – Ärgernisse. Wenn aber deine Hand dir Ärgernis schafft, so haue sie ab und wirf sie von dir **Unterweisungen der Geistigen Welt:** Lasst die Kinder zu mir kommen - Selig sind die, deren Augen geschlossen sind

Lasst die Kinder zu mir kommen

1. Selig sind, die reinen Herzens sind; denn sie werden Gott schauen. (Matthäus V, 8)

2.Und sie brachten Kinder zu ihm, damit er sie anrühre. Die Jünger aber fuhren sie an. Als es aber Jesus sah, wurde er unwillig und sprach zu ihnen: Laßt die Kinder zu mir kommen und wehrte ihnen nicht; denn solchen gehört das Reich Gottes. Wahrlich, ich sage euch: Wer das Reich Gottes nicht empfängt wie ein Kind, der wird nicht hineinkommen. Er herzte sie und legte die Hände auf sie und segnete sie.
(Markus X, 13 - 16)

3. Die Reinheit des Herzens ist unzertrennlich von der Demut und von der Bescheidenheit. Sie weist alle Gedanken des Egoismus und des Stolzes ab. Darum nahm Jesus die Kinder als Symbol dieser Reinheit, wie er sie auch schon als Symbol der Demut nahm.

Dieser Vergleich könnte als ungerecht betrachtet werden, wenn wir berücksichtigen, dass der Geist eines Kindes, ein sehr alter Geist sein kann, der bei der Geburt alle Unvollkommenheiten mit sich bringt, von denen er sich in früheren Existenzen noch nicht befreit hat. Nur ein Geist, der die Vollkommenheit erreicht hat, könnte als Modell der wahren Reinheit vorgestellt werden. Dieser Vergleich stimmt in Anbetracht des jetzigen Lebens. Das kleine Kind kann seine schlechten Neigungen noch nicht zeigen und bietet uns das Bild der Unschuld und der Naivität. Deswegen sagte Jesus nicht, dass ihnen das Himmelreich gehört, sondern denjenigen, die ihnen ähnlich sind.

4. Wenn aber der Geist eines Kindes schon gelebt hat, warum zeigt er sich seit der Geburt nicht, wie er ist? Alles ist weise, in den Werken Gottes. Das Kind bedarf zärtlicher Fürsorge, die nur die mütterliche Pflege ihm geben kann. Diese Zärtlichkeit vergrößert sich in Anbetracht der

Zerbrechlichkeit und Naivität des Kindes. Für die Mutter ist ihr Kind immer ein Engel, es muss so sein, um ihre Liebe zu gewinnen. Sie könnte dem Kind nicht dieselbe Zuneigung widmen, wenn sie an dem Kind unter den kindlichen Merkmalen, statt der naiven Grazie, einen mannhaften Charakter und die Ideen eines Erwachsenen fände, besonders dann, wenn sie seine Vergangenheit kennen würde.

Es ist auch notwendig, dass die Aktivität des intelligenten Prinzips proportional zu der Zerbrechlichkeit des kindlichen Körpers steht, der eine extreme Aktivität des Geistes nicht ertragen könnte, wie wir es bei hoch begabten Kindern beobachten können. Wenn sich die Wiedergeburt nähert, beginnt der Geist deshalb in Verwirrung zu geraten und verliert nach und nach das eigene Bewusstsein. Während einer bestimmten Zeit verbleibt er in einem Schlafzustand, wo alle seine Fähigkeiten in latentem Zustand ruhen. Dieses Zwischenstadium ist notwendig, damit der Geist einen neuen Startpunkt bekommt und alles das vergisst, was ihn in seiner neuen Existenz stören könnte. Seine Vergangenheit beherrscht ihn und auf dieser Weise wird er für ein besseres Leben wiedergeboren, sowohl moralisch, als auch intellektuell gestärkt und durch die Intuition begleitet, die er aus vorheriger Erfahrung behält.

Von Geburt an gewinnen seine Gedanken allmählich an Kraft, je nachdem, wie sich sein Körper entwickelt. Wir können somit sagen, dass in den ersten Jahren, der Geist wirklich ein Kind ist, weil seine Ideen, welche die Grundbasis seines Charakters bilden, sich im Ruhezustand befinden. Während dieser Zeit, in der seine Instinkte im latenten Zustand verbleiben, ist er gefügiger und deswegen empfänglicher für die Eindrücke, die seine Natur verändern und ihm Entwicklung bringen könnten. Das erleichtert die Aufgabe der Eltern.

Der Geist ist für eine gewisse Zeit mit der Kleidung der Unschuld bekleidet. Jesus bleibt bei der Wahrheit, wenn er, trotz der Vergangenheit der Seele, das Kind als Symbol der Reinheit und Bescheidenheit darstellt.

LASTER DURCH GEDANKEN. EHEBRUCH

5. Ihr habt gehört, daß gesagt ist : »Du sollst nicht ehebrechen.« Ich aber sage euch: Wer eine Frau ansieht, sie zu begehren, der hat schon mit ihr die Ehe gebrochen in seinem Herzen. (Matthäus V, 27 – 28)

6. Das Wort Ehebruch soll hier nicht in dem wortwörtlichen Sinn verstanden werden, sondern in einem weiteren Sinne. Jesus hat sie oftmals benutzt, um das Schlechte, die Laster und alle niederen Gedanken zu deuten, wie zum Beispiel in dieser Erzählung: „Wer sich aber meiner und meiner Worte schämt unter diesem *abtrünnigen und sündigen* Geschlecht, dessen wird sich auch der Menschensohn schämen, wenn er kommen wird in der Herrlichkeit seines Vaters mit den heiligen Engeln." (Markus VIII, 38)[64]

Die wahre Reinheit befindet sich nicht nur in den Taten, sondern auch in den Gedanken, weil wer ein reines Herz hat, nicht einmal an etwas Schlechtes denkt. Das ist es, was Jesus sagen wollte, wenn er die Laster selbst in Gedanken verurteilt, weil das ein Zeichen der Unreinheit ist.

7. Dieses Prinzip bringt uns natürlich zu der Frage: *Leiden wir an den Folgen eines schlechten Gedankens, selbst wenn wir ihn nicht in die Tat umgesetzt haben?*

Wir müssen hier einen wichtigen Unterschied machen: Je nachdem, wie sich die Seele auf dem schlechten Weg verschuldet hat und welche Fortschritte sie auf dem Weg in ihrem spirituellen Leben macht, wird sie aufgeklärter und nach und nach von der Unvollkommenheit befreit, je nach dem größeren oder kleineren Willen, der sie bewegt, weil sie ihren freien Willen zur Verfügung hat. Alle schlechten Gedanken sind also das Resultat der Unvollkommenheit der Seele. Abhängig von dem Willen, den sie hat, sich zu bessern, verwandelt sich sogar der schlechte Gedanke für sie in ein Motiv des Fortschrittes, weil sie dann versucht, sich ihm zu widersetzen. Es ist das Signal eines Makels, den die Seele abzuschaffen versucht. Sie gibt dann der Versuchung nicht nach, einem schlechten Wunsch nachzugehen. Nachdem sie ihm widerstanden hat, wird sie sich stärker fühlen und mit ihrem Sieg zufrieden sein.

Jene Seele, die andererseits noch aus diesen zu keiner guten Entschließung gekommen ist, sucht Gelegenheiten, schlechte Taten auszuüben. Selbst wenn sie diese nicht ausübt, geschieht das nicht aufgrund ihres Willens, sondern weil sie keine passende Gelegenheit dazu

---

[64] Luther übersetzt mit „abtrünnigen und sündigen Geschlecht". In der lateinischen „Nova Vulgata" steht „generatione ista **adultera** et peccatrice"; (Anmerkung des Übersetzers)

hatte. Damit ist sie genauso schuldig, als hätte sie diese Schlechtigkeiten getan.

Um es kurz zu fassen: Wer noch nicht ein Mal das Schlechte in Gedanken akzeptiert, hat schon Fortschritte gemacht. Derjenige, der diese Gedanken hat, diesen aber widersteht, ist dabei Fortschritte zu machen; und schließlich derjenige, der diese Gedanken hat und Genuss daran findet, befindet sich noch unter dem vollen Einfluss der Bösartigkeit. Bei dem Einen ist die Arbeit gemacht worden, bei dem anderen ist sie noch zu tun. Gott, der gerecht ist, bemerkt ferner alle diese Unterschiede in der Verantwortlichkeit der Taten und der Gedanken des Menschen.

WAHRE REINHEIT. UNGEWASCHENE HÄNDE

8. Da kamen zu Jesus Pharisäer und Schriftgelehrte aus Jerusalem und sprachen: Warum übertreten deine Jünger die Satzungen der Ältesten? Denn sie waschen ihre Hände nicht, wenn sie Brot essen. Er antwortete und sprach zu ihnen: Warum übertretet denn ihr Gottes Gebot um eurer Satzungen willen? Denn Gott hat geboten »Du sollst Vater und Mutter ehren; wer aber Vater und Mutter flucht, der soll des Todes sterben.«Aber ihr lehrt: Wer zu Vater oder Mutter sagt: Eine Opfergabe soll sein, was dir von mir zusteht, der braucht seinen Vater nicht zu ehren. Damit habt ihr Gottes Gebot aufgehoben um eurer Satzungen willen.

Ihr Heuchler, wie fein hat Jesaja von euch geweissagt und gesprochen : » Dies Volk ehrt mich mit seinen Lippen, aber ihr Herz ist fern von mir; vergeblich dienen sie mir, weil sie lehren solche Lehren, die nichts als Menschengebote sind.«

Und er rief das Volk zu sich und sprach zu ihnen: Hört zu und begreift's: Was zum Mund hineingeht, das macht den Menschen nicht unrein; sondern was aus dem Mund herauskommt, das macht den Menschen unrein.

Da traten seine Jünger zu ihm und fragten: Weißt du auch, daß die Pharisäer an dem Wort Anstoß nahmen, als sie es hörten? Aber er antwortete und sprach: Alle Pflanzen, die mein himmlischer Vater nicht gepflanzt hat, die werden ausgerissen. Laßt sie, sie sind blinde Blindenführer! Wenn aber ein Blinder den andern führt, so fallen sie beide in die Grube.
(Matthäus XV, 1 – 14)

9. Als er noch redete, bat ihn ein Pharisäer, mit ihm zu essen. Und er ging hinein und setzte sich zu Tisch. Als das der Pharisäer sah, wunderte er sich,

daß er sich nicht vor dem Essen gewaschen hatte. Der Herr aber sprach zu ihm: Ihr Pharisäer, ihr haltet die Becher und Schüsseln außen rein; aber euer Inneres ist voll Raubgier und Bosheit. Ihr Narren, hat nicht der, der das Äußere geschaffen hat, auch das Innere geschaffen? (Lukas, XI, 37 - 40)

10. Die Juden hatten die wahren Gebote Gottes vernachlässigt und sich an die Praxis von Regeln gebunden, die von den Menschen gemacht wurden, worüber die strengen Beobachter Gewissensurteile verkündeten. Die schlichte Essenz war durch die komplizierten Formen verschwunden. Es war einfacher, die Praxis der äußerlichen Taten zu beachten, als sich moralisch zu verbessern, die Hände zu waschen, statt die Herzen zu reinigen. Die Menschen haben sich selbst betrogen, in dem Glauben, mit der Gerechtigkeit Gottes abgerechnet zu haben, weil sie sich an diese Praxis gewöhnt haben und blieben wie sie waren, ohne sich zu verändern. Denn es wurde ihnen vermittelt, dass Gott ihnen nichts mehr abverlangt. Darum sagte der Prophet: „Weil dies Volk mir naht mit seinem Munde und mit seinen Lippen mich ehrt, aber ihr Herz fern von mir ist und sie mich fürchten nur nach Menschengeboten, die man sie lehrt."[65]
Genauso geschah es mit der moralischen Lehre Christi, die beiseite gelassen wurde; hierbei verhielt es sich bei vielen Christen ähnlich wie bei den alten Juden. Sie glauben daran, dass die Rettung viel mehr an die äußerliche als an die moralische Praxis gebunden ist. Und von dieser Veränderung, welche die Menschen aus dem Gesetz Gottes gemacht haben, sprach Jesus als er sagte: „Alle Pflanzen, die mein himmlischer Vater nicht gepflanzt hat, die werden ausgerissen."
Das Ziel der Religion ist, den Menschen zu Gott zu führen. Der Mensch wird Gott jedoch solange nicht erreichen, bis er die Vollkommenheit erreicht hat. Demnach verfehlen alle Religionen, die den Menschen nicht besser machen, ihr eigenes Ziel. Die anderen, auf die sich der Mensch stützt, um Schlechtes zu tun, sind entweder falsche Religionen oder sind in ihren Prinzipien gefälscht worden. Dies ist das Ergebnis all der Überzeugungen, welche die Form über das Wesen stellen. Der Glaube an die Wirkung äußerer Symbole ist von geringem Wert, wenn sie nicht Mord, Ehebruch, Plünderung, Verleumdung und Unrecht am Nächsten, worin es auch immer bestehen mag, verhindern. Dieser Glaube erzieht

---

[65] Jesaja XXIX, 13; (Anmerkung des Herausgebers)

abergläubische Menschen, Heuchler und Fanatiker, aber niemals gute Menschen.
Es reicht nicht aus, das Aussehen der Reinheit zu haben, es ist notwendig die Reinheit im Herzen zu besitzen.

ÄRGERNISSE. WENN ABER DEINE HAND DIR ÄRGERNIS SCHAFFT, SO HAUE SIE AB UND WIRF SIE VON DIR[66]

11. Wer aber einen Ärgernis gibt einem dieser Kleinen, die an mich glauben, dem wäre es besser, daß ein Mühlstein an seinen Hals gehängt und er ersäuft würde im Meer, wo es am tiefsten ist. Weh der Welt der Ärgernisse halben! Es muß ja Ärgernis kommen; doch weh dem Menschen, durch welchen Ärgernis kommt! Wenn aber deine Hand oder dein Fuß dir Ärgernis schafft, so haue ihn ab und wirf ihn von dir. Es ist dir besser, daß du zum Leben lahm oder als ein Krüppel eingehst, als daß du zwei Hände oder zwei Füße hast und werdest in das ewige Feuer geworfen. Und wenn dich dein Auge Ärgernis schafft, reiß es aus und wirf's von dir. Es ist dir besser, daß du einäugig zum Leben eingehst, als daß du zwei Augen habest und werdest in das höllische Feuer geworfen. Sehet zu, daß ihr nicht jemand von diesen Kleinen verachtet. Denn ich sage euch: Ihre Engel im Himmel sehen allezeit das Angesicht meines Vaters im Himmel.
(Matthäus XVIII, 6 -10)

12. Im gewöhnlichen Sinne ist *Ärgernis* alles, was die Moral oder die Anständigkeit schockiert. Das Ärgernis ist nicht selbst in der Tat an sich, aber im Widerhall, den es haben kann. Das Wort Ärgernis ruft immer die Idee eines gewissen Getöses hervor. Viele Menschen bevorzugen es, Ärgernisse zu vermeiden, weil ihr Stolz darunter leidet, ihr Ansehen bei den Menschen geringer werden würde. Sie versuchen dann ihre Schandtaten zu verbergen, was ihnen ausreicht, um ihr Gewissen zu beruhigen. Diese sind, nach den Worten Jesus, „übertünchten Gräber, die von außen hübsch aussehen, aber innen sind sie voller Totengebeine und lauter Unrat!"[67]

---

[66] Im französischen Original: « Si votre main ou votre pied vous est un sujet de *scandale*, coupez-les et les jetez loin de vous. » das übersetzt bedeutet: „Wenn aber deine Hand oder dein Fuß Gründe für ein *Skandal* sind, so haue ihn ab und wirf ihn von dir." (Anmerkung des Übersetzers)
[67] Siehe Zur Fernhaltung der böswilligen Geister, S. 376; (Anmerkung des Herausgebers)

Im Sinne des Evangeliums wird die Bedeutung des Wortes „*Ärgernis*" sehr oft benutzt. Es hat aber einen viel breiteren Sinn, was auch der Grund dafür ist, weswegen es manchmal missverstanden wurde. *Ärgernis* ist nicht nur das, was das fremde Gewissen schockiert, sondern all das, was im Gegenzug aus den Lastern und aus der menschlichen Unvollkommenheit sich ergibt, also alle schlechten Taten von Mensch zu Mensch, ob mit oder ohne Widerhall.

In diesem Fall ist das Ärgernis *das Resultat, das aus der moralischen Bösartigkeit entstanden ist.*

13. Jesus sagte, *es muss das Ärgernis auf dieser Welt geschehen,* da die Menschen auf der Erde, die noch unvollkommen sind, die Neigung zu schlechten Taten aufweisen. Denn schlechte Bäume tragen schlechte Früchte. Aus diesen Worten sollen wir verstehen, dass die Schlechtigkeit eine Folge der menschlichen Unvollkommenheit ist und nicht, dass die Menschen gezwungen seien, Schlechtes zu tun.

14. *Es ist notwendig, dass Ärgernisse geschehen,* weil die Menschen zur Abbüßung auf der Erde sind, sich durch den Kontakt mit der eigenen Sucht selbst quälen, von der sie die ersten Opfer sind und deren schlechte Folgen sie schließlich begreifen. Nachdem sie müde werden, aufgrund ihrer Bosheit zu leiden, werden sie das Medikament im Guten suchen. Die Wirkung dieser Sucht dient also gleichzeitig als Abbüßung für einige und als Prüfung für andere. Dementsprechend erreicht Gott, dass das Gute aus dem Unheil heraus entstehen kann und dass die Menschen selbst aus dem Abschaum und aus den schlechten Dingen etwas lernen.

15. Viele sagen, dass, wenn es so ist, dann das Böse ewig dauern wird, weil, wenn es verschwinden würde, hätte Gott ein mächtiges Mittel verloren, um die Schuldigen zu bestrafen. Es sei somit nutzlos zu versuchen, den Menschen zu bessern. Gäbe es andererseits keine Schuldigen, würde es auch keinen Bedarf an Bestrafung mehr geben. Nehmen wir an, die Menschheit verändert sich in einem Maße zu gütigen Menschen: Keiner versucht dem Nächsten etwas Böses anzutun, alle wären glücklich, weil sie gütig wären. Das ist der Zustand der hoch entwickelten Welten, von denen das Böse verbannt wurde. Es wird der

Zustand der Erde sein, wenn sie genug Fortschritt erreicht hat. Während manche Welten Fortschritte machen, bilden sich andere und werden von primitiven Geistwesen bewohnt, sie dienen als Bleibe und Welt der Abbüßung für die unvollkommenen Geistwesen, die Hartnäckigen, die an die Schlechtigkeit gewohnt sind und die aus einer Welt, die Fortschritte gemacht hat, verbannt wurden.

16. *„Doch weh dem Menschen, durch welchen Ärgernis kommt!"* Das bedeutet, da schlechte Taten immer etwas Schlechtes sind, dass wer unbewusst als Instrument zu Gottes Gerechtigkeit gedient hat und dessen bösartige Instinkte auch dazu benutzt wurden, trotzdem etwas Übles getan hat und soll zur Rechenschaft gezogen werden. So geschieht, dass zum Beispiel ein undankbarer Sohn, eine Bestrafung oder eine Prüfung für den Vater ist, der ihn ertragen muss. Dieser Vater könnte vielleicht im vergangenen Leben auch ein schlechter Sohn gewesen sein, der seinen Vater leiden ließ. Er spürt dann das Gesetz der Talion.[68] Der Sohn wird in dem Geschehen dennoch nicht unschuldig bleiben, sondern auch die Bestrafung durch seine eigenen Kinder oder durch andere Mittel dafür erhalten.

17. *„Wenn aber deine Hand oder dein Fuß dir Ärgernis schafft, so haue ihn ab ..."* Das ist ein strenges Bild, bei dem es unmöglich wäre, es wortwörtlich zu nehmen. Dies bedeutet einfach, die Notwendigkeit in uns, die Ursache der Ärgernisse zu bearbeiten oder besser, die Schlechtigkeit zu bekämpfen. Es ist nun notwendig, alle unreinen Gefühle und Laster aus unserem Herzen herauszunehmen. Für einen Menschen ist es besser, eine Hand zu verlieren, als dass diese Hand für ihn ein Instrument einer bösartigen Handlung wird. Genauso, wie es besser ist, sein Augenlicht zu verlieren, als dass seine Augen zu Instrumenten böswilliger Gedanken werden. Jesus hat für diejenigen, die das Sinnbild und die Tiefe der Bedeutung seiner Worte verstehen, nichts Absurdes gesagt. Viele Sachen können aber ohne den Schlüssel, den der Spiritismus uns anbietet, nicht verstanden werden.

---

[68] Unter „Talion" ist an dieser Stelle nicht nur die gleichartige oder gleichwertige Vergeltung einer Straftat zu verstehen. Die göttliche Gerechtigkeit erlaubt in manchen Fällen unter denselben Umständen Leid zu erfahren, das wir selbst jemandem zugefügt haben;
(Anmerkung des Übersetzers)

UNTERWEISUNGEN DER GEISTIGEN WELT
LASST DIE KINDER ZU MIR KOMMEN!

18. Jesus sagte: „Lasst die Kinder zu mir kommen." Diese Worte, in ihrer Einfachheit so bedeutend, appellieren nicht nur an die Kinder, sondern auch an die Seelen, die in den niederen Sphären leben, wo das Unglück die Hoffnung nicht kennt. Jesus rief zu sich, die intellektuelle Kindheit des erwachsenen Menschen: die Schwachen, die Sklaven und die Süchtigen. Er hätte nichts der physischen Kindheit lehren können. Denn diese ist dem Instinkt unterworfen und noch nicht an die höhere Ordnung des Verstandes und des Willens angepasst, welche um sie und zu ihren Gunsten wirken.

Jesus wollte, dass die Menschen zu ihm mit dem Vertrauen dieser kleinen Wesen unsicherer Schritte kommen. Mit diesem liebevollen Aufruf gewinnt er die Sympathie von allen Frauen, die Mütter sind. Auf dieser Weise erreichte er, dass die Seelen seiner zärtlichen und geheimnisvollen Autorität gehorchten. Er war das Licht, das die Finsternis belichtet hat; die Morgendämmerung, die den Tag ankündigt. Er war der Urheber des Spiritismus, der seinerseits nicht die Kinder, sondern die Menschen guten Willens zu ihm rufen werde. Die tapfere Aktivität ist begonnen worden. Es gilt nicht mehr instinktiv zu glauben und mechanisch zu gehorchen. Es ist notwendig, dass der Mensch dem vernunftbegabten Gesetz folgt, das ihm die Universalität seines Wesens offenbart.

Meine Geliebten, die Zeit ist gekommen, in der die Fehler, wenn sie geklärt werden, sich in Wahrheit verwandeln werden. Wir werden euch den wahren Sinn der Gleichnisse lehren. Wir werden den Vergleich anstellen, zwischen dem was war und dem, was wirklich ist. Wahrlich sage ich euch: Die spiritistische Bewegung breitet sich am Horizont aus wie die auf der Spitze der Berge strahlende Sonne und hier ist einer ihrer Boten.

(Johannes, der Evangelist, Paris, 1863)

19. Lasst die Kinder zu mir kommen, denn ich habe die Nahrung, welche die schwachen Menschen kräftig macht. Lasst zu mir kommen, die Schüchternen und die Schwachen, die der Hilfe und des Trostes bedürfen. Lasst zu mir kommen, die Unwissenden, damit ich sie aufkläre. Lasst zu mir kommen die Leidenden, die Masse von verzweifelten und

unglücklichen Menschen, ich werde ihnen die Medizin für alle Plagen ihres Lebens geben und ihnen die Geheimnisse für die Heilung ihrer Wunden offenbaren. Welcher ist, meine Freunde, dieser mächtige Balsam, den wir auf alle Wunden des Herzens anwenden können, damit sie geheilt werden? Es ist die Liebe und die Nächstenliebe. Was könnt ihr fürchten, wenn ihr diesen himmlischen Funken habt? Jede Minute eueres Lebens werdet ihr sagen: „Mein Vater, Dein Wille geschehe und nicht der meiner! Wenn es Dein Wille ist, mich durch Schmerz und Not zu prüfen, gepriesen sei Dein Name! Denn ich weiß, dass das zu meinem Besten ist, und weiß auch, dass Deine Hand über mir ruht. Wenn es Dein Wille ist, Mitleid mit den schwachen Wesen zu haben, ihnen die reine Freude ans Herz zugeben, gelobt seist Du, o Herr! Bewirke aber, dass die himmlische Liebe in ihren Seelen nicht erlischt und dass ihr Gebet der Dankbarkeit Dich ununterbrochen erreicht!"

Wenn ihr Liebe habt, besitzt ihr alles, was ihr euch auf der Erde wünschen könnt. Denn ihr besitzt die wertvollste Perle, die nicht die schwierigsten Zustände, nicht die Bösartigkeit derer, die euch hassen und verfolgen, berauben kann. Wenn ihr Liebe habt, werdet ihr eueren Schatz dort verstecken, wo ihn weder der Wurm noch der Rost vernichten kann. Dann werdet ihr sehen, dass aus euerer Seele schmerzlos all das sich entfernen wird, was sie befleckt oder unrein macht. Von Tag zu Tag werdet ihr spüren, dass die Last der Materie leichter wird. Ihr werdet aufsteigen, wie ein Vogel, der in den Himmel flieg und die Erde vergisst, immer weiter bis eure Seelen berauscht, vollgesogen von dem wahren Leben, in dem Schoß des Herrn sind.

(Ein Schutzgeist, Bordeaux, 1861)

SELIG SIND DIE, DEREN AUGEN GESCHLOSSEN SIND[69]

20. Meine guten Freunde, warum habt ihr mich gerufen? Damit ich auf diese arme Kreatur, die hier ist, meine Hände lege und sie heile? Ach, dieses Leid, guter Gott! Sie hat das Augenlicht verloren, sie lebt in Finsternis. Armes Kind! Es soll beten und warten. Ich kann keine Wunder bewirken, ohne dass Gott die Erlaubnis erteilt. Alle Heilungen, die mir

---

[69] Diese Kundgabe wurde in Bezug auf eine blinde Person durchgegeben, für dessen Hilfe der Geist von J. B. Vianney, Pfarrer von Ars, hervorgerufen wurde;

gelungen sind und die ihr kennt, hat niemand anders als derjenige, welcher der Vater von uns allen ist, bewirkt.

Richtet in euerem Leid eure Augen zum Himmel auf und sagt von tiefsten Herzen: „Mein Vater, heile mich, aber zuerst heile meine kranke Seele, bevor die Krankheit des Körpers gesunden kann. Dass mein Fleisch bestraft werde, wenn es nötig ist, damit sich meine Seele zu Dir erhebt mit der Reinheit, die sie hatte, als Du sie erschaffen hast." Nach diesem Gebet, meine guten Freunde, das der gütige Gott immer hören wird, werden euch Kraft und Mut gegeben und vielleicht auch die Heilung, die ihr so furchtsam erbeten habt, als Belohnung euerer Ergebenheit.

Jedoch, da ich schon ein Mal hier bin, in einer Versammlung, wo hauptsächlich gelernt wird, werde ich euch sagen, dass derjenige von euch, der am Sehen gehindert ist, sich als selig der Abbüßung selbst betrachten sollte. Erinnert euch, dass Christus sagte, es wäre notwendig, eure Augen auszureißen, wenn sie euch zum Bösen verführen und es wäre besser, sie in das Feuer zu werfen, als dass diese die Ursache euerer Verdammnis sein sollten. Oh, wie viele auf der Erde gibt es, die irgendwann in der Dunkelheit bereuen werden, dass sie das Licht gesehen haben. O ja! Wie glücklich sind diejenigen, die abbüßen und kein Augenlicht haben. Ihre Augen werden nicht Grund für Ärgernis und Verfall sein. Sie können vollständig das Leben der Seele leben und können mehr sehen als ihr, die ihr gut sehen könnt! ... Und wenn Gott mir erlaubt, dass ich das Lid irgendeines armen Leidenden hier öffne und das Licht ihm zurückgeben kann, frage ich: Liebe Seele, warum lernst du nicht alle Freuden des Geistes kennen, der aus Betrachtung und Liebe lebt? Du würdest dann nicht darum bitten, Bilder zu sehen, die dir nicht ganz rein und weniger sanft sind, als welche die dir mit deiner Blindheit zu ahnen gegeben sind.

O ja! Selig ist der Sehbehinderte, der mit Gott leben will. Noch glücklicher als ihr, die ihr hier seid, fühlt er das Glück und kann es berühren. Er sieht die Seelen und kann mit ihnen in die spirituelle Sphäre eindringen, was nicht ein Mal den Auserwählten von euerer Erde zu erblicken gelingt. Die geöffneten Augen sind immer in der Lage die Seele zum Fall zu bringen. Die geschlossenen Augen dagegen können ihr immer verhelfen, sich zu Gott zu erheben. Glaubt mir, meine guten und lieben Freunde, die

Blindheit des Auges ist fast immer das wahre Licht des Herzens, während das Sehen oft der finstere Engel ist, der zum Tode führt.

Und jetzt ein paar Worte für dich, mein armer Leidender: Hoffe und habe Mut! Wenn ich dir sagen würde: Meine Tochter, deine Augen werden sich öffnen, würdest du froh sein! Aber wer weiß, ob diese Freude dich nicht in das Verderben stürzen wird? Habe Vertrauen zu dem guten Gott, der das Glück gemacht hat und die Traurigkeit zulässt. Ich werde für dich alles tun, was in meiner Macht steht, aber von deiner Seite - bete - und vor allem denke darüber nach, was ich dir gesagt habe.

Bevor ich gehe, gesegnet seid ihr alle, die hier versammelt sind.

(Vianney, Pfarrer von Ars, Paris, 1863)

21. *Bemerkung:* Wenn ein Kummer nicht die Folge einer Handlung in der Gegenwart ist, ist es notwendig, die Ursache im vorigen Leben zu suchen. Dieses, was wir den Eigensinn des Lebens nennen, ist nicht mehr und nicht weniger als die Gerechtigkeit Gottes. Er verurteilt nicht mit willkürlichen Bestrafungen, denn Er will bewirken, dass zwischen Fehler und Strafe eine Wechselbeziehung entsteht. Auch wenn Er in Seiner Güte auf unsere vergangenen Taten einen Schleier wirft, so zeigt Er uns doch den Weg, indem Er sagt: „Denn wer das Schwert nimmt, der soll durchs Schwert umkommen." Worte, die man so übersetzen kann: „Wir werden immer mit dem bestraft, was wir selbst falsch getan haben." Wenn aber jemand das Leid hat, blind zu sein, heißt es, dass sein Augenlicht die Ursache für den Verfall war. Oder vielleicht hat er die Blindheit eines anderen Menschen verursacht. Es ist auch möglich, dass jemand durch viel Arbeit, die jener ihm auferlegt hat, oder als Folge schlechter Behandlungen und Rücksichtslosigkeiten jenes Menschen, blind wurde und jetzt unter dem Gesetz der Ursache und Wirkung leidet. Er selbst hat in seiner Reue um diese Prüfung gebeten, in der er selbst diese Worte Jesus benutzte: „Und wenn dich dein Auge Ärgernis schafft, reiß es aus und wirf's von dir."

KAPITEL IX -
SELIG SIND DIE SANFTMÜTIGEN UND DIE FRIEDFERTIGEN

Beleidigung und Gewalt
Unterweisungen der Geistigen Welt: Freundlichkeit und Sanftmut - Die Geduld - Gehorsam und Ergebenheit - Die Wut

BELEIDIGUNG UND GEWALT

1. Selig sind die Sanftmütigen; denn sie werden das Erdreich besitzen. (Matthäus V, 5)

2. Selig sind die Friedfertigen; denn sie werden Gottes Kinder heißen. (Matthäus V, 9)

3. Ihr habt gehört, daß zu den Alten gesagt ist : »Du sollst nicht töten«; wer aber tötet, der soll des Gerichts schuldig sein. Ich aber sage euch: Wer mit seinem Bruder zürnt, der ist des Gerichts schuldig; wer aber zu seinem Bruder sagt: *„Racca!"* (Du Nichtsnutz!), der ist des Hohen Rats schuldig; wer aber sagt: Du Narr!, der ist des höllischen Feuers schuldig. (Matthäus V, 21 - 22)

4. Aus diesen Maximen ist es ersichtlich, dass Jesus aus der Sanftmut, der Mäßigung, der Zahmheit, der Freundlichkeit und der Geduld ein Gesetz macht. Er verurteilt daher die Gewalt, den Zorn und sogar jeden unhöflichen Ausdruck zu seinesgleichen. Unter den Hebräern war „Racca" ein Ausdruck der Verachtung, der „schäbiger Mann" bedeutete und mit seitlichem Ausspucken bedacht wurde. Jesus geht noch weiter, er mahnt dem, der zu seinem Bruder sagt: „Du Narr!" vor dem höllischen Feuer.

Es leuchtet ein, dass in dieser wie in anderer Beziehung, allein die Absicht den Fehler verschärft oder vermindert. Warum hat aber ein einfaches Wort soviel Wichtigkeit und kann soviel Verdammnis bedeuten? Die Antwort liegt daran, dass jedes aggressive Wort das Gegenteil von dem zum Ausdruck bringt, was das Gesetz der Liebe und der Nächstenliebe aussagt. Dieses Gesetz soll die Verhältnisse zwischen den Menschen ausgleichen, die Eintracht und den Zusammenschluss aufrecht erhalten. Ein einfaches Wort kann ein Attentat auf das gegenseitige Wohlwollen und auf die Brüderlichkeit sein, die zu Hass und zu Abneigung führen. Das bedeutet schließlich, dass nach Demut gegenüber Gott die Nächstenliebe das erste Gesetz für alle Christen sein soll.

5. Aber, was sagte Jesus mit den Worten „Selig sind die Sanftmütigen; denn sie werden das Erdreich besitzen."? Hat er nicht eben auf den Verzicht der irdischen Güter hingewiesen und das Himmelreich versprochen?

Der Mensch benötigt noch die irdischen Güter zu leben, solange er auf den himmlischen Reichtum wartet. Jesus empfiehlt uns nur, nicht auf das Erste mehr Wert zu legen, als auf den himmlischen Reichtum.

Jesus will uns mit diesen Worten sagen, dass bis jetzt der Reichtum der Erde immer durch die Gewalttätigen erobert wurde, zum Nachteil der Sanftmütigen und der Friedfertigen. Diesen Letzten fehlt sehr oft das Notwendigste, während die anderen im Überfluss leben. Jesus verspricht, dass die Gerechtigkeit für sie kommen wird, *wie im Himmel, so auf Erden*. Denn die Sanftmütigen und die Friedfertigen werden Kinder Gottes genannt werden. Und wenn das Gesetz der Liebe und der Nächstenliebe das Gesetz der Menschheit sein wird, wird es auch keinen Egoismus mehr geben. Der Schwache und der Friedliche werden nicht mehr ausgenutzt und von den Starken und den Gewalttätigen nicht mehr mit Füßen getreten. So wird demnächst der Zustand der Erde dieser sein, wenn sie, gemäß dem Gesetz des Fortschrittes und gemäß Jesu Verheißung, eine glückliche Welt werde, durch die Vertreibung des Schlechten.

UNTERWEISUNGEN DER GEISTIGEN WELT
FREUNDLICHKEIT UND SANFTMUT

6. Das Wohlwollen im Umgang mit unseren Mitmenschen, als Wirkung der Nächstenliebe, erzeugt Freundlichkeit und Sanftmut, deren Ausprägung sie sind. Jedoch dürfen wir nicht immer auf das Äußere vertrauen, durch Weltgewandtheit und Erziehung zeigen sich diese Eigenschaften oft nur oberflächlich. Wie viele gibt es, die ihre falsche Gutmütigkeit äußerlich als Maske benutzen, als würde der gute Schnitt ihrer Kleidung ihre Missgestalt verdecken. Die Welt ist voll von Personen, die ein Lächeln auf den Lippen tragen und das Gift im Herzen. Solange sie niemanden belästigt, sind sie sanft. Bei der kleinsten Unannehmlichkeit, sind sie angriffsbereit. Wenn sie von Angesicht zu Angesicht reden, ist ihre Zunge vergoldet, wenn man ihnen den Rücken kehrt, verwandelt sie sich in einen giftigen Speer.

Zu dieser Klasse gehören Menschen, die außer Haus gutherzig, aber zu Hause Tyrannen sind, deren Familie und Angehörige sie mit dem Gewicht ihres Stolzes und ihrer Gewalt- und Willkürherrschaft unterdrücken, als Ausgleich zu dem Zwang, den sie außerhalb erleben. Sie wagen es nicht, ihre Autorität auf Fremde auszuüben, denn sie würden sofort auf ihren Platz verwiesen, sie wollen mindestens von denen gefürchtet werden, die keinen Widerstand leisten können. Sie befriedigen ihre Eitelkeit mit der Aussage: „Hier befehle ich und mir wird gehorcht!" Dabei kommt es ihnen nicht in Gedanken, dass sie zu Recht auch hinzufügen könnten: „Und ich werde gehasst."

Es genügt nicht, dass von den Lippen Milch und Honig tropfen, wenn das Herz nicht mitteilt - das nennt man Heuchelei. Derjenige, der Freundlichkeit und Sanftmut nicht vortäuscht, widerspricht sich niemals. Er ist in der Welt und zu Hause derselbe und weiß, dass die Menschen, sich durch den Schein täuschen lassen, aber Gott niemals.

(Lazarus, Paris 1861)

DIE GEDULD

7. Der Schmerz ist ein Segen, welcher Gott seinen Auserwählten geschickt hat. Wenn ihr leidet, bekümmert euch also nicht, im Gegenteil, lobet Gott den Allmächtigen, der euch mit Leid auf Erden gezeichnet hat, um die Herrlichkeit im Himmel zu erreichen.

Seid geduldig, denn Geduld ist auch Nächstenliebe. Und ihr solltet jenes Gesetz der Nächstenliebe ausüben, das der von Gott gesandte Christus uns gelehrt hat. Die Nächstenliebe, die darin besteht, Almosen an die Armen zu verteilen ist die Einfachste von allen. Es gibt jedoch eine viel Beschwerlichere und folglich Verdienstvollere: *Dass wir denjenigen vergeben, die Gott uns in den Weg gestellt hat, um als Instrumente unseres Leides zu dienen und für die Prüfung unserer Geduld.*

Ich weiß, das Leben ist schwer. Es bildet sich aus tausend Kleinigkeiten, die wie Stiche sind und uns verletzen. Es ist aber notwendig, sowohl die Pflichten als auch den Trost, die uns auferlegt werden, zu berücksichtigen. Dann werden wir erkennen, dass viel mehr Segen vorkommen, als Schmerzen. Die Last scheint leichter, wenn wir nach oben schauen, als wenn wir den Kopf hängen lassen.

Habt nun Mut, meine Freunde! Euer Vorbild ist Christus. Er hat mehr gelitten als jeder von uns und es gab nichts, wofür man ihn hätte anklagen können, während ihr eure Vergangenheit abbüßen und euch für eure Zukunft stärker werden müsst. Seid nun geduldig, seid christlich. Dieses Wort fasst alles zusammen.

(Ein in Freundschaft verbundener Geist, Le Havre, 1862)

GEHORSAM UND ERGEBENHEIT

8. Die Lehre Jesu Christi zeigt uns immer den Gehorsam und die Ergebenheit. Zwei Tugenden, die sehr rege Begleiterinnen der Sanftmut sind. Dabei verwechseln die Menschen diese Tugenden irrtümlicherweise mit der Verneinung der Gefühle und des Willens. *Der Gehorsam ist die Zustimmung der Vernunft und die Ergebenheit die Zustimmung des Herzens.* Beide sind wirksame Kräfte, welche die Bürde der Prüfungen mit sich tragen, die ein unvernünftiger Widerstand zunichte macht. Genauso wie der Hochmütige und der Egoist nicht gehorsam sein können, kann der mit Angst behaftete Mensch sich nicht gedulden. Jesus verkörperte nun diese Tugenden, die vom materiellen Altertum verachtet wurden. Er kam in dem Moment, in dem das römische Volk in die Ohnmacht der Korruption unterging. Inmitten der niedergeschlagenen Menschheit hob er den Sieg der Opferbereitschaft und des materiellen Verzichtes hervor.

Jede Epoche ist somit durch den Stempel der Tugend oder der Laster gekennzeichnet, die sie retten oder sie in das Verderben stürzen wird. Die intellektuelle Tätigkeit ist die Tugend euerer Generation und ihre Laster ist die moralische Gleichgültigkeit. Ich sage nur Tätigkeit, denn das Genie verschafft sich schnell einen Überblick und entdeckt selbst die Weite, welche die Mehrheit der Menschen nur später auch sieht. Dabei ist Tätigkeit die Gesamtheit der Anstrengungen aller Menschen, um ein weniger aufsehenerregendes Ziel zu erreichen, was jedoch auf den geistigen Aufstieg einer Zeit hindeutet. Lasst euch von dem Antrieb, den wir euerer Seele geben möchten, bewegen. Folgt dem großartigen Gesetz des Fortschrittes, welches das Wort euerer Generation ist. Bedauernswert ist der träge Geist, der seinen Verstand verschließt! Unglücklicher! Denn dieser von uns, Anleiter der Menschheit, gegebene Antrieb wird auf ihn wie eine Peitsche treffen. Sein widerstrebender Wille wird von uns

dermaßen aufgezwungen, wie mit dem doppelten Einsatz von Sporen und Zügeln. Früher oder später wird jeder hochmütige Widerstand überwunden werden. Selig seien jedoch diejenigen, die sanftmütig sind. Denn sie werden der Lehre sanftmütig ergeben sein.
(Lazarus, Paris, 1863)

DIE WUT

9. Der Stolz lässt euch glauben, mehr zu sein, als ihr seid. Deshalb könnt ihr keinen Vergleich hinnehmen, der euch herabsetzt. Euch kann jedes Vergleichen mit anderen irritieren und verletzen, weil ihr euch erhabener schätzt als eure Geschwister, sei es in Bezug auf eueren Geist, auf eure soziale Position oder auf eure persönliche Größe. Was geschieht dann? Ihr liefert euch dem Zorn aus.

Sucht den Ursprung dieser Anfälle vorübergehenden Irrsinns, der dem animalischen Verhalten der Tierwelt ähnelt und euch die Ruhe und den Verstand verlieren lässt. Sucht und ihr werdet fast immer den verletzten Stolz als Grund dafür finden. Ist es nicht der durch andere Meinung verletzte Stolz, der euch dazu bringt, die rechten Anmerkungen abzulehnen und die weisesten Ratschläge mit Wut zurückzuweisen? Die eigene Ungeduld, welche die meisten kindischen Unannehmlichkeiten auslöst, hängt mit der Bedeutung zusammen, die wir unserer eigenen Persönlichkeit geben, von der wir glauben, dass alles sich unterwerfen soll.

In seiner Wut attackiert der zornige Mensch alles: Die Natur, die leblosen Gegenstände, usw. die er zerstört, weil sie ihm nicht gehorchen. Ach, wenn er sich in diesem Augenblick in aller Ruhe sehen könnte! Er hätte vor sich selbst Angst, oder käme sich lächerlich vor. Er soll daher selbst den Eindruck beurteilen, den er bei den anderen erwecken würde. Er sollte sich dann zumindest aus Respekt vor sich selbst bemühen, die Tendenz zu überwinden, die ihn bemitleidenswert macht.

Wenn der Mensch bedenken würde, dass der Zorn nichts lösen kann, sondern vielmehr sein Leben beeinträchtigt und seiner Gesundheit schadet, würde er erkennen, dass er selbst sein erstes Opfer ist. Noch eine andere Sache kann er in Betracht ziehen. Das ist der Gedanke, dass er alle Menschen, die ihn umgeben, damit unglücklich macht. Und wenn er sein

Herz öffnet, würde er es nicht bereuen, die Wesen, die er am meisten liebt, leiden zu lassen? Was für ein tödliches Reuegefühl, wenn er in einem törichten Anfall eine Tat vollbringt, die er lebenslang bereuen würde! Mit einem Wort, die Wut schließt bestimmte Tugenden des Herzens nicht aus. Sie hindert aber den Menschen, Gutes zu tun und kann viel Schlechtes hervorrufen. Das sollte also genügen, um uns anzustrengen, die Wut zu vermeiden und uns zu beherrschen. Der Spiritist ist vielmehr aus anderem Grund berufen, die Wut zu vermeiden, da sie gegen die Nächstenliebe und gegen die christliche Demut verstößt.
(Ein Schutzgeist, Bordeaux, 1863)

10. Durch die vollkommen falsche Idee, man könne die eigene Natur nicht verbessern kann, glaubt der Mensch, von den Anstrengungen befreit zu sein, seine Fehler zu korrigieren, bei denen er freiwillig verweilt. Das würde von ihm sehr viel Beharrlichkeit verlangen. Es ist beispielsweise auch so, dass, wenn der Mensch in Zorn gerät, er fast immer die Entschuldigung in seinem Temperament sucht. Anstatt sich schuldig zu erkennen, schiebt er die Fehler seinem Organismus zu und beschuldigt somit Gott für seine eigenen Fehler. Das ist immer noch die Folge des Stolzes, der sich mit all seinen anderen Unvollkommenheiten in ihm vermischt hat.
Es gibt keinen Zweifel daran, dass gewisse Temperamente stärker zu Gewalt neigen, wie manche flexiblen Muskeln besser zu manchen physischen Anstrengungen geeignet sind. Denkt aber nicht, dass damit die Hauptursache des Zorns gefunden ist. Glaubt nur nicht, dass der überwiegende Grund der Wut darin zu suchen ist. Seid gewiss, dass der friedfertige Geist, sollte er sich auch in einem kräftigen Körper befinden, immer ein friedfertiges Wesen sein wird und dass der gewalttätige Geist nicht nur dadurch, dass er sich in einem schwachen Körper befindet, milder werden würde. Die Brutalität nimmt nur einen anderen Charakter an. Besitzt der Geist nicht den geeigneten Körper, um die Gewalt ausleben zu können, konzentriert sich die Wut nach Innen, während in anderem Fall sie nach Außen Ausdruck findet.
Der Körper allein verursacht keinen Wutanfall bei jemandem, der ihn schon nicht hat, genauso wenig verursacht er andere Süchte. Alle Tugenden oder Laster sind eigentümliche Verknüpfungen des Geistes. Wo

wären ohne diesen der Verdienst und die Verantwortung? Der missgebildete Mensch kann sich nicht umformen, weil der Geist nichts damit zu tun hat. Er kann trotzdem das verändern, was mit dem Geist in Beziehung steht, sofern er einen festen Willen zeigt. Beweist nicht die Erfahrung von euch, Spiritisten, bis zu welchen Grenzen die Kraft des eigenen Willens gehen kann, aufgrund wahrhafter Veränderungen, die wie Wunder vor eueren Augen erscheinen? Seid euch bewusst, *dass der Mensch nur lasterhaft bleibt, weil er lasterhaft bleiben will;* dass aber derjenige, der sich bessern will, es stets ohne weiteres tun kann. Anders gedacht würde es das Gesetz des Fortschrittes für die Menschen nicht geben.

(Hahnemann, Paris, 1863)

KAPITEL X -

SELIG SIND DIE BARMHERZIGEN

Vergebt, damit Gott euch vergibt - Versöhnung mit den Gegnern - Gottes angenehmste Opfer - Der Splitter und der Balken im Auge - Richtet nicht, damit ihr nicht gerichtet werdet. Wer unter euch ohne Sünde ist, der werfe den ersten Stein
Unterweisungen der Geistigen Welt: Das Verzeihen von Beleidigungen - Die Nachsicht

VERGEBT, DAMIT GOTT EUCH VERGIBT

1. Selig sind die Barmherzigen; denn sie werden Barmherzigkeit erlangen. (Matthäus V, 7)
2. Denn wenn ihr den Menschen ihre Verfehlungen vergebt, so wird euch euer himmlischer Vater auch vergeben. Wenn ihr aber den Menschen nicht vergebt, so wird euch euer Vater eure Verfehlungen auch nicht vergeben. (Matthäus VI, 14 – 15)
3. Sündigt aber dein Bruder an dir, so geh hin und weise ihn zurecht zwischen dir und ihm allein. Hört er auf dich, so hast du deinen Bruder gewonnen. (...) Da trat Petrus zu ihm und fragte: Herr, wie oft muß ich denn meinem Bruder, der an mir sündigt, vergeben? Genügt es siebenmal? Jesus sprach zu ihm: Ich sage dir: nicht siebenmal, sondern siebzigmal siebenmal. (Matthäus XVIII, 15, 21-22)

4. Die Nächstenliebe ist die Ergänzung der Sanftmut. Denn wer nicht barmherzig ist, kann auch nicht sanft oder friedfertig sein. Die Nächstenliebe besteht aus dem Vergessen und dem Vergeben der Beleidigungen. Der Hass und die Rachegefühle zeigen eine Seele ohne Erhabenheit und Größe an. Das Vergessen der Beleidigung ist dagegen die Tugend einer erhabenen Seele, die über der Schlechtigkeit schwebt, die man ihr antun wollte. Die erste ist immer von einer misstrauischen Reizbarkeit angespannt und voller Bitterkeit, während die erhabene Seele ruhig, voller Sanftmut und Nächstenliebe ist.
Weh demjenigen, der sagt: Ich werde nie vergeben. Wenn dieser nicht von der Menschheit verurteilt wird, wird er Gottes Urteil erfahren. Mit welchem Recht würde er die Vergebung seiner eigenen Fehler verlangen, wenn er selbst nicht die Fehler anderer vergibt? Jesus lehrt uns, dass die Nächstenliebe keine Grenzen haben soll, indem er sagt, dass jeder seinem Bruder vergeben soll, nicht siebenmal, sondern siebzig mal sieben mal.

Es gibt aber zwei sehr unterschiedliche Arten der Vergebung: Die eine ist weit reichend, edel, wahrhaftig großherzig und ohne verborgene Gedanken. Sie vermeidet mit Zartgefühl, die Selbstliebe und die Empfindlichkeit des Gegners zu verletzen, auch wenn dieser Letzte im Unrecht stehe. Bei der zweiten Art auferlegt der Beleidigte oder derjenige, der sich beleidigt fühlt, dem anderen erniedrigende Bedingungen und lässt das Gewicht seiner Vergebung spüren, die verärgert, anstatt zu beruhigen. Wenn dieser dem Verursacher der Beleidigung seine Hand reicht, tut er dies nicht aus Güte, sondern aus Prahlerei, um allen Menschen sagen zu können: „Schaut wie großherzig ich bin." Unter solchen Umständen ist eine aufrichtige Versöhnung beiderseits nicht möglich. Hier existiert keine Großherzigkeit, sondern nur eine Form der Befriedigung des Stolzes. In jedem Streit wird jedenfalls derjenige, der sich zur Versöhnung bereit zeigt, der mehr Uneigennützigkeit sowie Nächstenliebe und wahrhaftige Erhabenheit der Seele beweist, die Sympathie der unbeteiligten Menschen erwerben.

Versöhnung mit dem Gegner

5. Vertrage dich mit deinem Gegner sogleich, solange du noch mit ihm auf dem Weg bist, damit dich der Gegner nicht dem Richter überantworte und der Richter dem Gerichtsdiener und du ins Gefängnis geworfen werdest. Wahrlich, ich sage dir: Du wirst nicht von dort herauskommen, bis du auch den letzten Pfennig bezahlt hast. (Matthäus V, 25 - 26)

6. Es gibt in der Praxis des Vergebens und der Güte im Allgemeinen nicht nur eine moralische Wirkung, sondern auch eine materielle. Wir wissen, dass der Tod uns nicht von unseren Feinden befreit. Die rachsüchtigen Geistwesen verfolgen normalerweise mit ihrem Hass diejenigen über den Tod hinaus, gegen die sie Hass empfinden, weswegen diese Volksaussage „Wenn die Schlange tot ist, verspritzt sie kein Gift mehr." nicht zutrifft, wenn sie auf den Menschen angewendet wird. Das hinterlistige Geistwesen wartet, dass der gehasste Mensch reinkarniert und somit durch die Einschränkung des Körpers weniger frei wird. Er kann dann ihn leichter plagen und an seinen Interessen oder an seinen Vorlieben Unheil anrichten. Unter diesen Tatsachen sind die Ursachen für die meisten Besessenheitsfälle zu verzeichnen, insbesondere bei denen, die ernster zu

nehmen sind, wie die Unterjochungsfälle und die eigentliche Besessenheit. Die umsessenen und besessenen Menschen sind somit fast immer Opfer einer vorherigen Rachsucht, die durch ihr Verhalten vielleicht aus einem früheren Leben verursacht wurde. Gott lässt zu, dass sie dadurch ihre eigenen Fehler oder jene, die sie anderen zugefügt haben, korrigieren können. Wenn sie die Fehler nicht selbst auslösten, haben sie diese durch den Mangel an Nachsicht und Nächstenliebe verursacht, weil sie nicht vergeben konnten. Es ist wichtig, in Anbetracht eueres zukünftigen Friedens, die Fehler so schnell wie möglich wieder gutzumachen, die ihr gegen eueren Nächsten getan habt, um noch vor dem Tod irgendwelche Motive für Auseinandersetzungen auszulöschen. Diese könnten Keime von einer späteren Animosität werden. Auf diese Weise kann ein erbitterter Feind in dieser Welt zu einem Freund in der anderen Welt werden. Wer zumindest schon so handelt, behält das Recht auf seiner Seite und somit lässt es Gott nicht zu, dass derjenige, der verziehen hat, das Ziel von Rachakten wird. Als Jesus uns lehrte, uns so schnell wie möglich mit unseren Gegnern zu versöhnen, tat er es nicht nur, um die Auseinandersetzung während dieser Existenz zu vermeiden, sondern auch, damit sie sich nicht in unserem zukünftigen Leben ausbreitet. Ihr werdet nicht vorher befreit sein, bis ihr den letzten Heller bezahlt habt, das bedeutet, bis Gottes Gerechtigkeit vollständig zur Geltung gekommen ist.

Gottes angenehmste Opfer

7. Darum: wenn du deine Gabe auf dem Altar opferst und dort kommt dir in den Sinn, daß dein Bruder etwas gegen dich hat, so laß dort vor dem Altar deine Gabe und geh zuerst hin und versöhne dich mit deinem Bruder und dann komm und opfere deine Gabe. (Matthäus V, 23 – 24)

8. Als Jesus sagte: „... geh zuerst hin und versöhne dich mit deinem Bruder und dann komm und opfere deine Gabe." hat er gelehrt, dass die für Gott angenehmste Opfergabe ist den eigenen Argwohn zu überwinden. Es ist daher notwendig, bevor man den Herrn um Vergebung bittet, den anderen zu vergeben. Und hat man seinem Bruder Böses angetan, so muss man das wieder gutgemacht haben. Erst dann wird die Opfergabe angenommen, weil sie aus reinem Herzen stamme,

ohne irgendeinen schlechten Gedanken. Jesus erklärte diese Lehre in dieser Form, weil die Juden materielle Opfer darbrachten und es war erforderlich, seine Worte mit den Sitten und Gebräuchen des Volkes in Einklang zu bringen. Der Christ bringt keine materielle Opfergabe dar, denn er hat sie vergeistigt. Diese Vorschrift hat für ihn jedoch dadurch nichts an Kraft verloren. In dem er seine Seele Gott anbietet, soll er sie gereinigt vorstellen. Will man in den Tempel des Herrn eintreten, so müssen alle Gefühle von Hass oder Groll, alle schlechten Gedanken gegen den Bruder draußen bleiben. Nun wird das Gebet von den Engeln bis zu dem Schöpfer weitergeleitet. Das ist es, was Jesus uns mit den Worten beibringt: „... so laß dort vor dem Altar deine Gabe und geh zuerst hin und versöhne dich mit deinem Bruder", wenn du Gott gefallen möchtest.

Der Splitter und der Balken im Auge

9. Was siehst du aber den Splitter in deines Bruders Auge und nimmst nicht wahr den Balken in deinem Auge? Oder wie kannst du sagen zu deinem Bruder: Halt, ich will dir den Splitter aus deinem Auge ziehen?, und siehe, ein Balken ist in deinem Auge. Du Heuchler, zieh zuerst den Balken aus deinem Auge; danach sieh zu, wie du den Splitter aus deines Bruders Auge ziehst. (Matthäus VII, 3 – 5)

10. Eine der unartigen Angewohnheiten der Menschen ist das Schlechte an anderen zu sehen und ihre eigenen Fehler nicht zu bemerken. Um sich selbst zu beurteilen wäre es notwendig, sich in einem Spiegel und in irgendeiner Form, mit Abstand als eine andere Person selbst zu betrachten, um sich dann zu fragen: Was würde ich denken, wenn eine andere Person genau das mit mir tun würde, was ich jetzt tue? Mit Sicherheit ist es der Stolz, der die Menschen dazu bringt, ihre eigenen Fehler zu vertuschen, seien sie moralisch oder physisch bedingt. Dieses Verhalten ist gegen die Nächstenliebe, da die wahre Nächstenliebe anspruchslos, einfach und nachsichtig ist, die übermütige Nächstenliebe dagegen ist widersprüchlich, denn diese beiden Gefühle sich gegenseitig aufheben. Wie kann ein sehr eitler Mensch, der an die Wichtigkeit seiner Persönlichkeit und an die Überlegenheit seiner Eigenschaften glaubt, gleichzeitig genügende Entsagung besitzen, um das Gute an anderen Menschen hervorzubringen, das ihn in den Schatten stellen könnte,

anstatt des Schlechten, das ihn auszeichnen würde? Wenn der Stolz die Quelle vieler schlechter Angewohnheiten ist, bedeutet er auch die Verneinung vieler Tugenden. Aus diesem Grund hat Jesus sich eingesetzt, diesen zu bekämpfen, als hauptsächliche Behinderung des Fortschrittes.

RICHTET NICHT, DAMIT IHR NICHT GERICHTET WERDET. WER UNTER EUCH OHNE SÜNDE IST, DER WERFE DEN ERSTEN STEIN

11. Richtet nicht, damit ihr nicht gerichtet werdet. Denn nach welchem Recht ihr richtet, werdet ihr gerichtet werden; und mit welchem Maß ihr meßt, wird euch zugemessen werden. (Matthäus VII, 1 – 2)

12. Aber die Schriftgelehrten und Pharisäer brachten eine Frau zu ihm, beim Ehebruch ergriffen, und stellten sie in die Mitte und sprachen zu ihm: Meister, diese Frau ist auf frischer Tat beim Ehebruch ergriffen worden. Mose aber hat uns im Gesetz geboten, solche Frauen zu steinigen. Was sagst du? Das sagten sie aber, ihn zu versuchen, damit sie ihn verklagen könnten. Aber Jesus bückte sich und schrieb mit dem Finger auf die Erde. Als sie nun fortfuhren, ihn zu fragen, richtete er sich auf und sprach zu ihnen: *Wer unter euch ohne Sünde ist, der werfe den ersten Stein auf sie.* Und er bückte sich wieder und schrieb auf die Erde. Als sie aber das hörten, gingen sie weg, einer nach dem andern, die Ältesten zuerst; und Jesus blieb allein mit der Frau, die in der Mitte stand. Jesus aber richtete sich auf und fragte sie: Wo sind sie, Frau? Hat dich niemand verdammt? Sie antwortete: Niemand, Herr. Und Jesus sprach: So verdamme ich dich auch nicht; geh hin und sündige hinfort nicht mehr. (Johannes, VIII, 3 - 11)

13. „Wer unter euch ohne Sünde ist, der werfe den ersten Stein auf sie." sagte Jesus. Dieser Grundsatz macht aus der Nachsicht eine Pflicht, denn es gibt niemanden, der sie nicht für sich selbst benötigt. Sie lehrt uns, dass wir den anderen nicht strenger verurteilen sollen, als wir uns selbst verurteilen und auch nicht den anderen richten, für das, was wir bei uns selbst entschuldigen. Bevor wir jemandem einen Fehler vorwerfen, sollen wir uns überlegen, ob dieser Fehler auf uns nicht selbst trifft.

Die Verurteilung des Verhaltens anderer kann zwei Gründe haben: das Übel zu beanstanden oder dem Ansehen der anderen Person, deren Verhalten wir kritisieren, zu schaden. Dieser letzte Grund hat niemals eine Berechtigung, denn er ist auf Verleumdung und Bosheit zurückzuführen. Der Erste aber kann lobenswert sein und in manchen Fällen sogar eine

Pflicht sein. Daraus kann etwas Gutes entstehen, denn ohne die Pflicht, das Übel zu tadeln, kann die Schlechtigkeit niemals aus der Gesellschaft verbannt werden. Soll der Mensch wahrhaftig seinesgleichen nicht zum Fortschritt verhelfen? Wir sollten also dieses Prinzip nicht wortwörtlich nehmen: „Richtet nicht, damit ihr nicht gerichtet werdet!" (...) „Denn der Buchstabe tötet, aber der Geist macht lebendig."[70]

Jesus würde das Tadeln des Bösen nicht untersagen. Denn er selbst gab uns das Beispiel und tat dies sogar sehr energisch. Er wollte dennoch damit sagen, dass das Recht der Verurteilung im direkten Verhältnis zu der moralischen Aussagekraft desjenigen steht, der sie verkündet. Und wenn man sich für das, was man selbst an anderen verurteilt, schuldig macht, verzichtet man zwangsweise auf dieses Recht, andere zu beanstanden. Das innerste Gewissen weigert sich ferner jeglichen Respekt und jede freiwillige Unterwerfung demjenigen zu gestehen, der in der Ausübung seiner Macht, das Gesetz und die Prinzipien verletzt, die er selbst vorgeschrieben hat. *Das einzige berechtigte Ansehen vor Gottes Augen ist etwas, dessen Beispiel sich auf das Gute stützt.* Das ist eine Schlussfolgerung aus der Lehre von Jesus.

UNTERWEISUNGEN DER GEISTIGEN WELT
DAS VERZEIHEN VON BELEIDIGUNGEN

14. „... wie oft muß ich denn meinem Bruder, der an mir sündigt, vergeben? Genügt es siebenmal? Jesus sprach zu ihm: Ich sage dir: nicht siebenmal, sondern siebzigmal siebenmal."[71] Das sind Worte, die eure Intelligenz am meisten berühren und in eueren Herzen heimisch werden sollen. Vergleicht diese Worte der Nächstenliebe mit denen des Gebetes, das so sehr einfach und kurz, jedoch in seinem Inhalt hoch ist, wie es Jesus seinen Jüngern gelehrt hat! So werdet ihr immer denselben Gedankenzug finden. Jesus, der Gerechte, im wahrsten Sinne des Wortes, antwortete Petrus: Du wirst vergeben aber ohne Grenze, du wirst jede Beleidigung vergeben, so oft diese Beleidigung dir auch angetan wird. Du wirst deinem Bruder dieses Vergessen seiner selbst beibringen, die ihn unverletzlich macht, gegen das schlechte Verhalten anderer und ihrer Beleidigungen.

---

[70] Johannes VI, 63 und 2 Korinther III, 6; (Anmerkung des Herausgebers)
[71] Matthäus XVIII, 21-22; (Anmerkung des Herausgebers)

Du wirst sanftmütig und demütig von Herzen sein und deine Sanftmut unbegrenzt ausüben, du wirst dem anderen folglich genau das tun, was du dir wünschst, das der Vater im Himmel für dich tut. Erhältst du nicht die Vergebung des Vaters fortwährend? Und zählt Er wie oft Seine Verzeihung kommt, um dir deine Fehler zu vergeben?

So hört, auch ihr, diese Antwort Jesu und bewirkt, wie Petrus, den Nutzen für euch selbst. Vergebt, seid nachsichtig, seid mildtätig, großzügig und sogar verschwenderisch mit euerer Liebe. Gebt, weil Gott euch geben wird, vergebt, weil Gott euch vergeben wird, erniedrigt euch, weil Gott euch erheben wird, demütigt euch, weil Gott euch an Seine rechte Seite stellen wird.

Geht, meine geliebten Kinder, lernt und macht kund diese Worte, die ich euch sende, im Auftrage desjenigen von der höchsten himmlischen Instanz, Der immer auf euch schaut! Er arbeitet immer noch an diesem undankbaren Auftrag, den er vor achtzehn Jahrhunderten begonnen hat. Vergebt, wie ihr es ebenso nötig habt, dass man euch verzeiht. Wenn die Taten anderer euch persönlich geschadet haben, ist es noch mehr ein Grund, um nachsichtig zu sein, weil der Verdienst der Vergebung im Verhältnis zu der Wichtigkeit der Beleidigung steht, die euch angetan wurde. Es wäre keinen Verdienst für euch, den Fehler euerer Brüder zu entschuldigen, der euch nichts Weiteres als eine leichte Beleidigung angetan haben.

Spiritisten, vergesst niemals, dass sowohl in Worten als auch in Taten, die Vergebung der Beleidigungen, nicht nur äußerlich sein soll. Wenn ihr euch Spiritisten nennt, seid es auch, vergesst alles was man euch angetan hat und denkt einfach nur an das Gute, das ihr tun sollt. Derjenige, der diesen Weg ausgewählt hat, soll sich von ihm nicht abwenden, nicht einmal in Gedanken, die Gott bekannt sind. Sorgt dafür, dass ihr von euch jegliches rachsüchtige Gefühl verbannt. Gott kennt das Innere eueres Herzens. *Glücklich zu preisen, sind deswegen diejenigen, die des Nachts schlafen gehen können mit dem Gedanken: Ich habe nichts gegen meine Nächsten.*
(Simeon, Bordeaux 1862)

15. Den Freunden zu verzeihen bedeutet, ihnen einen Beweis für die Freundschaft zu erbringen. Dem Feind zu verzeihen hat dieselbe Wirkung wie für sich selbst um Vergebung zu bitten. Und die Beleidigungen zu

vergeben heißt zeigen, dass man sich gebessert hat. Vergebt daher, meine Freunde, damit Gott euch vergibt! Denn wenn ihr hart bleibt, anspruchsvoll, unbeugsam, wenn ihr selbst über eine kleine Beleidigung streng urteilt, wie wollt ihr, dass Gott vergisst, dass ihr jeden Tag mehr Nachsicht benötigt? O wehe demjenigen der sagt: „Ich werde nie verzeihen.", weil er damit sein eigenes Urteil verkündet. Wer weiß allerdings, dass, wenn ihr euch innerlich betrachtet, ihr euch nicht selbst als Täter erkennen würdet? Wer weiß, ob dieser Kampf, der mit einem einfachen Streit begonnen hat und in einer Feindschaft endete, nicht von euch ausgelöst wurde? Oder ob nicht ein beleidigendes Wort von euch gebraucht wurde? Oder ob ihr alle Mäßigung angewandt habt? Ohne Zweifel ist euer Feind nicht im Recht, wenn er überempfindlich reagiert. Das ist dennoch ein weiterer Grund, um nachsichtig zu sein und solche Vorwürfe an ihn nicht zu richten. Nehmen wir an, ihr seid in der Tat unter gewissen Umständen beleidigt worden. Wer könnte sagen, ob ihr selbst die Sache nicht mit Vergeltung vergiftet habt und somit einen leichten Streit in eine schwer wiegende Auseinandersetzung umgewandelt habt, die ganz einfach hätte vergessen werden können? Wenn es von euch abhängig war, die Folgen davon zu verhindern und ihr habt es nicht getan, dann seid ihr schuldig. Nehmen wir noch an, dass ihr an euerem eigenen Verhalten nichts zu bemängeln findet. In diesem Fall wird euer Verdienst noch größer sein, wenn ihr Milde zeigt.

Aber es gibt zwei sehr verschiedene Arten zu vergeben. Es gibt die Vergebung, die nur über die Lippen geht und die Vergebung, die aus dem Herzen kommt. Viele sagen über ihren Gegner: „Ich vergebe ihm.", dabei spüren sie innerlich eine heimliche Freude spüren, wenn den Gegner etwas Schlechtes trifft. Ihr sagt zu euch selbst: „Das hat er verdient!" Wie viele sagen „Ich vergebe ..." und dann „...aber ich werde mich nie versöhnen. Ich möchte ihn nie wieder sehen." Ist das die Vergebung nach dem Evangelium? Nein! Das wahre Verzeihen, das christliche Verzeihen ist dasjenige, welches einen Schleier über die Vergangenheit wirft. Das ist das Einzige, was euch abgenommen wird, weil sich Gott mit Äußerlichkeiten nicht zufrieden gibt: Er erkundet das Innere eueres Herzens und eure tiefsten Gedanken, Er gibt sich mit Worten und falschen Versprechungen nicht zufrieden. Das vollkommene Vergessen der Beleidigungen ist eine Eigenschaft der erhabenen Geister, die Gehässigkeit ist dagegen immer ein Signal von Minderwertigkeit und Unterlegenheit. Vergesst nie, dass man das wahre Verzeihen an den Taten erkennt, viel mehr als durch die Worte.

(Apostel Paulus, Lyon, 1861)

Die Nachsicht

16. Spiritisten, wir wollen heute über die Nachsicht sprechen, dieses sanfte brüderliche Gefühl, das alle Menschen mit ihren Nächsten einüben sollen, das aber von so wenigen praktiziert wird.

Die Nachsicht sieht nicht die Fehler der anderen und wenn doch, dann vermeidet sie es, diese zu beschreiben und die Fehler öffentlich zu nennen. Im Gegenteil, die Nachsicht verbirgt die ihr bekannten Fehler und vermeidet ihre Offenbarung. Wenn die „böse Zunge" diese Fehler entdeckt, sucht die Nachsicht immer eine Entschuldigung dafür. Sie findet eine vernünftige und ernsthafte Entschuldigung und nicht solche, welche die Fehler zu mildern nur vortäuschen, diese aber mit falscher Verschlagenheit offenbart.

Der nachsichtige Mensch macht sich niemals Sorgen über die schlechten Taten anderer gegen ihn, außer es ist, um einen Dienst zu erweisen. Und auch in diesem Fall hat er die Vorsicht, diese schlechten Taten soviel wie möglich zu mildern. Er macht keine schockierende Beobachtung und spricht nicht gleich die Verurteilung aus, sondern gibt möglichst vorsichtige Ratschläge.

Wenn ihr kritisiert, welche Schlussfolgerung kann man aus eueren Worten ziehen? Dass, wenn ihr urteilt, ihr selbst nicht das gemacht habt, was ihr kritisiert und deswegen wertvoller seid, als die Beschuldigten? Ach, Mensch! Wann werdet ihr anfangen, eure eigenen Herzen, eure eigenen Gedanken und Taten zu verurteilen ohne euch Sorgen darüber zu machen, was euer Bruder macht? Wann werdet ihr schließlich eure Augen strenger auf euch selbst ausrichten?

Seid deswegen streng mit euch selbst und mild mit dem Nächsten. Denkt an Den, Der in der höchsten Instanz die Gerechtigkeit verkündet und Der in den tiefsten Gedanken jedes Herz sieht. Er entschuldigt infolgedessen oft jene Fehler, die ihr verurteilt oder verurteilt diese, die ihr entschuldigt, weil Er das Motiv aller Taten kennt. Denkt daran, dass ihr, die ihr so laut ruft: „Anathema![72]", vielleicht noch viel gröbere Fehler begangen habt.

Seid nachsichtig, meine Freunde, weil die Nachsicht anzieht, beruhigt und ermutigt, während Gehässigkeit entmutigend, abstoßend und anheizend ist.

(Joseph, ein Schutzgeist, Bordeaux, 1863)

17. Seid nachsichtig mit den Fehlern der Fremden, welche auch immer sie sind. Urteilt nicht mit Strenge, außer bei eueren eigenen Handlungen, denn der Herr wird bei euch dieselbe Nachsicht anwenden, die ihr bei den anderen angewendet habt.

Unterstützt die Starken: Regt ihre Standhaftigkeit an! Und stärkt die Schwächeren, in dem ihr ihnen die Güte Gottes zeigt, die jede Reue in Betracht zieht. Zeigt allen das Engelwesen der Reue, das über die menschlichen Fehler seine weißen Flügel ausbreitet und somit das, was unrein ist, vor den Augen derjenigen versteckt, die es nicht sehen können. Versteht all die unendliche Barmherzigkeit eueres Vaters und vergesst nie Ihm in Gedanken und durch eure Handlungen zu sagen: „Verzeih uns unsere Schuld, wie auch wir unseren Schuldigern verzeihen." Begreifet gut den Sinn dieser erhabenen Worte, in denen nicht nur der Wortlaut bewundernswert ist, sondern auch die in ihnen verborgene Lehre.

Was erbittet ihr vom Herrn, wenn ihr um Vergebung bittet? Nur die Auslöschung euerer Fehler? Eine Auslöschung, die zu nichts führt. Denn, wenn Gott eure Fehler ausschließlich vergessen würde, würde er nicht bestrafen, das ist richtig. *Er würde dennoch aber auch nicht mehr belohnen.* Er kann keine Belohnung geben, für Gutes, das nicht getan wurde, um so weniger für das Übel, das getan wurde, selbst wenn dieses vergessen worden wäre. In dem ihr Ihn um Vergebung eurer Fehler bittet, bittet ihr um die Gefälligkeit Seiner Gnade, um nicht nochmal fehlzugehen und um die nötige Kraft für einen neuen Weg. Ein Weg der Ergebenheit und der Liebe, in dem ihr der Reue die Wiedergutmachung hinzufügen könnt.

Wenn ihr eueren Brüdern vergebt, gebt euch nicht nur mit dem Schleier der Vergessenheit zufrieden, den ihr über ihre Fehler werft. Dieser Schleier ist vor eueren Augen oft sehr durchsichtig. Fügt Liebe zur Vergebung hinzu, tut für ihn alles, was ihr von euerem Vater erbittet. Ersetzt den

---

[72] (gr.) "Bannfluch", Kirchenbann; (Anmerkung des Übersetzers)

Zorn, der befleckt, durch die Liebe, die reinigt. Predigt durch das Vorbild von dieser aktiven Nächstenliebe, die Jesus euch unermüdlich gelehrt hat. Predigt sie, wie er selbst es tat, während der Zeit, die er auf der Erde gelebt hat, sichtbar für die physischen Augen und wie er sie immer noch unaufhörlich für die spirituellen Augen sichtbar predigt. Folgt diesem himmlischen Vorbild, marschiert hinter seinen Fußspuren, sie werden euch zu einem Zufluchtsort führen, an dem ihr die Erholung nach dem Kampf findet. Nehmt, wie Christus, euer Kreuz auf euch und schreitet, aber mit Tapferkeit, den beschwerlichen Leidensweg bergan, denn dort oben ist die Verherrlichung.

(Jean, Bischof von Bordeaux, 1862)

18. Liebe Freunde, seid streng mit euch selbst und mild mit den Fehlern der Nächsten. Das ist auch eine Form, die Nächstenliebe zu üben, die sehr wenige beachten. Ihr alle habt schlechte Angewohnheiten zu bekämpfen, Fehler zu verbessern und Gewohnheiten zu verändern. Ihr alle habt eine mehr oder weniger schwere Last, von der ihr euch erleichtert werden möchtet, um bis an die Spitze des Berges der Entwicklung zu steigen. Warum denn so akribisch in Betrachtung unserer Nächsten und so kurzsichtig, wenn wir uns selbst betrachten? Wann werdet ihr es lassen, den Splitter in dem Auge eueres Bruders zu sehen, der euch verletzt und stattdessen dem Balken vor eueren Augen, der euch blind macht und euch von Sturz zu Sturz treibt, mehr Beachtung schenken werdet? Vertraut den guten Geistern, die eure Brüder sind. Alle Menschen, die stolz genug wären, sich erhabener zu schätzen, in Tugend und Verdienst, als ihre inkarnierten Mitmenschen, wären unvernünftig und würden sich vor Gott am Tag ihrer Gerechtigkeit schuldig machen und die Bestrafung dafür erhalten. Der wahre Charakter der Nächstenliebe ist Bescheidenheit und Demut. Mit diesen Eigenschaften bekommen die Fehler unseres Mitmenschen nur zweitrangige Wichtigkeit. Man bemüht sich andererseits, alles, was gut und tugendhaft an den anderen ist, hervorzuheben. Auch wenn das menschliche Herz nun ein Abgrund von Korruption ist, beherbergt es fast immer in der tiefsten Ecke, den Keim von guten Gefühlen, einen Blitzfunken von geistiger Essenz.

Der Spiritismus ist eine gesegnete und tröstende Lehre. Glücklich seien diejenigen, die ihn kennen und von der heilsamen Lehre der Geister

Gottes Nutzen ziehen. Für sie ist der Weg beleuchtet. Sie können entlang dieses Weges die Worte lesen, die ihnen den Weg zeigen, das Ziel zu erreichen: praktizierte Nächstenliebe, Nächstenliebe vom Herzen mit den anderen wie mit sich selbst. In einem Wort: Nächstenliebe zu allen und Gottes Liebe über allem. Weil Gottes Liebe alle Pflichten umfasst und weil es unmöglich ist, Gott wirklich zu lieben ohne Nächstenliebe zu praktizieren, worauf Er ein Universalgesetz für alle Menschen baut. (Dufêtre, Bischof von Nevers, Bordeaux)

19. *Da niemand vollkommen ist, kann man daraus die Schlussfolgerung ziehen, niemand hat das Recht, die Fehler seines Nächsten zu tadeln?*
Sicherlich nicht. Zumal jeder von euch für die Entwicklung von allen anderen arbeiten soll und vor allem für diejenigen, für die man verantwortlich ist. Aber das ist auch ein Motiv, um es mit Mäßigung zu tun, mit einem nützlichen Ziel und nicht wie es normalerweise getan wird, mit dem Genuss, andere zu erniedrigen. In diesem letzten Fall ist der Tadel eine Boshaftigkeit. In dem ersten Punkt ist es eine Pflicht, welche die Nächstenliebe von uns mit der möglichen Vorsicht zu erfüllen fordert. Und schließlich soll der Tadel, den wir an andere richten, gleichzeitig an uns selbst adressiert sein, um zu sehen, ob wir ihn nicht selbst verdienen. (Hl. Ludwig, Paris, 1860)

20. *Ist es tadelnswert, den Fehler anderer zu beobachten, wenn das keine Vorteile zu ihren Gunsten bringen wird, auch wenn diese niemandem offen gelegt werden?*
Alles hängt von der Absicht ab. Mit Sicherheit ist es nicht verboten, das Unheil zu sehen, wenn es existiert. Es wäre sogar unvernünftig, überall nur Gutes zu sehen. Diese Illusion würde dem Fortschritt schaden. Der Fehler besteht darin, den Tadel zu benutzen, um anderen zu schaden, in dem wir den anderen in der Öffentlichkeit unglaubwürdig machen. Genauso verächtlich wäre dies jemanden anzutun, um eine Ahnung der Bösartigkeit zu schildern und Spaß daran zu haben, andere bei den Fehlern zu ertappen. Wenn wir anderenfalls den Schleier des Vergessens über die schlechten Taten legen, um sie vor der Öffentlichkeit zu schützen, geschieht genau das Gegenteil, falls der Beobachter der schlechten Taten anderer, für sich selbst daraus eine Lehre zieht. Das heißt, dieser übt die Handlung zu vermeiden, die er selbst an den anderen bemängelt. Ist diese

Bemerkung wohl für den Sittenlehrer auch nicht hilfreich? Wie sollte er die menschlichen Fehler beschreiben, wenn er ihre Beispiele nicht studieren würde?
(Hl. Ludwig, Paris, 1860)

21. *Gibt es Fälle, in denen es nützlich ist, die Bösartigkeit anderer zu enthüllen?*
Diese Frage ist sehr empfindlich und wir müssen auf das gute Verständnis der Nächstenliebe zurückgreifen. Wenn der Fehler eines Menschen nur ihm selbst schaden könnte, gibt es keine Vorteile, ihn öffentlich zu nennen. Aber wenn der anderen schaden kann, ist es notwendig, das Interesse der Mehrheit dem eines Einzelnen vorzuziehen. Je nach den Umständen können Heuchelei und Lüge zu entlarven eine Pflicht sein. Denn es ist besser, dass ein Mann zu Grunde geht, als dass viele andere ihm zum Opfer fällen. In diesem Fall ist es notwendig, die Vor- und Nachteile gegeneinander abzuwägen.
(Hl. Ludwig, Paris, 1860)

KAPITEL XI -
LIEBE DEINEN NÄCHSTEN WIE DICH SELBST

Das größte Gebot. Vom Tun des göttlichen Willens. Das Gleichnis des Schalksknechts - Gebt dem Kaiser, was des Kaisers ist **Unterweisungen der Geistigen Welt:** Das Gesetz der Liebe - Der Egoismus - Der Glaube und die Nächstenliebe - Nächstenliebe zu Verbrechern - Sollte man sich in Lebensgefahr begeben für einen Verbrecher?

DAS GRÖßTE GEBOT. VOM TUN DES GÖTTLICHEN WILLENS. DAS GLEICHNIS DES SCHALKSKNECHTS

1. Als aber die Pharisäer hörten, daß er den Sadduzäern das Maul gestopft hatte, versammelten sie sich. Und einer von ihnen, ein Schriftgelehrter, versuchte ihn und fragte: Meister, welches ist das höchste Gebot im Gesetz? Jesus aber antwortete ihm:»Du sollst den Herrn, deinen Gott, lieben von ganzem Herzen, von ganzer Seele und von ganzem Gemüt« Dies ist das höchste und größte Gebot. Das andere aber ist dem gleich: *»Du sollst deinen Nächsten lieben wie dich selbst.«* In diesen beiden Geboten hängt das ganze Gesetz und die Propheten. (Matthäus XXII, 34 – 40)

2. *Alles nun, was ihr wollt, daß euch die Leute tun sollen, das tut ihnen auch!* Das ist das Gesetz und die Propheten. (Matthäus VII, 12)

Und wie ihr wollt, daß euch die Leute tun sollen, so tut ihnen auch! (Lukas, VI, 31)

3. Darum gleicht das Himmelreich einem König, der mit seinen Knechten abrechnen wollte. Und als er anfing abzurechnen, wurde einer vor ihn gebracht, der war ihm zehntausend Zentner Silber schuldig. Da er's nun nicht bezahlen konnte, befahl der Herr, ihn und seine Frau und seine Kinder und alles, was er hatte, zu verkaufen und damit zu bezahlen. Da fiel ihm der Knecht zu Füßen und flehte ihn an und sprach: Hab Geduld mit mir; ich will dir's alles bezahlen. Da hatte der Herr Erbarmen mit diesem Knecht und ließ ihn frei, und die Schuld erließ er ihm auch. Da ging dieser Knecht hinaus und traf einen seiner Mitknechte, der war ihm hundert Silbergroschen schuldig; und er packte und würgte ihn und sprach: Bezahle, was du mir schuldig bist! Da fiel sein Mitknecht nieder und bat ihn und sprach: Hab Geduld mit mir; ich will dir's bezahlen. Er wollte aber nicht, sondern ging hin und warf ihn ins Gefängnis, bis er bezahlt hätte, was er schuldig war.

Als aber seine Mitknechte das sahen, wurden sie sehr betrübt und kamen und brachten bei ihrem Herrn alles vor, was sich begeben hatte. Da forderte ihn sein Herr vor sich und sprach zu ihm: Du böser Knecht! Deine ganze

Schuld habe ich dir erlassen, weil du mich gebeten hast; hättest du dich da nicht auch erbarmen sollen über deinen Mitknecht, wie ich mich über dich erbarmt habe? Und sein Herr wurde zornig und beantwortete ihn den Peinigern, bis er alles bezahlt hätte, was er ihm schuldig war.

So wird auch mein himmlischer Vater an euch tun, wenn ihr einander nicht von Herzen vergebt, ein jeder seinem Bruder. (Matthäus XVIII, 23 - 35)

4. „Du sollst deinen Nächsten lieben wie dich selbst. (...) Alles nun, was ihr wollt, daß euch die Leute tun sollen, das tut ihnen auch!" ist der vollständigste Ausdruck der Nächstenliebe, weil er alle Pflichten der Menschen seinen Nächsten gegenüber zusammenfasst. Wir können keinen sicheren Leitfaden als Vorbild für das nehmen, was wir dem anderen antun sollen, als das, was wir für uns selbst wünschen. Mit welchem Recht würden wir von unseren Nächsten bessere Handlungsweise, mehr Nachsicht, mehr Wohlwollen oder mehr Aufopferung uns gegenüber verlangen, als welche, die wir ihnen widmen? Die Anwendung dieser Maximen bringt die Verbannung des Egoismus mit sich. Wenn die Menschen diese Maximen als Verhaltensregel und als Grundlage ihrer Institutionen angenommen haben, werden sie die wahre Brüderlichkeit verstehen und werden bewirken, dass unter ihnen Frieden und Gerechtigkeit herrschen. Es wird dann keinen Hass und keine Unstimmigkeiten mehr geben, sondern allein Einigkeit, Eintracht und gegenseitiges Wohlwollen.

Gebt dem Kaiser, was des Kaisers ist

5. Da gingen die Pharisäer hin und hielten Rat, wie sie ihn in seinen Worten fangen könnten; und sandten zu ihm ihre Jünger samt den Anhängern des Herodes. Die sprachen: Meister, wir wissen, daß du wahrhaftig bist und lehrst den Weg Gottes recht und fragst nach niemand; denn du achtest nicht das Ansehen der Menschen. Darum sage uns, was meinst du: Ist's recht, daß man dem Kaiser Steuern zahlt oder nicht? Als nun Jesus ihre Bosheit merkte, sprach er: Ihr Heuchler, was versucht ihr mich? Zeigt mir die Steuermünze! Und sie reichten ihm einen Silbergroschen. Und er sprach zu ihnen: Wessen Bild und Aufschrift ist das? Sie sprachen zu ihm: Des Kaisers. Da sprach er zu ihnen: *So gebt dem Kaiser, was des Kaisers ist, und Gott, was Gottes ist!* Als sie das hörten, wunderten sie sich, ließen von ihm ab und gingen davon. (Matthäus XXII, 15 - 22; Markus, XII, 13 – 17)

6. Die an Jesus gestellte Frage war dadurch begründet, dass die Juden, welche die Zahlung der von Rom auferlegten Gebühren verabscheuten, aus dieser Steuereintreibung eine religiöse Frage gemacht haben. Eine machtvolle Partei wurde gegen diese Steuer ins Leben gerufen. Diese Steuereinnahme war für sie daher eine aktuelle Reizfrage, ohne dies die an Jesus gestellte Frage „Ist's recht, daß man dem Kaiser Steuern zahlt oder nicht?" keinen Sinn hätte. Sie war allerdings eine Falle. Denn wer sie formulierte, erhoffte sich, je nach der Antwort, entweder die römischen Machthaber oder die anders denkenden Juden gegen Jesus aufzuwiegeln. Jesus, der „ihre Bosheit merkte", meisterte allerdings diese Schwierigkeit, indem er ihnen eine Lektion in Gerechtigkeit erteilte, als er sagte, dass jedem das gegeben wird, was ihm zusteht. (siehe Einleitung, Die Zöllner, S. 28)

7. Diese Maxime „Gebt dem Kaiser, was des Kaisers ist!" soll nicht in absoluter und begrenzender Weise verstanden werden. Wie alles, was Jesus lehrte, gibt es in ihr ein allgemeines Prinzip, das in einer praktischen und üblichen Weise zusammengefasst wurde und das aus einem besonderen Umstand ableitet. Das Prinzip hier geht aus dem anderen Grundsatz hervor, der besagt, dass wir alles nun, was wir wollen, dass uns die Menschen tun sollen, ihnen auch tun. Er verurteilt jeden moralischen und materiellen Schaden, den man anderen zufügen würde und jede Verletzung ihrer Interessen. Er sieht die Beachtung der Rechte von jedem vor, so wie jeder es möchte, dass seine Rechte respektiert werden. Er schließt sogar die aufgenommenen Pflichten gegenüber der Familie, der Gesellschaft, den staatlichen Einrichtungen, sowie gegenüber allen Individuen ein.

UNTERWEISUNGEN DER GEISTIGEN WELT
DAS GESETZ DER LIEBE

8. Die Liebe fasst die ganze Jesuslehre zusammen. Sie ist das Gefühl par excellence; und die Gefühle sind jene Instinkte, die sich je nach dem Niveau des erreichten Fortschrittes erhoben haben. Denn in seinem Ursprung besitzt der Mensch nur Instinkte; etwas fortschrittlicher und noch in der Verdorbenheit, besitzt er nur Eindrücke; und wenn gebildet und geläutert ist, hat er dann Gefühle. Und der empfindliche Punkt der

Gefühle ist die Liebe. Nicht jedoch die Liebe in dem gewöhnlichen Sinne des Wortes, sondern diese innerliche Sonne, die in ihrem feurigen Brennpunkt alles Streben und alle übermenschlichen Offenbarungen vereinigt und zusammenfasst. Das Gesetz der Liebe ersetzt die Ichbezogenheit durch die Verschmelzung der Wesen und rottet das gesellschaftliche Elend aus. Glücklich ist derjenige, der seine Menschlichkeit überwindet und seine leidenden Brüder mit umfassender Liebe liebt! Wahrhaftig glücklich ist wer liebt, weil ihm weder das Elend der Seele noch das des Körpers bekannt ist. Er lebt unbeschwert wie in einem schwebenden Zustand - aus sich heraus. Als Jesus das göttliche Wort „Liebe" sprach, erschütterte er das Volk und die Märtyrer gingen voller Hoffnung in die Arena.

Der Spiritismus seinerseits kommt, um ein zweites Wort des göttlichen Alphabetes zu sprechen. Seid nun achtsam, denn dieses Wort lässt sehen, was hinter dem Grabstein der leeren Gräber ist und die Reinkarnation, als Siegerin über den Tod, enthüllt dem betörenden Menschen ihr intellektuelles Vermögen. Nicht mehr zur Quälerei führt sie den Menschen, sondern zur Eroberung seines Seins, erhaben und verwandelt. Das Blut befreite den Geist und heute muss der Geist den Menschen von der Materie befreien.

Ich sagte, der Mensch besaß in seinem Ursprung nur Instinkte. Derjenige, in dem die Instinkte überwiegen, befindet sich nun noch näher am Ausgangspunkt als am Ziel. Um zum Ziel zu kommen, muss das Wesen seine Instinkte zu Gunsten der Gefühle besiegen. In kurzen Worten, es muss die Gefühle vervollkommnen und die latenten Keime der Materie ersticken. Die Instinkte sind die entstehenden Keime und Embryos des Gefühls; sie tragen in sich den Fortschritt, wie die Eichel die Eiche in sich enthält. Und die weniger entwickelten Wesen sind diejenige, welche nach und nach aus der Puppe heraustreten aber noch Sklaven ihrer Instinkte bleiben. Der Geist muss kultiviert werden, wie ein Feld. Der ganze zukünftige Reichtum hängt von der heutigen Arbeit ab, die euch viel mehr als der irdische Besitz geben wird - die glorreiche Elevation. Und dann, indem ihr das Gesetz der Liebe versteht, das alle Wesen verbindet, werdet ihr in ihm den sanften Genuss der Seele suchen; Vorspiel der himmlischen Freude.

(Lazarus, Paris, 1862)

9. Die Liebe besteht aus himmlischer Essenz. Und ihr alle, von den größten bis zu den bescheidensten Menschen besitzt die Liebe im Innern eueres Herzens. Das ist ein Funke von diesem heiligen Feuer. Die Tatsache, dass selbst der widerlichste, niederträchtigste und verbrecherischste Mensch warme und lebhafte Zuneigung für irgendein Wesen oder Gegenstand empfinden kann, wurde von euch schon oftmals bestätigt. Diese Zuneigung besteht trotz aller Niederschläge fort und erreicht nicht selten ein erhabenes Ausmaß.

Eine Zuneigung für irgendein Wesen oder Gegenstand, wie gesagt. Denn es gibt Menschen unter euch, die an Tiere, Pflanzen sogar auch an materielle Gegenstände den Schatz ihrer Liebe, die ihre Herzen erfüllt, schenken. Sie sind eine Art Misanthrop[73], der sich über die Menschheit im Allgemeinen beklagt und gegen die natürliche Tendenz seiner Seele, um sich herum Zuneigung und Sympathie zu suchen, Widerstand leistet. Dieser würdigt dadurch das Gesetz der Liebe auf einen instinktiven Zustand herab. Sie können dennoch, was auch immer sie tun, nicht den widerstandsfähigen Keim ersticken, den Gott in das Herz der Seele bei ihrer Schöpfung gelegt hat. Dieser Keim entwickelt sich und wächst mit der Moral und der Vernunftbegabung. Und, obwohl er oft durch den Egoismus bekämpft wird, ist dieser Keim die Quelle von göttlichen und sanften Tugenden, welche die ehrlichen und dauerhaften Zuneigungen fördern und die ihnen helfen, den trockenen und steilen Weg des menschlichen Daseins zu überstehen.

Es gibt Menschen, welche die Reinkarnation als unerträglich empfinden, da sie der Gedanke, dass andere an ihren liebevollen Sympathien teilhaben könnten, eifersüchtig macht. Ach, arme Geschwister! Eure Zuneigung macht euch zu Egoisten. Eure Liebe begrenzt sich auf einen engen Kreis von Freunden und Verwandten, alle anderen sind euch gleichgültig. Nun gut. Um die Gebote der Liebe zu praktizieren, wie Gott es von euch wünscht, ist es notwendig, dass ihr nach und nach lernt, alle eure Mitmenschen ohne Unterschied zu lieben. Die Arbeit ist langwierig und beschwerlich, aber sie wird sich verwirklichen. So will Gott, dass das Gesetz der Liebe das erste und das wichtigste Gebot euerer neuen Lehre werde. Diese neue Lehre wird eines Tages den Egoismus, in welcher Form

---

[73] Menschenfeind; (Anmerkung des Übersetzers)

auch immer er sich präsentiert, bewältigen. Denn außer dem persönlichen Egoismus, existiert noch der Egoismus der Familie, der Kaste und der Staatsangehörigkeit. Jesus sagte dazu: „Du sollst deinen Nächsten lieben wie dich selbst." Wo ist nun die Grenze des Nächsten? Ist es die Familie, die Religion oder das Vaterland? Nein, es ist die gesamte Menschheit. In den erhabenen Welten werden die dort wohnenden weiterentwickelten Geister von der gegenseitigen Liebe geführt. Sie hält dort die Harmonie. Und in euerem Planeten, der für einen baldigen Fortschritt bestimmt ist, werden seine Bewohner aufgrund einer gesellschaftlichen Veränderung dieses erhabene Gesetz der Nächstenliebe praktizieren, welches das Abbild der Göttlichkeit selbst ist.

Die Wirkung des Gesetzes der Liebe ist die moralische Vervollkommnung der menschlichen Rasse und die Glückseligkeit während des irdischen Lebens. Die lasterhaften und rebellierendsten Wesen werden sich bessern, wenn sie erkennen, welche Vorteile die praktische Anwendung des Gebotes „Alles nun, was ihr wollt, daß euch die Leute tun sollen, das tut ihnen auch!" hat. So sollt ihr ihnen soviel Gutes tun, wie es in euerer Macht steht.

Glaubt nicht an die Sterilität und Verhärtung des menschlichen Herzens. Das Herz gibt der wahren Liebe trotz eigenen Unmuts nach. Sie ist ein Magnet, dem man nicht widerstehen kann. Die Berührung mit dieser Liebe belebt und befruchtet die im Herzen vorhandenen Keime, welche in latentem Zustand in ihm existieren. Die Erde, Aufenthalt von Exil und Prüfungen, wird dann durch das heilige Feuer gereinigt und man wird auf ihrer Oberfläche die Nächstenliebe, die Demut, die Geduld, die Hingabe, die Entsagung und die Resignation blicken; jene Tugenden, die alle Kinder der Liebe sind. Werdet nun nicht müde, die Worte von Johannes, dem Evangelisten, zu hören. Es ist euch schon bewusst, dass er, als die Krankheit und das Alter ihn die Abfolge seiner Offenbarungen zum Aufhören zwangen, sich diese sanften Worte zu wiederholen beschränkte: „Meine Kinder, (...) liebet euch untereinander."

Geliebte Geschwister, nutzt diese Lektionen. Es ist schwer, sie zu praktizieren, aber die Seele erntet von diesen unendlich viel Gutes. Glaubt mir, verwendet größte Bemühungen, um die ich euch bitte: Liebet euch einander und ihr werdet sehen, dass die Erde in naher Zeit in ein Paradies verwandelt wird, wo die Seelen der Gerechten kommen werden,

um sich dort zu erholen.
(Fénelon, Bordeaux, 1861)

10. Meine lieben Mitschüler, die hier anwesenden Geister lassen euch durch meine Stimme folgende Mitteilung ausrichten: Liebet einander sehr, um wieder geliebt zu werden. Dieser Gedanke ist so gerecht, dass ihr alles an ihm finden werdet, was euch Trost und Beruhigung für das tägliche Leiden mitbringt. Noch besser gesagt, wenn ihr nach diesem weisen Grundsatz handelt, werdet ihr euch in einer Weise über die Materie erheben, dass ihr euch vergeistigt sein werdet, bevor ihr eueren irdischen Körper verlassen habt. Nachdem ihr durch die spiritistischen Studien euer Verständnis für die Zukunft erlangt habt, habt ihr nun die Gewissheit eurer Vorwärtsbewegung zu Gott, mit all den Verwirklichungen, die den Bedürfnissen eurer Seele entsprechen. Deswegen sollt ihr euch hoch emporheben, um ohne die Einschränkungen der Materie zu beurteilen, damit ihr eueren Nächsten nicht verurteilt, bevor ihr eure Gedanken an Gott nicht gerichtet habt.

Lieben, im tiefsten Sinne des Wortes, bedeutet ein treuer, ehrlicher und gewissenhafter Mensch zu sein und auch den anderen das antun, was man selbst von den anderen wünscht, das sie uns antun. Es bedeutet, um sich herum den innigen Sinn für alle Leiden, die eure Geschwister bedrücken, wahrzunehmen, um ihnen Linderung zu bringen. Es ist die große menschliche Familie als seine eigene zu betrachten, weil ihr diese Familie in einer gewissen Zeit, auf einer weiterentwickelten Welt, wieder treffen werdet. Und die zu jener Familie angehörigen Geister sind wie ihr, Gottes Kinder, vorbestimmt, sich zu dem Unendlichen emporzuheben. So gesehen könnt ihr keinem euerer Geschwister das verweigern, was Gott euch großzügig gegeben hat. Denn ihr würdet euch euerseits freuen, wenn diese Geschwister euch das geben würden, was ihr benötigt. Gebt dann allen Leidenden ein Wort der Hoffnung und des Beistandes, damit ihr voller Liebe und Gerechtigkeit seid.

Glaubt es, dass diese weisen Worte „Liebet einander sehr, um wieder geliebt zu werden." ihren Lauf nehmen werden. Diese Maxime ist revolutionär und geht ihren graden Weg unveränderlich. Ihr, die ihr mich hört, habt jedoch schon viel erreicht. Ihr seid heute äußerst besser, als vor hundert Jahren. Ihr habt euch in dem Maße zum eueren Besten verändert, dass ihr heute eine Menge von neuen Ideen über Freiheit und Brüderlichkeit ohne Widerstand leicht annehmt, die ihr früher verweigert hättet. In noch weiteren hundert Jahren werdet ihr dann sicherlich mit derselben Leichtigkeit andere Ideen annehmen, die ihr heute noch nicht verstehen könnt.

Und heute, nachdem die spiritistische Bewegung einen sehr weiten Schritt gemacht hat, seht ihr mit welcher Schnelligkeit die Ideen der Gerechtigkeit und der Erneuerung, in der Spiritistischen Lehre enthalten, von dem durchschnittlichen Teil der aufgeklärten Menschen aufgenommen werden. Denn diese Ideen entsprechen all dem Göttlichen, das in euerem Innersten wohnt. Das ist darauf zurückzuführen, dass ihr durch eine fruchtbare Saat des letzten Jahrhunderts, das in die Gesellschaft die großen Ideen des Fortschrittes eingeführt hat, vorbereitet seid. Und, da alles unter der Hand Gottes sich ereignet, werden alle erhaltenen und aufgenommenen Lehren zu einem universalen Wechsel der Nächstenliebe führen. Daraus folgend werden sich die inkarnierten Geister, die besser empfinden und beurteilen können, sich gegenseitig bis ans letzte Ende eueres Planeten, die Hand geben. Sie werden sich miteinander vereinen, um einander zu lieben und sich zu verstehen, um alle Ungerechtigkeiten zu beseitigen wie auch alle Ursachen für die Zwietracht unter den Völkern.

Dieser große Gedanke der Erneuerung durch den Spiritismus, der in dem „Buch der Geister" gut beschrieben wurde, wird das große Wunder einer Ansammlung aller materiellen und spirituellen Interessen des Menschen in dem zukünftigen Jahrhundert verwirklichen, durch die Anwendung dieser Maxime, sofern sie gut verstanden wird: Liebet einander sehr, um wieder geliebt zu werden.

(Sanson, altes Mitglied der Pariser Spiritistischen Gesellschaft, 1863)

DER EGOISMUS

11. Der Egoismus, eine Plage der Menschheit, soll von der Erde verschwinden, denn er behindert ihre moralische Entwicklung. Der Spiritismus hat als Aufgabe, die Erde in eine höher entwickelte Welt zu fördern. Der Egoismus ist deswegen die Zielscheibe, gegen die alle wahren Gläubigen ihren ganzen Mut und ihre ganzen Kräfte richten sollen. Ich

sage „Mut", weil jeder davon viel mehr benötigt, um über sich selbst zu siegen, als über die anderen. Möge jeder deswegen seine ganzen Bemühungen darauf richten, den Egoismus an sich selbst zu bekämpfen, mit der Gewissheit, dass dieser der ungeheuerliche Vernichter aller Intelligenzen, Sohn des Stolzes und Verursacher allen Elends der Menschheit ist. Er ist die Verneinung der Nächstenliebe und deswegen das größte Hindernis für die Glückseligkeit der Menschen.

Jesus hat euch das Vorbild der Nächstenliebe gegeben und Pilatus war das Beispiel vom Egoismus. Denn während der Gerechte seine heiligen Stationen des Martyriums gegangen ist, wusch sich Pilatus die Hände und sagte: „Ich bin unschuldig an seinem Blut; seht ihr zu!" Und selbst wenn er die Juden gefragt hat „Was hat er denn Böses getan? (...) Was soll ich denn machen mit Jesus, ... "[74], lässt er trotzdem zu, dass Jesus gekreuzigt wird.

Dieser Gegensatz zwischen der Nächstenliebe und dem Egoismus, der wie Lepra im menschlichen Herzen sitzt, ist der Grund dafür, dass das Christentum seine vollständige Mission noch nicht erfüllen konnte. Es liegt an eueren Händen, neue Apostel des Glaubens, die ihr von den erhabenen Geistern aufgeklärt werdet, als eure Pflicht und eure Aufgabe zu betrachten, dieses Unheil auszulöschen. Somit wird dem Christentum all seine Kräfte gegeben und jedes Hindernis aus dem Weg geräumt, das dessen Fortschritt erschwert. Vertreibt den Egoismus von der Erde, damit die Erde sich zu einer fortgeschrittenen Welt entwickeln kann. Denn es ist an der Zeit, dass die Menschheit ihr Ehrengewand anzieht, wofür es jedoch als aller erstes notwendig ist, den Egoismus aus eueren Herzen zu vertreiben.

(Emmanuel, Paris, 1861)

12. Wenn die Menschen sich gegenseitig lieben würden, könnte die Nächstenliebe viel mehr praktiziert werden. Es wäre dafür jedoch notwendig, die Anstrengung zu unternehmen, euer Herz von dem Panzer zu befreien, der es umwickelt, damit es für die Leiden unserer Nächsten sensibler werde. Die Strenge tötet die guten Gefühle. Christus wich deswegen nie einem Menschen aus, unabhängig wer ihn aufsuchte, sie wurden nie zurückgewiesen. Er hat sowohl der ehebrecherischen Frau als

---

[74] Matthäus XXVII, 22-24; (Anmerkung des Herausgebers)

auch dem Verbrecher geholfen. Und schreckte niemals davor zurück, sein Ansehen zu verlieren. Wann werdet ihr ihn euch als Vorbild aller eueren Taten nehmen? *Wenn die Nächstenliebe auf der Erde überwiegen würde, so würde die Schlechtigkeit nicht Überhand nehmen, sondern würde beschämt fliehen und sich verstecken, weil sie nirgends einen Platz mehr fände.* Dann würde jede Boshaftigkeit verschwinden, seid euch dessen bewusst.

Beginnt damit, selbst ein Vorbild zu sein. Seid unterschiedslos mildtätig mit allen. Versucht euch um diejenigen, die euch mit Verachtung betrachten, nicht zu kümmern. Lasst Gottes Gerechtigkeit zur Geltung kommen, weil Er jeden Tag in Seinem Reich, die Spreu vom Weizen trennt.

Der Egoismus ist die Verneinung der Nächstenliebe. Und ohne die Nächstenliebe wird die menschliche Gesellschaft nicht ruhen. Ich füge noch hinzu: Es wird somit auch keine Sicherheit geben. Mit dem Egoismus und dem Stolz, die sich die Hand geben, ist das Leben immer ein Wettlauf, in dem der Schlaueste gewinnt. Es ist ein Kampf der Interessen, in dem die reinsten Zuneigungen mit Füßen getreten werden, und in dem nicht ein Mal die heiligen Bindungen der Familie respektiert werden.

(Pascal, Sens, 1862)

Der Glaube und die Nächstenliebe

13. Neulich sagte ich euch, meine geliebten Kinder, dass die Nächstenliebe ohne den Glauben nicht genügt, um eine soziale Ordnung unter den Menschen aufrecht zu erhalten, die sie glücklich machen könnte. Ich hätte auch sagen können, dass die Nächstenliebe ohne den Glauben unmöglich ist. Ihr werdet sehr wohl selbst unter Menschen, die keiner Religion angehören, den Antrieb zur Güte finden. Die nachdrückliche Nächstenliebe, die nur mit Entsagung und mit einem dauerhaften Opfer aller egoistischen Interessen praktiziert wird, lässt sich dennoch nur durch den Glauben inspirieren. Denn nichts anderes darüber hinaus ermöglicht es, das Kreuz dieses irdischen Lebens mit Mut und Beharrlichkeit zu tragen.

Ja, meine Kinder, es ist zwecklos, dass der vergnügungsgierige Mensch in Bezug auf sein irdisches Schicksal sich zu betrügen versucht, in dem er behauptet, dass es ihm erlaubt ist, sich nur mit seinem Glück zu beschäftigen. Es ist wahr, dass Gott uns erschaffen hat, um in der Ewigkeit glücklich zu sein. Das irdische Leben soll dennoch einzig und allein unserer moralischen Vervollkommnung dienen, die mit Hilfe unseres Körpers und der materiellen Welt leichter zu erlangen ist. Denn ohne die gewöhnlichen Schicksalsschläge des Lebens, die Verschiedenartigkeit euerer Interessen, euerer Vorlieben und eueren Bedürfnissen in Betracht zu ziehen, stellt das auch ein Mittel dar, euch, in dem ihr die Nächstenliebe ausübt, zu vervollkommnen. Und in der Tat wird euch der Erhalt der Harmonie zwischen so unterschiedlichen Elementen erst möglich sein, wenn ihr Zugeständnisse und gegenseitige Opferbereitschaft erbracht habt.

Ihr habt allerdings Recht zu behaupten, dass die Glückseligkeit den Menschen auf dieser Welt vorgesehen ist, dennoch nur, wenn sie diese suchen, jedoch nicht in den materiellen Genüssen, sondern in dem Guten. Die Geschichte des Christentums erzählt von Märtyrern, die mit Freude in ihr Martyrium gegangen sind. In euerer heutigen Gesellschaft sind weder der Scheiterhaufen des Märtyrers, noch das Leben zu opfern mehr notwendig, um Christ zu sein, sondern vielmehr einzeln und allein das Opfer eueres Egoismus, eueres Stolzes und euerer Eitelkeit. Ihr werdet siegen, sofern der Glaube euch trägt und die Nächstenliebe euch inspiriert.

(Schutzgeist, Krakau, 1861)

NÄCHSTENLIEBE ZU VERBRECHERN

14. Die wahre Nächstenliebe ist eine der erhabensten Lehren Gottes für die Welt. Unter den wahren Befolgern Seiner Lehre soll vollkommene Fraternität herrschen. Ihr sollt die Unglücklichen und die Verbrecher wie Gottes Kinder lieben, für welche, sobald sie reumütig werden, die Barmherzigkeit und die Vergebung Gottes bestimmt sind, genauso wie sie euch bei euren Fehlern zur Verfügung stehen, die ihr gegen Gottes Gesetze verübt. Denkt darüber nach, dass ihr noch schuldbeladener, noch tadelnswerter seid als diejenigen, denen ihr euer Mitgefühl und eure Vergebung verweigert, denn oftmals kennen sie Gott nicht, wie ihr Ihn kennt und deswegen wird von ihnen weniger verlangt, als von euch.

Richtet nicht, oh, richtet keineswegs, meine lieben Freunde! Denn das Maß, mit dem ihr richtet, wird noch strenger auf euch angewendet werden. Und ihr selbst benötigt Nachsicht für die Verstöße, die ihr ununterbrochen begeht. Ist es euch nicht bewusst, dass viele Taten, die vor Gottes reinem Auge verbrecherisch sind, in dieser Welt nicht ein Mal als leichte Fehler betrachtet werden?

Die wahre Nächstenliebe besteht nicht nur aus den Almosen, die ihr gebt und auch nicht nur aus den tröstenden Worten, die diese Almosen begleiten. Nein, das ist nicht allein das, was Gott von euch erwartet. Die erhabene Nächstenliebe, von Christus gelehrt, besteht somit auch aus dem in euch immer anwesenden Wohlwollen und aus allen Handlungen im Umgang mit den Nächsten. Ihr könnt auch diese erhabene Tugend zum Wohl vieler Menschen ausüben, die zwar keiner Almosen bedürfen, die dennoch durch Worte der Liebe, des Trostes und der Ermutigung zu Gott geführt werden.

Ich sage euch erneut, dass die Zeit nahe ist, in der die große Verbrüderung auf der Erde herrschen wird und in der die Menschen das Christus-Gesetz befolgen werden. Ein Gesetz, das Zügel und Hoffnung sein wird und die Seelen zu der seligen Heimat führen wird. Liebet euch nun einander, wie Kinder desselben Vaters; macht keine Unterscheidung zwischen euch und den Unglücklichen, denn Gott will, dass ihr alle gleichgestellt werden. Verachtet keinen Menschen, denn Gott erlaubt, dass große Verbrecher unter euch leben, damit sie euch als Lehre dienen. Bald, wenn die Menschen unter den wahren Gesetzen Gottes leben, wird die Notwendigkeit dieser Lehrinhalte nicht mehr geben. *Alle unreinen und aufständischen Geister werden in Harmonie mit ihren Neigungen in niedere Welten aufgeteilt sein.*

Diesen, von denen ich spreche, sollt ihr mit euren Gebeten helfen, das ist die wahrhaftige Nächstenliebe. Es ist euch nicht gegeben, über einen Verbrecher zu sagen: „Er ist ein Miserabler und soll von der Erde vertrieben werden. Der Tod, der auf ihn zukommt, ist eine zu milde Strafe für solch eine Kreatur." Nein, so sollt ihr nicht reden! Denkt an euer Vorbild, das Jesus ist. Was würde er sagen, wenn er solchen bedauernswerten Menschen an seiner Nähe hätte? Er würde ihn bedauern und ihn als ein sehr bedauernswerter kranker Mensch betrachten. Er würde ihm seine Hand reichen. Ihr könnt wahrhaftig nicht dasselbe tun, aber zumindest könnt ihr für ihn beten und ihm geistig, während der Zeit, die er noch auf der Erde bleiben soll, Beistand leisten. Wenn ihr mit Vertrauen zu Gott betet, kann sein Herz von Reue berührt werden. Er ist genauso wie auch der Beste unter den Menschen, euer Nächster. Seine Seele, rebellisch und verirrt, wurde wie die eure, um sich zu entwickeln, erschaffen. Helft ihm denn, aus der Gosse heraus zu kommen und betet für ihn.

(Elisabeth von Frankreich, Le Havre, 1862)

15. *Ein Mann ist in tödlicher Gefahr. Um ihn zu retten, muss ein anderer sein eigenes Leben gefährden. Es ist bekannt, dass der Erste ein Verbrecher ist und wenn er gerettet wird, weitere Vergehen anrichten kann. Soll der Retter sich trotzdem in Gefahr begeben, um ihn zu retten?*

Das ist eine ernste Sache, die dem Geist natürlich widerfahren kann. Ich beantworte diese Frage entsprechend meiner eigenen moralischen Entwicklung. Denn, worum es sich hier handelt, ist zu wissen, ob wir unser Leben in Gefahr bringen sollen, auch für einen Verbrecher. Die Aufopferung ist blind: Man hilft einem Feind, so soll man es nun auch mit dem Feind der Gesellschaft, genauer gesagt, einem Verbrecher auch tun. Glaubt ihr, dass, in diesem Fall, man diesen Unglücklichen nur vor dem Tod retten wird? Es geht vielleicht darum, ihn aus seinem ganzen vergangenen Leben zu retten. Denkt daran, dass tatsächlich in den raschen letzten Augenblicken seines Lebens, der verirrte Mensch in seine Vergangenheit zurückkehrt, oder vielmehr, seine Vergangenheit sich ihm offenbart. Der Tod kommt für ihn möglicherweise zu früh. Die Reinkarnation kann ihm äußerst schrecklich werden. Beeilt euch, handelt entschlossen, Menschen und rettet ihn! Ihr alle, die ihr durch die Spiritistische Wissenschaft aufgeklärt seid. Ihr könntet ihn vor seinem Todesurteil retten! Denn vielleicht wird dieser Mann, der fluchend hätte sterben können, sich dann in eueren Armen werfen. Stellt euch jedoch nicht die Frage, ob ihr tun sollt oder nicht, sondern versucht ihn gleich zu retten. Denn, wenn es euch gelingt, seid ihr der Stimme eueres Herzens gefolgt, die sagt: „Wenn du ihn retten kannst, so rette ihn!"

(Lamennais, Paris, 1862)

KAPITEL XII -
LIEBET EURE FEINDE

Das Böse mit dem Guten erwidern - Die verstorbenen Feinde - Wenn dich jemand auf deine rechte Backe schlägt, dem biete die andere auch dar **Unterweisungen der Geistigen Welt:** Die Rache - Der Hass - Das Duell

DAS BÖSE MIT DEM GUTEN ERWIDERN

1. Denn ich sage euch: Wenn eure Gerechtigkeit nicht besser ist als die der Schriftgelehrten und Pharisäer, so werdet ihr nicht in das Himmelreich kommen. (Matthäus Kap. V, 20)

Ihr habt gehört, daß gesagt ist : »Du sollst deinen Nächsten lieben« und deinen Feind hassen. Ich aber sage euch: *Liebet eure Feinde und bittet für die, die euch verfolgen,* damit ihr Kinder seid eures Vaters im Himmel. Denn er läßt seine Sonne aufgehen über Böse und Gute und läßt regnen über Gerechte und Ungerechte. Denn wenn ihr liebet, die euch lieben, was werdet ihr für Lohn haben? Tun nicht dasselbe auch die Zöllner? Und wenn ihr nur zu euren Brüdern freundlich seid, was tut ihr Besonderes? Tun nicht dasselbe auch die Heiden? (Matthäus V, 43 – 47)

2. Und wenn ihr die liebet, die euch lieben, welchen Dank habt ihr davon? Denn auch die Sünder lieben ihre Freunde. Und wenn ihr euren Wohltätern wohltut, welchen Dank habt ihr davon? Denn die Sünder tun dasselbe auch. Und wenn ihr denen leiht, von denen ihr etwas zu bekommen hofft, welchen Dank habt ihr davon? Auch die Sünder leihen den Sündern, damit sie das Gleiche bekommen. *Vielmehr liebet eure Feinde; tut Gutes und leiht, wo ihr nichts dafür zu bekommen hofft.* So wir euer Lohn groß sein, und ihr werdet Kinder des Allerhöchsten sein; denn er ist gütig gegen die Undankbaren und Bösen. Seid barmherzig, wie auch euer Vater barmherzig ist. (Lukas, VI, 32 - 36)

3. Wenn die Liebe das Prinzip der Nächstenliebe ist, seinen Feind zu lieben ist die erhabene Anwendung davon. Denn diese Tugend stellt einen der größten errungenen Siege über den Stolz und den Egoismus dar.

Wir haben dennoch oft eine falsche Vorstellung von der Verwendung der Worte „unseren Feind lieben". Als Jesus diese Worte benutzte, meinte er nicht, dass wir für den Feind dieselbe Zärtlichkeit haben sollten, wie für unseren Bruder oder Freund. Zärtlichkeit setzt Vertrauen voraus und wir können kein Vertrauen in jemanden haben, von dem wir wissen, dass er uns Böses will. Es ist nicht möglich, die Freude der Freundschaft mit einer Person zu teilen, von der man weiß, dass sie diese Freundschaft missbrauchen würde. Personen, die einander misstrauen, können nicht die Sympathiebande besitzen, die zwischen denjenigen bestehen, welche dieselben Gedanken und Neigungen teilen. Schließlich kann man sagen, dass es einfach nicht möglich ist, dieselbe Freude beim Treffen eines Freundes wie beim Treffen eines Feindes zu genießen.

Dieser Unterschied der Gefühlsart bei diesen beiden unterschiedlichen Fällen ergibt sich aus einem physischen Gesetz der fluidalen Assimilation und vom Zurückstoßen der Fluida. Der schlechte Gedanke strahlt eine fluidale Energie aus, die bei uns einen schmerzlichen Eindruck hinterlässt. Der gute Gedanke hüllt uns in eine angenehme Energie ein. Von daher bestehen unterschiedliche Gefühle zwischen denen, die wir bei der Annäherung eines Feindes spüren und denen, die wir bei der Anwesenheit eines Freundes haben. Unsere Feinde zu lieben kann nicht bedeuten, dass wir keinen Unterschied zwischen ihnen und den Freunden machen sollen. Diese Anweisung ist sehr schwierig zu akzeptieren und sogar unmöglich zu praktizieren, weil wir fälschlicherweise annehmen, dass sie uns vorschreibt, dem einen denselben Platz wie dem anderen in unserem Herzen zu geben. Wenn die Armut der menschlichen Sprache uns zwingt, dieselben Worte zu benutzen, um verschiedene Gefühle auszudrücken, sollte der Verstand, eigens für jeden Fall, die notwendigen Unterschiede machen.

Unsere Feinde zu lieben bedeutet demnach nicht, mit ihnen dieselbe Zärtlichkeit zu haben, wie sie nicht natürlich wäre, weil schon der Kontakt mit einem Feind den Takt unseres Herzens in einen anderen Rhythmus bringt, ganz anders als bei unseren Freunden. Das bedeutet jedoch nicht, sie zu hassen, ihnen zu grollen oder ihnen gegenüber Rachegefühle zu haben. Es geht darum, für die Bosheit, die sie uns angetan haben *zu vergeben lernen - ohne Hintergedanken und ohne Bedingungen*. Wir sollen für die Versöhnung keine Hindernisse aufstellen. Es geht darum, ihnen nur Gutes und nichts Böses zu wünschen und sich außerdem zu freuen, statt uns über das Gute zu ärgern, das ihnen widerfährt. Es handelt sich um ihnen die Hände zu reichen, wenn sie in Not sind. Es liegt an uns, *mit unseren Taten und Worten* uns zu enthalten, mit allem, was ihnen schaden könnte. Wir können also alle schlechten Taten mit guten bezahlen, *ohne sie erniedrigen zu wollen*. Jeder, der so handelt, lebt nach diesem Gebot: Liebe deine Feinde.

4. Die Feinde zu lieben ist für die Ungläubigen ein Widerspruch. Denn für denjenigen, der nur das jetzige Leben sieht, ist der Feind ein schädliches Wesen, das ihn aus der Bequemlichkeit herausbringt, von dem er sich - denkt er - nur durch den Tod befreien kann. Daher rührt der Gedanke der Rache. Es gibt kein Interesse zu vergeben, es sei denn, um vor der Öffentlichkeit seinen Stolz zu befriedigen. Vergeben kommt ihm in manchen Fällen wie eine unwürdige Schwäche seiner Persönlichkeit vor. Auch wenn er sich nicht rächt, behält er trotzdem einen gewissen Groll und einen heimlichen Wunsch, dem anderen doch etwas Schlechtes anzutun.

Für die Gläubigen und noch mehr für die Spiritisten ist die Anschauung noch eine ganz andere. Denn sie betrachten die Vergangenheit und die Zukunft, zwischen denen das jetzige Leben nichts anders als ein Augenblick ist. Sie wissen schon aufgrund der Bestimmung der Erde, dass sie hier böswillige und niederträchtige Menschen antreffen werden, und dass das Leiden, in dem sie sich befinden, Teil ihrer Prüfungen ist, die sie ertragen müssen. Und der übergeordnete Standpunkt, den sie annehmen, hilft ihnen, diese Schicksalsschläge weniger bitter zu sehen, ungeachtet dessen, ob sie menschlich oder materiell bedingt sind. *Wenn man sich nicht über die Prüfungen beschwert, soll man sich auch nicht über die Instrumente beschweren, die als Prüfungsmittel dienen.* Wenn man nun statt sich zu beschweren, sich bei Gott bedankt, Der einem das ermöglicht, *soll man sich auch für die Hand bedanken, die einem die Gelegenheit bietet, seine Geduld und seine Ergebenheit zu beweisen.* Diese Gedanken führen einen dahin, zu vergeben. Man weiß außerdem, dass je mehr Güte man zeigt, desto höher steigt sein Standpunkt. Somit beschützt man sich selbst vor den Pfeilen seines Feindes.

Jener Mensch, der auf dieser Erde eine höhere Stellung inne hat, fühlt sich durch die niederen Beleidigungen von denen, die er unter seiner geistigen Entwicklung einstuft, nicht persönlich getroffen. Dasselbe geschieht es demjenigen, der durch seinen moralischen Wert über die materialistische Menschheit sich erhebt. Dieser Mensch versteht, dass Hass und Groll ihn erniedrigen und unwürdig machen würden. Denn, wenn er besser sein will als sein Gegner, muss seine Seele die erhabenere sein, gütiger und nobler als die von dem anderen.

Die verstorbenen Feinde

5. Der Spiritist hat noch weitere Gründe, um nachsichtig mit den Feinden zu sein. Er weiß, dass die Boshaftigkeit kein Dauerzustand des Menschen ist, sondern dass sie durch momentane Fehler hervorgerufen wird. Und genauso wie ein Kind seine Fehler verbessert, wird der böswillige Mensch eines Tages seine Fehler anerkennen und sich in einen guten Menschen verwandeln.

Als Spiritist weiß man auch, dass der Tod jemanden nur von der materiellen Präsenz seines Feindes befreien kann und dass dieser ihn mit seinem Hass verfolgen kann, auch nachdem er die Erde verlassen hat. So erfüllt sich die mörderische Rache nicht tatsächlich. Im Gegenteil, sie verursacht noch mehr Ärger, der von einer Existenz in die andere übergeht. Es war die Pflicht des Spiritismus durch Erfahrungen und durch das Gesetz, das die Verbindung der sichtbaren zu der unsichtbaren Welt bestimmt, zu beweisen, dass die Aussage: *„Den Hass mit Blut vernichten."* starrsinnig falsch ist. Denn in Wahrheit bindet das Blut den Hass bis über das Grab hinaus. Der Spiritismus hatte daher einen guten Grund und einen praktischen Nutzen für die Bedeutung der Verzeihung und für das erhabene Gebot Christi: *„Liebet eure Feinde!"* zu bringen. Es gibt kein so verhärtetes Herz, das, selbst gegen seinen Willen, nicht durch gute Taten empfindsam wird. Das gute Verhalten gibt zumindest keinen Anlass für Vergeltungsmaßnahmen und damit kann ein Feind in einen Freund verwandelt werden, vor oder nach dem Tod. Mit dem schlechten Handeln ärgert der Mensch seinen Feind. Das stellt *ein Instrument der Gerechtigkeit Gottes dar, die sich davon bedient, um denjenigen zu bestrafen, der nicht verziehen hat.*

6. Wir können infolgedessen Feinde unter den Lebenden und unter denen in der Geistigen Welt haben. Die Feinde aus der unsichtbaren Welt zeigen ihre Böswilligkeit durch Besessenheit und durch Unterjochung, von denen viele betroffen sind. Sie stellen eine Art von Prüfungen des Lebens dar. Diese Prüfungen, wie alle anderen, fördern den Fortschritt und sollten mit Demut akzeptiert werden, als Konsequenz des niedrigen Entwicklungsniveaus unseres Erdballs. Wenn keine böswilligen Menschen auf der Erde existieren würden, gäbe es um sie herum auch keine böswilligen Geister. Wenn wir Nachsicht und Güte mit den lebenden

Feinden haben sollen, sollten wir sie mit den geistigen Feinden genauso haben.

Früher wurden blutige Opfer angeboten, um die Götter der Hölle zu besänftigen, die nichts anderes als böswillige Geister waren. Den Göttern der Hölle folgten noch die Dämonen, die dieselben sind. Der Spiritismus ist gekommen, um zu beweisen, dass die Dämonen nichts anderes sind als die Seelen bösartiger Menschen, die sich von ihrem irdischen Instinkt noch nicht befreit haben. Sie können *ohne die Opfer unseres Hasses nicht besänftigt werden, oder besser gesagt, sie können es durch Nächstenliebe.* Die Nächstenliebe hat nicht nur den Effekt, sie daran zu hindern, Böses zu tun, sondern auch, ihnen den guten Weg zu weisen und zu ihrer seelischen Rettung beizutragen. Deswegen begrenzt sich die Lehre *„Liebet eure Feinde."* nicht auf die Bewohner der Erde und unsere jetzigen Mitmenschen, sondern dehnt sich auf das große Gesetz der Solidarität und der universalen Brüderlichkeit aus.

WENN DICH JEMAND AUF DEINE RECHTE BACKE SCHLÄGT, DEM BIETE DIE ANDERE AUCH DAR

7. Ihr habt gehört, daß gesagt ist: »Auge um Auge, Zahn um Zahn.« Ich aber sage euch, daß ihr nicht widerstreben sollt dem Übel, sondern: wenn dich jemand auf deine rechte Backe schlägt, dem biete die andere auch dar. Und wenn jemand mit dir rechten will und dir deinen Rock nehmen, dem laß auch den Mantel. Und wenn dich jemand nötigt, eine Meile mitzugehen, so geh mit ihm zwei. Gib dem, der dich bittet, und wende dich nicht ab von dem, der etwas von dir borgen will. (Matthäus V, 38 – 42)

8. Die Vorurteile der Welt über die so genannte „Ehrensache" bringen diese finstere Empfindlichkeit hervor, die aus dem Stolz und der Überspanntheit der Persönlichkeit geboren wurde. Sie führt den Menschen dazu, eine Beschimpfung mit einer Beschimpfung und eine Beleidigung mit einer anderen Beleidigung zu erwidern. Das gilt als Gerechtigkeit für jemanden, dessen moralischer Verstand noch nicht über dem Niveau der irdischen Leidenschaften steht. Deswegen schrieb das Gesetz von Moses vor: „Auge um Auge, Zahn um Zahn" passend zu der Epoche, in der Moses lebte. Christus kam und sagte: Erwidert das Böse mit dem Guten. Und sagte noch dazu „... daß ihr nicht widerstreben sollt

dem Übel, sondern: *wenn dich jemand auf deine rechte Backe schlägt, dem biete die andere auch dar.*" Für den Stolzen scheint diese Lehre feige zu sein, weil er nicht versteht, dass eine Beleidigung zu ertragen mehr Courage verlangt, als sich zu rächen. Er versteht das nicht, weil sein Blick die Gegenwart nicht überschreiten kann. Soll man indessen jenes Gebot wörtlich annehmen? Genauso wenig wie das andere, das ein Auge herauszureißen befiehlt, wenn es die Ursache eines Ärgernisses wird. Wenn die erste Lehre bis zur letzten Konsequenz befolgt wird, würde sie eine Verurteilung jeglichen Eingreifens bedeuten, sogar des gesetzmäßigen. Und so würde sie dem Verbrechen ein freies Feld schaffen, das würde die Menschen von allem und jeglichem Grund zur Skrupel befreien. Würde man dem Verbrechen kein Hindernis gebieten, so würde jegliches Gute sehr schnell ihm zum Opfer fallen. Der Instinkt der Selbsterhaltung, der ein Naturgesetz ist, hindert jeden daran, seinen Hals dem Täter hinzustrecken. Als Jesus nun jene Maxime lehrte, beabsichtigte er nicht, alle Verteidigung zu untersagen, sondern die Rache zu verurteilen. Als er sagte, dass wir die andere Wange demjenigen anbieten sollen, der uns schon auf die eine geschlagen hat, sagte er mit anderen Worten, dass man Böses nicht mit Bösen vergelten soll. Der Mensch soll daher demütig alles annehmen, was dazu dient, seinen Stolz niederzuschlagen. Es sei für ihn glorreicher, beleidigt zu werden als zu beleidigen, die Ungerechtigkeit geduldig zu ertragen als eine Ungerechtigkeit zu begehen. Es ist deswegen besser, getäuscht zu werden als selbst der Täuscher zu sein, oder der Zerstörte zu sein, als andere zu zerstören. Das ist gleichzeitig die Verurteilung des Duells, das nichts anderes ist, als ein Ausdruck des Stolzes. Nur der Glaube an das zukünftige Leben und an die Gerechtigkeit Gottes, die schlechte Taten nie ungestraft lässt, kann daher den Menschen Kraft geben, die Schläge, die ihre Interessen und ihre Selbstliebe treffen, geduldig zu ertragen. Daher wiederholen wir unablässig: Richtet eueren Blick nach vorne. Je mehr ihr eure Gedanken über das materielle Leben erheben werdet, desto weniger werden euch die irdischen Dinge schädigen.

UNTERWEISUNGEN DER GEISTIGEN WELT
Die Rache

9. Die Rache ist eine der letzten Spuren der barbarischen Angewohnheiten in uns, die unter den Menschen eines Tages nicht mehr existieren werden. Die Rache gehört, wie das Duell, zu diesen letzten wilden Sitten, unter denen die Menschheit in den Anfängen des christlichen Zeitalters gelitten hat. Sie ist deswegen ein sicheres Zeichen primitiven Zustandes der Menschen, die sich ihr hingeben und der Geister, die den Ersten dazu noch inspirieren. Deswegen soll dieses Gefühl, meine Freunde, niemals die Herzen derjenigen bewegen, die sich als Spiritisten bekennen. Ihr wisst, dass die Rache eindeutig gegen diese Worte Christi verstößt: „Vergebt eueren Feinden." Wer sich zu vergeben weigert, der kann weder ein Spiritist noch ein Christ sein. Die Rache ist eine noch makabrere Inspiration als die Verlogenheit und die Niederträchtigkeit, die ihre dauerhaften Begleiter sind. In der Tat, wer sich durch diese fatale und blinde Leidenschaft führen lässt, übt seine Rache fast nie in der Öffentlichkeit aus. Wenn er der Stärkste ist, stürzt er sich wie ein Tier über denjenigen, den er seinen Feind nennt, dessen Erscheinen die Flamme seiner Leidenschaft, seiner Wut und seines Hasses entzündet. Normalerweise zeigt er dann eine heuchlerische Haltung und verbirgt die schlechten Gefühle, die ihn in der Tiefe seines Herzens antreiben. Er nimmt dunkle Wege, folgt in der Dunkelheit dem Feind, der ihn nicht verdächtigt und wartet auf den richtigen Moment, um ihn zu treffen, ohne Gefahr für sich selbst. Er lauert ihm ständig auf, baut schreckliche Fallen und schüttet ihm im richtigen Moment das Gift in das Glas. Wenn sein Hass nicht solche Extreme erreicht, greift er ihn in seiner Ehre und in seinen Gefühlen an. Der Rachsüchtigen scheut nicht vor Verleumdung und negativen Andeutungen, die, geschickt gesät, an allen Ecken auf den Wegen gedeihen. Wenn sich derjenige, der von ihm verfolgt wird, an Orten zeigt, an denen die giftigen Sprüche den Boden gesät haben, staunt er darüber, dass er auf kalte Gesichter trifft, wo er früher freundlich und wohlwollend behandelt wurde. Er wundert sich, dass die Hände, die ihn früher gesucht haben, sich weigern, jetzt seine Hände zu drücken. Letztendlich bleibt er hilflos, wenn seine besten Freunde und seine Verwandten ihm ausweichen und vor ihm fliehen. Oh, der Feigling, der das diesen Menschen antut, ist hundert mal schuldiger

als derjenige, der direkt zu seinen Feinden geht und sie vor ihren Augen beschuldigt.

Bleibt von diesen barbarischen Angewohnheiten fern! Bleibt fern von diesen Bräuchen anderer Zeiten! Jeder Spiritist, der sich heutigentags das Recht der Rache zu nehmen vorhätte, wäre unwürdig, an der Bewegung teilzunehmen, die unter dem Prinzip steht: *„Außerhalb der Nächstenliebe kein Heil!"* Aber nein, ich könnte keine Zeit verschwenden, an die Idee zu denken, dass ein Mitglied der großen spiritistischen Familie jemals in der Zukunft dem Impuls der Rache nachgeben würde, sondern nur dem des Vergebens.

(Jules Olivier, Paris, 1862)

DER HASS

10. Liebet einander und ihr werdet glücklich sein. Bemüht euch vor allem um diejenigen, die bei euch Gleichgültigkeit, Hass oder Verachtung aufkommen lassen. Christus, an dem ihr euch ein Vorbild nehmen sollt, hat diese Hingabe beispielhaft vorgelebt. Er war ein Botschafter der Liebe, der für die Liebe sogar sein Blut und sein Leben gab. Das Opfer, das von euch diejenigen zu lieben fordert, die euch beleidigen und verfolgen, ist schwer. Aber genau das ist es, was euch über die anderen erhebt. Wenn ihr sie hasst, wie sie euch hassen, dann seid ihr nicht mehr wert als sie. Sie zu lieben ist die reine Hostie, die ihr Gott auf dem Altar eueres Herzens schenken könnt. Eine Hostie, deren angenehmer Duft bis zu Gott emporsteigt. Und auch wenn das Gesetz der Liebe besagt, alle Menschen ohne Unterschied zu lieben, ist euer Herz dennoch nicht vor schlechtem Verhalten gefeit. Im Gegenteil, dies ist die härteste Prüfung. Ich weiß es wohl, da ich diese Qual in meiner letzten irdischen Existenz selbst erfahren habe. Aber Gott ist immer da und Er befreit in diesem wie in anderem Leben diejenigen von der Bestrafung nicht, die gegen das Gesetz der Liebe verstoßen haben. Vergesst nun nicht, meine geliebten Kinder, dass die Liebe euch näher zu Gott bringt, während der Hass euch von Ihm entfernt.

(Fénelon, Bordeaux, 1861)

DAS DUELL

11. Wahrhaftig groß ist nur derjenige, der, nachdem er das Leben betrachtet hat, es als eine Reise sieht, die ihn zu einem bestimmten Ziel führen soll, wobei er der Rauheit des Weges nicht viel Beachtung schenkt. Er weicht nie von dem Wege ab. Mit dem Blick auf das Ziel kümmert er sich nicht übermäßig um die Hindernisse und Dornen, die ihn auf dem Weg bedrohen. Diese streifen ihn ohne ihn tatsächlich zu treffen oder ihn zu behindern, auf seinem Weg vorwärts zu gehen. Wenn man seine Lebenszeit für das Rachenehmen einer Beleidigung vergeudet, bedeutet dies, in den Prüfungen des Lebens zu versagen und ist immer ein Verbrechen vor Gottes Augen. Und wenn ihr nicht durch eure Vorurteile so sehr geblendet wäret, so wäre dies vor dem menschlichen Auge eine lächerliche, extreme Wahnsinnstat.

Es handelt sich bei dem Duell um Mord, selbst eure eigene Verfassung erkennt das. Kein Mensch hat unter gar keinen Umständen das Recht, gegen das Leben seiner Mitmenschen vorzugehen. Das ist eine Missetat vor Gottes Augen, Der das zu befolgende Verhalten euch bekannt gegeben hat. Hier, mehr als in anderen Fällen, seid ihr über euch selbst der Richter. Denkt daran, dass euch verziehen werden soll, genauso wie ihr vergebt. Durch die Vergebung nähert ihr euch der Göttlichkeit, weil die Gnade die Schwester der Stärke ist. Solange auch nur ein Tropfen Blut durch Menschenhand auf der Erde vergossen wird, bleibt uns das wahre Reich Gottes fern, jenes friedfertige und liebevolle Reich, das für immer die Feindseligkeit, die Zwietracht und den Krieg von dieser Erde verbannen soll. Denn das Wort Duell wird nicht mehr in euerer Sprache existieren, sondern als Erinnerung weit entfernt und undeutlich aus einer vergangenen Zeit sein. Die Menschen werden keine anderen Gegensätze untereinander finden als den noblen Kampf des Guten.

(Adolphe, Bischof von Algier, Marmande, 1861)

12. Das Duell kann ohne Zweifel in manchen Fällen ein Zeichen des physischen Mutes oder von Geringschätzung des Lebens sein, es ist aber zweifellos ein Zeichen moralischer Mutlosigkeit, wie auch der Selbstmord. Der Selbstmörder verlor den Mut, um den Schicksalsschlägen des Lebens entgegenzutreten. Der Duelllist hat diesen Mut nicht, um die Schicksalsschläge des Lebens zu ertragen. Hat Christus euch nicht gesagt,

dass mehr Ehre und Mut dazu gehören, demjenigen die linke Seite des Gesichtes zu präsentieren, der euch auf die rechte Seite geschlagen hat, anstatt Rache wegen einer Beschimpfung zu üben? Hat Christus nicht zu Petrus auf dem Garten Gethsemane[75] gesagt: „Stecke dein Schwert an seinen Ort! Denn wer das Schwert nimmt, der soll durchs Schwert umkommen."[76]? Verurteilt Jesus nicht mit diesen Worten für immer das Duell? In der Tat, was bedeutet dieser Mut, der durch ein brutales, blutdürstiges, cholerisches Temperament hervorgerufen wurde, das bei der ersten Beleidigung aus der Fassung gerät? Wo also ist die Erhabenheit der Seele desjenigen, der die kleinste Beleidigung mit Blut rein waschen will? Oh, dass er zittere! Denn in seinem tiefsten inneren Gewissen wird eine Stimme schreien: „Kain! Kain! Was hast du mit deinem Bruder getan?" Und er wird dieser Stimme antworten: „Es war notwendig, Blut zu vergießen, um meine Ehre zu retten." Und die Stimme wird erwidern: „Ihr wolltet eure Ehre vor den Augen des Menschen retten, während der letzten Minuten, die euch auf der Erde verblieben waren, und ihr habt nicht daran gedacht, diese Ehre vor den Augen Gottes zu retten! Arme Wahnsinnige! Wie viel Blut hat Christus verlangt für alle Beleidigungen, die er bekam? Ihr habt ihn nicht nur mit der Dornenkrone und dem Speer verletzt, ihr habt ihn nicht nur gekreuzigt, sondern mitten in seinem Todeskampf konnte er die Verspottung hören, die an ihn gerichtet wurde. Was für eine Wiedergutmachung hat er euch nach so vielen Beleidigungen abverlangt? Der letzte Schrei dieses Lammes Gottes war ein Gebet für seine Henker. Oh, meine Kinder, vergebt so wie er und betet für diejenigen, die euch beschimpfen."

Freunde, erinnert euch dieser Lehre: „Liebet euch untereinander" und dann werdet ihr mit einem Lächeln auf den Schlag und mit Vergebung auf die Beleidigung, die euch mit Hass treffen, antworten. Die Welt wird sich sicherlich wütend erheben und euch wie Feiglinge behandeln. Erhebt eueren Kopf ganz hoch und zeigt, dass ihr keine Angst habt, die Krone aus Dornen zu tragen, nach dem Vorbild Christi; dass aber eure Hände nicht Komplizen eines Mordes werden, der von der Gesellschaft unter falschem Anschein der Ehre akzeptiert wird, dennoch nichts anderes ist als Stolz

---

[75] Aramäisch *Gethsemane*: Ölkelter. Ein kleiner Olivenhain auf dem Ölberg vor den Toren Jerusalems; (Anmerkung des Herausgebers)

[76] Matthäus XXVI, 52; (Anmerkung des Herausgebers)

und Eitelkeit. Gab euch Gott denn, als Er euch erschaffen hat, das Recht über Leben und Tod der anderen? Nein. Er gab dieses Recht allein der Natur, um sich zu erneuern und sich wieder aufzubauen. Euch ist selbst das Recht nicht gegeben, über euer eigenes Leben zu verfügen. Sowie der Selbstmörder wird auch der Duelllist mit Blut gekennzeichnet sein, wenn er vor Gott tritt. Für den einen wie für den anderen sind von dem allmächtigen Richter lange und schwere Abbüßungen vorgesehen. Wenn schon derjenige mit Seiner Gerechtigkeit zu rechnen hat, der zu seinem Bruder sagt „Racca"[77], wie viel härter wird wohl die Abbüßung desjenigen sein, der mit Händen voller Blut von seinem Bruder vor Gott erscheint! (Hl. Augustinus, Paris, 1862)

13. Das Duell ähnelt dem, was früher „Gottesurteil"[78] genannt wurde. Es ist eine dieser barbarischen Einrichtungen, welche die Gesellschaft noch beherrschen. Was würdet ihr davon halten, wenn ihr beobachtet hättet wie die Gegner in das kochende Wasser getaucht oder mit glühendem Eisen auf der Haut verbrannt wurden, um ihren Streit zu lösen und dass das Recht dem Gegner zugesprochen wäre, der diese Prüfung besser überstanden hat? Ihr würdet diese Sitte als sinnlos bezeichnen. Das Duell ist noch schwerwiegender. Für den erfahrenen Duelllisten ist es ein kaltblütig begangener Mord, mit allen gewünschten Vorplanungen, weil er sich des Schlages, den er geben wird, sicher ist. Denn bezogen auf die Unterlegenheit seines Gegners ist er sich seines Sieges fast sicher. Und für den Gegner, der seinen Tod aufgrund seiner eigenen Schwäche und Unterlegenheit ahnt, ist das ein kaltblütig überlegter Selbstmord. Ich weiß, dass man oftmals diese letzte genauso kriminelle Alternative zu vertuschen versucht, indem man sein Schicksal dem Zufall überlässt. Bedeutet das aber nicht eine Rückkehr zu dem oben genannten „Gottesurteil" aus dem Mittelalter, in einer anderen Form? In jener Zeit war man jedenfalls viel weniger schuldig, denn der Name *„Gottesurteil"* selbst war das Zeichen eines wahrhaftig sehr naiven Glaubens. Es war

---

[77] Siehe Kap. IX, Abs. 4, S. 149; (Anmerkung des Herausgebers)

[78] (lat.) *Judizium Dei* ist im weiteren Sinne das strafende Eingreifen eines Gottes und im eigentlichen Sinne ein formelles Verfahren im Mittelalter, in dem die Rettung bei einer „Überlebensprüfung"(z.B. jemandem einen Stein am Fuß fesseln und ihn in einen Fluss werfen) zum göttlichen Beweis einer Tatsache aufgerufen wird; (Anmerkung des Herausgebers)

aber trotzdem der Glaube an die Gerechtigkeit Gottes, die das Sterben eines Unschuldigen nicht zulassen würde. Hingegen verlässt man sich im Duell auf die brutale Kraft derart, das oftmals den Beleidigten zum Opfer macht.

Die naive Selbstliebe, die dümmliche Eitelkeit und der wahnsinnige Stolz, wann also werden diese durch Nächstenliebe und durch Demut, die Christus uns gelehrt und als Vorbild vorgelebt hat, ersetzt werden? Nur dann werden diese monströsen Vorurteile verschwinden, die noch heute die Menschen beherrschen und die selbst die Gesetze nicht bezwingen können. Denn es genügt nicht, das Schlechte zu verbieten und das Gute vorzuschreiben - es ist notwendig, dass das Prinzip des Guten und der Abscheu vor dem Bösen sich im Herzen der Menschen befinden.

(Ein Schutzgeist, Bordeaux, 1861)

14. Ihr sollt euch oft fragen: „Für was werden die anderen mich halten, wenn ich mich weigere, die mich fordernde Rechenschaft abzulegen oder wenn ich diese von demjenigen abverlange, der mich beleidigt hat?" Die Narren, wie ihr selbst, die weniger entwickelten Menschen werden euch tadeln. Diejenigen aber, die durch das Licht des intellektuellen und moralischen Fortschrittes aufgeklärt sind, werden sagen, dass ihr in Vereinbarung mit der wahren Weisheit handeln würdet. Denkt einen Moment nach. Denn durch ein völlig harmloses, oftmals ohne viel Bedeutung gesagtes Wort von euerem Bruder, fühlt ihr euch in euerem Stolz verletzt, antwortet aggressiv und liefert somit den Grund für eine Herausforderung. Bevor der entscheidende Moment kommt, sollt ihr euch selbst fragen, ob das eine christliche Handlung ist? Wollt ihr euch der Gesellschaft gegenüber schuldig machen, wenn ihr eines ihrer Glieder entzieht? Denkt ihr an die Reue, die ihr spüren werdet, wenn ihr erfahrt, einer Frau ihren Mann entzogen zu haben, einer Mutter ihren Sohn, den Kindern den Vater und Ernährer? Sicherlich schuldet derjenige, der euch beleidigt hat, eine Wiedergutmachung. Ist es aber für ihn nicht ehrenhafter, diese freiwillig anzubieten, indem er seine Fehler gesteht, anstatt das Leben desjenigen zu riskieren, der das Recht sich zu beklagen hat? Unter Betrachtung desjenigen, der beleidigt wurde, verstehe ich, dass er sich manchmal persönlich oder in Bezug auf diejenigen, die ihm wichtig sind, beleidigt fühlt. Es ist nicht nur die Eitelkeit, die auf dem

Spiel steht, das Herz ist tief betroffen und er leidet. Andererseits ist es zum Einem Gedankenlosigkeit, sein Leben wegen eines zur Schändlichkeit bereiten Armseligen aufs Spiel zu setzen und zum Anderen ist es dann möglich, dass die Beleidigung, wenn dieser tot ist, nicht mehr existiert? Gibt nicht das vergossene Blut den Fakten mehr Wichtigkeit als sie es verdienen? Denn, sollten diese irrtümlich sein, werden sie sich nicht von selbst unwichtig werden? Und falls sie der Wahrheit entsprechen, sollten sie nicht in der Stille verborgen bleiben? Für diesen Armseligen bleibt also nichts anderes übrig als die Lust auf Rache gesättigt zu sehen. Ach, trauriges Verlangen! Oftmals ist es schon in diesem Leben Grund genug für quälende Gewissensbisse. Wo bleibt dann die Wiedergutmachung, wenn der Unterlegene der Beleidigte ist?

Wenn die Nächstenliebe ein Grundsatz für das Verhalten des Menschen wird, werden seine Worte und Taten mit dieser Lehre im Einklang stehen: „Alles nun, was ihr wollt, daß euch die Leute tun sollen, das tut ihnen auch!" Infolgedessen wären alle Motive für Auseinandersetzungen verschwunden und mit ihnen auch das Duell und die Kriege, die nichts anderes sind als Duelle zwischen den Völkern.

(François - Xavier, Bordeaux, 1861)

15. Der Mensch auf der Erde, der beglückte Mensch, der wegen eines offensiven Wortes mit nichtigem Grund sein von Gott gegebenes Leben und das Leben seiner Mitmenschen, über das Gott allein bestimmt, aufs Spiel setzt, der trägt hundertfach mehr Schuld als ein Armseliger, der aus Gier, aber oftmals auch aus Not, in ein Heim eindringt, um das, was er braucht, zu stehlen und denjenigen tötet, der sich ihm widersetzt. Dieser Letzte ist fast immer ein Mensch ohne Erziehung oder Unterrichtung, der nur eine unvollständige Ahnung über Richtig und Falsch hat. Hingegen gehört der Duelllist fast immer der aufgeklärten oberen Klasse an. Der eine tötet auf brutaler Art, der andere mit Methode und Höflichkeit, wodurch er vor der Gesellschaft entschuldigt wird. Ich füge hinzu, dass der Duelllist unendlich schuldiger als der Ignorant ist, der unter dem Einfluss des Rachegefühls in einem Moment der Verzweiflung tötet. Der Duelllist hat nicht die Entschuldigung, unter dem Einfluss seiner Leidenschaften zu stehen, weil es zwischen der Beleidigung und der Wiedergutmachung stets genügend Zeit zum Nachdenken gibt. Er agiert also kaltblütig und

geplant. Alles ist abgeschätzt und durchdacht, um seinen Gegner mit größerer Sicherheit zu töten. Es ist wahr, dass er auch sein Leben riskiert, was das Duell vor den weltlichen Augen rechtfertigt. Denn die Welt sieht darin eine Mutprobe und das Nicht-Wichtig-Nehmen des eigenen Lebens. Ist es aber wahrer Mut, wenn man sich seines Lebens sicher ist? Das Duell ist eine Hinterlassenschaft jener barbarischen Zeit, in der das Recht des Stärkeren als Gesetz galt. Mit einer zunehmend gesunden Betrachtung aus dem Blickwinkel der Ehre und mit dem Anwachsen des Glaubens des Menschen an das zukünftige Leben wird das Duell dennoch verschwinden.

(Augustin, Bordeaux, 1861)

16. *Bemerkung:* Die Duelle werden immer seltener; und wenn man sich von Zeit zu Zeit noch solche traurigen Beispiele ansieht, kann man die Anzahl nicht mehr mit der früherer Zeiten vergleichen. Früher verließ ein Mann sein Haus nicht ohne auf einen möglichen Zusammenstoß eingestellt zu sein. Ein charakteristisches Merkmal der Gebräuche und der Menschen dieser Zeit ist, dass es üblich war, offen oder verdeckt Waffen zur Verteidigung und zum Angriff zu tragen. Das Ablegen dieser Angewohnheiten zeigt eine Mäßigung der Gebräuche. Es ist außerdem eine erstaunliche Entwicklung von der Epoche zu verzeichnen, in der die Ritter ständig mit ihrer Rüstung und mit einem Speer bewaffnet waren, bis zu der, in der das Tragen von einfachen Schwertern mehr als Schmuck oder als Beiwerk eines Wappens diente, denn als eine aggressive Waffe. Ein anderes Merkmal der Veränderung dieser Angewohnheiten sind die Kämpfe, die früher auf offener Straße, vor den Augen der Masse stattfanden. Die Menschen entfernten sich, um für den Kampf Platz zu machen. Gegenwärtig würden sie sich verstecken. Denn heute ruft der Tod eines Menschen Gefühle hervor, die in anderen Zeiten kaum Aufmerksamkeit verdienten. Mit dem Spiritismus lassen sich schließlich die letzten Spuren dieser barbarischen Bräuche nicht vereinbaren. Er fördert hingegen den Geist der Nächstenliebe und der Verbrüderung zwischen den Menschen.

KAPITEL XIII -
Lass deine linke Hand nicht wissen, was die rechte tut

Das Gute tun ohne zu prahlen (vom Almosengeben) - Das verborgene Unglück - Das Scherflein der Witwe - Die Armen und die Behinderten einladen
Unterweisungen der Geistigen Welt: Die materielle und moralische Nächstenliebe - Die Wohltätigkeit - Das Mitleid - Die Waisen - Wohltaten, die mit Undankbarkeit bezahlt werden - Die exklusive Wohltat

Das Gute tun ohne zu prahlen (vom Almosengeben)

1. Habt acht auf eure Frömmigkeit, daß ihr die nicht übt vor den Leuten, um von ihnen gesehen zu werden; ihr habt sonst keinen Lohn bei eurem Vater im Himmel. Wenn du nun Almosen gibst, sollst du es nicht vor dir ausposaunen lassen, wie es die Heuchler tun in den Synagogen und auf den Gassen, damit sie von den Leuten gepriesen werden. Wahrlich, ich sage euch: Sie haben ihren Lohn schon gehabt. *Wenn du aber Almosen gibst, so laß deine linke Hand nicht wissen, was die rechte tut,* damit dein Almosen verborgen bleibe; und dein Vater, der in das Verborgene sieht, wird dir's vergelten. (Matthäus VI, 1 – 4)

2. Als er aber vom Berge herabging, folgte ihm eine große Menge. Und siehe, ein Aussätziger kam heran und fiel vor ihm nieder und sprach: Herr, wenn du willst, kannst du mich reinigen. Und Jesus streckte die Hand aus, rührte ihn an und sprach: Ich will's tun; sei rein! Und sogleich wurde er von seinem Aussatz rein. Und Jesus sprach zu ihm: *Sieh zu, sage es niemandem,* sondern geh hin und zeige dich dem Priester und opfere die Gabe, die Mose befohlen hat, ihnen zum Zeugnis. (Matthäus VIII, 1 – 4)

3. Das Gute tun ohne zu prahlen ist sehr verdienstvoll. Die Hände, die geben, zu verbergen ist wertvoll und das unbestreitbare Zeichen großer moralischer Überlegenheit. Damit man die Sache von weiter oben als die gewöhnlichen Menschen betrachten kann, braucht man Abstand von dem gegenwärtigen Leben zu nehmen und sich mit dem zukünftigen Leben zu identifizieren. Es bedarf, mit einem Wort gesagt, sich über die Menschheit zu erheben und auf den Genuss der Achtung durch die Menschen zu verzichten, um die Billigung Gottes zu erwarten. Wer die Achtung durch die Menschen mehr schätzt als die Anerkennung Gottes, beweist, dass er mehr an den Menschen als an Gott glaubt. Und er zeigt, dass das jetzige Leben hier auf Erden ihm mehr bedeutet als das zukünftige, oder sogar,

dass er an dem Zweiten zweifelt. Wenn er das Gegenteil behauptet, handelt er, als würde er nicht an das glauben, was er sagt.

Wie viele gibt es, die nie einen guten Dienst ohne die Hoffnung erweisen, dass der Begünstigte seine gute Tat über die Dächer schreien wird, wie viele, die in der Öffentlichkeit große Summen gespendet haben, aber nicht einen Pfennig in der Anonymität! Deswegen sagte Jesus, dass derjenige, der Gutes tut, um damit zu prahlen, schon seinen Lohn bekommen hat. Somit hat derjenige, der sich zur Schau stellen möchte, mit dem Guten, das er tut, sich selbst belohnt. Gott schuldet ihm nichts mehr, es bleibt ihm nur noch, die Rechenschaft für seinen Stolz abzulegen.

Die Aussage „... laß deine linke Hand nicht wissen, was die rechte tut." ist eine bildliche Darstellung von bewundernswerter, bescheidener Güte. Diese wahre Bescheidenheit existiert unter uns. Es gibt aber auch die vorgetäuschte Bescheidenheit oder die Nachahmung der wahren Bescheidenheit. Denn es gibt Menschen, die gerne dabei beobachtet werden, wie sie ihre gebende Hand verbergen. Unwürdige Satire der Christus Lehre! Wenn diese hochmütigen Wohltäter von den Menschen schon verachtet werden, welches Ansehen hätten sie dann vor Gott? Diese hätten schon ihre Belohnung auf Eden bekommen. Sie wurden gesehen und sind zufrieden, dass sie dabei beobachtet wurden. Das ist alles, was sie bekommen werden.

Was wird denn der Lohn von demjenigen sein, der seine Wohltaten auf den Bedürftigen lasten lässt, indem er in gewisser Weise, von diesen Bedürftigen Anerkennung verlangt? Was verdient er, wenn er durch das Prahlen mit der Mühe seiner Opfergabe seine Lage als Wohltäter aufzeigt? Oh, für diesen wird es noch nicht einmal die irdische Belohnung geben, denn ihm wird die Zufriedenheit entzogen, den Segen über seinen Namen zu hören, was die erste Strafe gegen seinen Stolz ist! Die Tränen, die er zu Gunsten seiner Eitelkeit trocknet, fallen auf die Herzen der Leidenden und verletzen sie, anstatt zum Himmel emporzusteigen. Das Gute, dass dieser Mensch tat, hat keinen Nutzen für ihn, weil er sich über dies beklagt. Denn alle bedauerten Wohltaten sind falsche und wertlose Münzen.

Die Wohltaten ohne Prahlerei haben doppelten Wert, denn sie sind außer materieller Nächstenliebe auch eine moralische Nächstenliebe. Sie respektieren die Empfindlichkeit der Bedürftigen und geben ohne deren Selbstwert und deren Menschenwürde zu verletzen. Der Mensch nimmt lieber eine Arbeit entgegen, als ein Almosen. Wenn man einen Dienst in Almosen umwandelt, wird derjenige gedemütigt, der es bekommt, bedingt durch die Art und Weise, wie diese Almosen gegeben werden. Jemanden zu demütigen ist Stolz und Bösartigkeit. Die wahre Nächstenliebe ist im Gegenteil klug und zart. Um die Wohltätigkeit nicht in den Vordergrund zu stellen, verhindert sie sogar irgendwelche beleidigenden Äußerungen, denn alle moralischen Beleidigungen verstärken das Leiden, wodurch die Not sich steigert. Sie findet sanfte, nette Worte, damit der Bedürftige sich vor seinem Wohltäter ungehemmt zeigt, während die hochmütige „Nächstenliebe" ihn niederdrücken wird. Das Edelste der wahren Güte ist, sich selbst als Wohltäter in die Rolle des Bedürftigen zu versetzen wissen, vor demjenigen, dem man hilft. Das wollen diese Worte uns sagen: „Laß deine linke Hand nicht wissen, was die rechte tut!"

Das verborgene Unglück

4. In großen Katastrophen zeigt sich die Nächstenliebe ganz besonders und wir beobachten freigebige Impulse, welche die Schäden beheben. Seite an Seite mit diesen allgemeinen Notlagen, gibt es dennoch Tausende von kleinen persönlichen Notlagen, die unbemerkt sich anspielen; zum Beispiel von Menschen, die auf einem schlechten Bett liegen und sich nicht beschweren. Diese sind die unauffälligen und verborgenen Schicksalsschläge, welche die wahre Güte zu entdecken weiß, ohne darauf zu warten, dass um Hilfe gebeten wird.

Wer könnte diese vornehme, sehr bescheiden dennoch gepflegt gekleidete Dame sein, die von einem sehr einfach gekleideten Mädchen begleitet wird? Sie geht in ein Haus von einem sehr erbärmlichen Zustand hinein, in dem sie ersichtlich bekannt ist, denn an der Tür wird sie mit sehr viel Respekt empfangen. Wo geht sie hin? Sie steigt bis zu einer Dachkammer hinauf. Dort lebt eine Mutter umgeben von kleinen Kindern. Bei ihrer Ankunft strahlen die abgemagerten Gesichter vor Freude. Denn sie kommt, um ihre Leiden zu lindern. Sie bringt das Notwendigste, mit sanften und tröstenden Worten; so dass sie ihre Hilfe ohne sich zu schämen annehmen können, da diese armen Menschen keine professionellen Bettler sind. Der Vater befindet sich im Krankenhaus und während seines dortigen Aufenthalts kann die Mutter nicht den Bedürfnissen von allen nachkommen. Dank dieser Dame werden die Armen keinen Hunger und keine Kälte erleiden. Sie werden warm angezogen zur Schule gehen können und die Brüste der Mutter werden für den Kleinsten nicht austrocknen. Wenn einer unter ihnen krank ist, wird es nicht an materieller Unterstützung mangeln. Von dort fährt die Frau in das Krankenhaus, um den Familienvater in Bezug auf die Situation seiner Frau und seiner Kinder zu trösten und zu beruhigen. An der Straßenecke wartet ein Auto auf sie, voll gepackt mit allem, was ihre Schützlinge benötigen, welche sie oftmals besucht. Sie fragt nicht nach ihrem Glauben oder ihrer Meinung, weil für sie alle Menschen Geschwister und Kinder Gottes sind. Als der Besuch zu Ende war, sagte sie sich: „Mein Tag hat gut angefangen." Wie heißt sie eigentlich? Wo wohnt sie? Niemand weiß es. Für die Leidenden hat sie einen Namen, der anderen nichts sagt, sie ist der „tröstende Engel". In der Nacht geht von ihnen eine Sinfonie von Segen hinauf zu Gott; Katholiken, Juden, Protestanten, alle loben sie.

Und warum kleidet sie sich so einfach? Sie will mit ihrer Wohlhabenheit die Armen nicht verletzen. Warum lässt sie sich von ihrer jungen Tochter begleiten? Um sie zu lehren, wie Güte ausgeübt werden soll. Und wenn die Tochter auch gerne etwas Nächstenliebe üben will, sagt die Mutter zu ihr: „Was kannst du spenden, mein Kind, da du nichts besitzt? Wenn ich dir etwas gebe, damit du es den anderen weitergibst, was wäre dein Verdienst? In diesem Fall wäre ich dann in Wahrheit diejenige, die Nächstenliebe ausübt. Und welchen Verdienst hättest du zu bekommen? Das wäre also nicht gerecht. Wenn wir dann die Kranken besuchen gehen, hilfst du mir sie zu pflegen. Denn Fürsorge anzubieten bedeutet nun etwas von dir zu geben. Möchtest du noch mehr geben? Das ist sehr einfach. Dann lerne nützliche Sachen zu nähen und somit wirst du Kinderkleidung für sie anfertigen. In dieser Wiese wirst du etwas geben, das von dir selbst kommt." So lehrte die Mutter, eine wahre Christin, ihre Tochter die Tugenden zu praktizieren, die Christus uns gelehrt hat. Ist sie Spiritistin? Was macht das nun aus?

Dort, wo sie lebt, ist sie eine Dame von Welt, ihre Stellung verlangt es so. Aber die anderen wissen nicht, was sie tut, da sie keine andere Anerkennung anstrebt, außer der von Gott und ihrem Gewissen.

Eines Tages geschah ein unvorhergesehener Umstand. Es klingelte an der Tür und eine ihrer Schützlinge wollte ihr eine Handarbeit verkaufen. Die Frau erkennt dann die Dame. Sie bedankt sich bei der Dame überschwänglich. „Still.", sagt die Dame „Sage es niemandem weiter!" So sprach auch Jesus.

DAS SCHERFLEIN DER WITWE

5. Und Jesus setzte sich dem Gotteskasten gegenüber und sah zu, wie das Volk Geld einlegte in den Gotteskasten. Und viele Reiche legten viel ein. Und es kam eine arme Witwe und legte zwei Scherflein ein; das macht zusammen einen Pfennig. Und er rief seine Jünger zu sich und sprach zu ihnen: Wahrlich, ich sage euch: Diese arme Witwe hat mehr in den Gotteskasten gelegt als alle, die etwas eingelegt haben. Denn sie haben alle etwas von ihrem Überfluß eingelegt; diese aber hat von ihrer Armut ihre ganze Habe eingelegt, alles, was sie zum Leben hatte. Er blickte aber auf und sah, wie die Reichen ihre Opfer in den Gotteskasten einlegten. Er sah aber auch eine arme Witwe, die legte dort zwei Scherflein ein. Und er sprach: Wahrlich, ich sage euch: Diese arme Witwe hat mehr als sie alle eingelegt. Denn diese alle haben etwas von ihrem Überfluß zu den Opfern eingelegt; sie aber hat von ihrer Armut alles eingelegt, was sie zum Leben hatte. (Markus XII, 41 - 44; Lukas XXI, 1 - 4)

6. Viele Menschen bedauern, dass sie nicht all das Gute tun können, was sie gerne täten, weil es ihnen an Geld mangelt. Sie sagen, sie wünschen sich Reichtum, nur um einen guten Nutzen daraus zu ziehen. Diese Absicht ist ohne Zweifel lobenswert und kann von einigen sehr aufrichtig gemeint sein. Ist sie aber von allen so uneigennützig gedacht? Gibt es nicht Menschen, die, während sie sehr daran interessiert sind, anderen eine Wohltat zu erweisen, sich dabei aber wohler fühlen würden, wenn sie mit sich selbst anfingen? Denken sie nicht daran, sich selbst etwas mehr Genuss zu erlauben oder den für sie jetzt fehlenden Überfluss ein bisschen zu genießen und dann bereit wären, den Armen den Rest zu spenden? Dieser verborgene Gedanke, der sich vielleicht heimlich im Innern des Herzens befindet, würde, wenn man ihn untersucht, den Verdienst der Absicht auflösen. Denn die wahre Nächstenliebe besteht darin, zuerst an den anderen zu denken und dann an sich selbst. Die größte Nächstenliebe

ist mit eigener Arbeit durch die Nutzung seiner eigenen Kraft, Intelligenz und Fähigkeiten, die Mittel zu finden versuchen, die man benötigt, um seine edlen Absichten zu verwirklichen. Das wäre das angenehmste Opfer für Gott. Leider träumt die Mehrheit davon, andererseits mit leichten Mitteln, sofort und ohne Anstrengung reich zu werden. Sie laufen hinter Hirngespinsten her, denn sie hoffen auf eine Entdeckung von Schätzen oder auf eine günstige Gelegenheit, auf eine unerwartete Erbschaft und so weiter. Was würde man von denen sagen, die Unterstützung suchen und hoffen, diese bei den Geistern zu finden? Es steht fest, dass diese Menschen den göttlichen Sinn des Spiritismus weder kennen noch verstehen und noch weniger wissen sie von der Aufgabe der Geister Bescheid, denen Gott erlaubt, mit den Menschen zu kommunizieren. Und gerade deswegen werden sie mit Enttäuschung bestraft. (siehe „Das Buch der Medien", Abs. 294 - 295)

Wer sich von der Absicht irgendeines persönlichen Interesses befreit hat, soll in seiner Ohnmacht, das gewünschte Gute nicht tun zu können, getröstet sein. Denn er soll sich daran erinnern, dass der von den Armen gegebene Obolus, den sie mit eigenen Entbehrungen opfern, auf der Waage Gottes mehr als das geschenkte Gold der Reichen wiegt, die dies ohne Entbehrungen tun. Die Freude wäre ohne Zweifel sehr groß, wenn man den Bedürftigen reichlich helfen könnte. Wenn das aber nicht möglich ist, sollen wir mit dem zufrieden sein, was wir tun können. Im Übrigen, kann man nur mit Gold Tränen auswischen? Sollen wir nichts tun, weil wir nichts besitzen? Jeder, der wahrhaftig für seine Geschwister nützlich sein möchte, wird Tausende Gelegenheiten dazu finden, diesen Wunsch zu erfüllen. Er soll diese Gelegenheiten suchen und sie werden sich ihm zeigen, in der einen oder anderen Form. Denn es gibt keinen Menschen, der im vollen Besitz seines Bewusstseins nicht irgendeinen Dienst erweisen kann, der nicht jemandem Trost spenden, physisches oder moralisches Leid lindern, ferner sich für etwas Nützliches anstrengen kann. Verfügt man trotz Geldmangel nicht noch über seine Lebenskraft, seine Zeit oder seine Ruhe, um dem anderen etwas davon anzubieten? Auch hier ist der Reichtum der Armen zu finden, das Scherflein der Witwe.

DIE ARMEN UND DIE BEHINDERTEN EINLADEN

7. Er sprach aber auch zu dem, der ihn eingeladen hatte: Wenn du ein Mittags- oder Abendmahl machst, so lade weder deine Freunde noch deine Brüder noch deine Verwandten noch reiche Nachbarn ein, damit sie dich nicht etwa wieder einladen und dir vergolten wird. Sondern wenn du ein Mahl machst, so lade Arme, Verkrüppelte, Lahme und Blinde ein, dann wirst du selig sein, denn sie haben nichts, um es dir zu vergelten; es wird dir aber vergolten werden bei der Auferstehung der Gerechten. Als aber einer das hörte, der mit zu Tisch saß, sprach er zu Jesus: Selig ist, der das Brot ißt im Reich Gottes! (Lukas XIV, 12 - 15)

8. „Wenn du ein Abendmahl machst" sagte Jesus, „... so lade weder deine Freunde noch deine Brüder noch deine Verwandten noch reiche Nachbarn ein, (...) sondern (...) lade Arme, Verkrüppelte, Lahme und Blinde ein". Diese absurden Worte, wenn wir sie wortwörtlich nehmen, werden dann zu himmlischen Worten, insofern wir versuchen, ihren geistigen Sinn zu verstehen. Jesus wollte nicht sagen, dass es notwendig wäre, statt der Freunde die Bettler von der Straße zu Tisch zu bitten. Seine Sprache war fast immer bildlich und für die Menschen waren die sanften Töne seiner Gedanken schwer zu verstehen, deshalb war es notwendig starke Eindrücke zu vermitteln, die das Bild von grellen Farben produzierten. Die Tiefe seiner Gedanken zeigt sich durch diese Worte: „... dann wirst du selig sein, denn sie haben nichts, um es dir zu vergelten." Das bedeutet, dass man nicht das Gute tun soll, mit der Erwartung, etwas zurückzubekommen, sondern allein aus der Freude heraus. Um es als Vergleich deutlich zu machen, sagt er außerdem, dass wir die Armen zu unserem Abendmahl einladen sollen. Denn man weiß, dass sie einen nicht zurück einladen können. Mit dem Begriff „Abendmahl" ist nicht nur eine Mahlzeit gedacht, sondern die Teilnahme an dem Überschuss, den man genießt, zu verstehen.

Diese Worte können jedoch auch in einem engeren Sinne angewandt werden. Wie viele Leute laden zu sich nur diejenigen ein, von denen sie selbst wiederum eingeladen werden? Sie tun dies, um - wie sie sagen - sich die Ehre zu erweisen. Andere hingegen haben Freude daran, die Verwandte oder die Freunde aufzunehmen, die wenig beglückt sind. Und wer hat schon diese Menschen nicht unter seinen eigenen Verwandten? Auf dieser Weise wird ihnen manchmal viel geholfen, auch wenn es nicht zu sein scheint. Wer auf dieser Weise handelt, ohne die Sehbehinderte und die Behinderten herbeizuschaffen, der übt die Lehre Christi aus, wenn er mit Wohlwollen, ohne Zurschaustellung dies tut und es weiß, seine Wohltat mit ehrlicher Aufrichtigkeit zu verschweigen.

UNTERWEISUNGEN DER GEISTIGEN WELT
DIE MATERIELLE UND MORALISCHE NÄCHSTENLIEBE

9. Wenn wir uns gegenseitig lieben, tun wir für die anderen das, von dem wir uns wünschen, dass sie es für uns tun. Alle Religionen, alle Moral basieren auf diesen zwei Grundsätzen. Wenn sie in dieser Welt befolgt werden würden, wären wir alle vollkommen. Es gäbe keinen Hass oder keine Empfindlichkeiten. Ich füge noch hinzu, es gäbe keine Armut, weil vom Tisch der Reichen sehr viele Arme satt werden könnten. Somit würde man in den Armenvierteln, in denen ich in meiner letzten Reinkarnation gelebt habe, keine armen Frauen mehr sehen, mit Kindern, die Not an allem hatten.

Reiche, denkt darüber nach! Helft soviel wie möglich den Unglücklichen. Gebt, damit Gott euch eines Tages eure Wohltaten belohnt, wenn ihr eueren irdischen Körper verlasst, um ein Gefolge von dankbaren Geistern zu finden, die euch an dem Übergang zu einer besseren Welt empfangen werden.

Wenn ihr die Freude sehen könntet, die ich erlebt habe, als ich diejenigen im Jenseits traf, denen ich in meiner letzten Existenz auf Erden geholfen habe! ...

Liebet eueren Nächsten, liebet ihn wie euch selbst, denn jetzt wisst ihr, dass der Unglückliche, den ihr heute abweist, vielleicht ein Bruder, ein Vater oder ein Freund von anderen Zeiten sein kann, den ihr fort schickt. Wie groß wäre dann eure Verzweiflung, diesen in der Geistigen Welt wieder zu erkennen!

Ich möchte, dass ihr gut versteht, was *moralische Nächstenliebe* ist, die jeder ausüben kann und die, materiell gesehen, nichts kostet und trotzdem die schwierigste Form ist, die Nächstenliebe zu praktizieren.

Moralische Nächstenliebe bedeutet, sich gegenseitig zu akzeptieren. Das tut ihr am wenigsten, in dieser niederen Welt, in der ihr momentan reinkarniert seid. Es ist ein großer Verdienst, wenn ihr schweigt, um jemanden, der weniger intelligent ist, reden zu lassen; das ist auch eine Art von Nächstenliebe. Sich taub zeigen, wenn ein ironisches Wort aus dem Mund eines Menschen kommt, der gewohnt ist, andere zu kritisieren; oder das verächtliche Lächeln eines Menschen nicht zu sehen, mit dem ihr empfangen werdet, von Personen, die sich oftmals erhabener einschätzen als euch. In dem spirituellen, dem einzig wahren Leben, sind sie oftmals viel niederer als ihr. Das ist daher ein Verdienst, der nicht Demut, sondern Nächstenliebe ist, weil es moralische Nächstenliebe besteht, sich nicht mit den Fehlern unserer Nächsten zu beschäftigen.

Diese Nächstenliebe soll indes nicht verhindern, dass wir andere Arten von Nächstenliebe praktizieren. Hütet euch aber vor allem, euren Nächsten zu vernachlässigen. Denkt an all das, was ich euch gesagt habe, nach: Ihr sollt euch immer daran erinnern, dass, in dem ihr einen armen Menschen vertreibt, vielleicht ein euch früher nahe stehender Geist von euch vertrieben wird, der im Moment in einer schlechteren Lage unter euch sich befindet. Ich habe einige von den Armen euerer Welt hier wieder getroffen, denen ich glücklicherweise ein paar Mal geholfen habe und die ich jetzt hier um Hilfe bitten muss.

Vergesst nicht, dass Jesus sagte, wir seien alle Brüder und denkt immer daran, bevor ihr einen Bettler oder Leprakranken zurückweist. Auf Wiedersehen, vergesst die Leidenden nicht und betet für sie.
(Schwester Rosalie, 1860)

10. Meine Freunde, ich höre viele von euch sagen, wie kann ich Nächstenliebe ausüben, wenn ich selbst oftmals nicht das Notwendigste habe?

Die Nächstenliebe, meine Freunde, kann man in verschiedenen Formen ausüben: durch Worte, Gedanken und Taten. Durch den Gedanken, indem ihr für die verlassenen Armen betet, die gestorben sind, ohne richtig gelebt zu haben. Ein Gebet aus dem Herzen wird sie trösten. Durch Worte, indem ihr eueren Mitmenschen gute Ratschläge gebt. So sagt zu den verbitterten Menschen, die aus Not und Verzweiflung gegen den Namen Gottes fluchen: „Ich war so wie ihr, ich habe gelitten und mich unglücklich gefühlt, aber ich habe Vertrauen zum Spiritismus gefasst. Seht, jetzt bin ich glücklich."; zu den Alten, die euch sagen werden: „Es lohnt sich nicht, ich bin am Ende meines Lebens und werde so sterben, wie ich gelebt habe." sagt ihr: „Die Gerechtigkeit Gottes ist für alle gleich, erinnert euch an die Arbeiter der letzten Stunde!"; und zu den Kindern, die durch schlechte Begleitung schon verdorben sind, sich verlierend auf den Wegen der Welt, nahe daran, den Versuchungen zu erliegen, sagt ihr: „Gott hütet euch, meine lieben Kleinen!" Fürchtet euch nicht, diese sanften Worte oft zu wiederholen, die am Ende zu Keimen in ihrem Verstand heranreifen werden. Und anstatt sich zu kleinen Vagabunden zu entwickeln, werden sie dann vernünftige Menschen. Das ist auch eine Tat der Nächstenliebe.

Viele von euch sagen: „Ach, wir sind so viele auf der Erde, dass Gott uns gar nicht alle sehen kann!" Hört ein Mal gut zu, meine Freunde: Wenn ihr auf der Spitze des Berges seid, kann euer Blick nicht Milliarden von Sandkörnern, die den Boden bedecken, erfassen? Gott kann euch genauso sehen und überlässt euch eure eigene Entscheidung, so wie auch diese Sandkörner dem Einfluss des Windes überlassen sind und sich überallhin verteilen. Mit dem Unterschied, dass Gott in Seiner unendlichen Barmherzigkeit in der Tiefe eueres Herzens einen wachsamen Wächter geschaffen hat, den man *Gewissen* nennt. Hört darauf, denn es wird euch gute Ratschläge geben. Manchmal ist es gelähmt, indem sich ihm der verkommene Geist entgegensetzt. Und dann schweigt es. Seid aber versichert, dass das von euch verbannte Gewissen sich wieder melden wird, sobald dieses in euch das Gefühl der Reue bemerkt. Hört ihm zu, befragt es und ihr werdet sehr oft von seinen Ratschlägen getröstet werden.

Meine Freunde, jede neue Bewegung steht unter einem neuen Stern. Ich lege euch diese Maxime von Christus ans Herz: „daß ihr euch untereinander liebt". Übt diese Maxime, versammelt euch alle um diese Fahne herum und ihr werdet Glück und Trost erfahren.

(Ein Schutzgeist, Lyon, 1860)

DIE WOHLTÄTIGKEIT

11. Die Wohltätigkeit, meine Freunde, wird euch auf dieser Welt den Genuss des reinen und sanften Gefühls geben, die Freude in eueren Herzen, die weder durch Reue noch durch Gleichgültigkeit belastet werden. Ach, könntet ihr nur verstehen, was an Größe und an

Angenehmes die Güte der guten Seele einsammelt. Dieses Gefühl veranlasst einen die anderen Wesen mit dem gleichen Blick zu sehen, mit dem man sich selbst betrachtet. Das bringt uns dazu, mit Freude auf unsere Bekleidung zu verzichten, um unsere Geschwister anzukleiden! Könntet ihr doch, meine Freunde, als einzige Sorge jene liebenswürdige vor Augen haben, andere Menschen glücklich zu machen! Welche irdischen Feierlichkeiten werdet ihr mit den jubelnden Festen vergleichen, wenn ihr, als Vertreter der Göttlichkeit, den armen Familien Freude bringt, die nur ein Leben voller Schicksalsschläge und Bitterkeit kennen; wenn ihr diese verwelkten Gesichter plötzlich voller Hoffnung strahlen seht. Denn diese armen Menschen haben, da ihnen das tägliche Brot fehlt, ihre kleinen Kinder, denen die Härte des Lebens nicht bewusst ist, schreien und weinen gehört. Und diese wiederholten solche Worte, welche wie spitzige Dolchstöße das mütterliche Herz treffen: „Ich habe Hunger! ...“ Oh! Versteht ihr, welchen angenehmen Eindruck derjenige erfährt, der die Freude dort wiederkehren sieht, wo vor wenigen Momenten davor nur Verzweiflung gab! Versteht ihr nun, welche eure Pflichten gegenüber eueren Mitmenschen sind! Geht dahin, wo das Unglück zu Hause ist; geht zur Rettung vor allem des verborgenen Elends. Denn dieses ist das Schmerzhafteste. Geht, meine sehr Lieben und habt vor Augen diese Worte unseres Erlösers: „Was ihr getan habt einem von diesen meinen geringsten Brüdern, das habt ihr mir getan.“[79]

Nächstenliebe! Erhabenes Wort, das alle Tugenden zusammenfasst. Du bist dasjenige, welches die Völker zu der Glückseligkeit führen soll. In dem sie dich praktizieren, werden sie unendliche Freuden für die eigene Zukunft säen. Und während diese Menschen in Exil auf der Erde sind, wirst du ihnen Trost sein, die Vorfreude auf das Glück, das sie später genießen werden, wenn alle sich vor dem Gott der Liebe vereint haben. Es war du, Nächstenliebe, göttliche Tugend, die mir die einzigen wahren glücklichen Momente auf der Erde ermöglicht hat. Mögen meine inkarnierten Geschwister an die Worte dieses Freundes glauben, der zu euch spricht und sagt: In der Nächstenliebe sollt ihr den Frieden eueres Herzens, die Befriedigung euerer Seele und das Heilmittel für den Kummer eueres Lebens suchen. Oh! Und wenn ihr in Begriff seid, Gott dafür zu beschuldigen, so werfet einen Blick auf die Menschen, die unter

---

[79] Matthäus XXV, 40; (Anmerkung des Herausgebers)

euch sind. Ihr werdet dann sehen, wie viel Elend es zu lindern gibt, wie viele arme Kinder keine Familie haben, wie viele alte Menschen ohne eine freundliche Hand, die ihnen hilft oder ihnen die Augen in dem Augenblick des Todes schließt! Wie viel gibt es zu tun! Oh, beschwert euch daher nicht, sondern dankt Gott. Und füllt eure Hände voll mit eurer Sympathie, eurer Liebe und eueres Geldes für all diejenigen, die, entbehrt von den Gütern dieser Welt, ausgemergelt durch Leiden und Einsamkeit sind. Ihr werdet damit sehr große Freude hier in dieser Welt ernten und später ... das weiß nur Gott! ...
(Adolphe, Bischof von Algier, Bordeaux 1861)

12. Seid gütig und barmherzig, das ist der Schlüssel des Himmels, den ihr in eueren Händen habt. Das ganze ewige Glück ist in diesem Ausspruch enthalten: „Liebet euch untereinander!" Die Seele lässt sich nicht in die spirituellen Welten empor erheben, außer durch die Zuwendung an den Nächsten. Und sie findet Freude und Trost allein in der Ausübung der Nächstenliebe. Seid gütig, stehet euren Geschwistern bei und vertreibt die schreckliche Wunde des Egoismus. Indem ihr dieser Pflicht nachgeht, wird sich der Weg der ewigen Glückseligkeit für euch öffnen. Wer hat unter euch außerdem nicht schon ein Mal ein Herzklopfen voller innerer Freude bei der Erzählung einer schönen Wohltat, einer Tat wahrhaftiger Nächstenliebe, gespürt? Ihr seid immer auf dem Weg der geistigen Entwicklung, wenn ihr stets nach der Freude der guten Taten suchet. Euch mangelt es nicht an Beispielen. Selten ist nur der gute Wille. Ihr seht eine große Zahl guter Menschen, die euch eure Geschichte in frommem Andenken erinnert.

Hat Christus euch nicht alles über diese Tugend der Liebe und Nächstenliebe gesagt? Warum seine göttliche Lehre vernachlässigen? Warum die Ohren für seine göttlichen Worte und das Herz für all seine wohltuenden Grundsätze verschließen? Ich würde mir wünschen, dass der Lektüre des Evangeliums mehr Interesse und Glaube gewidmet würde. Dieses Buch wird aber vernachlässigt. Man betrachtet es als Behälter leerer Worte, als ein verschlossener Brief. Man überließ dieses wunderbare Gesetzbuch der Vergessenheit. Eure Übel sind nur Folgen der freiwilligen Vernachlässigung von dieser Zusammenfassung der göttlichen Gesetze. Lest also diese glänzenden Seiten über die Hingabe von Jesus und denkt darüber nach.

Starke Männer, rüstet euch, schwache Männer, macht aus euerer Sanftmut, aus euerem Glauben eure Waffen. Seid wahrhaftiger und beständiger in der Verkündigung der neuen Lehre. Das ist nicht mehr als eine Ermutigung, die wir euch geben möchten, allein um eure Hingabe und eure Tugend anzuregen, weswegen Gott den Geistern erlaubt, euch Kund zugeben. Wenn ihr es dennoch wollt, reichen euch die Hilfe Gottes und euer eigener Wille aus. Denn die Phänomene im Spiritismus geschehen eigens für diejenigen, die unfolgsame Herzen und geschlossene Augen haben.

Die Nächstenliebe ist der Anker aller Tugenden, welche die Basis dieses hohen Hauses der irdischen Tugend ist, ohne sie könnten die anderen nicht existieren. Ohne Nächstenliebe gibt es keine Erwartungen eines besseren Glückes, kein moralisches Interesse, das uns führt. Ohne Nächstenliebe gibt es keinen Glauben, denn der Glaube ist nichts anderes ein reiner Lichtstrahl, der eine mit Nächstenliebe erfüllte Seele glänzen lässt.

Die Nächstenliebe ist der ewige Rettungsanker in allen Welten. Sie ist die reinste Vergegenwärtigung des Schöpfers selbst. Es ist seine eigene Tugend, die dem Menschen dargeboten wird. Wie kann man diese erhabene Güte verkennen? Welches grauenhafte Herz, das dessen bewusst ist, würde dieses vollkommene himmlische Gefühl ersticken und von sich ausstoßen? Welcher wäre der Sohn, der so verächtlich wäre, um gegen dieses zärtliche Gefühl der Nächstenliebe zu rebellieren?

Ich werde nicht über das, was ich tat, reden, da auch Geistwesen sich dafür schämen, ihre Werke zu erzählen. Ich glaube aber, dass ich schon eins angefangen habe, als ein Werk, das am meisten für die Tröstung von eueren Mitmenschen beitragen soll. Ich sehe oft die Geister darum bitten, mein Werk als ihre Mission fortzuführen. Ich sehe sie, meine guten lieben Schwestern, in ihren wohltätigen und himmlischen Aufgaben. Ich sehe sie die Tugend praktizieren, die ich euch empfehle, mit aller Freude, in einem Leben voller Entsagung und Aufopferung. Es ist für mich eine große Freude zu sehen, wie vornehm ihr Charakter wird, wie sehr ihre Mission geschätzt und beschützt wird. Gute Menschen, mit gutem und starkem Willen, vereint euch, um das Werk der Verkündigung der Nächstenliebe breitflächig weiter zu führen. In der Ausübung dieser Tugend selbst werdet ihr die Belohnung erfahren. Es gibt keine geistige Freude, die diese Belohnung nicht schon im irdischen Leben erfüllen wird. Seid vereint, liebet euch untereinander nach den christlichen Grundsätzen. So sei es! (Hl. Vinzenz von Paul, Paris, 1858)

13. Ich heiße Nächstenliebe, Caritas. Die Nächstenliebe ist der Hauptweg, der zu Gott führt. Folgt der Nächstenliebe nach, denn dies ist das von euch allen zu erstrebende Ziel.

Ich war heute in meinem üblichen Morgenspaziergang wieder unterwegs und komme mit unglücklichem Herzen, um euch etwas zu sagen.

Oh, meine Freunde, wie viel Elend, wie viele Tränen und wie viel habt ihr noch zu tun, um sie zu trocknen! Ohne Erfolg habe ich versucht, diese armen Mütter zu trösten, indem ich in ihre Ohren sagte: „Mut! Es gibt gütige Herzen, die sich um euch kümmern. Ihr werdet nicht im Stich gelassen. Habt Geduld! Gott existiert und ihr seid Seine geliebten Kinder, Seine Auserwählten." Sie schienen mich zu horchen und schauten in meine Richtung mit ihren großen verängstigten Augen hin. Ich las in ihren Gesichtern, dass der Körper - dieser Tyrann des Geistes - Hunger hatte. Und auch wenn meine Worte ihr Herz etwas beruhigt haben, konnten sie nicht den Magen befriedigen. Ich sagte erneut: „Mut! Mut!" Und eine arme, noch sehr junge Mutter, die ein kleines Kind stillte, nahm es auf den Arm und hielt es in der Luft, als wenn sie mich darum bitten würde, dieses arme Wesen zu schützen, das ausreichende Nahrung in dieser leeren Brust nicht finden konnte.

Etwas weiter, meine Freunde, sah ich alte Menschen ohne Arbeit und daraus folgend ohne ein Zuhause, heimgesucht von aller Not und allen Leiden. Sie zögerten, für ihr Elend an das Mitleid der Menschen auf der Straße zu appellieren. Denn sie hatten nie gebettelt. Mit meinem Herzen voller Mitgefühl, machte ich mich zu Dienerin für diese armen Leute, da ich nichts Materielles besitze. Ich gehe dann überall hin, um die Wohltätigkeit anzuregen, um die gütigen und mitfühlenden Herzen zu guten Gedanken anzuspornen. Ich komme deswegen zu euch, meine Freunde, um es zu sagen: Es gibt unter euch Menschen in elendem Zustand, deren Korb ohne Brot, deren Herd ohne Feuer, deren Schlafplatz ohne Bettwäsche ist. Ich sage euch nicht, was ihr tun sollt. Ich überlasse euch die Initiative eueres guten Herzens. Wenn ich euch euer Verhalten diktieren würde, hättet ihr keinen Verdienst an euren guten Taten. Daher sage ich euch nur: Ich bringe den Geist der Nächstenliebe und strecke euch meine Hände zu Gunsten euerer leidenden Geschwister entgegen. Aber, wenn ich um etwas bitte, so gebe ich auch viel und ich lade euch zu einem großen Fest ein und ich biete euch den Baum an, von dem ihr alle satt werden könnt! Seht, wie schön er ist, voller Blüten und Früchte! Geht, geht nur, sammelt und nehmt alle Früchte dieses schönen Baumes, der die Wohltätigkeit genannt wird. Und an die Stellen, wo die Äste abgerissen werden, werde ich all eure guten Taten binden, die ihr tun werdet und ich werde den Baum zu Gott bringen, damit Er den Baum wieder neu füllt, denn die Wohltätigkeit ist unerschöpflich. Folgt mir dann, meine Freunde, damit ich euch zu denen zählen kann, die unter dem Stern der Nächstenliebe sich befinden. Seid mutig! Denn *die Nächstenliebe wird* euch durch den Weg des Heils führen.

(Caritas, Märtyrerin in Rom, Lyon, 1861)

14. Es gibt verschiedene Formen, die Nächstenliebe auszuüben. Viele von euch verwechseln diese mit Almosen geben. Es gibt aber große Unterschiede zwischen beiden. Almosen, meine Freunde, sind oft notwendig, weil sie den Armen Erleichterung bringen. Sei sind aber fast immer eine demütigende Handlung, sowohl für denjenigen, der gibt und als auch für jemanden, der sie bekommt. Die Nächstenliebe verbindet im Gegenteil den Wohltäter mit dem Begünstigten und sie hat darüber hinaus unterschiedliche Gesichter! Die Nächstenliebe kann sogar zwischen Angehörigen und Freunden ausgeübt werden, indem wir uns gegenseitig nachsichtig sind, indem wir uns untereinander unsere eigenen Schwächen vergeben, indem wir darauf achten, die Eigenliebe von anderen nicht zu verletzen. Und ihr Spiritisten könnt die Nächstenliebe in euerer Art zu handeln mit denjenigen ausüben, die nicht wie ihr denken. Ihr könnt das auch tun, in dem ihr die weniger aufgeklärten Menschen als ihr zum Glauben verhelft, ohne sie weder zu schockieren noch sie aufgrund ihrer Überzeugungen zu beleidigen. Ihr sollt sie andererseits liebevoll zu den Treffen einladen, wo sie selbst uns hören können und wo wir die Lücke in ihren Herzen finden werden, in die wir einzudringen können. Das ist eine Art von Nächstenliebe.

So hört jetzt, was es bedeutet, Nächstenliebe zu den Armen, den Enterbten dieser Welt zu üben, die aber von Gott belohnt werden, wenn sie ihr Elend ohne Murren akzeptieren. Und das hängt von euch selbst ab. Ich werde mich durch ein Beispiel verständlich machen.

Ich sehe oftmals in der Woche eine Versammlung von Damen jeden Alters. Ihr wisst, dass für uns sie alle Geschwister sind. Was tun sie? Sie arbeiten schnell, sehr schnell bewegen sie ihre Hände. Seht ihr auch, wie ihre Gesichter strahlen und ihre Herzen im Gleichklang schlagen? Was ist aber ihr Ziel? Diese Frauen sehen den Winter kommen, der sehr streng für die armen Familien sein wird. Ähnlich wie Ameisen, konnten diese Frauen nicht während des Sommers den notwendigen Vorrat sammeln und der größte Teil ihres Hab's und Gutes ist verpfändet. Die armen Mütter weinen und sind beunruhigt bei dem Gedanken, ihre Kinder würden in diesem Winter Kälte und Hunger erleiden! Aber habt Geduld, ihr leidenden Frauen! Gott hat schon andere Frauen inspiriert, die nicht derart mittellos sind, wie ihr. Diese treffen sich und nähen Kleider. Und später, an einem solchen Tag, wenn der Schnee die Erde bedeckt und ihr euch beschwert, mit den Worten: „Gott ist ungerecht!", die ihr üblicherweise in einer solchen Leidensperiode sagt, da werdet ihr das Kind einer dieser fleißigen Arbeiterinnen sehen, die sich als Wohltäterinnen der Armen verdient gemacht haben. Denn sie haben ja für euch so gearbeitet und eure Unzufriedenheit wird sich in Segen verwandeln, da im Herzen der Unglücklichen die Liebe von sehr nahe den Hass begleitet.

Und da alle diese Arbeiterinnen Ermutigung benötigen, sehe ich von allen Seiten die Kundgaben der guten Geister an sie heran kommen. Und die Männer, die auch ein Teil dieser Gesellschaft bilden, bieten von ihrer Seite an, ihnen Texte vorzulesen, die denen so angenehm sind. Und wir, um die Hingabe von allen und von jedem Einzelnen zu belohnen, sichern wir für diese pflichtbewussten Arbeiterinnen eine gute Kundschaft, die in gesegneten, klingenden Münzen bezahlt wird. Das ist die einzige Münze, die im Himmel umläuft. Außerdem versichern wir hierzu ohne Risiko, dass es ihnen an dieser Münze nicht mangeln wird.

(Caritas, Lyon, 1861)

15. Meine lieben Freunde, jeden Tag höre ich euch untereinander sagen: „Ich bin arm, ich kann keine Nächstenliebe ausüben." Und jeden Tag sehe ich euren Mangel an Nachsicht mit eueren Mitmenschen. Ihr vergebt ihnen nichts und ihr erhebt euch zu extrem strengen Richtern, ohne euch zu fragen, ob ihr selbst gut fandet, wenn sie das, was mit ihnen geschieht, euch auch antun würden. Ist die Nachsicht nicht auch Nächstenliebe? Ihr, die ihr nicht mehr als durch die Nachsicht diese Nächstenliebe ausüben könnt, tut zumindest das. Tut die Nachsicht, aber tut dies mit Erhabenheit. Und in Bezug auf die materielle Nächstenliebe möchte ich euch eine Geschichte aus der anderen Welt erzählen.

Zwei Männer waren gerade gestorben. Gott hatte gesagt: „Solange diese beiden Männer leben, werfet alle ihre guten Taten in einen Sack für jeden, nach ihrem Ableben werden beide Säcke jeweils gewogen." Als ihre letzten Augenblicken des Lebens gekommen waren, befahl Gott, die beiden Säcke zu bringen. Einer war voll und ausgedehnt, er hatte großes Volumen und behielt die Münzen in sich. Der andere war so klein und dünn, dass man die wenigen Münzen zählen konnte, die er enthielt. „Das ist meiner, sagte der Erste, ich erkenne ihn. Ich war reich und habe viel gegeben." Der andere sagt: „Das ist meiner. Ach, ich war immer arm! Ich hatte fast nichts, das ich mit jemandem teilen konnte." Und dennoch, welche Überraschung auf der Waage! Der volle Sack wiegte wenig und der kleine Sack war derart schwer, dass der Teller der Waage weiter unten fiel, als der andere. Gott sagte dann zu dem Reichen: „Du hast viel gegeben, das ist wahr, aber du tatest es zur Schaustellung und um deinen Namen in allen Tempeln des Stolzes zu sehen. Und du gabst, aber hast nichts entbehren müssen. Komm zu meiner linken Seite und sei froh, dass von deinen Almosen etwas anerkannt werden." Zu dem Armen sagt Er: „Du hast wenig gegeben, mein Freund, aber jede dieser Münzen, die auf der Waage sind, bedeutet eine Entbehrung für dich. Du hast keine Almosen gespendet, hast aber Nächstenliebe ausgeübt. Und das Wertvollste dabei ist, dass du die Nächstenliebe in natürlicher Weise getan hast, ohne sich zu fragen, ob das dir anerkannt werde oder nicht. Du warst nachsichtig und hast deinen Nächsten nicht verurteilt. Im Gegenteil, du hast Entschuldigungen für all seine Taten gefunden.

Komm zu meiner Rechten und empfange deine Belohnung."
(Ein Schutzgeist, Lyon, 1861)

16. Kann die reiche und glückliche Frau, die es nicht notwendig hat, ihre Zeit für die Hausarbeit zu verwenden, nicht ein paar Stunden dieser Zeit den Armen widmen? Dass sie mit dem Überschuss ihrer glücklichen Ausgaben, warme Kleidungen für die Unglücklichen, die Kälte erleiden, kaufe oder dass sie mit ihren zarten Händen, dicke warme Wäsche schneidere und somit einer armen Mutter helfe, ihr erwartetes Kind einzukleiden. Wenn ihr eigenes Kind deswegen mit etwas weniger Stickerei auskommen muss, wird das Kind des Armen andererseits etwas Wärme bekommen. Für die Armen zu arbeiten, bedeutet, in dem Weinberg des Herrn zu dienen.

Und du, arme Arbeiterin, die keinen Überschuss besitzt, die aber voller Liebe zu deinen Mitmenschen etwas von dem Wenig, das du hast, geben möchtest. Du bietest ein paar Stunden deines Tages, von deiner Zeit, das, was dein einziger Schatz ist, an. Du machst diese eleganten Handarbeiten, die den Glücklichen sehr gefallen. Du verkaufst dieses Ergebnis deiner Nachtarbeit und bist dann in der Lage, deinen Mitmenschen deinen Anteil zur Linderung ihrer Not anzubieten. Du wirst vielleicht einige Schleifen weniger haben, bietest aber dafür demjenigen Schuhe an, der barfuß läuft.

Und ihr Frauen, die ihr Gott ergeben seid, arbeitet auch in Seinem Werk. Möge aber eure Arbeit nicht nur getan werden, um einzig und allein die Altäre zu schmücken oder um die Aufmerksamkeit für eure Geduld und Geschicklichkeit auf euch zu ziehen. Arbeitet, meine Töchter, damit die Ergebnisse euerer Werke der Hilfe euerer Brüder im Gottes Namen dienen. Denn die Armen sind Seine geliebten Kinder. Für sie zu arbeiten, bedeutet Gott zu preisen. Seid für sie die Vorsehung, die sagt: „Den Vögeln am Himmel gibt Gott die Nahrung." So mögen das Gold und das Silber durch eure Hände zu Kleidung und Nahrung für die Bedürftigen umgewandelt werden. Tut das und gesegnet wird eure Arbeit sein.

Und ihr alle, die produzieren könnt, gebt. Gebt euer Genie, eure Inspirationen und gebt eure Herzen und Gott wird euch segnen. Poeten und Schriftsteller, die nur gelesen werden von den oberen Gesellschaftsschichten, ihr könntet weiterhin dem Bedarf an Lektüre in deren Freizeit nachkommen und dabei den Ertrag einiger euerer Werke für die Linderung des Leidens von den Unglücklichen spenden. Maler, Bildhauer und Künstler jeder Art, möge eure Intelligenz auch im Dienst euerer Mitmenschen genutzt werden! Fürchtet euch nicht, weniger Ruhm zu erlangen und andere werden deswegen weniger leiden müssen. Jeder von euch kann etwas geben. Ungeachtet dessen, welcher Klasse ihr auch angehört, ihr werdet immer etwas haben, dass geteilt werden kann. Was auch immer Gott euch gegeben hat, solltet ihr einen Teil davon denjenigen geben, die noch nicht ein Mal das Notwendigste besitzen. Denn ihr würdet euch selbst auf der anderen Seite freuen, wenn andere etwas mit euch teilen würden. Eure Schätze auf der Erde werden etwas weniger werden. Eure Schätze im Himmel werden aber größer sein. Dort werdet ihr das Hundertfache dessen ernten, was ihr auf dieser Welt an Wohltaten gesät habt.

(Jean, Bordeaux, 1861)

DAS MITLEID

17. Das Mitleid ist die Tugend, die euch den Engeln am meisten nähert. Es ist der Bruder der Nächstenliebe, die euch zu Gott führt. Ach, lasst euer Herz von dem Elend und dem Leiden eueres Nächsten anrühren! Eure Tränen sind wie Balsam, die ihr auf seine Wunden legt; und wenn ihr durch eure gütige Zuneigung ihm Hoffnung und Ergebenheit geben könnt, welche glückliche Gefühle werdet ihr erfahren! Und auch wenn dieses Gefühl einen bitteren Geschmack hat, weil es neben dem Unglück geboren wurde, hat es jedoch nicht die Bitterkeit des weltlichen Genusses und hinterlässt es auch nicht die schmerzlichen Enttäuschungen der Leere, die diese weltlichen Genüsse oft hinterlassen. Es beinhaltet im Gegenteil eine durchdringende Sanftheit, welche die Seele mit Freude erfüllt.

Mitleid mit jemandem haben bedeutet, falls aufrichtig gefühlt, Liebe. Diese Liebe bedeutet Hingabe, die das Vergessen unserer selbst ist. Ein Vergessen, das, wenn zu einer Opferbereitschaft zu Gunsten der Unglücklichen wird, die Tugend aller Tugenden darstellt. Jene Tugend, die der himmlische Messias in seinem ganzen Leben ausgeübt und in seiner derart göttlichen und dergestalt erhabenen Lehre gelehrt hat.

Wenn diese Lehre in ihrer ursprünglichen Reinheit wieder hergestellt wird und alle Völker sie annehmen, so wird sie Glückseligkeit auf die Erde bringen, indem das Verständnis, der Friede und die Liebe herrschen werden.

Und das förderlichste Gefühl, das euch zum Fortschritt bringen kann, indem es eueren Egoismus und eueren Stolz zähmt und das eure Seele zur Demut, zur Wohltätigkeit und zur Nächstenliebe bewegt, das ist das Mitleid! Solches Gefühl des Mitleides, das euch, angesichts der Leiden euerer Brüder, bis in eures Innerstes berührt, bewegt euch, ihnen zur Hilfe eure mildtätigen Hände auszustrecken und löst Tränen der Betroffenheit bei euch aus. Deswegen verdrängt nie dieses himmlische Gefühl in euerem Herzen! Handelt nicht wie die verhärteten Egoisten, die sich von den Leidenden fern halten, weil der Anblick ihrer Not für einen Augenblick ihre glückliche Existenz stören würde. Hütet euch davor, gleichgültig zu bleiben, wenn ihr stattdessen nützlich sein könnt. Denn die mit dem Preis einer selbst verschuldeten Gleichgültigkeit gekaufte Ruhe wird solche Ruhe eines toten Meeres sein, das in seiner Tiefe den stinkenden Schmutz, die Fäulnis und die Verdorbenheit verbirgt.

Das Mitleid ist weit entfernt davon, die Unruhe und das Ärgernis zu verursachen, vor denen sich die Egoisten fürchten. Ohne Zweifel erfährt die Seele in Berührung mit dem Unglück des anderen, wenn sie in ihr eigenes Inneres schaut, eine natürliche tiefe Erschütterung, die ihr ganzes Wesen erzittern lässt und sie bitterlich trifft. Hoch ist jedoch die Belohnung, wenn ihr den Mut und die Hoffnung einem unglücklichen Bruder wiedergebt. Denn er fühlt sich von dem freundlichen Händedruck ergriffen und seine Augen, von Tränen überströmt aus Emotion und Dankbarkeit, wenden sich euch liebevoll zu, bevor er dann seinen Blick zum Himmel richtet, um sich bei der Sendung dieses Trostes, dieser Stütze, zu bedanken. Möge auch das Mitleid schwermütig sein, ist sie indes der himmlische Vorreiter der Nächstenliebe. Diese Erste aller Tugenden, deren Bruder das Mitleid ist, das deren Wohltaten vorbereitet und sie edler macht.

(Michel, Bordeaux, 1862)

DIE WAISEN

18. Meine Brüder, liebet die Waisen! Wenn ihr wüsstet, wie traurig es ist, besonders als Kind, allein und verlassen zu sein! Gott erlaubt, dass es Waisen gibt, um euch zu ermutigen, als Eltern zu dienen. Was für eine himmlische Nächstenliebe, so einem kleinen Wesen beizustehen und es vor Hunger und Kälte zu bewahren! Welche eine himmlische Nächstenliebe, zu ihrer Seele zu sprechen, damit sie nicht in die Sucht fallen. Wer seine Hand einem verlassenen Kinde entgegenstreckt, ist nun Gott angenehm, weil er zeigt, dass er Seine Gesetze versteht und praktiziert. Denkt daran, dass das Kind, dem ihr heute helft, euch in einem früheren Leben oftmals sehr nahe stand. In diesem Fall, würdet ihr euch daran erinnern, wäre dies keine tatsächliche Nächstenliebe mehr, sondern eine Pflichterfüllung. Deshalb ist jede leidende Person eure Schwester und euer Bruder, meine Freunde. Und er hat den Anspruch auf eure Nächstenliebe, aber nicht auf diese Art von Mildtätigkeit, die das Herz bedrückt und auch nicht auf die Art von Almosen, welche die Hand verbrennt, die sie bekommt. Denn eure Gaben sind oftmals sehr bitter! Wie oft wären sie nicht abgelenkt, wenn die Krankheit und die Not in den Baracken auf sie nicht warten würden! Gebt mit Sanftmut und legt noch der materiellen Spende die wertvollste von allen bei: ein gutes Wort, ein Streicheln, ein freundliches Lächeln. Vermeidet nun diese Beschützeratmosphäre, die wie die Berührung in die schmerzende Wunde ist. Denkt deswegen daran, dass, wenn ihr etwas Gutes tut, ihr sowohl für euch selbst arbeitet als auch für die eueren.
(Ein vertrauter Geist, Paris, 1860)

WOHLTATEN, DIE MIT UNDANKBARKEIT BEZAHLT WERDEN

19. *Was sollen wir von den Menschen denken, die Gutes getan haben und Undankbarkeit dafür erlitten haben und nun nicht mehr Gutes tun wollen, um undankbare Menschen nicht mehr zu begegnen?*
Diese Personen haben mehr Egoismus in sich als Nächstenliebe. Denn das Gute nur zu tun, um Zeichen der Anerkennung zu bekommen, bedeutet nicht selbstlos zu sein. Andererseits ist das Gute ohne eigenes Interesse zu tun, die einzige Form, nach Gottes Willen zu handeln. Es ist außerdem auch ein Zeichen von Stolz, wenn sie sich damit vergnügen, andere

demütig kommen zu sehen, die ihre Dankbarkeit ihnen zu Füßen legen. Wer auf der Erde die Belohnung für das getane Gute sucht, der wird im Himmel diese nicht bekommen. Gott wird es jedoch denjenigen lohnen, die jene Belohnung hier nicht erstreben.

Es ist notwendig, den Schwachen zu helfen, auch wenn man von vornherein weißt, dass diese sich nicht bei einem bedanken werden. Seid euch bewusst, dass, wenn derjenige, dem ihr helft, diese Tat vergisst, Gott es mehr anerkennen wird, als wenn der Betroffene sich durch seine Dankbarkeit euch Anerkennung gegeben hätte. *Gott erlaubt oftmals, dass ihr mit Undankbarkeit bezahlt werdet, um eure Beharrlichkeit an dem Handeln des Guten zu prüfen.*

Könnt ihr außerdem wissen, ob diese Wohltat, die momentan vergessen wird, nicht später gute Früchte bringen wird? Im Gegenteil, seid euch sicher, dass das ein Samen ist, der mit der Zeit keimen wird. Ihr seht unglücklicherweise nichts als die Gegenwart, ihr arbeitet für euch selbst und seht nicht eueren Nächsten. Die Wohltaten besänftigen die verhärteten Herzen. Sie können auf der Erde in Vergessenheit geraten, wenn aber der Geist sich vom Körper befreit, wird er sich an das, was er bekommen hat, erinnern und diese Erinnerung wird seine eigene Bestrafung sein. Dann wird er seine Undankbarkeit bereuen und seine Fehler zu korrigieren wünschen. Er wird oftmals in einer neuen Existenz seine Schuld zu bezahlen erstreben, in dem er möglicherweise durch ein Leben voller Hingabe an seinen Wohltäter dies tun kann. Daraus folgt dass ihr, ohne es zu wissen, zu seiner moralischen Entwicklung beigetragen habt und werdet nun die Wahrheit dieser Lehre erkennen: Eine Wohltat ist niemals umsonst. Außerdem habt ihr auch für euch gearbeitet, weil ihr somit den Verdienst habt, etwas Gutes getan zu haben ohne eigenes Interesse, ohne euch durch Enttäuschungen entmutigen zu lassen.

Ach, meine Freunde, wenn ihr von allen Bindungen wüsstet, die euch in dieser Existenz mit eueren anderen früheren Existenzen verbinden! Wenn ihr die Vielfalt der Verbindungen zwischen den Menschen für ihren gegenseitigen Fortschritt überblicken könntet, dann würdet ihr die Güte und die Weisheit des Schöpfers viel mehr bewundern. Denn Er gewährt euch die Wiedergeburt, um zu Ihm zu gelangen.

(Ein Mentor, Sens, 1862)

Die exklusive Wohltat

20. *Ist die Wohltätigkeit gut verstanden, wenn sie ausschließlich in einem Kreis von Personen derselben Meinung, desselben Glaubens und derselben Partei praktiziert wird?*

Nein. Denn gerade die Gesinnung von Sekten und Parteien soll abgeschafft werden, da alle Menschen Geschwister sind. Der wahre Christ sieht in allen Mitmenschen seine Geschwister und er fragt nicht vorher nach dem Glauben oder der Meinung des Bedürftigen, wenn er ihnen helfen will, welche diese auch immer sein mögen. Würde ein Christ das Evangelium Christi befolgen, nach dessen Lehre wir den Feind lieben sollen, wenn er einen Unglücklichen fortschicken würde, weil er einen anderen Glauben besitzt? Er soll ihm jedenfalls helfen, ohne die Überzeugung des Bedürftigen zu missachten, auch wenn dieser ein Feind der Religion ist. Dies wäre dennoch auch ein Mittel, das ihm ermöglicht, diese Religion vielleicht zu lieben. Würde man ihn derentwegen wegstoßen, würde der Bedürftige diese Religion hassen.

(Hl. Ludwig, Paris 1860)

KAPITEL XIV -
EHRE DEINEN VATER UND DEINE MUTTER

Die Ehrfurcht vor seinen Eltern - Wer ist meine Mutter und wer sind meine Geschwister? - Blutsverwandtschaft und geistige Verwandtschaft **Unterweisungen der Geistigen Welt:** Die Undankbarkeit der Kinder den Eltern gegenüber und die familiären Bindungen

1. Du kennst die Gebote: »Du sollst nicht töten; du sollst nicht ehebrechen; du sollst nicht stehlen; du sollst nicht falsch Zeugnis reden; du sollst niemanden berauben; *ehre Vater und Mutter.*« (Markus X, 19; Lukas XVIII, 20; Matthäus XIX, 19)

2. Du sollst deinen Vater und deine Mutter ehren, auf daß du lange lebest in dem Lande, das dir der Herr, dein Gott, geben wird.
{2. Buch Mose (Exodus) XX, 12}

DIE EHRFURCHT VOR SEINEN ELTERN

3. Das Gebot: „Ehre deinen Vater und deine Mutter" ist eine Folge des Gesetzes der Nächstenliebe. Denn wir können nicht den Nächsten lieben ohne unsere Eltern zu lieben. Das Wort „ehre" stellt jedoch ein Pflichtgebot dar. Es bedeutet eine zusätzliche Verpflichtung ihnen gegenüber: die Ehrfurcht vor seinen Eltern. Gott wollte somit zeigen, dass außer der Liebe noch der Respekt, die Fürsorge, der Gehorsam und die Nachgiebigkeit eingebracht werden müssen. Das beinhaltet, ihnen gegenüber die Verpflichtung noch gewissenhafter zu erfüllen, als all das, was die Liebe unseren Nächsten gegenüber von uns fordert. Dieses Pflichtbewusstsein sollte selbstverständlich gegenüber denjenigen geleistet werden, welche die Stelle von Vater und Mutter einnehmen, deren Verdienst umso größer ist, je weniger sie ihre Zuwendung nur aus Pflichtgefühl gegeben haben. Von Gott werden alle Verletzungen dieses Gebotes immer sehr konsequent gerichtet.

Vater und Mutter ehren heißt nicht nur, sie zu respektieren, sondern auch in der Not für sie da zu sein, ihnen ein Alter in Ruhe zu ermöglichen, ihnen mit Fürsorge zur Seite zu stehen, wie sie es mit uns in unserer Kindheit getan haben.

Besonders den Eltern, die mittellos sind, sollte man wahrhafte Ehrfurcht entgegenbringen. Ist dieses Gebot von denjenigen erfüllt, die denken, sie tun viel, indem sie das geben, was unbedingt notwendig ist, um die Eltern nicht am Hunger sterben zu lassen, während sie selbst auf nichts verzichten? Indem sie ihnen das schlechteste Zimmer des Hauses geben, um sie nicht auf der Straße sitzen zu lassen, während sie sich selbst die besten Zimmer mit allem Komfort reservieren? Man kann nur froh sein, wenn sie dieses nicht widerwillig tun und die Eltern für den Rest ihres Lebens mit der Last der Hausarbeit dafür bezahlen lassen! Sollen die alternden und schwachen Eltern die Bediensteten ihrer jungen und starken Kinder sein? Hat die Mutter etwas für ihre Milch verlangt, als jene in der Wiege lagen? Hat sie die Nächte gezählt, die sie nicht schlief, als die Kinder krank waren, alles, was sie durchmachte, um sie gut zu versorgen? Nein. Es ist nicht nur das Notwendigste, was Kinder ihren armen Eltern schulden. Sie mögen ihnen auch so viel geben, wie sie ihnen geben können, an kleinen Freuden, an Liebenswürdigkeiten, an zärtlicher Sorge. Das ist nur ein kleiner Anteil von dem, was sie bekommen haben, die Bezahlung einer heiligen Verpflichtung. Nur das ist die wahre von Gott akzeptierte Ehrfurcht der Kinder vor ihren Eltern.

Unglücklich wird dann derjenige sein, der seine Verpflichtung gegenüber anderen vergisst, die in seiner Schwäche für ihn gesorgt haben. Es sind diejenigen, die ihm mit dem materiellen Leben auch das moralische Leben gegeben haben, die oft sehr harte Entbehrungen auf sich genommen haben, um das Wohlergehen der Kinder zu sichern. Wehe dem Undankbaren, denn er wird für die Undankbarkeit und für das Verlassen die Bestrafung erhalten. Seine tiefsten Gefühle werden verletzt werden, manchmal schon in dem gegenwärtigen Leben, aber mit Sicherheit in einer anderen Existenz, in der er das erleiden wird, was die anderen seinetwegen erlitten haben.

Gewiss gibt es Eltern, die ihre Pflichten vernachlässigen und für die Kinder keine wirklichen Eltern sind. Aber die Bestrafung steht nur Gott zu und nicht den Kindern. Sie können nicht die Eltern deswegen verurteilen. Wer weiß, ob sie solche Eltern nicht verdient haben? Wenn die Nächstenliebe ein Gesetz daraus macht, das Schlechte mit dem Guten zu vergelten, Nachsicht mit der Unvollkommenheit des anderen zu haben, seinesgleichen nicht zu verfluchen, die Beleidigungen zu vergessen und zu vergeben, und sogar den Feind zu lieben, wie viel größer ist dann diese Verpflichtung den Eltern gegenüber! Die Kinder müssen deswegen gegenüber den Eltern dasselbe Gebot beachten, das Jesus bezüglich des

Nächsten aussprach und daran erinnerte, dass all das verwerfliche Verhalten den Fremden gegenüber noch verwerflicher gegenüber nahen Verwandten ist. Das kann vielleicht im ersten Fall nur ein Fehler sein, kann es jedoch im zweiten Fall zu einer Straftat werden, weil hier zu dem Mangel an Nächstenliebe noch die Undankbarkeit gegenüber den Eltern hinzukommt.

4. Gott sagte: „Du sollst deinen Vater und deine Mutter ehren, auf daß du lange lebest in dem Lande, das dir der Herr, dein Gott, geben wird. " Aber warum verheißt Gott das irdische Leben als Belohnung und nicht das himmlische Leben? Die Erklärung findet sich in den Worten: „das dir (...) dein Gott, geben wird", die in der modernen Fassung der Zehn Gebote abgeschafft wurden, was den Sinn verfälscht.[80] Um diese Worte zu verstehen, müssen wir uns in die Lage und in die Ideen der Hebräer zurückversetzen, in die Zeit, in der sie ausgesprochen wurden. Sie hatten das zukünftige Leben noch nicht verstanden. Ihre Sicht ging nicht über die Grenzen des physischen Lebens hinaus. Demnach mussten sie eher erreichbar sein durch das, was sie sehen würden, als durch das Unsichtbare. Das war der Grund, warum Gott mit ihnen in einer Sprache redete, die sie verstehen konnten und ihnen etwas zeigte, das sie - ähnlich wie bei Kindern- glücklich machen konnte. Sie befanden sich damals in der Wüste. Das Land, das ihnen Gott *geben* würde, war das Gelobte Land; das Land, von dem sie träumten. Nichts ersehnten sie mehr und Gott sagte, dass sie dort für lange Zeit leben würden. Das bedeutete, dass, solange sie Seine Gebote befolgen, ihnen dieses Land gehören würde.

Bei der Ankunft Jesu waren ihre Ideen aber schon weiter entwickelt. Die Zeit war gekommen, ihnen eine feinere Kost zu geben. Jesus weihte sie in das spirituelle Leben ein, als er sagte: „Mein Reich ist nicht von dieser Welt." Denn dort und nicht auf der Erde werdet ihr für eure guten Taten belohnt. Mit diesen Worten wird das materielle Gelobte Land in eine himmlische Heimat verwandelt. Wenn er sie dann an die Notwendigkeit der Beachtung des Gebotes „Ehre deinen Vater und deine Mutter" erinnert, versicherte er nun ihnen nicht mehr die Erde, sondern den Himmel. (siehe Kap. II und III)

---

[80] Siehe S. 46, (Anmerkung des Herausgebers)

Wer ist meine Mutter und wer sind meine Geschwister?

5. Und er ging in ein Haus. Und da kam abermals das Volk zusammen, so daß sie nicht einmal essen konnten. Und als es die Seinen hörten, machten sie sich auf und wollten ihn festhalten; denn sie sprachen: *Er ist von Sinnen.* Und es kamen seine Mutter und seine Brüder und standen draußen, schickten zu ihm und ließen ihn rufen. Und das Volk saß um ihn. Und sie sprachen zu ihm: Siehe, deine Mutter und deine Brüder und deine Schwestern draußen fragen nach dir. Und er antwortete ihnen und sprach: *Wer ist meine Mutter und meine Brüder?* Und er sah ringsum auf die, die um ihn im Kreise saßen, und sprach: Siehe, das ist meine Mutter und das sind meine Brüder! Denn wer Gottes Willen tut, der ist mein Bruder und meine Schwester und meine Mutter.
(Markus, III, 20 - 21, 31-35; Matthäus, XII, 46 - 50)

6. Bestimmte Worte klingen aus dem Munde von Jesus ungewöhnlich, weil sie mit Jesu Güte und seinem stetigen Wohlwollen gegenüber allen Menschen im Widerspruch zu sein scheinen. Die Nichtgläubigen haben es nicht versäumt, davon zu profitieren, indem sie sagten, dass Jesus sich widersprochen hat. Eine unabweisbare Tatsache ist es aber, dass die elementare Basis und der Eckpfeiler seiner Lehre das Gesetz der Liebe und der Nächstenliebe sind. Er könnte also auf der einen Seite nicht das zerstören, was er auf der anderen Seite aufbaute. Daraus können wir in sicherer Konsequenz annehmen, dass, wenn manche seiner Aussagen den Prinzipien seiner Lehre zu widersprechen scheinen, diese Worte entweder schlecht überliefert oder falsch verstanden wurden, oder sie stammen erst überhaupt nicht von ihm.

7. Man ist zu Recht erstaunt mit anzusehen, dass Jesus soviel Gleichgültigkeit seinen Verwandten gegenüber zeigt und gewissermaßen sogar seine Mutter verleugnet. Seine Brüder betreffend, ist bekannt, dass sie ihm nie Sympathie entgegengebracht haben. Als Geister niederen Niveaus hatten sie seine Aufgabe nicht verstanden. Das Verhalten von Jesus war für sie seltsam und sie waren von seiner Lehre nicht berührt, da ja keiner von ihnen sein Jünger geworden ist. Es hat sogar den Anschein, als ob sie bis zu einem gewissen Grad die Vorbehalte seiner Feinde geteilt hätten. Jesus wurde allerdings von seinen Brüdern gewiss mehr als ein

Fremder als ein Bruder aufgenommen. Johannes schrieb entsprechend: „Denn auch seine Brüder glaubten nicht an ihn."[81] Bezogen auf seine Mutter würde keiner ihrer Liebe zu ihrem Sohn widersprechen. Es ist aber notwendig zu verstehen, dass auch sie die Ausmaße seiner Mission nicht überblicken konnte, weil nirgends darüber berichtet wird, dass sie seiner Lehre gefolgt wäre oder dass sie Zeugnis von seiner Lehre gegeben hätte, wie Johannes der Täufer es tat. Der Mutterinstinkt war ihr dominantes Gefühl. Ferner würde die Annahme, Jesus hätte seine Mutter abgelehnt, bedeuten, dass man seinen Charakter vollkommen verkennt, weil solch ein Gedanke nicht von jemandem stammen würde, der sagte: „*Ehre deinen Vater und deine Mutter.*" Man muss in dem Fall deswegen nach einer anderen Bedeutung für seine Worte suchen, die fast immer in einer sinnbildlichen Form geäußert wurden.

Jesus hat keine Möglichkeit zu lehren ausgelassen. Er wusste die Ankunft seiner Familie zu nutzen, um den Unterschied zwischen Blutsverwandtschaft und geistiger Verwandtschaft deutlich zu machen.

BLUTSVERWANDTSCHAFT UND GEISTIGE VERWANDTSCHAFT

8. Die Blutsverwandtschaft ermöglicht nicht zwangsweise die geistige Verbindung. Der Körper wird vom Körper erschaffen, der Geist entsteht jedoch nicht vom Geist, weil er schon vor der Schöpfung des Körpers existiert. Der Vater zeugt nicht den Geist des Sohnes - er zeugt nur seine menschliche Körperhülle. Er soll dennoch dazu beitragen, seine intellektuelle und moralische Entwicklung zu fördern, um ihm Fortschritte zu ermöglichen.

Die Geister, welche in eine und dieselbe Familie inkarnieren, gerade als nahe Verwandte, sind oftmals einander sympathische, durch frühere Leben verbundene Geister. Sie zeigen sich während des irdischen Lebens einander zugeneigt. Es ist aber auch möglich, dass diese Geister sich gegenseitig völlig fremd sind oder dass sie ebenfalls in früheren Leben eine Abneigung gegeneinander empfanden, die sie auf der Erde eben zu Antagonisten macht. Das dient ihnen als Prüfung. Die wahren Bindungen der Familie sind also nicht die des Blutes, sondern die der Zuneigung und der Verbindung in den Gedanken. Diese verbinden die Geister *vor,*

---

[81] Johannes VII, 5;

während und nach der Inkarnation. So können wir feststellen, dass zwei Wesen von verschiedenen Eltern mehr geistige Geschwister sein könnten, als wenn sie Blutsverwandte wären. Sie können sich voneinander angezogen fühlen, sich suchen und Freundschaft schließen, während zwei Blutsbrüder sich gegenseitig zurückstoßen, wie wir es jeden Tag erleben können. Es ist dann eine moralische Problematik, die nur durch die Pluralität der Existenzen aus spiritistischer Sicht gelöst werden konnte. (siehe Kap. IV, Abs. 13, S. 79)

Es gibt also zwei Arten von Familien: *Die Familien mit spiritueller Bindung und solche, die durch die Blutsverwandtschaft miteinander verbunden sind.* Die Ersten sind dauerhaft, sie verstärken sich durch ihre Reinheit und verewigen sich in der Geistigen Welt durch die verschiedenen Seelenwanderungen. Die Zweiten sind schwach, so wie die Materie selbst, lösen sich mit der Zeit auf und zerfallen moralisch öfters schon in der jetzigen Existenz. Das versuchte Jesus verständlich zu machen, indem er zu seinen Jüngern sagte: „Siehe, das ist meine Mutter und das sind meine Brüder! Denn wer Gottes Willen tut, der ist mein Bruder und meine Schwester und meine Mutter."

Die Abneigung seiner Brüder ist im Evangelium von Markus deutlich zu erkennen, nach dessen Erzählung sie den Vorschlag machten, Jesus festzuhalten, unter dem Vorwand, dass er *den Verstand verloren* hätte. Nachdem er benachrichtigt wurde, dass sie kommen, wohl wissend um ihre Gefühle ihm gegenüber, war es verständlich, dass er aus dem geistigen Gesichtspunkt von seinen Jüngern sprach: „das sind meine Brüder."[82] Und obwohl seine Mutter dabei war, verwendet Jesus die Lehre im allgemeinen Sinne. Das bedeutet jedoch nicht, dass er damit sagen wollte, seine Mutter im materiellen Sinne, bedeute ihm im geistigen Sinne nichts oder dass er für sie nichts als Gleichgültigkeit empfunden hätte. Sein Verhalten unter anderen Umständen hat zur Genüge das Gegenteil bewiesen.

---

[82] Im Original französisch « Voilà mes véritables frères » zu Deutsch „das sind meine wahren Brüder"; (Anmerkung des Übersetzers)

UNTERWEISUNGEN DER GEISTIGEN WELT
DIE UNDANKBARKEIT DER KINDER DEN ELTERN GEGENÜBER UND DIE FAMILIÄREN BINDUNGEN

9. Die Undankbarkeit ist eine der Früchte, die am unmittelbarsten aus dem Egoismus gedeiht. Sie rebelliert immer gegen die ehrlichen Herzen. Aber die Undankbarkeit der Kinder den Eltern gegenüber ist von einem noch abscheulicheren Charakter. Unter diesem Standpunkt, den wir besonders betrachten werden, geht es uns darum, die Ursachen und die Folgen hiervon zu analysieren. Hier wie überall wirft der Spiritismus Licht auf ein Problem des menschlichen Herzens.

Wenn der Geist die Erde verlässt, nimmt er die Tugenden oder die Leidenschaften mit sich, die zu seiner Natur passen, entweder um sich zu entwickeln oder zu stagnieren, bis er selbst das Licht sehen möchte. Einige sind mit sehr viel Hass und unbefriedigten Rachewünschen gegangen. Aber einigen von ihnen, die weiter entwickelt sind als die anderen, ist es erlaubt, einen Teil der Wahrheit zu durchschauen. Sie erkennen die verhängnisvolle Wirkung ihrer Leidenschaften und treffen dann eine gute Entscheidung. Sie lernen, dass der Weg zu Gott nur über einen Weg führt, den der Nächstenliebe, dass es aber keine Nächstenliebe ohne das Vergessen der Beleidigungen und der Beschimpfungen gibt oder auch keine mit Hass im Herzen und ohne Vergebung.

Dann, mittels größter Anstrengung, können diese Geister diejenigen erblicken, die sie auf der Erde gehasst haben. Allerdings wird bei diesem Anblick ihre Abneigung wieder erweckt. Sie rebellieren gegen die Idee der Vergebung und des Selbstverzichtes, aber überwiegend gegen die Vorstellung, diejenigen zu lieben, die vielleicht ihren Wohlstand, ihre Ehre oder ihre Familie zerstört haben. Dennoch ist das Herz dieser Unglücklichen erschüttert. Sie zögern, haben Bedenken, kämpfen mit gegensätzlichen Gefühlen. Wenn der gute Entschluss aber die Oberhand gewinnt, beten sie zu Gott und bitten die guten Geister um Kraft für die entscheidenden Momente der Prüfung.

Endlich, nach einigen Jahren der Meditation und des Gebetes, bereitet sich der Geist vor, einen Körper in jener Familie, in der sich der Hass entwickelt hat, zu beleben. Er bittet die Geister, die beauftragt sind, die oberen Befehle zu erfüllen, um eine Genehmigung für die Rückkehr auf die Erde, damit er das Schicksal dieses zu bildenden Körpers erfüllt. Wie wird nun das Verhalten dieser Person in dem Kreis dieser Familie sein? Es wird mehr oder weniger von dem beharrlichen Festhalten an den guten Vorsätzen abhängen. Der ständige Kontakt mit den Wesen, die man gehasst hat, ist eine furchtbare Prüfung, der man nicht selten unterliegt, wenn der Wille nicht stark genug ist. Je nachdem, ob der gute oder der schlechte Entschluss sich durchsetzt, wird man der Freund oder der Feind derjenigen sein, unter denen man zu leben gerufen wurde. So lässt sich dieser Hass erklären, diese instinktive Abneigung, die man an gewissen Kindern beobachtet und die durch keinerlei früheres Verhalten gerechtfertigt ist. Im Endeffekt könnte nichts in dieser Existenz solche Abneigung verursachen. Um sich darüber im klaren zu sein, ist es notwendig, den Blick auf die Vergangenheit zu richten.

O Spiritisten! Versucht heute die große Rolle der Menschheit zu verstehen. Wenn ihr einen Körper zeugt, kommt die in ihm inkarnierte Seele aus der Geistigen Welt, um sich zu entwickeln. Seid euch euerer Pflicht bewusst und verwendet all eure Liebe, um diese Seele näher zu Gott zu bringen. Das ist eine Mission, die euch anvertraut wurde und für die ihr belohnt werden sollt, wenn ihr sie treu erfüllt. Eure Vorsorge, also die Erziehung, die ihr dieser Seele gebt, wird ihrer Entwicklung und ihrer Glückseligkeit in der Zukunft helfen. Denkt daran, dass Gott jeden Vater und jede Mutter fragen wird: Was habt ihr aus dem Kind, das ich euch anvertraut habe, gemacht? Wenn es in seiner Entwicklung aufgrund euerer Fehler stehen geblieben ist, wird es eure Bestrafung sein, dieses Kind unter den leidenden Geistern zu sehen, während in euerer Hand lag, das Kind glückselig zu machen. Dann, wenn ihr von Reue geplagt seid, werdet ihr selbst um eine neue Inkarnation für das Kind und für euch bitten. Eine Reinkarnation zwecks der Wiedergutmachung euerer Fehler, in der ihr ihm bessere Vorsorge zuteil werden lasst und in der das Kind, voller Dankbarkeit, euch seine Liebe zurückgeben wird.

Verstoßt nun das Kind in der Wiege nicht, das seine Mutter abstößt, und auch nicht dasjenige, das euch mit Undankbarkeit bezahlt. Es ist kein Zufall, der dieses Kind so gemacht und zu euch geführt hat. Eine undeutliche Ahnung hinsichtlich der Vergangenheit enthüllt sich und anhand dieser könnt ihr einschätzen, ob der eine oder andere sehr gehasst hat oder sehr beleidigt wurde, so dass der eine oder andere gekommen ist, um zu vergeben oder abzubüßen. Mütter, nehmt nun das Kind in eure

Arme, das euch Ärger verursacht hat und sagt zu euch selbst: Einer von uns zwei hat Schuld auf sich geladen. Macht euch die himmlischen Freuden verdient, die Gott in Verbindung mit einer Mutterschaft gebracht hat, indem ihr diese Kinder lehrt, dass sie auf der Erde sind, um sich zu bessern, zu lieben und zu segnen. Aber oh, viele unter euch, die, anstatt mit Erziehung die angeborenen schlechten Angewohnheiten ihrer Kinder aus früheren Existenzen zu verdrängen, durch eine selbst verschuldete Schwäche oder durch Nachlässigkeit derartige Prinzipien sogar unterstützen und fördern. Aber später werden eure Herzen durch die Undankbarkeit euerer Kinder verletzt. Das wird für euch schon in diesem Leben der Anfang euerer Abbüßung sein.

Die Aufgabe ist nicht so schwer, wie ihr glaubt. Sie erfordert nicht die Weisheit der Welt. Die Unwissenden können sie ebenso wie die Gelehrten erfüllen. Der Spiritismus erleichtert diese Arbeit, in dem er dem menschlichen Herzen die Ursachen der Unvollkommenheiten der menschlichen Seele zugänglich macht.

Schon in der Wiege zeigt das Kind die guten oder schlechten Instinkte, die es aus seinem vergangenen Leben mit sich bringt. Es ist notwendig, sich darum zu bemühen, zu lernen, das zu erkennen. Jedes Übel hat ihren Ursprung in dem Egoismus und in dem Stolz. Beobachtet also die kleinsten Signale dieser schlechten Angewohnheiten, sobald sie sich im Keim zeigen. Bemüht euch sie zu bekämpfen, ohne darauf zu warten, dass sie tiefe Wurzeln schlagen. Macht es also wie der gute Gärtner, der den jungen Baum nach und nach zuschneidet, um ihm eine richtige Form zu geben. Wenn ihr zulasst, dass sich Stolz und Egoismus entwickeln, dann wundert euch nicht, wenn ihr später mit Undankbarkeit bezahlt werdet. Wenn die Eltern alles getan haben, um die moralische Entwicklung des Kindes zu fördern und keinen Erfolg damit haben, müssen sie sich keinen Vorwurf machen und können ein reines Gewissen haben. Für den sehr natürlichen Kummer, den sie über den Misserfolg ihrer Bemühungen empfinden, hat Gott einen enormen Trost reserviert. Das ist die *Gewissheit*, dass das nur eine Verzögerung ist und dass es ihnen möglich sein wird, dieses Projekt, das sie in diesem Leben begonnen haben, in einer anderen Existenz zu vollenden; und dass ihnen eines Tages der einst undankbare Sohn mit seiner Liebe ihnen danken wird. (siehe Kap. XIII, Abs. 19, S. 216)

Gottes Prüfungen gehen nicht über die Kraft von denjenigen hinaus, die sie verlangen. Er erlaubt nur die Prüfungen, die man bestehen kann. Wenn wir diese nicht bestehen, geschieht das nicht aus Mangel an Möglichkeiten, sondern aus Mangel an gutem Willen. Es sind tatsächlich viele Menschen, die sich nicht den schlechten Vorbildern widersetzen, sondern sich mit ihnen vergnügen. Sie erwarten dann in ihren nächsten Existenzen Tränen und Mühsal. Die Güte Gottes ist jedoch bewundernswert. Die Tür für die Reue bleibt immer offen. Es kommt der Tag, an dem der Schuldige müde ist, zu leiden, an dem sein Stolz endlich besiegt ist und dann öffnet Gott Seine väterlichen Arme für den verlorenen Sohn, der sich Ihm zu Füßen wirft. *Die schweren Prüfungen -* hört mir genau zu - *sind fast immer ein Zeichen für das Ende eines Leidens und für einen Fortschritt des Geistes, wenn sie angesichts Gottes akzeptiert werden.* Es ist ein Moment von größter Wichtigkeit. Und deswegen sollte man nicht klagen, wenn man die Früchte der Prüfungen nicht verlieren möchte und nochmals von vorne anfangen will. Statt euch zu beklagen, bedankt euch bei Gott, Der euch die Chancen gibt, damit Er euch den Lohn eines Sieges präsentieren kann. Wenn ihr dann den Trubel der irdischen Welt verlassen habt und in die Welt des Geistes eintretet, wird euch wie einem Sieger, der den Wettkampf gewonnen hat, zugejubelt.

Von allen Prüfungen sind allerdings solche, die das Herz betreffen, die am schwersten. Viele Menschen, die bravurös Armut und materielle Entbehrungen durchhalten, unterliegen dem Kummer zu Hause, niedergeschmettert von der Undankbarkeit ihrer Familie. Oh, welch schmerzliches Angstgefühl! Aber was kann in diesem Moment den moralischen Mut mehr stärken, als die Kenntnis von der Ursache des Übels und die Sicherheit darüber, dass es, auch wenn längere seelische Leiden existieren, kein ewiges Verzweifeln gibt? Denn Gott würde nicht wollen, dass Seine Geschöpfe ewig leiden. Welch größerer Trost, welche größere Ermutigung gibt es, als der Gedanke, dass es von jeder unserer Anstrengungen selbst abhängt, das Leiden zu verkürzen - durch die Vernichtung der Ursachen des Übels in uns? Dazu ist es aber notwendig, den Blick nicht nur auf die Erde zu richten und nicht allein eine einzige Existenz in Betracht zu ziehen. Es ist andererseits notwendig, sich zu erheben und in der Unendlichkeit des vergangenen und des zukünftigen Lebens zu schweben. Dann zeigt sich die Größe der Gerechtigkeit Gottes vor eueren Augen und ihr werdet geduldig warten, weil ihr die Erklärung für das, was euch vorher als Ungeheuerlichkeit auf der Erde vorkam, gefunden habt. Die Verletzungen, die euch zugefügt wurden, sehen dann für euch wie Kratzer aus. Werfen wir einen Blick auf das Ganze, dann zeigen sich die familiären Bindungen in ihrem wahrsten Sinne. Es sind nicht mehr die schwachen Bindungen der Materie, welche die Angehörige miteinander verbinden. Ihr seht andererseits die dauerhaften Bindungen des Geistes, die sich mit der Reinheit verewigen und festigen, statt sich aufgrund der Reinkarnation loszulösen.

Die Geister, bei denen die Gemeinsamkeit der Gefühle, die Identität der moralischen Entwicklung und die gegenseitige Zuneigung vorhanden sind, bilden Familien. Dieselben Geister suchen sich auf ihrer irdischen Wanderung, um Gruppen zu bilden, wie sie es in den Geistigen Welten tun. Sodann entstehen die homogenen und verbundenen Familien. Wenn sie während dieser Wanderung zeitlich getrennt bleiben, treffen sie sich später, glücklich über ihre erreichten Fortschritte. Da sie dennoch nicht nur für sich selbst arbeiten sollen, erlaubt Gott dann, dass die weniger entwickelten Geister sich unter ihnen inkarnieren, damit diese mit deren Ratschlägen und gutem Vorbild lernen, im Interesse ihres eigenen Fortschrittes. Sie verursachen manchmal Unruhe in dieser Umgebung. Darin besteht aber die Prüfung und hier befindet sich ihre Aufgabe. Nehmt diese also wie Geschwister auf und helft ihnen. So wird sich später, in der Geistigen Welt, die Familie freuen, einige Verschollene gerettet zu haben, die ihrerseits dann andere retten können.
(Hl. Augustinus, Paris, 1862)

KAPITEL XV -
Außerhalb der Nächstenliebe kein Heil

Voraussetzungen, um gerettet zu werden. Das Gleichnis vom barmherzigen Samariter - Das größte Gebot - Notwendigkeit der Nächstenliebe nach Paulus - Außerhalb der Kirche kein Heil. Außerhalb der Wahrheit kein Heil

Unterweisungen der Geistigen Welt: Außerhalb der Nächstenliebe kein Heil

Voraussetzungen, um gerettet zu werden. Das Gleichnis vom barmherzigen Samariter

1. Wenn aber der Menschensohn kommen wird in seiner Herrlichkeit, und alle Engel mit ihm, dann wird er sitzen auf dem Thron seiner Herrlichkeit, und alle Völker werden vor ihm versammelt werden. Und er wird sie voneinander scheiden, wie ein Hirte die Schafe von den Böcken scheidet, und wird die Schafe zu seiner Rechten stellen und die Böcke zur Linken.

Da wird dann der König sagen zu denen zu seiner Rechten: Kommt her, ihr Gesegneten meines Vaters, ererbt das Reich, das euch bereitet ist von Anbeginn der Welt! Denn ich bin hungrig gewesen, und ihr habt mir zu essen gegeben. Ich bin durstig gewesen, und ihr habt mir zu trinken gegeben. Ich bin ein Fremder gewesen, und ihr habt mich aufgenommen. Ich bin nackt gewesen, und ihr habt mich gekleidet. Ich bin krank gewesen, und ihr habt mich besucht. Ich bin im Gefängnis gewesen, und ihr seid zu mir gekommen.

Dann werden ihm die Gerechten antworten und sagen: Herr, wann haben wir dich hungrig gesehen und haben dir zu essen gegeben? oder durstig und haben dir zu trinken gegeben? Wann haben wir dich als Fremden gesehen und haben dich aufgenommen? oder nackt und haben dich gekleidet? Wann haben wir dich krank oder im Gefängnis gesehen und sind zu dir gekommen? Und der König wird antworten und zu ihnen sagen: Wahrlich, ich sage euch: Was ihr getan habt einem von diesen meinen geringsten Brüdern, das habt ihr mir getan.

Dann wird er auch sagen zu denen zur Linken: Geht weg von mir, ihr Verfluchten, in das ewige Feuer, das bereitet ist dem Teufel und seinen Engeln! Denn ich bin hungrig gewesen, und ihr habt mir nicht zu essen gegeben. Ich bin durstig gewesen, und ihr habt mir nicht zu trinken gegeben. Ich bin ein Fremder gewesen, und ihr habt mich nicht aufgenommen. Ich bin nackt gewesen, und ihr habt mich nicht gekleidet. Ich bin krank und im Gefängnis gewesen, und ihr habt mich nicht besucht.

Dann werden sie ihm auch antworten und sagen: Herr, wann haben wir dich hungrig oder durstig gesehen oder als Fremden oder nackt oder krank oder im Gefängnis und haben dir nicht gedient? Dann wird er ihnen antworten und sagen: Wahrlich, ich sage euch: Was ihr nicht getan habt einem von diesen Geringsten, das habt ihr mir auch nicht getan.

Und sie werden hingehen: diese zur ewigen Strafe, aber die Gerechten in das ewige Leben. (Matthäus XXV, 31 – 46)

2. Und siehe, da stand ein Schriftgelehrter auf, versuchte ihn und sprach: Meister, was muß ich tun, daß ich das ewige Leben ererbe? Er aber sprach zu ihm: Was steht im Gesetz geschrieben? Was liest du? Er antwortete und sprach: »Du sollst den Herrn, deinen Gott, lieben von ganzem Herzen, von ganzer Seele, von allen Kräften und von ganzem Gemüt, und deinen Nächsten wie dich selbst« Er aber sprach zu ihm: Du hast recht geantwortet; tu das, so wirst du leben.

Er aber wollte sich selbst rechtfertigen und sprach zu Jesus: Wer ist denn mein Nächster? Da antwortete Jesus und sprach:

Es war ein Mensch, der ging von Jerusalem hinab nach Jericho und fiel unter die Räuber; die zogen ihn aus und schlugen ihn und machten sich davon und ließen ihn halbtot liegen. Es traf sich aber, daß ein Priester dieselbe Straße hinabzog; und als er ihn sah, ging er vorüber. Desgleichen auch ein Levit: als er zu der Stelle kam und ihn sah, ging er vorüber. Ein Samariter aber, der auf der Reise war, kam dahin; und als er ihn sah, jammerte er ihn; und er ging zu ihm, goß Öl und Wein auf seine Wunden und verband sie ihm, hob ihn auf sein Tier und brachte ihn in eine Herberge und pflegte ihn. Am nächsten Tag zog er zwei Silbergroschen heraus, gab sie dem Wirt und sprach: Pflege ihn; und wenn du mehr ausgibst, will ich dir's bezahlen, wenn ich wiederkomme.

Wer von diesen dreien, meinst du, ist der Nächste gewesen dem, der unter die Räuber gefallen war? Er sprach: Der die Barmherzigkeit an ihm tat. Da sprach Jesus zu ihm: So geh hin und tu desgleichen! (Lukas, X, 25 - 37)

3. Die ganze Moral der Lehre Jesu lässt sich in Nächstenliebe und Demut zusammenfassen. Diese beiden Tugenden stehen im Gegensatz zum Egoismus und zum Stolz. In all seinen Lehren weist er auf diese zwei Tugenden hin, als diejenigen, die zur ewigen Glückseligkeit führen. Selig sind, sagt er, die im Geiste arm sind, - d. h. die Demütigen -, denn ihrer ist das Himmelreich; selig sind, die reinen Herzens sind; selig sind die Sanftmütigen und die Friedfertigen; selig sind die, welche ihre Nächsten lieben; liebet euren Nächsten wie euch selbst; tue dem anderen, was ihr

möchtet, das man euch antut; liebet eure Feinde; vergebt die Beleidigungen, wenn ihr wollt, dass man euch vergebt; tue Gutes, ohne damit zu prahlen; urteilt über euch selbst, bevor ihr die anderen verurteilt. Das ist nun die Nächstenliebe und die Demut, die Christus stets empfohlen hat und wofür er selbst ein Vorbild war. Stolz und Egoismus bekämpfte er unermüdlich. Er beschränkte sich nicht darauf, die Nächstenliebe zu empfehlen; er setzte sie eindeutig und in klaren Worten voraus, als Bedingung, um die Glückseligkeit zu erreichen.

In dem Bild, das Jesus uns vom Jüngsten Gericht entwarf, muss man allerdings, wie in vielen anderen Passagen, das abgrenzen, was nur bildlich und allegorisch war. Da die Menschen, zu denen er sprach, noch nicht fähig waren, rein geistige Zusammenhänge zu verstehen, musste er erschütternde materielle Bilder hervorbringen, um sie zu beeindrucken. Damit sie besser das erfassen konnten, was er sagte, durfte er sich bezüglich der Form nicht sehr weit von der damals gültigen Gedankenwelt entfernen. Deshalb überlässt er der Zukunft die wahre Interpretation seiner Worte und der Themen, die er noch nicht deutlich erklären konnte. Dennoch steckt neben diesem allegorischen und figurativen Teil des Bildes ein grundlegender Gedanke - die Glückseligkeit -, die den Gerechten vorbehalten ist und das Elend, das auf den Böswilligen wartet.

Wo liegt die Urteilsbegründung bei diesem erhabenen Gerichtsverfahren? Worauf beruht die Anklageschrift? Wird der Richter den Angeklagten danach fragen, ob er diese oder jene Formalität erfüllt hat, ob er diese oder jene äußere Handlung mehr oder weniger vollzogen hat? Nein, er wird einzig und allein danach fragen, ob man die Nächstenliebe ausgeübt hat. Und dann wird er folgendermaßen sein Urteil sprechen: Geh du nach rechts, der du deinen Geschwistern geholfen hast; geh du nach links, der du ihnen gegenüber hart gewesen bist. Wird dieser Richter sich vielleicht für die starre Form des Glaubens interessieren? Oder macht er irgendeinen Unterschied zwischen dem, der auf eine Art glaubt und dem, der auf eine andere Art glaubt? Nein. Denn Jesus setzt den angeblich ketzerischen Samariter, der dennoch die Nächstenliebe ausübt, über den Strenggläubigen, dem es an Nächstenliebe mangelt. Er betrachtete daher die Nächstenliebe nicht nur als eine Voraussetzung zur Rettung, sondern als die einzige Voraussetzung. Wenn noch andere zu erfüllen wären, hätte er auf sie hingewiesen. Dass er die Nächstenliebe an die erste Stelle setzte, bedeutet, dass sie gleichzeitig alle anderen einschließt: die Demut, die Sanftheit, die Güte, die Nachsicht, die Gerechtigkeit, usw. Und er tut das, weil die Nächstenliebe die absolute Verneinung des Stolzes und des Egoismus ist.

DAS GRÖßTE GEBOT

4. Als aber die Pharisäer hörten, daß er den Sadduzäern das Maul gestopft hatte, versammelten sie sich. Und einer von ihnen, ein Schriftgelehrter, versuchte ihn und fragte: Meister, welches ist das höchste Gebot im Gesetz? Jesus aber antwortete ihm: »Du sollst den Herrn, deinen Gott, lieben von ganzem Herzen, von ganzer Seele und von ganzem Gemüt« Dies ist das höchste und größte Gebot. Das andere aber ist dem gleich: »*Du sollst deinen Nächsten lieben wie dich selbst.*« In diesen beiden Geboten hängt das ganze Gesetz und die Propheten. (Matthäus XXII, 34 – 40)

5. Nächstenliebe und Demut, das ist der einzige Weg zur Rettung; Egoismus und Stolz, das ist der Weg in das Verderben. Dieses Prinzip wird in den folgenden Worten genau ausgedrückt: „Du sollst den Herrn, deinen Gott, lieben von ganzem Herzen, von ganzer Seele und von ganzem Gemüt. (...) Du sollst deinen Nächsten lieben wie dich selbst. In diesen beiden Geboten hängt das ganze Gesetz und die Propheten." Und damit kein Missverständnis bei der Auslegung der Gottesliebe und der Liebe zu dem Nächsten aufkommt, fügt er hinzu „...größte Gebot; das andere aber ist dem gleich." Es ist hier ersichtlich, dass man Gott nicht wirklich lieben kann, ohne den Nächsten zu lieben und auch nicht den Nächsten lieben, ohne Gott zu lieben. Denn alles, was man gegen den Nächsten tut, tut man genauso gegen Gott. Man kann Gott nicht lieben, wenn man keine Nächstenliebe praktiziert; deshalb sind alle Pflichten der Menschen in dieser Maxime enthalten: AUßERHALB DER NÄCHSTENLIEBE KEIN HEIL.

NOTWENDIGKEIT DER NÄCHSTENLIEBE NACH PAULUS[83]

6. Wenn ich mit Menschen- und mit Engelzungen redete und hätte die Liebe nicht, so wäre ich ein tönendes Erz oder eine klingende Schelle. Und wenn ich prophetisch reden könnte und wüßte alle Geheimnisse und alle Erkenntnis und hätte allen Glauben, so daß ich Berge versetzen könnte, und hätte die Liebe nicht, so wäre ich nichts. Und wenn ich alle meine Habe den Armen gäbe und ließe meinen Leib verbrennen, und hätte die Liebe nicht, so wäre mir's nichts nütze.

Die Liebe ist langmütig und freundlich, die Liebe eifert nicht, die Liebe treibt nicht Mutwillen, sie bläht sich nicht auf, sie verhält sich nicht ungehörig, sie sucht nicht das Ihre, sie läßt sich nicht erbittern, sie rechnet das Böse nicht zu, sie freut sich nicht über die Ungerechtigkeit, sie freut sich aber an der Wahrheit; sie erträgt alles, sie glaubt alles, sie hofft alles, sie duldet alles. (...) Nun aber bleiben Glaube, Hoffnung, Liebe, diese drei; aber die Liebe ist die größte unter ihnen.

(Paulus, Erster Brief an die Korinther, XIII, 1 - 7 und 13)

7. Paulus verstand diese große Wahrheit so gut, dass er sagte: „Wenn ich mit Menschen- und mit Engelzungen redete (...) wenn ich prophetisch reden könnte und wüsste alle Geheimnisse und alle Erkenntnis und hätte allen Glauben, so daß ich Berge versetzen könnte, und hätte die Liebe nicht, so wäre ich nichts. (...) diese drei Tugenden; aber die Liebe ist die größte unter ihnen." Und ohne Zweifel stellt er somit die Liebe zu unserem Nächsten sogar über den Glauben. Denn die Nächstenliebe ist für alle Menschen erreichbar: für den Unwissenden wie für den Gelehrten; für den Reichen wie für den Armen; und sie ist von jeglicher Glaubensrichtung unabhängig. Er tut noch mehr: Er definiert die wahre Nächstenliebe, indem er sie nicht nur in der Wohltätigkeit zeigt, sondern auch in allen Tugenden des Herzens, in der Güte und in dem Wohlwollen dem Nächsten gegenüber, sieht.

---

[83] Der folgende Abschnitt beruht im französischen Original auf der überlieferten Übersetzung der „Nova Vulgata". Nach deren Überlieferung spricht Paulus hier von „Liebe zu dem Nächsten" oder „Nächstenliebe". („Caritas patiens est, benigna est caritas, non aemulatur, non agit superbe, non inflatur") Der Einheit halber haben wir den Text in der Luther-Übersetzung belassen; (Anmerkung des Übersetzers)

AUßERHALB DER KIRCHE KEIN HEIL. AUßERHALB DER WAHRHEIT KEIN HEIL

8. Während die Maxime „Außerhalb der Nächstenliebe kein Heil" auf einem Universalprinzip beruht und allen Kindern Gottes Zugang zur höchsten Glückseligkeit öffnet, stützt sich das Dogma „Außerhalb der Kirche kein Heil" nicht auf den fundamentalen Glauben an Gott und auf die Unsterblichkeit der Seele - den gemeinsamen Glauben aller Religionen. Sondern es stützt sich auf einen besonderen Glauben, auf ein exklusives Dogma; das Dogma ist ausschließlich und absolut. Statt die Kinder Gottes zu vereinen, trennt es sie; statt ihre Brüderlichkeit zu fördern, ernährt und billigt es das gespannte Verhältnis zwischen den Anhängern der verschiedenen Kulte, die sich gegenseitig für ewig verdammt halten, obwohl diese Menschen auf dieser Welt miteinander verwandt und befreundet sind. Indem dieses Dogma das große Gesetz der Gleichheit sogar vor dem Grab verachtet, trennt es die Anhänger voneinander bis hin zu der letzten Ruhestätte. Die Maxime „Außerhalb der Nächstenliebe kein Heil." beinhaltet das Prinzip der Gleichheit vor Gott und der Gewissensfreiheit. Indem die Menschen diese Maxime als Norm annehmen, werden sie alle Brüder, wie sie auch immer den Schöpfer verehren; sie reichen einander die Hände und beten füreinander. Mit dem Dogma „Außerhalb der Kirche kein Heil" verfluchen und verfolgen sich die Menschen gegenseitig. Sie leben als wären sie Feinde; der Vater betet nicht für den Sohn, der Sohn betet nicht für den Vater und auch der Freund nicht für den Freund, weil sie sich gegenseitig als Verurteilte ohne Erlass ansehen. Das stellt daher ein Dogma dar, dessen Essenz gegen die christliche Lehre und gegen das Evangelium ist.

9. „Außerhalb der Wahrheit gibt es kein Heil" wäre demnach gleichwertig mit „Außerhalb der Kirche gibt es kein Heil" und wäre genauso eine exklusive Aussage. Denn es gibt keine Sekte, die nicht das Privileg der Wahrheit für sich beansprucht. Welcher Mensch kann sich rühmen, sie vollkommen zu besitzen, wenn der Umfang an Wissen ständig zunimmt und sich tagtäglich die Vorstellungen ändern? Die vollkommene Wahrheit gehört einzig und allein den Geistern von erhabenster Ordnung und die Menschheit auf der Erde könnte nicht den Anspruch erheben, sie zu besitzen, da es ihnen nicht gegeben ist, alles zu wissen. Sie können nur gemäß ihrer Entwicklung nach einer relativen Wahrheit streben. Wenn

Gott den Besitz der absoluten Wahrheit als ausdrückliche Bedingung für die zukünftige Glückseligkeit festgelegt hätte, hätte er ein Urteil der allgemeinen Verbannung ausgesprochen, während die Nächstenliebe von allen praktiziert werden kann, auch in ihrem weitesten Sinne. Der Spiritismus, der in Übereinstimmung mit dem Evangelium steht, indem er allen die Rettung zugänglich macht, unabhängig von jeglicher Glaubensrichtung, sofern das Gesetz Gottes bewahrt wird, sagt nicht „Außerhalb des Spiritismus kein Heil." Und weil der Spiritismus ferner nicht vorhat, die ganze Wahrheit zu lehren, sagt er auch nicht: „Außerhalb der Wahrheit kein Heil." Denn diese Maxime würde trennen statt zu vereinen und die Gegensätze verewigen.

UNTERWEISUNGEN DER GEISTIGEN WELT
AUSSERHALB DER NÄCHSTENLIEBE KEIN HEIL

10. Meine Kinder, in der Maxime *„Außerhalb der Nächstenliebe kein Heil"* sind die Schicksale der Menschheit enthalten, sowohl im Himmel als auch auf der Erde. Auf der Erde, weil sie im Schatten dieser Fahne des Friedens leben werden; im Himmel, weil wer sie ausgeübt hat, wird von dem Herrn Gunst empfangen. Dieses Prinzip ist der himmlische Lichtstrahl, der leuchtende Stern, der den Menschen durch die Wüste des Lebens führt, um ihn in das Gelobte Land zu geleiten. Er leuchtet im Himmel wie ein Heiligenschein über dem Kopf der Auserwählten. Auf der Erde ist sie im Herzen derjenigen verankert, zu denen Jesus sagen wird: Geht nach rechts, ihr, die Gesegneten meines Vaters. Ihr erkennt sie an dem Duft der Nächstenliebe, der sich von ihnen aus entfaltet. Nichts drückt exakter die Gedanken von Jesus aus, nichts fasst die Pflichten des Menschen zusammen besser als diese Maxime göttlichen Ursprungs. Der Spiritismus könnte nicht besser seinen Ursprung beweisen, als diese zum Gebot zu machen, weil sie der Wiederschein des reinsten Christentums ist. Wenn der Mensch sich davon führen lässt, wird er sich nie verirren. Befleißigt euch, meine Freunde, um ihren tiefen Sinn und ihre Folgen zu verstehen und all ihre Anwendungen selbst zu entdecken. Unterwerft all eure Taten der Prüfung der Nächstenliebe und euer Gewissen wird euch Antworten geben. Dieses Gewissen wird euch nicht nur daran hindern, etwas Schlechtes zu tun, sondern euch auch dazu bringen, das Gute zu üben.

Denn es genügt nicht, eine passive Tugend zu haben, es ist notwendig, seine Tugend aktiv umzusetzen. Um das Gute zu tun, benötigt man immer die Wirkung des Willens. Um das Ungute nicht zu tun, reichen oft Trägheit und Gleichgültigkeit.

Meine Freunde, dankt Gott, Der euch erlaubt hat, sich an dem Licht des Spiritismus erfreuen zu können. Das bedeutet aber nicht, dass nur diejenigen, die dieses Licht haben, gerettet werden, sondern dass das aus euch bessere Christen macht, weil es euch hilft, die Lehre Jesu besser zu verstehen. Bemüht euch also, damit eure Geschwister, wenn sie euch beobachten, erkennen können, dass der wahre Spiritist und der wahre Christ ein und derselbe sind. Denn all diejenigen, die Nächstenliebe praktizieren, sind Jünger Jesu, unwesentlich, welcher Glaubensrichtung sie auch angehören.

(Der Apostel Paulus, Paris, 1860)

KAPITEL XVI -
Man kann nicht Gott und dem Mammon dienen

Die Gefahr des Reichtums - Abstand nehmen von Habgier - Jesus im Hause Zachäus - Das Gleichnis vom reichen Mann und dem armen Lazarus - Das Gleichnis vom anvertrauten Zentner (dem Talent) - Der vorsehentliche Zweck des Reichtums. Die Prüfungen durch Reichtum und Armut - Die Ungleichmäßigkeit des Reichtums
Unterweisungen der Geistigen Welt - Der wahre Besitz - Der Gebrauch des Reichtums - Die Abkehr der irdischen Güter - Die Übertragung des Reichtums

Die Gefahr des Reichtums

1. Kein Knecht kann zwei Herren dienen; entweder er wird den einen hassen und den andern lieben, oder er wird an dem einen hängen und den andern verachten. Ihr könnt nicht Gott dienen und dem Mammon. (Lukas XVI, 13) [84]

2. Und siehe, einer trat zu ihm und fragte: Meister, was soll ich Gutes tun, damit ich das ewige Leben habe? Er aber sprach zu ihm: Was fragst du mich nach dem, was gut ist? Gut ist nur Einer. Willst du aber zum Leben eingehen, so halte die Gebote. Da fragte er ihn: Welche? Jesus aber sprach: » Du sollst nicht töten; du sollst nicht ehebrechen; du sollst nicht stehlen; du sollst nicht falsch Zeugnis geben; »Du sollst deinen Nächsten lieben wie dich selbst« .

Da sprach der Jüngling zu ihm: Das habe ich alles gehalten; was fehlt mir noch? Jesus antwortete ihm: Willst du vollkommen sein, so geh hin, verkaufe, was du hast, und gib's den Armen, so wirst du einen Schatz im Himmel haben; und komm und folge mir nach!

Als der Jüngling das Wort hörte, ging er betrübt davon; denn er hatte viele Güter. Jesus aber sprach zu seinen Jüngern: Wahrlich, ich sage euch: Ein Reicher wird schwer ins Himmelreich kommen. Und weiter sage ich euch: Es ist leichter, daß ein Kamel durch ein Nadelöhr gehe, als daß ein Reicher ins Reich Gottes komme.[85]

(Matthäus XIX, 16 - 24; Lukas XVIII, 18 - 25; Markus X, 17 - 25)

---

[84] Abwertend für Geld und Reichtum; (Anmerkung des Übersetzers)

[85] Diese kühne Darstellung scheint ein wenig übertrieben, da man keine Beziehung zwischen einem Kamel und einer Nadel sehen kann. Dies ergab sich daraus, dass in Hebräisch dasselbe Wort benutzt wird, um *Kabel* und *Kamel* zu bezeichnen. Bei der Sprachübertragung wurde die letztere Bedeutung übernommen. Es ist wahrscheinlich, dass die Erstere dem Gedanke Jesu eher entspricht. Diese Bedeutung ist zumindest eine natürlichere;

ABSTAND NEHMEN VON HABGIER

3. Es sprach aber einer aus dem Volk zu ihm: Meister, sage meinem Bruder, daß er mit mir das Erbe teile. Er aber sprach zu ihm: Mensch, wer hat mich zum Richter oder Erbschlichter über euch gesetzt? Und er sprach zu ihnen: Seht zu und hütet euch vor aller Habgier; denn niemand lebt davon, daß er viele Güter hat. Und er sagte ihnen ein Gleichnis und sprach:

Es war ein reicher Mensch, dessen Feld hatte gut getragen. Und er dachte bei sich selbst und sprach: Was soll ich tun? Ich habe nichts, wohin ich meine Früchte sammle. Und sprach: Das will ich tun: ich will meine Scheunen abbrechen und größere bauen, und will darin sammeln all mein Korn und meine Vorräte und will sagen zu meiner Seele: Liebe Seele, du hast einen großen Vorrat für viele Jahre; habe nun Ruhe, iß, trink und habe guten Mut! Aber Gott sprach zu ihm: Du Narr! Diese Nacht wird man deine Seele von dir fordern; und wem wird dann gehören, was du angehäuft hast?

So geht es dem, der sich Schätze sammelt und ist nicht reich bei Gott.

(Lukas, XII, 13 - 21)

JESUS IM HAUSE DES ZACHÄUS

4. Und er ging nach Jericho hinein und zog hindurch. Und siehe, da war ein Mann mit Namen Zachäus, der war ein Oberer der Zöllner und war reich. Und er begehrte, Jesus zu sehen, wer er wäre, und konnte es nicht wegen der Menge; denn er war klein von Gestalt. Und er lief voraus und stieg auf einen Maulbeerbaum, um ihn zu sehen; denn dort sollte er durchkommen. Und als Jesus an die Stelle kam, sah er auf und sprach zu ihm: Zachäus, steig eilend herunter; denn ich muß heute in deinem Haus einkehren. Und er stieg eilend herunter und nahm ihn auf mit Freuden. Als sie das sahen, murrten sie alle und sprachen: Bei einem Sünder ist er eingekehrt. (siehe Einleitung, Die Zöllner, S. 28)

Zachäus aber trat vor den Herrn und sprach: Siehe, Herr, die Hälfte von meinem Besitz gebe ich den Armen, und wenn ich jemanden betrogen habe, so gebe ich es vierfach zurück. Jesus aber sprach zu ihm: Heute ist diesem Hause Heil widerfahren, denn auch er ist Abrahams Sohn. Denn der Menschensohn ist gekommen, zu suchen und selig zu machen, was verloren ist. (Lukas, XIX, 1 - 10)

DAS GLEICHNIS VOM REICHEN MANN UND DEM ARMEN LAZARUS

5. Es war aber ein reicher Mann, der kleidete sich in Purpur und kostbares Leinen und lebte alle Tage herrlich und in Freuden. Es war aber ein Armer mit Namen Lazarus, der lag vor seiner Tür voll von Geschwüren und begehrte, sich zu sättigen mit dem, was von des Reichen Tisch fiel; dazu kamen auch die Hunde und leckten seine Geschwüre. Es begab sich aber, daß der Arme starb, und er wurde von den Engeln getragen in Abrahams Schoß. Der Reiche aber starb auch und wurde begraben. Als er nun in der Hölle war, hob er seine Augen auf in seiner Qual und sah Abraham von ferne und Lazarus in seinem Schoß. Und er rief: Vater Abraham, erbarme dich meiner und sende Lazarus, damit er die Spitze seines Fingers ins Wasser tauche und mir die Zunge kühle; denn ich leide Pein in diesen Flammen.

Abraham aber sprach: Gedenke, Sohn, daß du dein Gutes empfangen hast in deinem Leben, Lazarus dagegen hat Böses empfangen; nun wird er hier getröstet, und du wirst gepeinigt.

Und überdies besteht zwischen uns und euch eine große Kluft, daß niemand, der von hier zu euch hinüber will, dorthin kommen kann und auch niemand von dort zu uns herüber.

Da sprach er: So bitte ich dich, Vater, daß du ihn sendest in meines Vaters Haus; denn ich habe noch fünf Brüder, die soll er warnen, damit sie nicht auch kommen an diesen Ort der Qual. Abraham sprach: Sie haben Mose und die Propheten; die sollen sie hören. Er aber sprach: Nein, Vater Abraham, sondern wenn einer von den Toten zu ihnen ginge, so würden sie Buße tun. Er sprach zu ihm: Hören sie Mose und die Propheten nicht, so werden sie sich auch nicht überzeugen lassen, wenn jemand von den Toten auferstünde. (Lukas XVI, 19 - 31)

DAS GLEICHNIS VOM ANVERTRAUTEN ZENTNER (DEM TALENT)

6. Denn es ist wie mit einem Menschen, der außer Landes ging: er rief seine Knechte und vertraute ihnen sein Vermögen an; dem einen gab er fünf Zentner Silber, dem andern zwei, dem dritten einen, jedem nach seiner Tüchtigkeit, und zog fort. Sogleich ging der hin, der fünf Zentner empfangen hatte, und handelte mit ihnen und gewann weitere fünf dazu. Ebenso gewann der, der zwei Zentner empfangen hatte, zwei weitere dazu. Der aber einen empfangen hatte, ging hin, grub ein Loch in die Erde und verbarg das Geld seines Herrn. Nach langer Zeit kam der Herr dieser Knechte und forderte Rechenschaft von ihnen. Da trat herzu, der fünf Zentner empfangen

hatte, und legte weitere fünf Zentner dazu und sprach: Herr, du hast mir fünf Zentner anvertraut; siehe da, ich habe damit weitere fünf Zentner gewonnen. Da sprach sein Herr zu ihm: Recht so, du tüchtiger und treuer Knecht, du bist über wenigem treu gewesen, ich will dich über viel setzen; geh hinein zu deines Herrn Freude! Da trat auch herzu, der zwei Zentner empfangen hatte, und sprach: Herr, du hast mir zwei Zentner anvertraut; siehe da, ich habe damit zwei weitere gewonnen. Sein Herr sprach zu ihm: Recht so, du tüchtiger und treuer Knecht, du bist über wenigem treu gewesen, ich will dich über viel setzen; geh hinein zu deines Herrn Freude! Da trat auch herzu, der einen Zentner empfangen hatte, und sprach: Herr, ich wußte, daß du ein harter Mann bist: du erntest, wo du nicht gesät hast, und sammelst ein, wo du nicht ausgestreut hast und ich fürchtete mich, ging hin und verbarg deinen Zentner in der Erde. Siehe, da hast du das Deine. Sein Herr aber antwortete und sprach zu ihm: Du böser und fauler Knecht! Wußtest du, daß ich ernte, wo ich nicht gesät habe, und einsammle, wo ich nicht ausgestreut habe? Dann hättest du mein Geld zu den Wechslern bringen sollen, und wenn ich gekommen wäre, hätte ich das Meine wiederbekommen mit Zinsen. Darum nehmt ihm den Zentner ab und gebt ihn dem, der zehn Zentner hat. Denn wer da hat, dem wird gegeben werden, und er wird die Fülle haben; wer aber nicht hat, dem wird auch, was er hat, genommen werden. Und den unnützen Knecht werft in die Finsternis hinaus; da wird sein Heulen und Zähneklappern. (Matthäus XXV, 14 - 30)

DER VORSEHENTLICHE ZWECK DES REICHTUMS. DIE PRÜFUNGEN DES REICHTUMS UND DER ARMUT

7. Sollte der Reichtum ein absolutes Hindernis für die Rettung derjenigen sein, die ihn besitzen, was man aus bestimmten Worten von Jesus folgern kann, wenn man sie wortwörtlich und nicht in ihrem geistigen Sinne interpretiert, dann hätte Gott, der den Reichtum verteilt, einigen Menschen ein fatales Instrument des Verderbens in die Hände gelegt, was jedem Verstand widerstrebt. Der Reichtum ist ohne Zweifel eine riskante Prüfung, die einen leicht überlistet. Viel gefährlicher als das Elend, ist er, aufgrund seines Sogs, seiner Versuchungen und der Verblendung, die er bietet. Er stachelt am meisten zu Stolz, Egoismus und wollüstigem Leben auf. Er ist die mächtigste aller Bindungen, welche die Menschen mit der Erde bindet und ihre Gedanken von dem Himmel entfernt. Er ruft solchen Schwindel hervor, dass man oft sieht, wie jemand, der vom Elend zum

Wohlstand gelangt, schnell seine vorherige Position vergisst, ebenso wie seine früheren Kameraden, die ihm geholfen haben. Er verwandelt sich in einen gefühllosen Menschen, egoistisch und gleichgültig. Und obwohl der Reichtum den Weg erschwert, bedeutet dies nicht, dass er ihn unmöglich macht und nicht sogar ein Heilmittel sein kann. In der Hand von jemandem, der sie zu nutzen weiß, können manche Gifte die Gesundheit wieder herstellen, wenn sie gezielt und richtig dosiert angewendet werden.

Als Jesus zu dem jungen Mann, der ihn nach dem Weg der seligen Rettung gefragt hatte, sagte „... verkaufe, was du hast und gib's den Armen, so wirst du einen Schatz im Himmel haben; und komm und folge mir nach!" wollte er nicht das absolute Prinzip begründen, dass jeder Mensch all sein Hab und Gut verkaufen muss und dass die seelische Rettung nur zu diesem Preis zu erreichen ist. Er wollte uns andererseits klar stellen, dass *die Abhängigkeit von materiellen Gütern* ein Hindernis für dieses Heil darstellt. Dieser junge Mann glaubte sicherlich, dass er sich nichts zu Schulden kommen lassen hat, weil er bestimmte Gebote befolgt hatte. Aber dennoch schreckte er vor der Idee zurück, seine Reichtümer zu verlassen. Sein Wunsch, das ewige Leben zu erreichen, ging nicht soweit.

Der Vorschlag, den Jesus ihm machte, war eine entscheidende Prüfung, um seine innersten Gedanken ans Tageslicht zu bringen. Er konnte ohne Zweifel ein nach irdischen Maßstäben vollkommener ehrlicher Mensch sein, niemandem Böses antun, seinen Nächsten nicht verfluchen, weder stolz noch eitel sein, seinen Vater und seine Mutter ehren. Er besaß aber die wahre Nächstenliebe nicht, weil seine Tugend nicht bis zur Entsagung reichte. Das war es, was Jesus zeigen wollte, eine Anwendung des Prinzips: Außerhalb der Nächstenliebe kein Heil.

Die Konsequenz aus diesen Worten, im engsten Sinne genommen, wäre die Abschaffung des Reichtums als etwas Nachteiliges für das zukünftige Glück und als Quelle unzählbarer Schäden auf der Erde. Außerdem wäre es auch die Verurteilung der Arbeit, die den Reichtum ermöglicht, eine absurde Konsequenz, welche den Menschen dazu führen würde, in der Wildnis zu leben. Deswegen wäre es ein Widerspruch zum Gesetz des Fortschrittes, welches ein Gesetz Gottes ist.

Wenn der Reichtum die Quelle vieler Leiden ist, wenn er die schlechten Leidenschaften herausfordert, wenn er soviel Kriminalität verursacht, ist es notwendig, nicht die Sache an sich zu sehen, sondern den Menschen, der sie missbraucht, wie er alle anderen Gaben Gottes missbraucht. Durch den Missbrauch macht er schädlich, was ihm nützlich sein könnte. Das ist die Konsequenz der niederen Entwicklung der irdischen Welt. Wenn der Reichtum nur das Böse verursachen würde, hätte Gott ihn auf der Erde nicht zugelassen; es hängt von den Menschen ab, daraus etwas Gutes zu machen. Wenn er nicht ein direktes Element der moralischen Entwicklung ist, ist er ohne Zweifel ein mächtiges Element der intellektuellen Entwicklung.

In der Tat hat der Mensch die Aufgabe, für den materiellen Fortschritt der Erde zu arbeiten. Er soll auf ihr Raum schaffen, sie sanieren und vorbereiten, damit sie eines Tages die ganze Bevölkerung, die ihre Fläche zulässt, aufnehmen kann. Um diese Menschenmasse, die tagtäglich wächst, zu ernähren, ist es notwendig die Produktion zu steigern. Und wenn die Produktion einer Region unzureichend ist, wird es notwendig, sie anderswo zu fördern. Deswegen wird die Beziehung zwischen den Völkern eine Notwendigkeit. Um diese Beziehung zu vereinfachen, ist es wichtig, die materiellen Barrieren auszuräumen, die sie trennen und die Kommunikation zu beschleunigen. Für die Vorhaben, die das Werk von Jahrhunderten waren, musste der Mensch sogar Elemente aus der tiefen Erde herausholen. Er hat mit Hilfe der Wissenschaft nach Mitteln gesucht, um das Ziel sicherer und schneller zu erreichen. Dafür allerdings bedurfte es Mittel: Die Not brachte den Menschen dazu, den Reichtum zu entwickeln, ebenso wie sie ihn dazu brachte, die Wissenschaft zu entdecken. Die eben durch diese Arbeit notwendig gewordene Aktivität erhöhte und entwickelte seine Intelligenz. Diese Intelligenz, die er zunächst auf die Befriedigung seiner materiellen Bedürfnisse konzentriert, wird ihm später helfen, die große moralische Wahrheit zu verstehen. Da der Reichtum das erste Mittel zum Zweck ist, gibt es ohne ihn keine großen Werke, keine Aktivität, keinen Ansporn und keine Forschung. Er ist also mit Recht als ein Mittel des Fortschrittes zu betrachten.

DIE UNGLEICHMÄßIGKEIT DES REICHTUMS

8. Die ungleichmäßige Verteilung des Reichtums ist eines dieser Probleme, die zu lösen versucht werden, aber ohne Erfolg, wenn wir es nichts anderes als das momentane irdische Leben betrachten. Die erste Frage, die es sich stellt, ist: Warum sind nicht alle Menschen gleich reich? Sie sind es nicht, aus einem sehr einfachen Grund: *Weil sie weder gleich intelligent, gleich aktiv und gleich fleißig sind, um zum Reichtum zu gelangen, noch sind sie mäßig und vorausschauend genug, um ihn aufzubewahren.* Es ist übrigens eine mathematisch bewiesene Tatsache, dass bei gleichmäßig verteiltem Reichtum, jeder einen minimalen und unzureichenden Anteil erhalten würde. Angenommen, diese Aufteilung wäre geschehen, würde das Gleichgewicht nach kurzer Zeit aufgrund der unterschiedlichen Charaktere und Fähigkeiten schwanken. Wäre diese Verteilung dauerhaft eine Tatsache, nach der jeder nur das hat, was er zum Überleben braucht, würde dies die Vernichtung aller großen Vorhaben bedeuten, die zum Fortschritt und dem Wohlwollen der Menschheit beitragen. Angenommen, dass dadurch jedem das Notwendige doch gegeben wird, würde der Stachel, der die großen Entdeckungen und nützlichen Unternehmungen vorantreibt, fehlen. Wenn Gott den Reichtum auf bestimmte Punkte konzentriert, tut Er das, damit er sich von dort ausbreiten soll, in der notwendigen Menge und entsprechend dem Bedarf.

Nimmt man das an, so fragt man sich dann, warum Gott den Reichtum Menschen gewährt, die ungeeignet sind, diesen zum Wohle aller zu nutzen. Hier erweisen sich auch die Weisheit und Güte Gottes. Indem Er dem Menschen den freien Willen gibt, will Er, dass dieser es anhand seiner eigenen Erfahrungen erreicht, den Unterschied zwischen Gut und Ungut zu machen, derart dass die Tat des Guten das Ergebnis seiner Bemühungen und seines eigenen Willens sei. Der Mensch soll weder zum Guten noch zum Schlechten zwangsweise geführt werden. Er wäre sonst nur ein passives und unverantwortliches Instrument wie im Tierreich. Der Reichtum ist somit ein Mittel, um den Menschen moralisch zu prüfen. Er ist aber auch gleichzeitig ein mächtiges Mittel, um für den Fortschritt tätig zu sein. So will Gott nicht, dass dieser Reichtum zu lange unergiebig bleibt. *Deswegen verlegt Er ihn ununterbrochen.* Jeder soll ihn besitzen, um sich in seiner Anwendung zu üben und zu zeigen, wie er ihn zu nutzen weiß. Und da es dennoch materiell unmöglich ist, dass alle den Reichtum gleichzeitig besitzen, - was dazu führen würde, wenn alle ihn besaßen, dass niemand mehr arbeiten würde und die Verbesserung der Erde beeinträchtigt wäre - *besitzt ihn jeder zu seiner Zeit.* Wer ihn heute nicht hat, hatte ihn schon oder wird ihn in anderer Existenz haben. Wer ihn heute besitzt, wird ihn Morgen vielleicht nicht mehr haben. Demnach gibt es Reiche und Arme, weil Gott, Der gerecht ist, beabsichtigt, dass jeder zu seiner Zeit arbeite. Die Armut ist für diejenigen, die leiden, eine Prüfung der Geduld und der Ergebung in das Schicksal und der Reichtum ist für andere die Prüfung der Nächstenliebe und der Entsagung.

Man beklagt sich mit Recht über den schlechten Nutzen, den manchen Menschen aus ihren Reichtümern ziehen, über die niederen Leidenschaften, welche die Gier verursacht und man fragt sich, ob Gott gerecht ist, solchen Menschen den Reichtum zu überlassen. Es ist wahr, dass, wenn der Mensch nur eine einzige Existenz hätte, nichts eine solche vergleichbare Verteilung der irdischen Güter rechtfertigen würde. Richten wir jedoch unseren Blick nicht nur auf das momentane Leben, sondern andererseits auf die Gesamtheit der Existenzen, dann stellen wir fest, dass sich alles mit Gerechtigkeit ausbalanciert. Der Arme hat also keinen Grund mehr, die Vorsehung zu verurteilen und auch nicht, den Reichen zu beneiden und die Reichen haben noch wenige Gründe zu prahlen mit dem, was sie besitzen. Wenn sie diese Reichtümer missbrauchen, werden sie nicht durch aufgezwungene Verordnungen oder Gesetze das Übel wieder gutmachen. Die Gesetze können momentan das Äußere verändern, sie erreichen aber die Veränderung im Herzen nicht. Deswegen wirken sie sich nur für kurze Zeit aus und es folgt ihnen fast immer eine noch unkontrolliertere Reaktion. Der Ursprung des Übels liegt in dem Egoismus und dem Stolz verankert. Dementsprechend werden alle Arten von Missbrauch aufhören, wenn sich die Menschen durch das Gesetz der Nächstenliebe anleiten lassen.

UNTERWEISUNGEN DER GEISTIGEN WELT
DAS WAHRE BESITZTUM

9. Der Mensch besitzt als sein Eigentum einzig und allein das, was er beim Verlassen dieser Welt mitnehmen kann. Was er bei seiner Ankunft hier vorfindet und was er hinterlässt, wenn er geht, das genießt er

während seines Aufenthalts auf der Erde. Da er aber gezwungen sein wird, die Erde zu verlassen, hat er auf sein Besitztum nur ein Nutzungsrecht, aber nicht das Eigentumsrecht. Was besitzt er eigentlich? Nichts, was dem Körper, aber alles was der Seele nützlich ist: die Intelligenz, das Wissen, die moralischen Eigenschaften. Das ist es, was er mitbringt bzw. mitnimmt. Niemand besitzt die Macht, ihm das weg zu nehmen und das wird ihm in der Geistigen Welt nützlich sein, noch mehr als auf dieser Welt. Von ihm hängt es ab, bei seiner Abreise reicher als bei seiner Ankunft zu sein. Von all dem Guten, das er erreicht hat, wird seine zukünftige Stellung abhängen. Wenn ein Mensch in ein fernes Land reist, packt er seinen Koffer mit Sachen, die in diesem Land benutzt werden können. Er nimmt keine Sachen mit, die ihm unnütz sein werden. Tut also dasselbe in Bezug auf euer zukünftiges Leben und schafft euch einen Vorrat mit all dem an, was euch dort nützlich sein kann.

Jener Reisende, der in einer Herberge ankommt, bekommt ein schönes Zimmer, wenn er es bezahlen kann; derjenige, der weniger bezahlen kann, bekommt ein bescheideneres Zimmer; wer andererseits kein Geld hat, geht auf dem Stroh schlafen. So geschieht es mit den Menschen bei ihrer Ankunft in der Geistigen Welt: ihr Platz hängt von dem ab, was er hat, aber dort wird nicht mit Gold gezahlt. Es wird nicht gefragt: Wie viel hast du auf der Erde gehabt? Welche Position hast du gehabt? Warst du Prinz oder Arbeiter? Sondern es wird gefragt: Was bringst du mit? Es wird nicht der Wert seiner Güter oder Titel berechnet, sondern die Summe seiner Tugenden. Es kann durchaus sein, dass der Arbeiter reicher ist als der Prinz. Er wird umsonst protestieren, dass er vor seiner Abfahrt seinen Eintritt mit Gold bezahlt hat. Er wird zur Antwort bekommen: Die Plätze hier können nicht mit Gold gekauft werden, sie werden durch die guten Taten verdient, die du ausgeübt hast; mit dem Gold auf der Erde konntest du Land, Häuser, Schlösser kaufen, hier wird alles mit der Qualität des Herzens bezahlt. Bist du reich an dieser Eigenschaft? Sei willkommen und nimm Platz in der ersten Reihe, wo alles Glück auf dich wartet. Bist du arm? Geh zu den letzten Plätzen, wo du entsprechend behandelt werden sollst.

(Pascal, Genève, 1860)

10. Gott gehören die Güter dieser Erde und sie werden nach Seinem Ermessen verteilt. Der Mensch ist nichts Weiteres als Nutznießer, der Verwalter dieser Güter, mehr oder weniger vernunftbegabt und mehr oder weniger integer. Die Güter sind keine individuellen Besitztümer des Menschen derart, dass Gott oftmals alle Voraussicht diesbezüglich zunichte macht. Und der Reichtum geht demjenigen verloren, der geglaubt hat, die besten Titel zu haben, ihn sicher zu erhalten. Ihr werdet möglicherweise sagen, dass hier von vererbbarem Reichtum gesprochen wird, aber dass mit dem Reichtum, den ihr euch durch Arbeit erwirtschaftet habt, nicht dasselbe zutrifft. Es ist ohne jeden Zweifel, dass, wenn es den legitimen Reichtum gibt, dann ist es dieser. *Denn ein Besitz ist nur dann legitim erworben, wenn niemandem damit geschadet wurde*, wenn man ihn also sich anständig erarbeitet hat. Es wird Rechnung verlangt sogar für eine einzelne Münze, die durch Schaden an Dritten erworben wurde. Ermöglicht aber einem Menschen die Tatsache, dass er sich seinen Reichtum selbst zuzuschreiben hat, er ihn nach seinem Tode mitnehmen kann? Ist die getroffene Vorsorge, seine Reichtümer an seine Nachkommen zu vererben, nicht oftmals umsonst? Wenn es nicht Gottes Willen ist, dass sie diese Reichtümer bekommen, kann man dies gewiss nicht ändern. Kann der Mensch ferner von seinem Hab und Gut während seines Lebens Gebrauch machen, wie er es möchte, ohne Rechenschaft abzulegen? Nein. Indem Gott ihm diese Aneignung gestattet, könnte Gott ihn in dieser gegenwärtigen Existenz für seine Anstrengungen, seinen Mut und für seine Beharrlichkeit belohnen wollen. Wenn er aber den Reichtum nur, um der Befriedigung seiner Sinne und seines Stolzes zu dienen, benutzt hat; und wenn er bloß ein Stein zum Stolpern auf seinem Wege geworden ist, wäre es besser für ihn, diesen nicht zu besitzen. Denn das, was er auf der einen Seite gewonnen hat, verliert er auf der anderen Seite und damit auch den Verdienst seiner Arbeit. Wenn er die Erde verlässt, wird Gott ihm sagen, dass er seine Belohnung schon bekommen hat.

(M., Schutzgeist, Brüssel, 1861)

DIE VERWENDUNG DER REICHTÜMER

11. Ihr könnt nicht Gott und dem Mammon dienen, behaltet das sehr genau; ihr, die ihr von der Liebe zum Gold beherrscht seid; ihr, die ihr

eure Seelen verkaufen würdet, um reich zu werden, weil euch das über die anderen erhaben machen und in den Genuss der Leidenschaften bringen könnte. Nein, ihr könnt nicht Gott und dem Mammon dienen! Wenn ihr spürt, dass eure Seele von dem Verlangen des Fleisches dominiert wird, beeilt euch, das Joch, das euch erdrückt, abzunehmen, weil Gott, Der gerecht und gewissenhaft ist, euch fragen wird: Was habt ihr denn getan, untreue Verwalter, mit den Gütern, die ich euch anvertraut habe? Steht euch dieses mächtige Mittel der guten Tat einzig und allein für eure eigene Befriedigung zur Verfügung?

Wie verwendet man aber den Reichtum am besten? Sucht in diesen Worten: „Liebet euch untereinander." die Lösung dieses Problems. Dort liegt das Geheimnis, wie man seinen Reichtum gut einsetzt. Derjenige, der seinen Nächsten liebt, hat schon den Weg vorgezeichnet, denn die Nutzung des Reichtums, die Gott gefällt, ist die Nächstenliebe. Nicht diese kalte und egoistische Nächstenliebe, die darin besteht, den Überschuss einer vergoldeten Existenz um sich herum zu verteilen, sondern die Nächstenliebe voller Liebe, die den Leidenden sucht und ihm hilft, ohne ihn zu erniedrigen. Ihr Reichen, gebt von euerem Überschuss etwas ab, aber tut noch mehr. Gebt von euerem Notwendigsten, weil euer Notwendigstes auch Überschuss ist. Gebt jedoch mit Weisheit. Weist nicht die Leidenden zurück, aus Angst betrogen werden zu können, sondern geht zu der Quelle des Übels. Helft zunächst, erkundigt euch dann und seht, ob die Arbeit, die Ratschläge, die Zuneigung selbst nicht wirksamer sind als eure Almosen. Verbreitet um euch herum mit der materiellen Hilfe auch die Liebe Gottes, die Liebe der Arbeit und die Nächstenliebe. Setzt eure Reichtümer auf eine solide Basis, die euch nie verloren gehen wird und einen großen Gewinn garantiert: auf die guten Taten. Der Reichtum an Vernunftbegabung soll euch dienen, wie der Reichtum an Gold. Verbreitet um euch herum die Schätze der Unterrichtung; und verteilt unter eueren Brüdern die Schätze euerer Liebe und sie werden reiche Erträge erzielen.

(Cheverus, Bordeaux, 1861)

12. In Anbetracht der kurzen Dauer des Lebens hinterlässt eure andauernde Sorge um die irdischen Güter bei mir schmerzliche Eindrücke. Dabei schenkt ihr euerem moralischen Fortschreiten kaum

Bedeutung und so wenig Zeit. Dies wäre dennoch das Wichtigste für die Ewigkeit. Beobachtet man eure Tätigkeiten, geht man davon aus, es handle sich um eine höchst wichtige Frage für die Menschheit. Tatsache ist, dass es hier fast immer um die Befriedigung euerer übertriebenen Bedürfnisse geht, euerer Eitelkeit oder auch darum, dass ihr euch den Exzessen ausliefert. Wie viele Leiden, wie viele Qualen und wie viele Sorgen man sich bereitet; wie viele Nächte ohne Schlaf man durchwacht, um den Reichtum zu vergrößern. All das geschieht mehr als genug! Aus übermäßiger Blindheit sind die Menschen nicht selten Sklaven von anstrengender Arbeit. Sie tun das aus unkontrollierter Liebe zum Reichtum und zu den dadurch begünstigten Genüssen. Dabei prahlen sie mit dieser Anstrengung, ein Leben voller Opfer und Verdienste zu haben, als ob sie für die anderen und nicht für sich selbst arbeiten würden. Törichte! Denkt ihr, dass euch die Sorgfalt und die Anstrengung anerkannt werden, deren Motivation Egoismus, Gier oder Stolz waren? Dabei habt ihr die Sorge um eure Zukunft vergessen, sowie die Pflichten der brüderlichen Solidarität, zu denen all diejenigen verpflichtet sind, die das Privileg des sozialen Lebens genießen. Ihr habt nur an die Materie gedacht. Ihr Wohlsein und ihre Befriedigung waren die einzigen Ziele euerer egoistischen Eifers. Für diesen sterblichen Körper habt ihr eueren Geist vernachlässigt, der ewig lebt. Dieser Körper, dermaßen verwöhnt und geschmeichelt, hat sich in einen Tyrannen verwandelt. Er befiehlt euerem Geist, der nun sein Sklave geworden ist. Ist dies die Absicht der Existenz, die Gott euch gegeben hat?
(Ein Schutzgeist, Krakau, 1861)

13. Der Mensch als Treuhänder, als Verwalter der Güter, die Gott in seine Hände gegeben hat, wird strenge Rechenschaft ablegen müssen, wie er sie, kraft seines freien Willens, eingesetzt hat. Der schlechte Gebrauch des Reichtums besteht darin, diesen nur zu seiner eigenen Befriedigung genutzt zu haben. Hingegen ist die Verwendung jedes Mal gut, wenn daraus etwas Gutes für die anderen resultiert. Der Verdienst ist den Opfern, die wir uns auferlegen, angemessen. Die Wohltätigkeit ist nur eine Weise, den Reichtum einzusetzen. Sie lindert das momentane Elend, stillt den Hunger, bewahrt vor der Kälte und gibt Zuflucht denjenigen, die nichts haben. Eine durchaus genauso starke und würdige Pflicht besteht

darin, dem Elend vorzubeugen. Das ist vor allem die Aufgabe der großen Reichtümer, die diese in unterschiedlichstem Einsatz erfüllen können. Und auch wenn man selbst aus den Reichtümern einen legitimen Profit ziehen würde, gäbe es davon eine nicht weniger gute Folge. Denn die Arbeit fördert die Intelligenz und betont die Würde des Menschen. So ist jemand immer in der Lage zu sagen, dass er das Brot, das er isst, selbst verdient, wohingegen Almosen demütigen und erniedrigen. Der Reichtum, in einer Hand konzentriert, soll wie eine Quelle belebenden Wassers sein, die Fruchtbarkeit und Wohlsein um sich verbreitet. Ach, ihr Reichen! Wenn ihr den Reichtum nach dem Willen Gottes nutzt, werden eure eigenen Herzen die Ersten sein, die sich aus dieser wohltuenden Quelle satt trinken. So könnt ihr in diesem Leben in den unbeschreiblichen, seelischen Genuss kommen, statt des materiellen Genusses der Egoisten zu erleben, der eine Leere in den Herzen hinterlässt. Euer Name wird auf der Erde selig sein und wenn ihr die Erde verlasst, wird der allmächtige Herr an euch die Worte, ähnlich wie im Gleichnisses vom anvertrauten Zentner, richten: „O guter und treuer Diener, nehme an der Freude deines Herrn teil!" Ist in diesem Gleichnis der Diener, der das ihm anvertraute Geld in der Erde vergraben hat, nicht die Figur des Geizigen, in dessen Händen der Reichtum unergiebig ist? Wenn aber Jesus prinzipiell von Almosen sprach, tat er das, weil man damals und in dem Land, in dem er gelebt hatte, von der Förderlichkeit der später entstandenen Künste und der Industrie nicht kannte. Hierbei können die Reichtümer sehr für das allgemeine Wohl angewendet werden. Deswegen sage ich all denjenigen, die etwas - ob viel oder wenig - geben können: Gebt Almosen, wenn es notwendig ist; wann immer es möglich ist, verwandelt sie in Lohn, damit derjenige, der sie bekommt, sich nicht schämen muss.

(Fénelon, Algier, 1860)

DIE ABKEHR VON IRDISCHEN GÜTERN

14. Ich komme, meine Brüder, meine Freunde, um euch mein Opfer zu bringen, um euch mit Mut auf dem von euch bereits betretenen Weg der Vervollkommnung fortschreiten zu helfen. Wir sind uns gegenseitig

verpflichtet. Der Erneuerungsprozess ist nur durch eine ehrliche und brüderliche Vereinigung zwischen Geistern und Inkarnierten möglich.

Eure Vorliebe zu den materiellen Gütern ist einer der stärksten Hindernisse für eure moralische und spirituelle Entwicklung. Durch diese Anhänglichkeit am Besitz unterdrückt ihr eure Fähigkeiten zu lieben, indem ihr sie alle auf die materiellen Dinge richtet. Seid ehrlich: Gibt der Reichtum ein vollkommenes Glück? Obwohl eure Kassenschränke voll sind, gibt es nicht trotzdem eine Leere in eueren Herzen? Ist nicht am Boden dieser Blumenkörbe immer eine Schlange versteckt? Ich verstehe, dass die Menschen, die durch fleißige und ehrliche Arbeit Reichtum erlangen, eine Genugtuung erfahren, die zudem gerecht ist. Von dieser sehr natürlichen Befriedigung, die Gott auch anerkennt, bis zu einer Anhänglichkeit, die alle anderen Gefühle verschlingt und die Impulse des Herzens lähmt, liegt jedoch eine große Entfernung: Eine Entfernung, die so groß ist wie die zwischen der übertrieben Verschwendung und dem verkommenen Geiz. Diese sind zwei schlechte Angewohnheiten, zwischen denen Gott die Nächstenliebe gestellt hat, Sie ist göttlich und eine heilsame Tugend, die den Reichen lehrt zu geben, ohne zu prahlen, damit der Arme ohne Erniedrigung etwas entgegennimmt.

Wenn der Reichtum von eueren Familien stammt, oder wenn ihr ihn euch durch eure Arbeit verdient habt, dann gibt es etwas, das ihr nie vergessen sollt: Es kommt alles von Gott und kehrt wieder zu Ihm zurück. Nichts gehört euch auf der Erde, nicht einmal euer armer Körper. Der Tod trennt euch von ihm wie von allen materiellen Gütern. Ihr seid Verwalter und nicht Besitzer, dadurch lasst euch nicht täuschen. Gott borgt es euch, ihr sollt es Ihm zurückgeben. Er borgt es euch unter der Bedingung, dass ihr mindestens den Überschuss zum Wohl derjenigen verwendet, die Not leiden.

Einer euerer Freunde borgt euch eine gewisse Summe Geld. Auch wenn ihr wenige Ehrlichkeit besitzt, werdet ihr so viele moralische Bedenken haben, es ihm nicht zurückzugeben und ihr seid ihm dafür dankbar. Hier habt ihr dann die Lage aller reichen Menschen auf der Erde. Gott ist ein himmlischer Freund, der einem den Reichtum geborgt hat und von dem Reichen für sich nichts Weiteres erbittet, als die Liebe und die Dankbarkeit. Er verlangt von diesem hingegen, dass er als Reiche den Armen etwas gebe, die genauso Seine Kinder sind, wie er.

Die an euch von Gott anvertrauten Güter erregen in eueren Herzen eine feurige und wahnsinnige Gier. Habt ihr darüber nachgedacht, wenn ihr von dem vergänglichen und vorübergehenden Reichtum - wie ihr übrigens selbst auch flüchtig seid - übermäßig abhängig werdet, dass ihr eines Tages dem Herrn gegenüber diesem Reichtum und das, was ihr von ihm erhalten habt, verantworten müsst? Ist euch entgangen, dass ihr durch den Reichtum die göttliche Rolle eines Vertreters der Nächstenliebe auf der Erde annehmen sollt, um ihn vernünftig zu verwalten? Wer seid ihr also, wenn ihr das nur zu euerer Befriedigung nutzt, was euch etwas anvertraut worden ist, außer ein unehrlicher Verwalter? Was resultiert aus diesem bereitwilligen Vergessen euerer Pflichten? Der unbeugsame und unerbittliche Tod wird kommen, um den Schleier zu zerreißen, unter dem ihr euch versteckt. Er zwingt euch, die Rechnung dem Freund, der euch vertraut hat, zu präsentieren und der in diesem Moment im Amt des Richters vor eueren Augen erscheinen wird.

Vergebens versucht ihr euch in diesem irdischen Leben selbst zu betrügen, ihr färbt das mit dem Namen der Tugend, was oftmals nur Egoismus ist. Umsonst nennt ihr es Sparsamkeit und Vorsorge, was nur Gier und Geiz ist, oder nennt ihr Güte das, was nichts anderes ist, als Verschwendung zu eueren Gunsten. Wie ein Familienvater, zum Beispiel, der sich der Ausübung der Nächstenliebe vorbehält, um – so sagt er – zu sparen, Gold auf Gold zu häufen, damit er seinen Kindern das Maximum an Gütern hinterlässt, weil er so sie vor dem Elendsleben bewahren könne. Das ist gerecht und väterlich, gebe ich zu, niemand kann ihn tadeln. Wird das aber immer die einzige Motivation sein, die ihn antreibt? Ist es nicht oft eine Entschuldigung für sein Gewissen, um sich vor sich und den Augen der Menschheit dafür zu rechtfertigen, dass er an die irdischen Güter gebunden ist? Nehmen wir trotzdem an, dass die väterliche Liebe seine einzige Motivation ist. Wäre dies dennoch ein Grund, um seine Geschwister im Sinne Gottes zu vergessen? Wenn er selbst schon im Überfluss lebt, werden seine Kinder im Elend leben, nur, weil er ihnen etwas weniger von diesem Überfluss hinterlässt? Gibt er ihnen damit nicht eher eine Lektion des Egoismus, die ihre Herzen verhärten wird? Bedeutet es nicht, den Keim der Nächstenliebe in ihnen zu ersticken? Väter und Mütter, ihr seid in einem großen Irrtum, wenn ihr glaubt, damit die Liebe euerer Kinder zu euch zu vergrößern. Indem ihr ihnen beibringt, egoistisch gegenüber anderen zu sein, lehrt ihr sie, gegenüber euch selbst egoistisch zu sein.

Wenn ein Mensch viel gearbeitet und im Schweiße seines Angesichtes Güter gesammelt hat, pflegt man zu sagen, dass man den Wert des Geldes, das man sich selbst verdient hat, mehr zu schätzen weiß. Nichts ist wahrer. Nun, sobald dieser Mensch, der zugegeben hat, den hohen Wert dieses selbst erwirtschafteten Geldes zu kennen, Nächstenliebe nach seinen Möglichkeiten ausübt, wird sein Verdienst größer sein als jener der anderen, die im Überschuss geboren sind und die mühsamen Anstrengungen der Arbeit nicht kennen. Wenn aber dieser Mann, der sich zwar an seinen Kummer, an seine Anstrengungen erinnert, sich aber in einen Egoisten verwandelt und hart gegenüber den Armen ist, wird er noch viel schuldiger als die anderen sein. Denn je mehr wir selbst die verborgenen Schmerzen des Elends kennen, desto mehr sollten wir uns geneigt fühlen, unsererseits die Schmerzen anderer zu lindern.

Unglücklicherweise begleitet den begüterten Mann immer noch ein anderes Gefühl, das genauso stark ist wie die Anhänglichkeit am Reichtum, der Stolz. Nicht selten ist zu sehen, dass der Neureiche den Unglücklichen, der ihn um Hilfe bittet, mit den Geschichten von seiner Arbeit und von seinen Fähigkeiten verwirrt und statt ihm zu helfen, sagt er am Ende: „Tu, wie ich es getan habe!" Seiner Meinung nach hat die Güte Gottes keinen Einfluss auf seinen Reichtum, nur ihm allein steht der ganze Verdienst zu und sein Stolz verbindet ihm die Augen und steckt ihm Watte in die Ohren. Trotz all seiner Intelligenz und all seinem Können, versteht er nicht, dass Gott seinen Reichtum durch ein einziges Wort in das Gegenteil verkehren kann.

Den Reichtum zu verschwenden heißt nicht, sich von den irdischen Gütern zu lösen, es bedeutet Vernachlässigung und Gleichgültigkeit. Der Mensch als Verwalter der Güter, die er besitzt, hat nicht das Recht, sie zu vergeuden oder zu seinen Gunsten zu beschlagnahmen. Die Verschwendung ist keine Güte, sondern fast immer eine Art Egoismus. Wer das Gold aus vollen Händen verschwendet, um seine Phantasien zu befriedigen, würde vielleicht keinen Pfennig geben, um Hilfe zu leisten. Die Abkehr von den irdischen Gütern heißt deswegen den Reichtum in seinem wahren Wert zu betrachten und sich dessen zu bedienen, um anderen zu helfen und nicht nur sich selbst; sich nicht für ihn zu opfern im Interesse des zukünftigen Lebens; ihn zu verlieren, ohne sich zu beklagen, wenn Gott es für richtig hält, ihn einem zu entziehen. Wenn ihr durch ein unvorhergesehenes Missgeschick zu einem zweiten Hiob werdet; sagt wie er: „Der Herr hat's gegeben, der Herr hat's genommen; der Name des Herrn sei gelobt!"[86] Das ist die wahre Abkehr. Seid von Anfang an diesem Schicksal ergeben, vertraut darauf, dass derjenige, der euch gegeben und weggenommen hat, euch ebenso wieder geben kann! Versucht der Niedergeschlagenheit und der Verzweiflung zu widerstehen, die eure Kräfte lähmt! Vergesst nie, dass, wenn Gott euch vor eine harte Prüfung stellt, Er immer einen Trost beilegt. Denkt aber daran, dass es viele andere Güter gibt, die unendlich wertvoller sind als die irdischen Güter; dieser Gedanke wird euch helfen, sie loszulassen. Um so weniger Wert wir einer Sache beimessen, desto weniger leiden wir darunter, sie zu verlieren. Der Mensch, der sich an die irdischen Güter hängt, ist wie ein Kind, das nur den jetzigen Augenblick sieht; derjenige, der sie loslässt, ist wie ein Erwachsener, der andere Dinge als wichtiger betrachtet, weil er diese prophetischen Worte des Erlösers kennt: „Mein Reich ist nicht von dieser Welt."

Gott befiehlt niemandem, auf seinen Besitz zu verzichten, um freiwillig Bettler und damit zu einer Last für die Gesellschaft zu werden. So zu handeln hieße, die Abkehr von den irdischen Gütern zu missverstehen. Es ist ein Egoismus anderer Art, denn das wäre gleich bedeutend mit einer Flucht vor der Verantwortung, mit welcher der Reichtum denjenigen belastet, der ihn besitzt. Wenn Gott es für richtig hält, gibt Er den Reichtum demjenigen, der diesen zum Vorteil aller gut zu verwalten versteht. Der Reiche hat also eine Mission, die schön und wertvoll für ihn werden kann. Den Reichtum zu verweigern, wenn Gott ihn einem gegeben hat, bedeutet auf die Wohltaten zu verzichten, die man damit bewirken könnte, würde man ihn mit Weisheit verwalten. Wir müssen lernen, ohne ihn auszukommen. Wenn wir ihn dennoch besitzen, so sollen wir ihn nützlich gebrauchen. Wenn wir ihn bekommen haben, müssen wir lernen, ihn zu opfern, wenn es notwendig wird. Das bedeutet, nach dem Willen Gottes zu handeln. Wer etwas bekommen hat, das auf der Erde als ein großer Reichtum gilt, soll zu sich selbst sagen: Mein Gott, Du gibst mir

---

[86] Hiob I, 21; (Anmerkung des Herausgebers)

eine neue Aufgabe, gib mir auch die Kraft, diese nach Deinem Willen zu erfüllen!

Hier habt ihr das, meine Freunde, was ich euch in Bezug auf die Abkehr von den irdischen Gütern lehren wollte. Ich möchte schließlich zusammenfassen: Lernt mit wenig zufrieden zu sein; wenn ihr arm seid, beneidet nicht die Reichen, weil der Reichtum für das Glück nicht notwendig ist; wenn ihr reich seid, vergesst nicht, dass diese Güter euch anvertraut worden sind; ihr werdet Rechenschaft abgeben müssen, wie ihr sie benutzt habt, wie bei einer Prüfung einer Vormundschaft. Seid keine untreuen Verwalter, indem ihr den Reichtum zu euerer Befriedigung, für eueren Stolz und eure Sinnlichkeit benutzt. Betrachtet es nicht als euer Recht, ihn einzig und allein für euch zu nutzen, ihr habt ihn nicht als Gabe, sondern als Leihgabe bekommen. Wenn ihr nicht gelernt habt zurückzugeben, habt ihr nicht das Recht zu bitten. Denkt daran, den Armen zu geben bedeutet, die Schuld, die wir Gott gegenüber haben, einzulösen.

(Lacordaire, Constantine, 1863)

ÜBERGABE DES REICHTUMS

15. *Spricht das Prinzip, das besagt, der Mensch sei nur der Verwalter der Reichtümer und Gott erlaube ihm, sie während seines irdischen Lebens zu genießen, ihm das Recht ab, den Reichtum an seinen Nachfolger weiter zugeben?*

Der Mensch kann durchaus bei seinem Tod die Güter, die er in seinem Leben benutzt hat, weitergeben, denn die Ausführung dieses Rechts ist immer dem Willen Gottes untergeordnet. Er kann es vermeiden, wenn dies Seiner Absicht ist, dass die Erben an diesem Genuss teilhaben. Deswegen sehen wir, wie Reichtümer zerstört werden, die aussahen, als hätten sie eine sehr solide Grundlage. Der Wille des Menschen, seine Reichtümer in den Händen seiner Nachkommen zu bewahren, ist machtlos. Das nimmt ihm aber nicht das Recht, diese Leihgabe weiterzugeben, die er bekommen hat, zumal Gott sie diesem wieder entziehen kann, wenn Er es für richtig hält.

(Hl. Ludwig, Paris, 1860)

KAPITEL XVII -

Seid vollkommen

Charakteristika der Vollkommenheit - Der gütige Mensch - Die guten
Spiritisten - Das Gleichnis von der Saat
Unterweisungen der Geistigen Welt: Die Pflicht - Die Tugend -
Vorgesetzte und Untergebene - Der Mensch in der Welt – Sorge tragen für
Körper und Geist

Charakteristika der Vollkommenheit

1. Ich aber sage euch: Liebet eure Feinde und bittet für die, die euch
verfolgen,denn wenn ihr liebet, die euch lieben, was werdet ihr für Lohn
haben? Tun nicht dasselbe auch die Zöllner? Und wenn ihr nur zu euren
Brüdern freundlich seid, was tut ihr Besonderes? Tun nicht dasselbe auch die
Heiden? Darum sollt ihr vollkommen sein, wie euer Vater im Himmel
vollkommen ist. (Matthäus V, 44 - 48)

2. Wenn wir annehmen, dass Gott die unendliche Vollkommenheit über
allem ist, wäre die Maxime „vollkommen sein, wie euer Vater im Himmel
vollkommen ist" wortwörtlich betrachtet, die Möglichkeit vorausgesehen,
die absolute Vollkommenheit zu erlangen. Wenn den Geschöpfen die
Möglichkeit gegeben wäre, genauso vollkommen wie der Schöpfer selbst
zu sein, wären sie ihm gleich, was unzulässig ist. Die Menschen, zu denen
Jesus sprach, hätten aber diese feine Nuance nicht verstanden. Er hat sich
darum beschränkt, ihnen ein Modell zu zeigen und ihnen zu raten, sich
darum zu bemühen, dieses Ziel zu erreichen.

Es ist also notwendig, diese Worte, als eine relative Vollkommenheit, zu
verstehen, welche die Menschheit in der Lage ist, zu erreichen, um sich
damit mehr der Göttlichkeit anzunähern. Wovon handelt diese
Vollkommenheit? Jesus sagte: „Liebet eure Feinde und bittet für die, die
euch verfolgen." Damit zeigt er uns, dass das Wesentliche der
Vollkommenheit, die Nächstenliebe in ihrer Vielseitigkeit ist, weil sie die
Ausübung von allen Tugenden verlangt.

In der Tat, wenn man sich die Folgen aller Laster anschaut, selbst von den
einfachsten Fehlern, so wird man feststellen, dass nicht ein Einziges dabei
ist, dass nicht mehr oder weniger das Gefühl der Nächstenliebe verändert.
Denn sie haben alle ihren Ursprung in dem Egoismus und in dem Stolz,
beide als die Verneinung dieser Nächstenliebe zu betrachten. Alles, was

die eigene Persönlichkeit überbewerten lässt, zerstört oder schwächt zumindest die Elemente der wahren Nächstenliebe: das Wohlwollen, die Nachsicht, die Entsagung und die Hingabe. Die Liebe zu den Nächsten bis hin zu der Liebe zu den Feinden lässt sich mit irgendeinem Fehler nicht verbinden, der gegen das Prinzip der Nächstenliebe ist. Diese Liebe ist deswegen immer ein Anzeichen mehr oder weniger großer moralischen Überlegenheit. Daraus ergibt sich, dass die Stufe der Vollkommenheit in direktem Zusammenhang mit der Weite jener Liebe steht. Jesus sagte deshalb, nachdem er seinen Jüngern die Grundsätze der Nächstenliebe in ihrer vollkommensten Form erläutert hatte: Seid vollkommen, wie euer himmlischer Vater vollkommen ist.

DER GÜTIGE MENSCH

3. Der wahre gütige Mensch ist derjenige, der das Gesetz der Gerechtigkeit, der Liebe und der Nächstenliebe in seiner höchsten Reinheit, praktiziert. Derjenige, der sein Gewissen über seine eigenen Taten befragt und sich selbst fragt: Ob er nicht dieses Gesetz verletzt hat; nichts Böses getan hat; ob er alle Wohltaten vollbracht hat, die er in der Lage zu vollbringen war; ob er absichtlich eine Möglichkeit verpasst hat, in der er hätte nützlich sein können; ob sich niemand über sein Verhalten beschweren kann und letztendlich die Frage, ob er den anderen all das getan hat, was er sich selbst wünsche, dass es ihm angetan wird.

Er vertraut Gott in Seiner Güte, in Seiner Gerechtigkeit und in Seiner Weisheit. Er weiß, dass nichts ohne Seine Einwilligung geschieht und fügt sich Seinem Willen.

Er glaubt an die Zukunft und stellt deswegen die spirituelle Güte über alle irdischen Güter.

Er anerkennt, dass alle Schicksalsschläge des Lebens, alle Leiden und alle Enttäuschungen, Prüfungen oder Abbüßungen sind, die ohne sich zu beschweren er akzeptiert.

Durchdrungen vom Gefühl der Mildtätigkeit und der Liebe, tut er Gutes, des Guten wegen, ohne Belohnung zu erwarten. Er erwidert dem Bösen mit dem Guten, übernimmt die Verteidigung des Schwachen gegen den Starken und opfert immer sein Interesse der Gerechtigkeit.

Er findet Befriedigung in den Wohltaten, die er vollbringt; in dem Dienst, den er leistet; in dem Glück der Menschen, die er glücklich macht; in den Tränen, die er trocknet; in dem Trost, den er den Unglücklichen spendet. Seine erste Reaktion ist immer an andere zu denken, bevor er an sich selbst denkt und versucht die Interessen der anderen vor seine eigenen zu stellen. Der Egoist berechnet im Gegenteil dazu, den Gewinn und Verlust all seiner Wohltaten.

Der gütige Mensch ist menschlich und gut, mit allen Menschen ohne Bevorzugung ihrer Rasse oder ihres Glaubens, weil er alle Menschen als Geschwister betrachtet.

Er respektiert an den anderen ihre ehrliche Überzeugung und wirft nicht den Bann des Fluches über diejenigen, die nicht so denken wie er.

Unter allen Umständen ist die Nächstenliebe seine Führung. Und er weiß, dass wer anderen mit böswilligen Worten schadet oder das Gefühl anderer mit seinem Stolz und seiner Verachtung verletzt, nicht die Gnade Gottes verdient. Und auch wenn er sich nicht von der Idee verabschiedet, anderen Leiden und Unannehmlichkeiten zuzufügen, selbst wenn sie vielleicht unbedeutend erscheinen und vermeidbar wären, dieser damit die Pflicht der Nächstenliebe missachtet und dieser Gnade ebenfalls nicht würdig ist.

Er pflegt weder Hass noch Groll und auch kein Rachegefühl. Nach dem Beispiel von Jesus vergibt der gütige Mensch und vergisst die Beleidigungen und erinnert sich nur an die Wohltaten, da er weiß, dass ihm verziehen werden wird, in dem Maß, wie er verziehen hat.

Er ist milde mit den Schwächen anderer, da er weiß, dass er selbst der Milde bedarf und erinnert sich deshalb an die Worte von Christus: „Wer unter euch ohne Laster ist, der werfe den ersten Stein auf sie."[87]

Er beschäftigt sich nicht damit, Fehler an dem anderen zu suchen und diese zu offenbaren. Wenn dennoch die Notwendigkeit ihm dazu zwingt, versucht er es immer, in einer Art und Weise, das Schlechte zu mildern.

Er analysiert seine eigene Unvollkommenheit und arbeitet unermüdlich daran, sie zu bekämpfen. Er setzt alle Anstrengungen ein, um am nächsten Tag sagen zu können, dass er etwas Besseres in ihm hat, als das des gestrigen Tages.

---

[87] Johannes VIII, 7; (Anmerkung des Herausgebers)

Er versucht weder seinem Geist, noch seinen Begabungen auf Kosten anderer Gelten zu lassen. Er nutzt im Gegenteil alle Möglichkeiten, um auf die Vorteile anderer aufmerksam zu machen.

Er geht weder mit seinem Reichtum noch mit seinen persönlichen Vorteilen eitel um, weil er erkennt, dass alles, was ihm gegeben wurde, ihm wieder entzogen werden kann.

Er benutzt, aber missbraucht nicht die Güter, die ihm anvertraut wurden. Da er weiß, dass es sich um eine Leihgabe handelt, über die er der Rechenschaft verpflichtet sei. Ferner weiß er, dass ihre aller schädlichste Nutzung wäre, sich davon für die Befriedigung eigener Leidenschaften zu bedienen.

Wenn die soziale Stellung ihm Menschen als seine Mitarbeiter unterordnet, behandelt er sie mit Güte und Wohlwollen, da sie vor Gott seinesgleichen sind. Er nutzt sein Ansehen, um sie aufzurichten, statt sie mit seinem Stolz zu demütigen. Er vermeidet alles, was ihre untergeordnete Position beschwerlicher machen könnte.

Der Untergeordnete auf der anderen Seite, versteht die Pflichten seiner Position und bemüht sich diese gewissenhaft zu befolgen. (siehe Kap. XVII, Abs. 9, S. 347)

Und schließlich respektiert der gütige Mensch alle Rechte, die seinesgleichen durch die Naturgesetze gegeben wurden, gleichfalls wie er seine Rechte respektiert sehen möchte.

Diese Zusammenfassung entspricht nicht allen Eigenschaften, die einen gütigen Menschen kennzeichnen. Wer sich dennoch bemüht, diese von uns aufgeführten Eigenschaften zu erwerben, befindet sich auf dem Weg zu allen anderen.

Die guten Spiritisten

4. Wer den Spiritismus gut verstanden hat, oder besser, wer ihn gut fühlt, gelangt unausweichlich zu den oben benannten Ergebnissen, die den wahren Spiritisten, wie den wahren Christen charakterisieren, was der ein und derselbe ist. Der Spiritismus hat keine neue Moral geschaffen, sondern vereinfacht dem Menschen die Verständigung und die Ausübung der christlichen Moral, in dem er einen soliden und durchschaubaren Glauben, denjenigen ermöglicht, die schwanken oder daran zweifeln.

Aber viele von denen, die an die Fakten der spiritistischen Erscheinungen glauben, verstehen weder ihre Konsequenz noch den moralischen Hintergrund. Und, wenn sie es verstehen, üben sie es nicht mit sich selbst aus. Woran liegt das? Am Mangel an Deutlichkeit der Lehre? Nein, da sie weder ein Sinnbild noch eine Gestalt beinhaltet, dass Platz für falsche Interpretationen lassen würde. Ihre Essenz selbst ist die Klarheit. Das ist ihre große Stärke, da sie direkt die Intelligenz anspricht. Sie hat keine Mysterien und seine Bekennenden sind auch nicht im Besitz von etwas Geheimnisvollen, das anderen verborgen bleibt.

Ist also eine außergewöhnliche Intelligenz notwendig, um diese Lehre zu verstehen? Nein, weil man Menschen von hervorragender Intelligenz sieht, die sie nicht verstehen, während gewöhnliche Intelligenzen, selbst gerade aus der Pubertät herausgekommene junge Menschen, diese mit all ihrer feinsten Nuancen, mit erstaunlicher Genauigkeit lernen. Das kommt dadurch zu Stande, dass der so genannte greifbare wissenschaftliche Teil schon bloß mit Beobachteraugen betrachtet werden kann. Dagegen verlangt der essenzielle Teil einen gewissen Grad an Sensibilität, das man *Reife des moralischen Menschenverstandes* nennen kann. Eine Reife, die vom Alter und vom Bildungsgrad unabhängig ist, da sie in besonderem Sinne der Entwicklung des reinkarnierten Geistes innewohnt.

In manchen Menschen sind die materiellen Bindungen noch zu stark, damit der Geist sich von den irdischen Gütern befreien kann. Dieser Nebel, der sie hüllt, verhindert den Anblick der Unendlichkeit. Deshalb brechen sie mit ihrem Verlangen und ihren Gewohnheiten nicht leicht ab, da sie nicht verstehen, dass es etwas Besseres geben könnte, als das, was sie besitzen. Der Glaube an die Geistwesen ist für die Menschen ein ganz einfaches Faktum, das ihre intuitive Tendenz wenig oder gar nicht verändern kann. Im Grunde sehen sie vom Licht nicht mehr als einen einzigen Lichtstrahl, der nicht ausreichend ist, sie zu orientieren und zu einem tieferen Erstreben zu motivieren, das ihre Tendenz verändern würde. Sie binden sich mehr an die Phänomene, als an die Moral, die ihnen abgedroschen und langweilig erscheint. Sie bitten andauernd die Geistwesen, sie an neuen Geheimnissen teil haben zu lassen, ohne zu fragen, ob sie sich würdig gemacht haben, um in das Geheimnis des Schöpfers einzudringen. Sie sind die unvollkommenen Spiritisten, die entweder auf dem Weg stehen geblieben sind oder sich von ihren

Glaubensbrüdern distanziert haben, weil sie vor der Pflicht sich zu erneuern zögern oder weil sie die Begleitung jener Teilnehmer bevorzugen, die an ihren Schwächen oder Misstrauen teilhaben. Und trotzdem ist die Anerkennung der Grundsätze der Lehre der erste Schritt, der ihnen den zweiten in einer nächsten Existenz leichter machen wird.

Wen man mit Recht als einen wahren, ehrlichen Spiritisten nennen kann, befindet sich auf einem erhabenen Stadium der moralischen Entwicklung. Sein Geist, der im Großen und Ganzen die Materie überwiegt, verleiht ihm eine klare Wahrnehmung der Zukunft. Die Prinzipien der Lehre bewegen etwas in ihm, das in den vorher Benannten völlig unberührt bleibt. Mit anderen Worten, *er ist in seinem Herzen getroffen* und deshalb ist sein Glaube unerschütterlich. Bei dem Einen, ist es wie beim Musiker, der sich durch die Töne des Akkords ergreifen lässt und der andere, hört einfach nur die Töne. *Man erkennt daher den wahren Spiritisten an seiner moralischen Veränderung und an den Anstrengungen, die er unternimmt, um seine schlechten Neigungen zu beherrschen.* Während der Eine mit seinem begrenzten Horizont zufrieden ist, erkennt der andere, die Existenz von etwas Besserem. Er bemüht sich von seinem begrenzten Horizont zu befreien und schafft es immer, wenn er einen starken Willen hat.

DAS GLEICHNIS VOM SÄMANN

5. An demselben Tage ging Jesus aus dem Hause und setzte sich an den See. Und es versammelte sich eine große Menge bei ihm, so daß er in ein Boot stieg und sich setzte, und alles Volk stand am Ufer. Und er redete vieles zu ihnen in Gleichnissen und sprach:

Siehe, es ging ein Sämann aus, zu säen. Und indem er säte, fiel einiges auf den Weg; da kamen die Vögel und fraßen's auf. Einiges fiel auf felsigen Boden, wo es nicht viel Erde hatte, und ging bald auf, weil es keine tiefe Erde hatte. Als aber die Sonne aufging, verwelkte es, und weil es keine Wurzel hatte, verdorrte es. Einiges fiel unter die Dornen; und die Dornen wuchsen empor und erstickten's. Einiges fiel auf gutes Land und trug Frucht, einiges hundertfach, einiges sechzigfach, einiges dreißigfach. Wer Ohren hat, der höre! (Matthäus Kap. XIII, 1 - 9)

So hört nun ihr dies Gleichnis von dem Sämann:

Wenn jemand das Wort von dem Himmelreich hört und nicht versteht, so kommt der Böse und reißt hinweg, was in sein Herz gesät ist; das ist der, bei dem auf den Weg gesät ist.

Bei dem aber auf felsigen Boden gesät ist, das ist, der das Wort hört und es gleich mit Freuden aufnimmt; aber er hat keine Wurzel in sich, sondern er ist wetterwendisch; wenn sich Bedrängnis oder Verfolgung erhebt um des Wortes willen, so fällt er gleich ab.

Bei dem aber unter die Dornen gesät ist, das ist, der das Wort hört, und die Sorge der Welt und der betrügerische Reichtum ersticken das Wort, und er bringt keine Frucht. Bei dem aber auf gutes Land gesät ist, das ist, der das Wort hört und versteht und dann auch Frucht bringt; und der eine trägt hundertfach, der andere sechzigfach, der dritte dreißigfach.

(Matthäus XIII, 18 - 23)

6. Das Gleichnis vom Sämann stellt vollkommen den Unterschied zwischen den Anwendungsarten der Lehre im Evangelium dar. Wie viele Menschen gibt es tatsächlich, denen diese Worte nichts anderes sind, als tote Schrift, ähnlich der Saat, die auf den Felsen fiel und keine Früchte produzierte?

Nicht weniger zutreffend kann dieses Gleichnis bei den verschiedenen Kategorien von Spiritisten angewandt werden. Sind die Ersten in ihr symbolisch nicht unter denjenigen zu finden, die nur den materiellen Phänomenen Beachtung schenken und aus diesen keine Folgen ziehen, da sie an ihnen nichts mehr als kuriose Tatsachen sehen? Sind die anderen nicht diejenigen, die nichts anderes als den Glanz der geistigen Mitteilung suchen und sich nur deshalb dafür interessieren, um ihre Fantasie zu befriedigen? Denn, nachdem sie diese gehört haben, bleiben sie genauso unberührt und gleichgültig wie vorher.

Oder sind die weiteren Samen nicht auch jene Spiritisten, die Ratschläge begrüßen und bewundern, diese aber nur für die anderen und nicht für sich selbst gebrauchen?

Und schließlich sind nicht die Letzten diejenigen, für die diese Lehre wie die Saat ist, die auf guten Boden fiel und Früchte gedeihen lässt?

UNTERWEISUNGEN DER GEISTIGEN WELT
DIE PFLICHT

7. Die Pflicht bedeutet die moralische Verpflichtung zuerst vor uns selbst und dann vor den anderen. Die Pflicht, das ist das Gesetz des Lebens. Wir finden sie sowohl in den kleinsten Details, als auch in den erhabenen Taten. Ich möchte hier nur über die moralische Pflicht sprechen und nicht über die beruflich bedingte.

In Zusammenhang mit den Gefühlen ist die Pflicht sehr schwer nachzugehen, da sie sich im Gegenzug zu den Verführungen der eigenen Interessen und denen des Herzens befindet. Ihre Siege haben keine Zeugen und ihre Niederlagen erfahren keine Repression. Die innerste Pflicht des Menschen ist seinem freien Willen untergeordnet. Der Stachel des Gewissens, dieser Wächter der inneren Redlichkeit, warnt und stützt den Menschen. Er bleibt aber oftmals unfähig vor dem Trugschluss der Leidenschaften. Die Pflicht des Herzens, ehrlich betrachtet, erhebt den Menschen. Aber wie bestimmt man diese Pflicht genau? Wo fängt sie an? Wo endet sie? *Die Pflicht fängt genau an der Stelle an, wo man das Glück oder den Frieden des Nächsten bedroht und endet an der Grenze, die man sich selbst betreffend nicht gerne überschritten gesehen hätte.*

Gott erschuf alle Menschen, um das Leid gleich zu erfahren. Kleinen wie Großen, Unwissende oder Aufgeklärte, alle leiden aus demselben Grund: Damit jeder bewusst das Übel, das er anrichten kann, beurteilt. Dasselbe Kriterium gilt nicht für das Gute. Es ist unendlich variierend in seinen Ausdrücken. *Die Gleichheit bezüglich der Schmerzen ist eine himmlische Vorsehung Gottes, Der will, dass alle Seine Kinder durch ähnliche Erfahrungen untereinander lernen, Fehler nicht mit der Ausrede zu machen, sie wüssten nicht, was daraus folgt.*

Die Pflicht ist die praktische Zusammenfassung aller moralischen Mutmaßungen. Sie ist eine Tapferkeit der Seele, die sich gegen die Angstgefühle des Kampfes stellt. Sie ist streng wie gefügig, da sie bereit ist, sich vor den verschiedenen Schwierigkeiten zu biegen und dennoch unbiegsam vor ihrer Verführung zu bleiben. *Der Mensch, der seine Pflicht erfüllt, liebt Gott mehr als alle Wesen und liebt alle Wesen mehr als sich selbst.* Er ist gleichzeitig Richter und Sklave in der eigenen Sache.

Die Pflicht ist der schönste Preis der Vernunft. Und von ihr ist diese Pflicht genauso abhängig wie der Sohn von der Mutter. Der Mensch soll die Pflicht lieben, nicht, weil sie ihn von der Unannehmlichkeit des Lebens bewahrt, von denen die Menschheit nicht verschont bleiben kann, sondern weil sie der Seele die notwendige Lebenskraft für ihre Weiterentwicklung gibt.

Die Pflicht wächst und strahlt in erhabener Form auf jedem der höheren Stadien der Menschheit. Die moralische Pflicht vom Geschöpf gegenüber Gott hört nie auf. Es soll die Tugenden des Ewigen wiederspiegeln, Der keine unvollendete Skizze annimmt, da Er will, dass die Anmut Seines Werkes glänze.

(Lazarus, Paris, 1863)

DIE TUGEND

8. Die Tugend, in ihrem höchsten Grade, versammelt inhaltlich alle wesentlichen Eigenschaften eines gütigen Menschen. Diese Eigenschaften sind gut zu sein, den Nächsten zu lieben, arbeitsam, genügsam und bescheiden zu sein. Unglücklicherweise sind diese Eigenschaften oft von kleinen moralischen Belastungen begleitet, die ihren Schmuck abnehmen und sie schwächen. Wer sich mit seiner Tugend brüstet, ist nicht tugendhaft. Denn es fehlt ihm an der wichtigsten Eigenschaft, die Bescheidenheit und es überwiegt bei ihm die gegenteilige schlechte Angewohnheit, der Stolz. Die Tugend, welche in Wirklichkeit diesen Namen verdient, mag nicht prahlen. Möchten wir sie entdecken, so versteckt sie sich hinter dem Schatten, entflieht der Bewunderung der Masse. Der heilige Vinzenz war tugendhaft. Der würdige Pfarrer von Ars war tugendhaft. Und so gab es viele andere, weniger bekannt in der Öffentlichkeit, aber um so mehr von Gott. Alle diese guten Menschen waren dessen nicht bewusst, dass sie tugendhaft waren. Sie haben sich treiben lassen durch die Einflüsse ihrer göttlichen Inspiration und taten Gutes ohne Eigennutz und in Vergessenheit von sich selbst.

Zu dieser derart verstandenen und praktizierten Tugend lade ich euch ein, meine Kinder. Sich ihr zu widmen, diese wahrhaft christliche und spiritistische Tugend, möchte ich euch dazu motivieren. Entfernt dennoch aus eueren Herzen das Gefühl des Stolzes, der Eitelkeit, der Eigenliebe, welche die schönsten Eigenschaften immer verdunkeln. Folgt nicht dem Menschen, der sich als Vorbild präsentiert und mit seinen eigenen

Eigenschaften für alle tolerante Ohren prahlt! Diese Tugend, die sich zur Schau stellt, verdeckt oft eine zahllose Menge von kleinen Verdorbenheiten und gehässigen Mutlosigkeiten.

Der Mensch, welcher nun von sich selbst prahlt und sich ein Standbild seiner eigenen Tugend baut, vernichtet gerade deswegen, all die Verdienste, die er wirklich hätte haben können. Und was soll man von demjenigen sagen, dessen Wert sich darauf beschränkt, etwas vorzugeben, was er nicht ist? Ich gestehe sehr wohl, dass derjenige, der etwas Gutes tut, im Innern seines Herzens eine Befriedigung spürt. Aber von dem Moment an, indem dieses Gefühl sich offenbart, um Lob hervorzurufen, degeneriert es sich in Selbstliebe.

O ihr alle, die der spiritistische Glaube mit seinen Lichtstrahlen erwärmt hat! Ihr wisst, wie weit sich der Mensch von der Vollkommenheit entfernt befindet. Fällt niemals in solchen Tücken! Die Tugend ist eine Begnadigung, die ich allen ehrlichen Spiritisten wünsche. Und dennoch würde ich sagen: „Es ist besser, weniger Tugend in Bescheidenheit zu haben, als viel Tugend mit Stolz." Der Stolz ist folglich der Grund, durch den die Zivilisationen sich nach und nach zu Grunde gerichtet haben. Durch die Demut sollen sie sich eines Tages erlösen.

(François-Nicolas-Madeleine, Paris, 1863)

VORGESETZTE UND UNTERGEBENE

9. Das Prestige, genauso wie der Reichtum, ist uns übertragen worden und demjenigen, der sie bekommen hat, wird Rechenschaft darüber abverlangt. Glaubt nicht, dass sie gegeben wurden, um die Lust am Beherrschen zu befriedigen, noch weniger - entsprechend der falschen Gedanken der mächtigen Bewohner der Erde - als ein Recht oder als ihr Eigentum. Gott hat oftmals gezeigt, dass sie weder das eine noch das andere sind, da Er diese euch abverlangt, wann immer Er es will. Wenn dieses Privileg das Eigentum eines einzigen Menschen wäre, wäre es unveräußerlich. Kein Mensch kann also sagen, dass ihm etwas gehört, das ihm jederzeit, ohne sein Einverständnis abgenommen werden kann. Gott gibt uns das besondere Ansehen als Aufgabe oder Prüfung, wie es Ihm recht ist und genauso entzieht Er diese uns wieder.

Der Begünstigte der Autorität, in welcher Form sie sich auch präsentiert, sei es von dem Herrn zu dem Sklaven bis zu dem Herrscher zu dem Volk, soll sich der Verpflichtung, ein Leiter von vielen Seelenleben zu sein, nicht entziehen, weil er verantwortlich sein wird für die gute oder schlechte Führung, die er über die ihm anvertrauten Menschen leistet. Die schlechten Angewohnheiten, in die sie verfallen, als Konsequenz seiner Führung oder dem schlechten Einfluss, den sie bekamen, werden auf ihm lasten. Auf dieselbe Art und Weise wird er die Früchte seiner Hilfsbereitschaft ernten, weil er sie auf einen guten Weg geführt hat. Alle Menschen haben auf der Erde eine kleine oder große Aufgabe, gleich bedeutend welche es sind. Sie ist ihnen immer gegeben worden, um Gutes zu tun. Diese Aufgabe in seinem Eigensinne zu verändern bedeutet ihn nicht zu erfüllen.

Ob Gott einen Reichen fragt: „Was hast du aus dem Reichtum, der in deinen Händen eine Quelle der Fruchtbarkeit war, die du um dich herum hättest ausstreuen sollen, gemacht?" So wird Er auch denjenigen, der Macht ausgeübt hat, fragen: „Wie hast du diese Macht angewandt, welche üblen Taten hast du vermieden, welche Fortschritte hast du gefördert? Denn, wenn ich dich Untergebene gewährt habe, geschah es nicht, um aus denen Sklaven deines Willens zu machen und auch nicht, um fügsame Instrumente deines Eigensinnes und deiner Habsucht zu sein. Wenn ich dich mächtig gemacht und dir die Schwächsten anvertraut habe, geschah es, damit du sie stützt und ihnen helfest, zu mir zu finden."

Der Vorgesetzte, der die Worte Christus in sich trägt, verachtet keinen seiner Untergebenen, weil er weiß, dass die sozialen Unterschiede vor Gottes Augen nicht fortbestehen. Der Spiritismus lehrt ihn, dass diejenigen, die ihm heute Folge zu leisten haben, vielleicht in einem anderen Leben schon seine Vorgesetzten waren oder es künftig sein werden und dass er so behandelt werde, wie er diese Mitarbeiter selbst behandelt hat.

Wenn der Vorgesetzte bestimmte Pflichten erfüllen muss, hat sein Mitarbeiter genauso gewisse Pflichten, die nicht weniger geheiligt sind. Ist der Letzte Spiritist, so wird sein Gewissen ihm noch deutlicher sagen, dass er nicht befreit davon ist, diese Pflichten zu erfüllen, auch wenn sein Chef seinen nicht nachgeht. Er weiß, dass man es nicht soll, Böses mit Bösen zu vergelten und dass die Fehler von einem, nicht die Fehler von anderen entschuldigen. Und wenn er in seiner Arbeit leidet, wird er sagen, dass er es ohne Zweifel verdient hat. Denn er hat vielleicht irgendwann sein Ansehen missbraucht und spürt jetzt die Nachteile dessen, was er anderen zugefügt hat. Selbst wenn er gezwungen ist, diese Position zu ertragen, weil er keine bessere findet, lehrt ihn der Spiritismus, sich in das Schicksal zu ergeben, als eine Prüfung von Demut, die für seinen geistigen Fortschritt notwendig ist. Sein Glaube bestimmt sein Verhalten und er handelt so, falls als Chef, wie er gerne hätte, dass seine Mitarbeiter mit ihm umgehen. Aus diesem Grund ist er gewissenhafter in der Ausübung seiner Aufgaben. Er versteht, dass jede Vernachlässigung der Arbeit, die ihm anvertraut wurde, einen Verlust für denjenigen hervorruft, der ihn dafür entlohnt, dem er seine Zeit und seine Bemühungen schuldet. Mit einem Wort, er lässt sich von dem Pflichtgefühl führen, das sein Glaube ihm gibt. Er hat die Gewissheit, dass jede Abweichung des geraden Weges, eine Rechnung sein wird, die er früher oder später begleichen muss.

(François-Nicolas-Madeleine, Kardinal Morlot, Paris, 1863)

Der Mensch in der Welt

10. Die Ehrfurcht soll immer das Herz derjenigen beleben, die sich unter den Augen des Herrn versammeln und den Schutz der guten Geistwesen erbitten. Reinigt also eure Herzen. Lasst dort niemals einen weltlichen oder unnützen Gedanken verweilen! Erhebt eueren Geist zu denen, die ihr ruft, damit diese in euch die geistige Veranlagung finden können, um im Überschuss die Saat auszuwerfen. Sie sollen in eueren Herzen keimen, um dort die Früchte der Nächstenliebe und der Gerechtigkeit zu tragen.

Glaubt jedoch nicht, dass, indem wir euch andauernd zum Gebet und zur geistigen Evokation aufmuntern, wir euch zu einem mystischen Leben anregen wollen, das euch abseits der gesellschaftlichen Gesetze stellen würde, in der ihr gezwungen seid, zu leben. Nein! Lebt mit den Menschen euerer Zeit, wie die Menschen leben sollen. Tut Opfer der Notwendigkeit und sogar der täglichen Leichtfertigkeit, aber bringt diese Opfergabe mit einem Gefühl des reinen Herzens, das diese erhaben machen können.

Es ist eure Bestimmung, mit Geistwesen unterschiedlicher Natur und gegensätzlicher Charaktere in Berührung zu kommen. Ihr sollt aber keine von diesen erschüttern, die ihr treffen werdet. Seid heiter, seid glückselig, eure Freude aber sei so beschaffen, dass sie aus reinen Gewissen stamme. Eure Glückseligkeit sei wie die des Himmelerben, der die Tage zählt, die ihn von dieser Erbschaft noch trennen.

Die Tugend besteht nicht darin, einen strengen, düsteren Anschein zu zeigen oder an der Ablehnung der Vergnügungen, die das menschliche Dasein erlaubt. Es genügt, alle eure Taten dem Schöpfer zu widmen, Der euch dieses Leben gegeben hat. Es genügt am Anfang und am Ende einer Arbeit, seine Gedanken zu dem Schöpfer zu erheben und Ihn in einem Antrieb der Seele um Seinen Schutz zu erbitten, um diese Arbeit zu tun oder den Segen für die beendete Arbeit. Bei jeder euerer Taten, steigt dann hinauf zur Quelle aller Dinge. Tut niemals etwas ohne die Zuwendung zu Gott, sodass diese eure Taten bereinigt und heiligt.

Die Vollkommenheit ist, wie Christus sagte, vollständig in der absoluten Nächstenliebe zu praktizieren, aber die Pflichten dieser Nächstenliebe erstrecken sich auf alle sozialen Stellungen, von den niedrigsten bis hin zu den höchsten. Der Mensch, der in der Isolation leben würde, hätte keine Möglichkeit, die Nächstenliebe auszuüben. Diese kann er nur im Umgang mit dem Nächsten und im schwierigsten Kampfe mit ihm üben. Wer sich dann isoliert, entzieht sich freiwillig dem wirksamsten Mittel der Vollkommenheit. Da er sich um nichts außer um sich selbst kümmern muss, ist sein Leben das eines Egoisten. (siehe Kap. V, Abs. 26, S. 112)

Denkt deswegen nicht, dass, um mit uns in ständigem Verkehr zu leben und unter den Augen des Herrn zu bleiben, es notwendig sei, das Büßerhemd zu tragen oder sich mit Asche bedecken. Nein. Nein sagen wir euch nochmals. Seid glückselig nach den Bedürfnissen der Menschheit. Lasst in euerer Glückseligkeit dennoch niemals einen Gedanken oder eine Handlung eindringen, die Gott gegenüber unwürdig wären oder die das Angesicht derer, die euch lieben und leiten, euretwegen mit Traurigkeit verdunkeln würden. Gott ist Liebe und Er segnet diejenigen, die göttlich lieben.

(Ein Schutzgeist, Bordeaux, 1863)

SORGE TRAGEN FÜR KÖRPER UND GEIST

11. Besteht die moralische Vollkommenheit in der Kasteiung des Körpers? Um diese Frage zu beantworten, möchte ich mich auf grundlegenden

Prinzipien stützen. Ich beginne damit, die Notwendigkeit aufzuzeigen, Sorge zu tragen für den Körper, der je nach Gesundheits- oder Krankheitszustand auf die Seele in einer sehr wichtigen Form Einfluss ausübt. Denn wir müssen die Seele als Gefangene des Leibes ansehen. Damit diese Gefangene lebe, sich ausdehne und sogar das Gefühl der Freiheit spüren kann, muss der Körper gesund, versorgt und kräftig sein. Machen wir einen Vergleich und nehmen wir an, dass beide sich in einem vollkommenen Zustand befinden. Was sollen sie tun, um das Gleichgewicht zwischen ihren Fähigkeiten und Bedürfnissen, die sich so sehr unterscheiden, zu bewahren?

In diesem Fall konfrontieren sich zwei Systeme, die Askese, die den Körper bekämpfen will und der Materialismus, der die Seele erniedrigen will. Zwei Gewalten, die eine fast so unvernünftig wie die andere. Seite an Seite dieser beiden Parteien, wimmelt die Masse der Gleichgültigen, die ohne Überzeugung und Leidenschaft, je nach Laune lieben und mit Sparsamkeit genießen. Wo also ist die Weisheit? Wo also ist die Wissenschaft des Lebens? Nirgendwo! Dieses große Problem würde unlösbar bleiben, wenn der Spiritismus der Forscher nicht zur Hilfe kommen würde, um ihnen die Bindung die zwischen Körper und Seele existiert, zu demonstrieren. Er argumentiert, dass sie sich gegenseitig benötigen. Es bedarf also auch beide zu pflegen. Liebet also eure Seelen, aber sorget um eueren Körper, als ihr Instrument. Diese Bedürfnisse, auf welche die Natur selbst hinweist, zu verachten, bedeutet das Gesetz Gottes zu verkennen. Bestraft nicht eueren Körper für die Fehler, die euer freier Wille zu manchen zulässt. Der Körper ist genauso wenig verantwortlich, wie das falsch geführte Pferd für die Unfälle, die es verursacht. Würdet ihr etwa vollkommener sein, wenn ihr zu der Kasteiung eueres Körpers, dazu nicht weniger egoistisch, weniger stolz und nicht weniger herzlos zu eueren Nächsten werdet? Nein! Die Vollkommenheit besteht nicht darin, sondern andererseits ganz in der Verbesserung, die ihr eueren Geist erfahren lassen werdet. Beugt vielmehr eueren Geist, bezwingt ihn, unterwirft ihn und demütigt ihn. Das ist der Weg, ihn sanft gegenüber dem Willen Gottes zu machen und auch der Einzige, der zur Vollkommenheit führt.

(Georg, Schutzgeist, Paris, 1863)

KAPITEL XVIII -

VIELE SIND BERUFEN, ABER WENIGE SIND AUSERWÄHLT

Das Gleichnis von der königlichen Hochzeit - Die enge Pforte - Die zu mir sagen: „Herr, Herr!" - Wem viel gegeben ist, bei dem wird man viel suchen
Unterweisungen der Geistigen Welt: Wer hat, dem wird gegeben - Man erkennt den Christen an seinen Taten

DAS GLEICHNIS VON DER KÖNIGLICHEN HOCHZEIT

1. Und Jesus fing an und redete abermals in Gleichnissen zu ihnen und sprach:

Das Himmelreich gleicht einem König, der seinem Sohn die Hochzeit ausrichtete. Und er sandte seine Knechte aus, die Gäste zur Hochzeit zu laden; doch sie wollten nicht kommen. Abermals sandte er andere Knechte aus und sprach: Sagt den Gästen: Siehe, meine Mahlzeit habe ich bereitet, meine Ochsen und mein Mastvieh ist geschlachtet, und alles ist bereit; kommt zur Hochzeit! Aber sie verachteten das und gingen weg, einer auf seinen Acker, der andere an sein Geschäft. Einige aber ergriffen seine Knechte, verhöhnten und töteten sie. Da wurde der König zornig und schickte seine Heere aus und brachte diese Mörder um und zündete ihre Stadt an.

Dann sprach er zu seinen Knechten: Die Hochzeit ist zwar bereit, aber die Gäste waren's nicht wert. Darum geht hinaus auf die Straßen und ladet zur Hochzeit ein, wen ihr findet. Und die Knechte gingen auf die Straßen hinaus und brachten zusammen, wen sie fanden, Böse und Gute; und die Tische wurden alle voll.

Da ging der König hinein, sich die Gäste anzusehen, und sah da einen Menschen, der hatte kein hochzeitliches Gewand an, und sprach zu ihm: Freund, wie bist du hier hereingekommen und hast doch kein hochzeitliches Gewand an? Er aber verstummte. Da sprach der König zu seinen Dienern: Bindet ihm die Hände und Füße und werft ihn in die Finsternis hinaus! Da wird Heulen und Zähneklappern sein. *Denn viele sind berufen, aber wenige sind auserwählt.* (Matthäus XXII, 1 - 14)

2. Der Ungläubige lacht über dieses Gleichnis, das ihm wie kindliche Naivität vorkommt, denn er kann nicht verstehen, dass man so viele Schwierigkeiten gegen die Teilnahme an einem Fest bringen kann und darüber hinaus, dass die Eingeladenen mit ihrem Widerstand soweit gehen, dass sie die Boten des Hausherrn ermorden. „Diese Gleichnisse",

sagt er außerdem, „sind ohne Zweifel Vorstellungen, aber es ist dennoch geboten, dass sie die Grenzen des Möglichen nicht überschreiten." Das Gleiche kann man auch von allen Allegorien und geistreichen Fabeln sagen, wenn man ihre jeweiligen Hüllen nicht abnimmt, um die verborgenen Sinne zu entdecken. Jesus verfasst seine Gleichnisse mit den normalsten Lebensgewohnheiten und passte sie den Gebräuchen und dem Charakter des Volkes, zu dem er sprach, an. Die meisten von ihnen hatten den Zweck, in die Volksmenge die Vorstellung eines geistigen Lebens einzuführen. Vielen Menschen ist oft ihr Sinn unverständlich, da sie ihn nicht aus diesem letzten Gesichtspunkt heraus interpretieren.

In diesem Gleichnis vergleicht Jesus das Himmelreich, wo überall Glück und Frieden herrschen, mit einem Hochzeitsfest. Wenn er über die ersten Eingeladenen spricht, deutet er auf die Hebräer an, die von Gott als die Ersten gerufen wurden, Sein Gesetz kennen zu lernen. Die vom König gesandten Boten sind die Propheten, welche die Hebräer ermahnen, dem Weg der wahren Glückseligkeit zu folgen. Ihre Worte wurden jedoch wenig gehört; ihre Warnungen wurden verachtet; viele wurden tatsächlich niedergemetzelt, wie die Diener im Gleichnis. Die Eingeladenen, die unter dem Vorwand, dass sie auf ihre Felder und auf ihre Geschäfte achten müssten, es ablehnten, symbolisieren die Menschen, die mit den weltlichen Dingen sosehr beschäftigt sind, dass ihnen die geistigen Dinge gleichgültig sind.

Die allgemeine Vorstellung der damaligen Juden war, dass ihre Nation Macht über alle anderen Nationen erzwingen sollte. Hatte denn Gott Abraham nicht versprochen, dass seine Nachkommenschaft sich über die ganze Erde ausbreiten wird? Indem sie das wortwörtlich nahmen, statt den Sinn dieser Aussage zu erkennen, glaubten sie an eine effektive und materielle Herrschaft.

Bevor Christus kam, alle Völker, mit Ausnahme der Hebräer, waren Götzenverehrer und Polytheisten.[88] Wenn auch einige weiterentwickelten Menschen die Einheit Gottes erkannt hatten, blieb dies eine persönliche Angelegenheit, die nirgends als eine grundlegende Wahrheit akzeptiert wurde, mit Ausnahme von wenigen Eingeweihten, die ihre Kenntnisse unter einem geheimen Schleier für das allgemeine Volk undurchdringlich, verbargen. Die Hebräer waren die Ersten, die öffentlich den

---

[88] Polytheismus = Vielgötterei; (Anmerkung des Übersetzers)

Monotheismus praktiziert haben. Ihnen hat Gott sein Gesetz übertragen; zuerst durch Moses, danach durch Jesus. Aus diesem winzigen Funke kam das Licht hervor, das sich in die ganze Welt ausbreiten sollte, um über das Heidentum zu siegen und Abraham eine *geistige* Nachkommenschaft „so zahlreich wie die Sterne am Himmel" zu geben. Aber die Juden hatten, obwohl sie die Götzen abgeschafft hatten, das moralische Gesetz vernachlässigt, um sich dem einfachsten Weg - der Brauch der äußerlichen Kulte - zuzuwenden. Das Unheil erreichte den Gipfel. Die Nation, die schon versklavt war, wurde in verschiedene Fraktionen zersplittert und von den Sekten aufgeteilt. Selbst die Ungläubigkeit drängte bereits in den Tempel ein. Dann erschien Jesus, gesandt um sie zur Befolgung des Gesetzes aufzurufen und für sie neue Horizonte des zukünftigen Lebens zu eröffnen. Sie, als *Erste* zum Festessen des universellen Glaubens eingeladen, wiesen die Worte des himmlischen Messias ab und töteten ihn. Aus diesem Grund verloren sie die Frucht, die sie aus der ihnen obliegenden Initiative hätten ernten sollen.

Es wäre jedoch Unrecht, das ganze Volk für diesen Zustand zu verurteilen. Die Verantwortung lag hauptsächlich bei den Pharisäern und bei den Sadduzäern, welche die Nation opferten, aufgrund des Stolzes und des Fanatismus einiger und aufgrund der Ungläubigkeit von anderen. Sie sind es vor allem, die Jesus mit den Geladenen vergleicht, die sich weigerten, dem Hochzeitsfest beizuwohnen. Danach fügte er hinzu: „Sprach der König zu seinen Knechten: (...) Darum geht hinaus auf die Straßen und ladet zur Hochzeit ein, wen ihr findet." Er wollte damit zu verstehen geben, dass das Wort allen Völkern gepredigt wird: Heiden wie Götzendienern. Dass diese, indem sie das Wort annahmen, beim Hochzeitsfest anstelle der zuerst Geladenen, zugelassen wurden.

Es genügt dennoch nicht, eingeladen zu sein; es reicht nicht, sich Christ zu nennen und auch nicht, sich an den Tisch des himmlischen Hochzeitsfestes zu setzen, um daran Teil zu nehmen. Vor allem ist es notwendig und eine unerlässliche Voraussetzung, das Hochzeitskleid anzulegen, d. h. Reinheit im Herzen zu haben und das Gesetz im Sinne des Geistes zu praktizieren. Das ganze Gesetz ist in diesen Worten enthalten: Außerhalb der Nächstenliebe kein Heil. Aber unter allen, die das göttliche Wort hören, - wie wenige sind es, die das Wort auf sich nehmen und es nützlich anwenden! Wie wenige sind würdig, in das himmlische Reich zu kommen! Deshalb sagte Jesus: *„Viele sind berufen, aber wenige sind auserwählt."*

DIE ENGE PFORTE

3. Geht hinein durch die enge Pforte. Denn die Pforte ist weit, und der Weg ist breit, der zur Verdammnis führt, und viele sind's, die auf ihm hineingehen. Wie eng ist die Pforte und wie schmal der Weg, der zum Leben führt, und wenige sind's, die ihn finden! (Matthäus VII, 13 - 14)

4. Es sprach aber einer zu ihm: Herr, meinst du, daß nur wenige selig werden? Er aber sprach zu ihnen: Ringt darum, daß ihr durch die enge Pforte hineingeht; denn viele, das sage ich euch, werden danach trachten, wie sie hineinkommen, und werden's nicht können. Wenn der Hausherr aufgestanden ist und die Tür verschlossen hat, und ihr anfangt, draußen zu stehen und an die Tür zu klopfen und zu sagen: Herr, tu uns auf!, dann wird er antworten und zu euch sagen: Ich kenne euch nicht; wo seid ihr her? Dann werdet ihr anfangen zu sagen: Wir haben vor dir gegessen und getrunken, und auf unsern Straßen hast du gelehrt. Und er wird zu euch sagen: Ich kenne euch nicht; wo seid ihr her? Weicht alle von mir, ihr Übeltäter!

Da wird Heulen und Zähneklappern sein, wenn ihr sehen werdet Abraham, Isaak und Jakob und alle Propheten im Reich Gottes, euch aber hinausgestoßen. Und es werden kommen von Osten und von Westen, von Norden und von Süden, die zu Tisch sitzen werden im Reich Gottes. Und siehe, es sind Letzte, die werden die Ersten sein, und sind Erste, die werden die Letzten sein. (Lukas, XIII, 23 - 30)

5. Breit ist die Pforte des Verderbens, weil die niederen Leidenschaften zahlreich sind und der schlechte Weg von der Überzahl betreten wird. Schmal ist dagegen die Rettungspforte, denn der Mensch, der sie durchschreiten will, sich anstrengen muss, um seine niederen Neigungen zu überwinden. Damit finden sich wenige ab. Dies ist eine Ergänzung der Maxime: *„Viele sind berufen, aber wenige sind auserwählt."*

Dies ist der Zustand der Menschheit auf Erde. Denn auf der Erde, als eine Welt der Abbüßungen, herrscht die Bosheit vor. Wenn sie sich verwandelt, wird der Weg des Guten am meisten aufgesucht. Jene Worte soll man in einem verhältnismäßigen und nicht in einem uneingeschränkten Sinn verstehen. Wäre dies der Normalzustand der Erde, hätte Gott die Mehrheit Seiner unzähligen Geschöpfe zum

Verderben verdammt. Eine falsche Vermutung, sobald man erkennt, dass Gott Güte und Gerechtigkeit ist.

Aber welches Verbrechen hat sich die Menschheit schuldig gemacht, um ein so trauriges Schicksal, in der Gegenwart wie in der Zukunft, verdient zu haben, wenn die gesamte Menschheit der Erde verbannt wäre und die Seele keine anderen Existenzen hätte? Warum stehen so viele Hindernisse auf ihrem Weg? Warum diese so enge Tür, durch die nur sehr weinige Menschen gehen können, wenn das Schicksal der Seele sofort nach dem Tod schon für immer vorbestimmt ist? Daher steht der Mensch, bei der Vorstellung einer einmaligen Existenz, immer im Widerspruch mit sich selbst und mit der Gerechtigkeit Gottes. Mit der vorzeitigen Existenz der Seele und der Vielheit der Welten erweitert sich der Horizont: Auf den dunkelsten Punkt des Glaubens fällt Licht; Gegenwart und Zukunft werden mit der Vergangenheit solidarisch. Nur so kann man die ganze Tiefe, die ganze Wahrheit und die ganze Weisheit der Leitsätze Christi vollkommen verstehen.

DIE ZU MIR SAGEN: „HERR, HERR!"

6. Es werden nicht alle, die zu mir sagen: „Herr, Herr!" in das Himmelreich kommen, sondern die den Willen tun meines Vaters im Himmel. Es werden viele zu mir sagen an jenem Tage: „Herr, Herr!" haben wir nicht in deinem Namen geweissagt? Haben wir nicht in deinem Namen böse Geister ausgetrieben? Haben wir nicht in deinem Namen viele Wunder getan? Dann werde ich ihnen bekennen: Ich habe euch noch nie gekannt; weicht von mir, ihr Übeltäter! (Matthäus VII, 21 - 23)

7. Darum, wer diese meine Rede hört und tut sie, der gleicht einem klugen Mann, der sein Haus auf Fels baute. Als nun ein Platzregen fiel und die Wasser kamen und die Winde wehten und stießen an das Haus, fiel es doch nicht ein; denn es war auf Fels gegründet. Und wer diese meine Rede hört und tut sie nicht, der gleicht einem törichten Mann, der sein Haus auf Sand baute. Als nun ein Platzregen fiel und die Wasser kamen und die Winde wehten und stießen an das Haus, da fiel es ein, und sein Ruin war groß. (Matthäus VII, 24 - 27; Lukas VI, 46 – 49)

8. Wer nun eines von diesen kleinsten Geboten auflöst und lehrt die Leute so, der wird der Kleinste heißen im Himmelreich; wer es aber tut und lehrt, der wird groß heißen im Himmelreich. (Matthäus V, 19)

9. Alle, welche die Mission von Jesus gestehen, sagen: „Herr, Herr!" Aber wozu hilft es, ihn „Meister" oder „Herr" zu nennen, wenn man seine Gebote nicht befolgt? Sind sie es Christen, die ihn durch ihre äußeren Taten der Devotion ehren und gleichzeitig ihn für den Egoismus, für den Stolz, für die Gier und für alle ihre Leidenschaften opfern? Sind es seine Jünger diejenigen, die betend durch die Tage gehen, aber sich weder besser, noch mildtätiger, noch nachsichtiger ihren Nächsten gegenüber zeigen? Nein, weil sie, wie die Pharisäer, das Gebet auf den Lippen haben, statt im Herzen. Durch die Form verschaffen sie sich Achtung vor den Menschen, jedoch nicht vor Gott. Und vergeblich werden sie zu Jesus sagen: „Herr, Herr, haben wir nicht in Deinem Namen geweissagt? Haben wir nicht in Deinem Namen böse Geister ausgetrieben? Haben wir nicht in Deinem Namen viele Wunder getan?" Er wird ihnen entgegnen: „Ich habe euch noch nie gekannt; weicht von mir, ihr Übeltäter! Die ihr ungerecht handelt, die ihr mit euren Taten verleugnet, was ihr mit den Lippen sprecht, die ihr eueren Nächsten verleumdet, die ihr die Witwen ausplündert und Ehebruch begeht. Geht fort von mir, ihr, deren Herz Hass und Gift destilliert; die ihr das Blut euerer Brüder in meinem Namen vergießt; die ihr Tränen verursacht, anstatt sie zu trocknen. Für euch wird es Heulen und Zähneknirschen geben, denn das Reich Gottes ist für die Sanftmütigen, Demütigen und Mildtätigen. Erwartet nicht, euch der Gerechtigkeit Gottes mit der Vielfältigkeit euerer Worte und eueres Kniefalls zu entziehen. Der einzige für euch offene Weg, um Seine Gnade zu erlangen, ist der, das Gesetz der Liebe und der Nächstenliebe aufrichtig zu praktizieren."

Die Worte Jesu sind ewig, denn sie sind die Wahrheit. Sie sind nicht nur die Obhut des himmlischen Lebens, sondern auch die Sicherheitsmaßnahme des Friedens, der Ruhe und der Stabilität in den irdischen Dingen. Deswegen werden alle menschlichen, politischen, sozialen und religiösen Institutionen, die sich auf diese Worte berufen, wie das auf Felsen erbaute Haus beständig sein. Die Menschen werden diese Institutionen erhalten, weil sie mit ihnen glücklich sein werden. Jene Institutionen, die dennoch eine Verletzung dieser Worte anrichten, werden wie das auf Sand erbaute Haus sein. Der Wind der Erneuerung und der Fluss des Fortschrittes werden es wegtragen.

WEM VIEL GEGEBEN IST, BEI DEM WIRD MAN VIEL SUCHEN

10. Der Knecht aber, der den Willen seines Herrn kennt, hat aber nichts vorbereitet, noch nach seinem Willen getan, der wird viel Schläge erleiden müssen. Wer ihn aber nicht kennt und getan hat, was Schläge verdient, wird wenig Schläge erleiden. Denn wem viel gegeben ist, bei dem wird man viel suchen; und wem viel anvertraut ist, von dem wird man um so mehr fordern. (Lukas XII, 47 – 48)

11. Und Jesus sprach: Ich bin zum Gericht in diese Welt gekommen, damit, die nicht sehen, sehend werden, und die sehen, blind werden. Das hörten einige der Pharisäer, die bei ihm waren, und fragten ihn: Sind wir denn auch blind? Jesus sprach zu ihnen: Wärt ihr blind, so hättet ihr keine Sünde; weil ihr aber sagt: Wir sind sehend, bleibt eure Sünde. (Johannes IX, 39 - 41)

12. Diese Grundsätze finden ihre Anwendung besonders in den Unterweisungen der Geister. Wer die Lehre Christi kennt ist sicherlich belastet, wenn er sie nicht praktiziert. Und dennoch, abgesehen davon, dass das Evangelium, das diese Lehre beinhaltet, nur unter den christlichen Religionsgemeinschaften verbreitet ist, gibt es unter diesen Menschen viele, welche die Texte nicht lesen und unter denen, die diese lesen, gibt es viele andere, die sie nicht verstehen! Daraus ergibt sich, dass selbst die Worte Christi für die größte Mehrheit verloren gehen.

Die Lehre der Geister, die diese Grundsätze unter verschiedenen Formen wiedergeben, die diese Worte verarbeiten und erklären, um sie für alle erreichbar zu machen, haben die Besonderheit, nicht begrenzt zu sein. Jeder Einzelne, gebildet oder ungebildet, gläubig oder ungläubig, Christ oder nicht Christ kann sie empfangen, da sich die Geister überall mitteilen. Keiner der sie bekommen hat, direkt oder durch andere, kann Ignoranz vortäuschen oder sich mit seinem Mangel an Unterrichtung oder mit der Verborgenheit der Sinnbilder entschuldigen. Wer dann diese Lehre nicht, um sich zu bessern, gebraucht, wer sie nur als kuriose und interessante Sache ohne dass sein Herz berührt wird, bewundert, wer sich nicht weniger belanglos, weniger stolz, weniger egoistisch macht und weder weniger den materiellen Gütern zugetan ist, noch ein besserer Mensch zu seinem Nächsten ist, der ist um so mehr belastet. Denn er hat mehr Mittel, um die Wahrheit kennen zu lernen.

Jene Medien, die guten Kundgaben erhalten, sind noch tadelnswerter, wenn sie in der Böswilligkeit verbleiben, denn sie schreiben oft ihre eigene

Verurteilung. Denn wenn diese nicht aufgrund ihres Stolzes blind wären, würden sie erkennen, dass die Geister sich an sie selbst wenden. Anstatt die Unterrichtung, die sie schreiben oder die sie durch andere geschrieben bekommen, selbst anzuwenden, besteht ihr einziger Gedanke darin, diese für die anderen zu verwenden. Das gibt die Worte von Jesus wieder: „Was siehst du aber den Splitter in deines Bruders Auge und nimmst nicht wahr den Balken in deinem Auge?" (siehe Kap. X, Der Splitter und der Balken im Auge, S. 159)

Durch diese Worte: „Wärt ihr blind, so hättet ihr keine Sünde." versichert Jesus, dass die Last im Verhältnis zu den Kenntnissen steht, die jemand besitzt. So vermochten nun die Pharisäer die Gebildetsten ihres Landes zu sein, was sie auch in der Tat waren. Das ermächtigte sie zu den Tadelswertesten vor Gottes Augen zu gehören. Vielmehr als das ungebildete Volk. Dasselbe geschieht auch heute.

Den Spiritisten wird demgemäß viel abverlangt, denn sie haben viel bekommen. Aber auch zu denen, welche die Lehre gut genutzt hatten, wird viel gegeben.

Der erste Gedanke jedes aufrichtigen Spiritisten muss sein, in den von den Geistern gegebenen Ratschlägen nach etwas, das ihm betreffen könnte, zu wissen suchen.

Der Spiritismus kommt, um die Anzahl der *Gerufenen* zu vervielfältigen und durch den Glauben, den er verleiht, wird er auch die Anzahl der *Auserwählten* mehrfach erhöhen.

UNTERWEISUNGEN DER GEISTIGEN WELT

WER DA HAT, DEM WIRD GEGEBEN

13. Und die Jünger traten zu ihm und sprachen: Warum redest du zu ihnen in Gleichnissen? Er antwortete und sprach zu ihnen: Euch ist's gegeben, die Geheimnisse des Himmelreichs zu verstehen, diesen aber ist's nicht gegeben. Denn wer da hat, dem wird gegeben, daß er die Fülle habe; wer aber nicht hat, dem wird auch das genommen, was er hat. Darum rede ich zu ihnen in Gleichnissen. Denn mit sehenden Augen sehen sie nicht und mit hörenden Ohren hören sie nicht; und sie verstehen es nicht. Und an ihnen wird die Weissagung Jesajas erfüllt, die da sagt Mit den Ohren werdet ihr hören und werdet es nicht verstehen; und mit sehenden Augen werdet ihr sehen und werdet es nicht erkennen. (Matthäus, XIII, 10 – 14)

14. Und er sprach zu ihnen: Seht zu, was ihr hört! Mit welchem Maß ihr meßt, wird man euch wieder messen, und man wird euch noch dazugeben. Denn wer da hat, dem wird gegeben; und wer nicht hat, dem wird man auch das nehmen, was er hat. (Markus IV, 24 – 25)

15. „Wer da hat, dem wird gegeben." Denkt tief über diese erhabene Lehre nach, welche euch oft widersprüchlich erscheint. Jener, welcher bekommen hat, ist derjenige, der im Besitz der Bedeutung des göttlichen Wortes ist. Er hat es ausschließlich bekommen, weil er versucht hat, würdig dafür zu sein und weil der himmlische Vater in Seiner barmherzigen Liebe die Bemühungen anregt, die sich zum Guten neigen. Diese dauerhaften, ständigen Bemühungen ziehen die Gnade Gottes an. Sie sind wie ein Magnet, das die fortschreitende Besserung anzieht - der reichliche Segen-, der euch stärkt, um den heiligen Berg zu erklimmen, auf dessen Gipfel, nach der Arbeit die Ruhe ist.

„Dem wird man auch das nehmen, was er hat." Nehmt dies als eine bildliche Gegenbehauptung. Gott nimmt von Seinen Geschöpfen nicht das Gute, das Er ihnen gewährt hat. Blinde, taube Menschheit! Breitet eure Intelligenz und euer Herz aus. Seht durch eueren Geist. Hört durch eure Seele und interpretiert nicht auf eine so grobe, ungerechte Weise die Worte Jesus, der die Gerechtigkeit Gottes vor eueren Augen erglänzen ließ. Gott ist es nicht, Der dem wegnimmt, der wenig bekommen hat. Es ist der Geist selbst, weil verschwenderisch und sorglos, der weder bewahrt, noch das vervielfacht, was er hat, in dem er das ihm auf dem Herzen gegebenen Geschenk nicht befruchten lässt.

Derjenige, der das Feld, das durch seines Vaters Werk bearbeitet wurde und das er geerbt hat, nicht kultiviert, sieht wie das Feld mit Unkraut überwuchert. Ist es dann sein Vater, welcher ihm die Ernte wegnimmt, die er nicht aufarbeiten wollte? Wenn er zulässt, dass die für die Saat bestimmten Sämlinge durch Mangel bei der Pflege des Feldes verdorren, ist es dann der Vater, den er dafür beschuldigen soll, weil sie nichts hervorgebracht haben? Nein, nicht. Statt denjenigen zu beschuldigen, - als hätte er ihm die gegebene Gabe wieder genommen - der für ihn alles vorbereitet hat, sollte er sich bei dem wirklichen Urheber seines Elends beklagen. Und soll sich reuig und zielstrebig mutig an die Arbeit machen. Er soll den unfruchtbaren Boden mit seiner Willensanstrengung bearbeiten; ihn tief mit der Hilfe der Reue und der Hoffnung pflügen; auf ihn vertrauensvoll den guten Samen, welcher vom schlechten getrennt wurde, säen; ihn mit seiner Liebe und seiner Nächstenliebe bewässern. Und Gott - der Gott der Liebe und der Barmherzigkeit, wird dem geben, der schon bekommen hat. Und er wird dann seine Bemühungen mit Erfolg gekrönt sehen. Und ein Korn wird hunderte Körner hervorbringen und ein anderes tausende. Mut, Arbeiter! Nehmt eure Pflüge und Eggen! Pflügt eure Herzen; reißt aus ihnen das Unkraut aus! Säet den guten Samen, den Gott euch anvertraut und der Tau der Liebe wird Früchte der Nächstenliebe hervorbringen.

(Ein geistiger Freund, Bordeaux, 1862)

MAN ERKENNT DEN CHRISTEN AN SEINEN TATEN

16. „Es werden nicht alle, die zu mir sagen: „Herr, Herr!" in das Himmelreich kommen, sondern die den Willen tun meines Vaters im Himmel."

So hört diese Worte des Meisters, ihr alle, die ihr die Spiritistische Lehre zurückweist als Teufelswerk! Öffnet eure Ohren, denn die Zeit ist gekommen, um zu hören!

Wird es ausreichend sein, die Livree des Herrn zu tragen, um Sein treuer Diener zu sein? Genügt es zu sagen: „Ich bin ein Christ", um Christus zu folgen? Sucht die wahren Christen und ihr werdet sie erkennen an ihren Taten. „Denn es gibt keinen guten Baum, der faule Frucht trägt und keinen faulen Baum, der gute Frucht trägt." (...) „Jeder Baum, der nicht gute Früchte bringt, wird abgehauen und in das Feuer geworfen." So die Worte des Meisters. Jünger von Christus, versucht sie gut zu verstehen! Welche Früchte soll der Baum des Christentums tragen; jener starke Baum, dessen dicht belaubte Zweige mit ihrem Schatten einen Teil der Erde bedecken, die aber noch nicht all diejenigen schützen, die sich um ihn herum versammeln werden sollen? Die Früchte des Baumes des Lebens sind solche von Leben, Hoffnung und Glauben. Das Christentum, so wie es seid vielen Jahrhunderten getan hat, verkündet weiter diese himmlischen Tugenden. Es versucht, seine Früchte zu verteilen, aber wohl wenige nehmen sie auch an! Der Baum ist immer gut, aber die Gärtner sind schlecht. Sie haben versucht, den Baum nach ihren Ideen zu verformen und nach ihrer Zweckmäßigkeit zuzuschneiden. Dafür haben sie ihn geschnitten, verkleinert und entstellt. Ihre unfruchtbaren Zweige geben keine schlechten Früchte mehr, weil sie gar keine mehr erzeugen. Der erschöpfte Wanderer, der unter seinem Schatten Schutz sucht und auf der Suche nach der Frucht der Hoffnung ist, die ihm Kraft und Mut geben soll, findet nur vertrocknete Zweige, die schlechtes Wetter voraus sagen. Umsonst verlangt er die Frucht des Lebens vom Baum des Lebens. Von ihm fallen die Blätter vertrocknet, sosehr der Mensch den Baum manipulierte und er ist abgestanden.

So öffnet eure Ohren und Herzen meine geliebten Kinder! Pflegt den Baum des Lebens, dessen Früchte das ewige Leben ermöglicht. Derjenige, der ihn gepflanzt hat, lädt euch ein, ihn mit Liebe zu pflegen, denn ihr werdet sehen, dass er reichliche Ernte der himmlischen Frucht geben wird. Lasst diesen Baum so, wie ihn Christus euch gegeben hat, entstellt ihn nicht. Sein riesiger Schatten möchte sich ausbreiten über das ganze Universum, schneidet ihm nicht die Zweige. Seine freigiebigen Früchte fallen in Massen, um dem beeinträchtigten Wanderer zu dienen, der zu seinem Ziel kommen möchte. Sammelt die Früchte nicht, um sie aufzubewahren oder verfaulen zu lassen, ohne Nutzen für irgendjemanden. „Es sind viele berufen, aber wenige auserwählt." Es gibt die Räuber des Brotes des Lebens, wie es auch oft bei dem materiellen Brot gibt. Ordnet euch nicht unter ihnen ein; der Baum, der gute Früchte trägt, soll diese an allen geben. Geht daher und sucht die Notleidenden, führt sie unter die Zweige des Baumes und teilt mit ihnen den Schutz, den er euch anbietet. „Man erntet nicht die Trauben von Dornenbüschen." Meine Brüder, entfernt euch somit von denen, die euch rufen, um die Steine auf dem Weg zu zeigen und folgt denen, die euch zu den Schatten am Baume des Lebens führen.

Der himmlische Erlöser, der Gerechte im wahrsten Sinne des Wortes sagte, und seine Worte werden nicht vergehen: „Es werden nicht alle, die zu mir sagen: ‚Herr, Herr!' in das Himmelreich kommen, sondern die den Willen tun meines Vaters im Himmel."

Möge der Herr des Segens euch segnen; möge der Gott des Lichtes euch erleuchten; möge der Baum des Lebens euch reichlich seine Früchte anbieten! Glaubt und betet!

(Simeon, Bordeaux, 1863)

KAPITEL XIX -
Der Glaube versetzt Berge

Die Kraft des Glaubens - Der religiöse Glaube. Bedingung des unerschütterlichen Glaubens - Das Gleichnis des verdorrten Feigenbaums **Unterweisungen der Geistigen Welt:** Der Glaube. Ausgangspunkt der Hoffnung und der Nächstenliebe - Der Menschliche und der göttliche Glaube

Die Kraft des Glaubens

1. Und als sie zu dem Volk kamen, trat ein Mensch zu ihm, fiel ihm zu Füßen und sprach: Herr, erbarme dich über meinen Sohn! denn er ist mondsüchtig und hat schwer zu leiden; er fällt oft ins Feuer und oft ins Wasser; und ich habe ihn zu deinen Jüngern gebracht, und sie konnten ihm nicht helfen.

Jesus aber antwortete und sprach: O du ungläubiges und verkehrtes Geschlecht, wie lange soll ich bei euch sein? Wie lange soll ich euch erdulden? Bringt ihn mir her! Und Jesus bedrohte ihn; und der böse Geist fuhr aus von ihm, und der Knabe wurde gesund zu derselben Stunde. Da traten seine Jünger zu ihm, als sie allein waren, und fragten: Warum konnten wir ihn nicht austreiben? Er aber sprach zu ihnen:

Wegen eures Kleinglaubens. Denn wahrlich, ich sage euch: Wenn ihr Glauben habt wie ein Senfkorn, so könnt ihr sagen zu diesem Berge: Heb dich dorthin!, so wird er sich heben; und euch wird nichts unmöglich sein. (Matthäus XVII,14 - 20)

2. Im wahrsten Sinne des Wortes ist es richtig, dass das Vertrauen auf die eigene Kraft es möglich macht, materielle Aufgaben zu erledigen, die, wenn wir an uns zweifeln würden, nicht bewältigen werden könnten. Aber hier ist es notwendig, diese Worte einzig und allein in dem moralischen Sinn zu verstehen. Die von dem Glauben versetzten Berge sind die Schwierigkeiten, die Widerstände, die Böswilligkeit. In einem Wort, all das, mit dem der Mensch konfrontiert wird, auch wenn es sich um ein bestes Vorhaben handelt. Die Vorurteile in unserem Alltag, das materielle Interesse, der Egoismus, die Blindheit des Fanatismus, die stolzen Leidenschaften sind ebenfalls noch weitere Berge, die den Weg von jedem blockieren, der für den Fortschritt der Menschheit arbeitet. Der unerschütterliche Glaube gibt Beharrlichkeit, Energie und die Mittel zur Überwindung der Hindernisse, sowohl in den kleinen, als auch in den großen Dingen. Der unbeständige Glaube verursacht dagegen

Unsicherheit und Zweifel, von diesen sich die Gegner bedienen, gegen die man angehen muss. Der unbeständige Glaube sucht die Mittel zum Sieg nicht, da er nicht überzeugt ist, gewinnen zu können.

3. Eine andere Bedeutung des Wortes „Glaube" ist das Vertrauen, das man auf die Verwirklichung von etwas hat, die Gewissheit, an ein Ziel zu kommen. Dieser Glaube verleiht eine Art Geistesklarheit, die es im Gedanken im Voraus das gewählte Ziel und die Mittel, es zu erreichen, zu sehen ermöglicht. Das bewirkt für denjenigen, der diesen Glauben hat, gewissermaßen mit sicherem Tritt vorwärts zu gehen. In dem einen wie in dem anderen Fall kann der Glaube große Dinge zu Stande bringen.

Der wahre und aufrichtige Glaube ist immer ruhig und verleiht Geduld, warten zu können, weil er, gestützt auf die Vernunftbegabung und auf das Verständnis von den Sachen, sich seiner sicher ist, das Ziel zu erreichen. Dabei spürt der unsichere Glaube seine eigene Schwäche. Er wird unbeherrscht, wenn er von Interessen angetrieben wird und meint, die ihm fehlende Kraft durch Gewalt ausgleichen zu können. Die Ruhe in dem Kampf ist dagegen immer ein Zeichen von Stärke und Vertrauen, während die Gewalt, im Gegenteil, ein Beweis der Schwäche und der Verzweiflung an sich selbst ist.

4. Es ist notwendig, den Glauben nicht mit Arroganz zu verwechseln. Der wahre Glaube verbündet sich mit Demut. Wer ihn besitzt, schenkt Gott mehr Vertrauen als sich selbst, weil er weiß, dass er ein einfaches Instrument in dem Willen Gottes ist und nichts ohne Ihn kann. Deshalb kommen die guten Geistwesen ihm zu Hilfe. Diese Arroganz ist weniger Glaube und mehr Stolz und wird früher oder später, mit den Enttäuschungen und den Niederlagen, die ihn treffen, bestraft.

5. Die Kraft des Glaubens zeigt eine direkte und besondere Anwendung durch die magnetische Wirkung. Dank dem Glauben wirkt der Mensch auf die Fluida, das universelle Agens und verändert seine Beschaffenheit. Dadurch gibt er ihnen sozusagen einen zwingenden Anstoß. So geschieht, dass, wer neben einer gewöhnlichen großen fluidalen Kraft dazu auch einen starken Glauben verbindet, bloß kraft seines Willens zum Guten gerichtet, diese außergewöhnlichen Phänomene von Heilungen und

anderen bewirken kann, die in der Vergangenheit für Wunderzeichen gehalten wurden, aber, die nichts anders sind, als die Folgen eines Naturgesetzes. Aus diesem Grund sagte Jesus zu seinen Jüngern: Wenn ihr andere nicht geheilt habt, ist es Mangel an Glauben.

DER RELIGIÖSE GLAUBE, BEDINGUNG DES UNERSCHÜTTERLICHEN GLAUBENS

6. Von dem religiösen Standpunkt aus gesehen, ist der Glaube die Gläubigkeit an spezifischen Dogmen, welche die verschiedenen Religionen begründen. Jede von denen hat eigene Glaubenssätze. Unter diesem Aspekt kann der Glaube *wohlüberlegt* oder *blind* sein. Der blinde Glaube untersucht nichts, nimmt ohne Prüfung sowohl das Falsche, als auch das Wahrhaftige an und stößt bei jedem Schritt gegen die Offenkundigkeit und die Vernunft. Der Glaube in einer exzessiven Form verursacht den *Fanatismus*. Wenn der Glaube sich auf dem Irrtum stützt, zerbröckelt er früher oder später. Und nur der Glaube, der sich auf die Wahrheit stützt, sichert die Zukunft. Denn er fürchtet sich vor dem Fortschritt des Lichtes nicht. Er weiß, dass *alles, was in der Dunkelheit wahrhaftig ist, es auch unter Tageslicht sei.* Jede Religion beansprucht für sich die exklusive Wahrheit zu besitzen, würde sie *den blinden Glauben einer bestimmten Glaubensfrage vorziehen; dies bedeutet, sie erweist sich als unfähig, das Recht für sich zu beanspruchen.*

7. Im Allgemeinen sagt man, dass *der Glaube sich nicht erzwingen lässt.* Viele Menschen sagen daher, dass sie nicht schuldig sind, wenn sie keinen Glauben haben. Ohne Zweifel kann der Glaube nicht verschrieben werden oder noch genauer ausgedrückt: *Glaube kann man nicht erzwingen.* Nein, er kann nicht erzwungen werden. Den findet man. Und es gibt keinen Menschen, auch unter den Abgeneigtesten, der gehindert ist, ihn zu finden. Wir sprechen von grundlegender spiritueller Wahrheit und nicht von diesem oder jenem spezifischen Glauben. Es ist nicht gegeben, dass der Glaube zu den Menschen geht, sondern sie müssen zu dem Glauben kommen, und wenn sie ihn aufrichtig suchen, werden sie ihn finden. Ihr könnt euch sicher sein, dass diejenigen, die sagen: „Wir wollen nichts anders als glauben, aber können nicht." nur Lippenbekenntnisse machen

und nicht mit dem Herzen reden, weil sie ihre Ohren stopfen, indem sie so etwas sagen. Die Beweise sind jedenfalls reichlich um sie herum. Warum weigern sie sich, diese zu sehen? Bei manchen ist es Sorglosigkeit, bei anderen Angst, gezwungen zu werden, ihre Angewohnheiten zu ändern. Bei den meisten Menschen ist es der Stolz, der verweigert, eine höhere Macht anzuerkennen, weil es notwendig wäre, sich vor ihr zu beugen.

Bei gewissen Menschen scheint der Glaube in einer Weise angeboren zu sein und ein Funke genügt, um ihn zu entfachen. Diese Leichtigkeit, die spirituelle Wahrheit aufzunehmen, ist ein deutliches Zeichen von vergangenen Fortschritten. Für andere Personen dagegen ist die Schwierigkeit, mit der sie den Glauben aufnehmen, ein nicht weniger deutliches Zeichen von in Rückstand befindender Natur. Die Ersten haben schon geglaubt und den Glauben verstanden. Sie bringen bei ihrer *Wiedergeburt* die Intuition von dem mit, was sie wissen: Ihre Erziehung ist vollendet. Die Zweiten haben noch alles zu lernen: Ihre Erziehung muss noch vollendet werden. Aber sie wird vollendet sein, wenn nicht in dieser Existenz, dann wird sie in einer anderen.

Es ist beim Widerstand des Ungläubigen notwendig zu bemerken, dass es oft weniger an ihm selbst liegt, sondern an der Art, wie man ihm die Sachen präsentiert. Zu dem Glauben benötigt man eine Basis. Diese Basis ist das vollkommene Verständnis dessen, woran man glauben soll. Es reicht nicht zu *sehen*, um zu glauben; man bedarf es zu *verstehen*. Der blinde Glaube gehört zu diesem Jahrhundert nicht mehr. Denn es ist gerade das Dogma des blinden Glaubens, das heute die größte Zahl von Ungläubigen verursacht. Es will Zwang ausüben und verlangt die Ablehnung einer der wertvollsten Eigenschaften des Menschen: die Überlegung und der freie Wille. Und besonders gegen diesen Glauben sträubt sich der Ungläubige. Er hat auch Recht zu sagen, dass er sich nicht von dem erzwingen lässt. Indem kein Erweis akzeptiert wird, hinterlässt dieser Glaube im Geiste eine Leere, die Zweifel hervorruft. Der wohlüberlegte Glaube hingegen, der sich auf Tatsachen und auf Logik stützt, hinterlässt keinen Schatten. Man glaubt, weil man sich sicher ist und man kann nur von etwas sicher sein, das man es verstanden hat. Das ist der Grund, warum dieser Glaube unerschütterlich bleibt. *Denn unerschütterlicher Glaube ist nur solcher, der sich der Vernunft in allen menschlichen Zeiten gegenüberstellt.*

Zu diesem Ergebnis führt der Spiritismus, der, immer dann wenn er keinen systematischen und interessierten Widerstand findet, über die Ungläubigkeit triumphiert.

DAS GLEICHNIS VOM VERDORRTEN FEIGENBAUM

8. Und am nächsten Tag, als sie von Bethanien weggingen, hungerte ihn. Und er sah einen Feigenbaum von ferne, der Blätter hatte; da ging er hin, ob er etwas darauf fände. Und als er zu ihm kam, fand er nichts als Blätter; denn es war nicht die Zeit für Feigen. Da fing Jesus an und sprach zu ihm: Nun esse niemand mehr eine Frucht von dir in Ewigkeit! Und seine Jünger hörten das. (...) Und als sie am Morgen an dem Feigenbaum vorbeigingen, sahen sie, daß er verdorrt war bis zur Wurzel. Und Petrus dachte daran und sprach zu ihm: Rabbi, sieh, der Feigenbaum, den du verflucht hast, ist verdorrt. Und Jesus antwortete und sprach zu ihnen: Habt Glauben an Gott! Wahrlich, ich sage euch: Wer zu diesem Berge spräche: Heb dich und wirf dich ins Meer! und zweifelte nicht in seinem Herzen, sondern glaubte, daß geschehen werde, was er sagt, so wird's ihm geschehen. (Markus XI, 12 - 14 und 20 – 23)

9. Der verdorrte Feigenbaum ist das Symbol der Menschen, die nur dem Schein nach gut sind, aber in Wirklichkeit nichts Gutes produzieren. Er symbolisiert den Redner, der mehr Glanz als Festigkeit besitzt, dessen Worte einen oberflächlichen Firnis haben, so dass sie schön zum Hören sind, aber sie offenbaren nichts Wesentliches für das Herz, wenn man sie erforscht. Man fragt sich, nachdem man sie gehört hat, welchen Nutzen diese Worte haben.

Dieser Baum symbolisiert auch alle Menschen, welche die Mittel haben, um nützlich zu sein aber es nicht sind. Und symbolisiert auch alle Utopien und alle leeren Systeme - alle Lehren ohne eine solide Grundlage. Was da am meisten fehlt, ist der wahre Glaube, der erzeugende Glaube; der Glaube, der das Herz bewegt; in einem Wort: der Glaube, der Berge versetzt. Es sind dicht belaubte Bäume, die aber keine Früchte tragen. Daher verurteilt Jesus sie zur Unfruchtbarkeit, denn der Tag wird kommen, an dem sie bis hin zu den Wurzeln verdorren. Das bedeutet, dass alle Systeme, alle Lehren, die nichts zur Verbesserung der Menschheit beigetragen haben, in ein Nichts zerfallen werden und dass alle Menschen, die absichtlich nicht nützlich sind, weil sie alle Möglichkeiten, die sie hatten, nicht in Taten umgesetzt haben, wie der verdorrte Feigenbaum behandelt werden.

10. Die Medien sind die Dolmetscher der Geistwesen. Sie ersetzen den Geistern die fehlenden stofflichen Organe, durch die, die Geister Kundgaben vermitteln können. Sie sind deswegen mit Eigenschaften zu diesem Zweck geboren. In diesen Zeiten von sozialer Erneuerung haben sie eine besondere Sendung: Sie seien Bäume, die ihre Geschwister mit geistiger Nahrung versorgen sollen. Sie vermehren sich in der Anzahl, damit die Nahrung im Überfluss vorhanden sei. Sie sind überall verteilt, in allen Ländern, in allen Gesellschaftsschichten; unter den Reichen und unter den Armen, unter den Großen wie unter den Kleinen, damit sie an keinem Platz fehlen und dies als Nachweis für die Menschen, dass *alle berufen sind*. Wenn sie dennoch diese wertvolle Fähigkeit von dem vorgesehenen Ziel entfernen; wenn sie diese bei belanglosen und schädlichen Sachen anwenden; wenn sie diese in den Dienst materialistischer Interessen stellen; wenn sie statt gesunder Früchte, schlechte Früchte geben; wenn sie sich weigern, diese mediumistische Fähigkeit zum Wohle der anderen zu nutzen und wenn sie schließlich diese nicht zur eigenen Verbesserung anwenden, dann sind sie wie der verdorrte Feigenbaum. Gott wird ihnen dann diese Fähigkeit entnehmen, die in ihren Händen ungenutzt blieb: Der Samen, den sie nicht zu säen wussten. Er wird außerdem es zulassen, dass diese Medien den böswilligen Geistern ausgeliefert sein werden.

UNTERWEISUNGEN DER GEISTIGEN WELT
DER GLAUBE. AUSGANGSPUNKT DER HOFFNUNG UND DER NÄCHSTENLIEBE

11. Um nützlich zu sein, muss der Glaube aktiv sein - er soll nicht erstarren. Vater aller Tugenden, die zu Gott führen, soll der Glaube wachsam die Entwicklung der von ihm gezeugten Kinder behüten.

Die Hoffnung und die Nächstenliebe sind Folgen des Glaubens und bilden mit diesem eine untrennbare Dreifaltigkeit. Ist es nicht der Glaube, der uns die Hoffnung gibt, dass die Verheißungen des Herrn in Erfüllung gehen? Wenn ihr keinen Glauben habt, was erwartet ihr? Ist es nicht der Glaube, der die Liebe hervorruft? Denn, wenn ihr keinen Glauben habt, welche würde eure Dankbarkeit und folglich eure Liebe sein? Als göttliche Inspiration, erweckt der Glaube alle edlen Instinkte, die den Menschen zum Guten führen. Der Glaube ist die Basis der Erneuerung. Deswegen ist es notwendig, dass diese Basis stark und dauerhaft sei. Denn, wenn der leichteste Zweifel sie zum Wanken bringt, was wird aus dem Gebäude werden, das ihr auf diese Basis baut? Errichtet folglich dieses Gebäude auf eine unverrückbare Basis. Sei euer Glaube stärker als die Sophisterei und die Spötterei der Ungläubigen. Jener Glaube, der die Lächerlichkeit des Menschen nicht widersteht, ist nicht ein wahrer Glaube. Der ehrliche Glaube ist mitreißend und übertragbar. Er überträgt sich auf Menschen, die ihn nicht hatten oder selbst auf andere, die ihn nicht haben wollen. Der wahre Glaube findet überzeugende Worte, welche die Seele berühren. Während der Scheinglaube nur klangvolle Worte benutzt die, die Menschen kalt und gleichgültig lassen, die diese Worte hören. Predigt durch das Beispiel eueres Glaubens, um ihn den Menschen einzuflößen. Predigt durch das Beispiel euerer Taten, um ihnen den Verdienst des Glaubens zu veranschaulichen. Predigt durch eure unerschütterliche Hoffnung, um ihnen das Vertrauen zu zeigen, das die Menschen stärkt und sie in die Lage bringt, sich mit allen Schicksalsschlägen des Lebens konfrontiert zu werden.

Habt daher den Glauben mit seiner Schönheit und Güte, in seiner Reinheit und Vernunft. Nehmt aber nicht den Glauben ohne Erweis an, denn dieser ist blinder Sohn der Blindheit. Liebet Gott, aber wisset warum ihr Ihn liebet; glaubt an Seine Verheißungen, aber wisset warum ihr an sie glaubt; folgt unseren Ratschlägen, aber seid überzeugt von dem Ziel, das wir euch zeigen und von den Mitteln, die wir euch geben, um das zu erreichen. Glaubt und wartet, ohne nachzulassen. Die Wunder sind Werke des Glaubens.

(Joseph, Schutzgeist, Bordeaux, 1862)

DER MENSCHLICHE UND DER GÖTTLICHE GLAUBE

12. Der Glaube ist das dem Menschen angeborene Gefühl im Hinblick auf sein zukünftiges Schicksal. Der Glaube ist das Bewusstsein über die unermesslichen Fähigkeiten, die in seinem Inneren, zunächst in latentem Zustand, als Keime angelegt sind, welche er zum Sprießen bringen und sie durch die Tätigkeit seines Willens wachsen lassen soll.

Bis zur Gegenwart ist der Glaube nur von seiner religiösen Seite verstanden worden, weil Christus ihn als einen mächtigen Hebel angepriesen hat und die Menschen Christus ausschließlich als Führer von einer Religion angesehen haben. Christus, der materielle Wunder bewirkte, zeigte durch diese Wunder, was der Mensch kann, wenn er den Glauben hat, d. h. *den Wunsch des Wollens* und die Sicherheit, dass dieser Wunsch Befriedigung erwirken kann. Haben die Apostel nicht auch Wunder nach seinem Vorbild bewirkt? Waren diese Wunder nicht anders als natürliche Wirkungen, deren Ursachen die damaligen Menschen nicht kannten, die aber heute zum größten Teil erklärbar sind, und durch die Studie des Spiritismus und des Magnetismus ganz verständlich werden?

Der Glaube ist menschlich oder göttlich, je nachdem, wie der Mensch seine Fähigkeiten anwendet, zur Befriedigung seiner irdischen Bedürfnisse oder seines himmlischen und zukünftigen Strebens. Das Genie, das sich der Verwirklichung eines großen Ziels widmet, triumphiert aufgrund seines Glaubens, weil er überzeugt ist, dass er das anvisierte Ziel erreichen kann und erreichen soll. Diese Sicherheit verschafft ihm eine unermessliche Kraft. Der gute Mensch, der an seine himmlische Zukunft glaubt, wünscht sich seine Existenz mit schönen und edlen Tätigkeiten erfüllen zu können. Er schöpft aus seinem Glauben und aus der Überzeugung von der Glückseligkeit, die ihn erwartet, die notwendige Kraft und darüber hinaus werden Wunder der Nächstenliebe, der Frömmigkeit und der Uneigennützigkeit verwirklicht. Es gibt also mit dem Glauben keine negative Neigung, die man nicht besiegen könnte.

Der Magnetismus ist einer der größten Erweise der ausgeübten Glaubenskraft. Mittels des Glaubens heilt er und bewirkt eigenartige Phänomene, die früher als Wunder bezeichnet wurden.

Ich wiederhole: Der Glaube ist *menschlich* und *göttlich*. Wenn alle inkarnierten Menschen von ihrer inneren Kraft überzeugt wären und ihren Willen in den Dienst dieser Kraft stellen würden, wären sie in der

Lage das zu verwirklichen, was man bis zum heutigen Tag als Wunderzeichen bezeichnet hat, die nichts anderes sind, als die Entwicklung von menschlichen Fähigkeiten.

(Ein Schutzgeist, Paris, 1863)

KAPITEL XX -
DIE ARBEITER DER LETZTEN STUNDEN

Unterweisungen der Geistigen Welt: Die Letzten werden die Ersten sein - Die Mission der Spiritisten - Die Arbeiter des Herrn

1. Denn das Himmelreich gleicht einem Hausherrn, der früh am Morgen ausging, um Arbeiter für seinen Weinberg einzustellen. Und als er mit den Arbeitern einig wurde über einen Silbergroschen als Tagelohn, sandte er sie in seinen Weinberg. Und er ging aus um die dritte Stunde und sah andere müßig auf dem Markt stehen und sprach zu ihnen: Geht ihr auch hin in den Weinberg; ich will euch geben, was recht ist. Und sie gingen hin. Abermals ging er aus um die sechste und um die neunte Stunde und tat dasselbe. Um die elfte Stunde aber ging er aus und fand andere und sprach zu ihnen: Was steht ihr den ganzen Tag müßig da? Sie sprachen zu ihm: Es hat uns niemand eingestellt. Er sprach zu ihnen: Geht ihr auch hin in den Weinberg.
Als es nun Abend wurde, sprach der Herr des Weinbergs zu seinem Verwalter: Ruf die Arbeiter und gib ihnen den Lohn und fang an bei den letzten bis zu den ersten. Da kamen, die um die elfte Stunde eingestellt waren, und jeder empfing seinen Silbergroschen. Als aber die ersten kamen, meinten sie, sie würden mehr empfangen; und auch sie empfingen ein jeder seinen Silbergroschen. Und als sie den empfingen, murrten sie gegen den Hausherrn und sprachen: Diese letzten haben nur eine Stunde gearbeitet, doch du hast sie uns gleichgestellt, die wir des Tages Last und Hitze getragen haben.
Er antwortete aber und sagte zu einem von ihnen: Mein Freund, ich tu dir nicht Unrecht. Bist du nicht mit mir einig geworden über einen Silbergroschen? Nimm, was dein ist, und geh! Ich will aber diesem letzten dasselbe geben wie dir. Oder habe ich nicht Macht zu tun, was ich will, mit dem, was mein ist? Siehst du scheel drein, weil ich so gütig bin?
So werden die Letzten die Ersten und die Ersten die Letzten sein. {In der späteren Überlieferung finden sich zusätzlich die Worte: „Denn viele sind berufen, aber wenige sind auserwählt."} (Matthäus XX, 1 - 16) (siehe Kap. XVIII, Das Gleichnis von der königlichen Hochzeit, S. 270)

UNTERWEISUNGEN DER GEISTIGEN WELT
DIE LETZTEN WERDEN DIE ERSTEN SEIN

2. Der Arbeiter der letzten Stunde hat das Recht auf Lohn. Es ist aber erforderlich, dass er seinen guten Willen demjenigen gegenüber bewahrt,

der ihm Arbeit geben sollte und dass sein späterer Arbeitsbeginn nicht aus Faulheit oder Unwillen geschah. Er hat ein Recht auf Lohn, da er seit der Morgendämmerung erwartungsvoll auf den wartete, der ihn schließlich zur Arbeit rufen würde. Er war ein Arbeiter, dem nur Arbeit fehlte.

Wenn er allerdings die Arbeit zu jeder Tageszeit abgelehnt hätte; wenn er gesagt hätte: „Lass uns Geduld haben, ich liebe es mich auszuruhen; wenn die letzte Stunde schlägt, werde ich mich dann um den Taglohn kümmern. Was geht mich dieser Hausherr an, den ich weder kenne noch schätze! Je später desto besser!", würde er in diesem Falle, meine Freunde, nicht den Lohn der Arbeit, sondern den der Faulenzerei bekommen.

Und was wird aus demjenigen werden, der, statt einfach untätig zu bleiben, die für die Arbeit bestimmten Stunden mit Unfug vertrieben hat; der gegen Gott gelästert und das Blut seiner Brüder vergossen hat, Unfrieden innerhalb der Familien stiftete, ehrliche Menschen in den Ruin stürzte und die Unschuld missbrauchte? Uns was schließlich aus demjenigen, der sich in alle Schande der Menschheit stürzte? Was wird aus ihm werden? Reicht es ihm denn, wenn er in der letzten Stunde sagt: „Herr, ich habe meine Zeit vergeudet, gib mir Arbeit solange es noch Tag ist, damit ich ein bisschen, ein kleines bisschen von meiner Aufgabe tue und gib mir den Lohn eines gutwilligen Arbeiters."? Nein, nicht. Der Meister wird ihm sagen: Ich habe im Augenblick keine Arbeit für dich. Du hast deine Zeit verschwendet und das vergessen, was du gelernt hast. Du kannst nicht mehr auf meinem Weinberg arbeiten. Bemühe dich nun wieder zu lernen und wenn du eine bessere Gesinnung hast, dann suche mich und ich werde dir die Tore zu meinen weiten Ländereien öffnen, in denen du jederzeit arbeiten kannst.

Gute Spiritisten, meine sehr Lieben, ihr alle seid Arbeiter der letzten Stunde. Sehr hochmütig wäre derjenige, der sagen würde: „Ich habe meine Arbeit früh morgens angefangen und erst bei Sonnenuntergang werde ich sie beenden." Ihr seid alle gekommen, als ihr gerufen wurdet, einige früher, andere später, zur Reinkarnation, deren Ketten ihr tragt. Aber wie viele Jahrhunderte wiederholten sich schon, in denen euch der Meister zu seinem Weinberg rief, ohne dass ihr der Einladung gefolgt seid? Nun ist die Zeit gekommen, den Lohn in Empfang zu nehmen. Nutzt so gut ihr könnt, die Stunde, die euch noch übrig bleibt und vergesst nicht, dass eure Existenz, solange sie euch auch erscheinen mag,

nicht mehr als ein kurzer Augenblick in der Unermesslichkeit der Zeit ist, welche die Ewigkeit für euch bildet.
(Constantin, Schutzgeist, Bordeaux, 1863)

3. Jesus bevorzugte die Bescheidenheit der Bilder. In seiner männlichen Ausdrucksweise sind die Propheten die Arbeiter der ersten Stunde. Moses und alle andere Vorläufer haben die verschiedenen Abschnitte des Fortschrittes kennzeichnet. Diese Epochen sind geprägt über die Jahrhunderte hindurch von den Aposteln, Märtyrern, den Kirchenvätern, den Weisen, den Philosophen und endlich von den Spiritisten. Jene, die zuletzt gekommen sind, waren trotzdem angekündigt und seit dem Kommen des Messias vorgesehen, sie werden also denselben Lohn bekommen. Was genauer gesagt bedeutet, sie werden einen größeren Lohn bekommen. Die zuletzt gekommenen Spiritisten nutzen die intellektuelle Arbeit ihrer Vorgänger, weil der Mensch, Erbe des Menschen sein soll, da ihre Arbeit und ihr Ergebnis kollektiv sind: Gott segnet die Solidarität. Und viele von denen aus der Antike sind übrigens heute wieder inkarniert oder werden morgen wieder für das Werk inkarnieren, das sie einst angefangen haben. Mehr als ein Patriarch, mehr als ein Prophet, mehr als ein Jünger von Christus und mehr als ein Verkünder des christlichen Glaubens, befinden sie sich unter uns. Sie erscheinen wieder besser aufgeklärt und entwickelt und arbeiten nicht an dem Fundament, sondern an der Kuppel des Gebäudes. Ihr Lohn wird somit verhältnismäßig zu dem Verdienst ihres Werkes sein.

Die wundervolle Lehre der Reinkarnation verewigt und präzisiert die spirituelle Nachkommenschaft. Der zur Verantwortung über seinen irdischen Auftrag gebetene Geist versteht die Aufeinanderfolge der unterbrochenen Aufgaben derart, dass die Aufgaben immer eine Fortsetzung darstellen. Er sieht und spürt, dass er die Gedanken seiner Vorgänger auf dem Weg wahrnimmt. Er beginnt noch einmal den Kampf, gereift durch die Erfahrung, um weiter vorwärts zu kommen. Und alle, die Arbeiter der ersten und der letzten Stunde, die sich der tiefen Gerechtigkeit Gottes wohl bewusst sind, beschweren sich nicht mehr, sondern lobpreisen sie Ihn.

Das ist einer der wahren Sinne dieser Parabel. Wie alle andere, die Jesus, als er zum Volk redete, gebrauchte, beinhaltet sie den Keim der Zukunft und schließt auch unter allen Formen und unter allen Sinnbildern, die Verkündung der erhabenen Einheit, die alle Gegebenheiten des Universums harmonisiert, ein. Diese versinnbildlicht schließlich auch die Bekanntgabe der Solidarität, die alle Wesen von heute, von der Vergangenheit und von der Zukunft miteinander verbindet. (Heinrich Heine, Paris, 1863)

DIE MISSION DER SPIRITISTEN

4. Erkennt ihr jetzt nicht die Bildung eines Gewitters, das die alten Welten heimsucht und in nichts anderes als in die Summe der irdischen Ungerechtigkeit versetzen soll? Ach, preist den Herrn, ihr die den Glauben an Seine erhabene Gerechtigkeit habt und die ihr die neuen Apostel des von oben durch prophetische Stimmen geoffenbarten Glaubens seid! Geht und verkündet die neue Lehre der *Reinkarnation* und der Elevation der Geister nach der guten oder schlechten Ausführung ihrer Aufgaben und nach der Art und Weise wie sie die irdischen Prüfungen ertragen haben.

Fürchtet euch nicht, Zungen wie Feuer sind auf eueren Häuptern verteilt. O wahre Spiritisten: Ihr seid Auserwählten Gottes! Geht und verkündet das himmlische Wort. Es ist an der Zeit, eure Sitten, eure Arbeiten und eure oberflächlichen Beschäftigungen für die Öffentlichkeitsarbeit des Spiritismus zu opfern. Geht und verkündet, die erhabenen Geister sind mit euch. Ihr werdet mit Sicherheit zu Personen sprechen, die das Wort Gottes nicht hören wollen. Denn dieses Wort lädt zur andauernden Selbstverleugnung ein. Verkündet die Uneigennützigkeit zu den Geizigen, die Enthaltsamkeit zu den Schlemmern, die Sanftmut zu den Haustyrannen und zu den eigenmächtigen Diktatoren: Verlorene Worte, ich weiß es. Das macht aber nichts! Es ist notwendig den Boden mit euerem Schweiß zu benetzen, in den ihr säen werdet. Denn er wird keine Früchte ohne eure ununterbrochene Anstrengung mit dem Spaten und dem Pflug des Evangeliums tragen können. Geht hin und verkündet!

Ja, ihr alle, treuherzige Menschen, die euch euerer Unvollkommenheit in Anbetracht der Welten des unendlichen Weltraums bewusst seid, geht auf die große Kampagne gegen das Unrecht und die Ungerechtigkeit. Geht und entlobt den Kult des goldenen Kalbs, der Tag für Tag sich ausdehnt.

Geht, denn Gott führt euch! Einfache und unwissende Menschen, eure Zungen werden sich lösen und ihr werdet wie kein anderer Redner sprechen. Geht und verkündet, denn das aufmerksame Menschenvolk wird mit Freude eure tröstenden Worte der Brüderlichkeit, der Hoffnung und des Friedens aufnehmen.

Was bedeuten die Fallen, die euch auf euerem Wege gestellt sein werden! Nur die Wölfe fallen in die Wolfsfallen hinein, weil der Hirte weiß, wie er seine Schafe gegen den Schlachter verteidigen kann.

Geht Menschen, die ihr groß seid vor Gott und glücklicher als Thomas[89], glaubt ihr, ohne sehen zu wollen und anerkennt die Tatsachen der Mediumschaft, selbst wenn durch euch selbst keine Kundgabe vermittelt wurde. Geht! Der Geist Gottes führt euch!

Schreitet nun vorwärts, eindrucksvolle Front aufgrund eueres Glaubens! Die größeren Truppenverbände der Ungläubigen werden sich vor euch, wie der Morgennebel mit dem ersten Sonnenschein, auflösen.

Der Glaube ist die Tugend, die Berge versetzt, sagte euch Jesus. Andererseits noch schwerer als die großen Berge, sind die Unreinheit und alle Laster aus dieser Unreinheit im Herzen der Menschen deponiert. Schreitet nun fort mit Mut, um diese Berge der Ungerechtigkeiten zu versetzen. Die zukünftigen Generationen sollen sie dann nur als Teile einer Legende kennen, genauso wie ihr nur ungenau die Zeiten vor den altertümlichen Zivilisationen kennt.

Ja, die moralische und die philosophische Umwälzung wird sich in allen Orten der Welt ereignen. Es nähert sich die Stunde, in der das himmlische Licht über die zwei Welten[90] ausstrahlen wird.

Geht also und bringt das Wort Gottes zu den Größten, die es missachten werden; zu den Gelehrten, die Beweise verlangen werden und zu den Bescheidenen und Kleineren, die es annehmen werden. Denn, besonders unter den Märtyrern der Arbeit dieser irdischen Abbüßung, werdet ihr Glauben und Inbrunst finden. Geht, denn diese werden es mit Jubelgesang aufnehmen, sich dafür bedanken und Gott loben für den himmlischen Trost, den ihr ihnen anbietet. Und mit gesenktem Kopf werden sie Gott für die Leiden danken, die ihnen die Erde bereithält.

---

[89] Johannes XX, 24-29; (Anmerkung des Herausgebers)
[90] Die Geistige und die materielle Welt; (Anmerkung des Übersetzers)

Rüstet eure Schar mit Zuversicht und Mut! An die Arbeit, denn der Pflug ist fertig, die Erde vorbereitet. Also beginnt zu pflügen! Geht und bedankt euch bei Gott für die glorreiche Aufgabe, die Er euch gewährt hat! Aber denkt nach, dass viele von denen, die zum Spiritismus berufen wurden, von dem Wege abgewichen sind. Seid aus diesem Grund vorsichtig, beobachtet eueren Kurs und folgt den Weg der Wahrheit.

Frage: Wenn viele der zum Spiritismus Berufenen von dem Wege abgewichen sind, wie können wir dann diejenigen erkennen, die auf dem guten Weg sind?

Antwort: Ihr werdet sie durch die Prinzipien der wahren Nächstenliebe, die sie lehren und ausüben erkennen. Ferner werdet ihr sie durch die Zahl der Leidenden, die sie getröstet haben, erkennen; durch die Liebe, die sie dem Nächsten widmen und durch ihre Entsagung und ihre Selbstlosigkeit. Schließlich werdet ihr sie durch den Sieg ihrer Prinzipien erkennen. Denn Gott möchte, dass sich Sein Gesetz durchsetzt. Die Ihm Befolgenden sind Seine Auserwählten und Er wird ihnen den Sieg ermöglichen. Die Fälscher des Geistes dieses Gesetzes, die aus ihm eine Stütze zur Befriedigung ihrer Eitelkeit und ihrer Habgier machen, werden indessen erdrückt.

(Eraste, Schutzgeist des Mediums, Paris, 1863)[91]

DIE ARBEITER DES HERRN

5. Die Zeit der Erfüllung der angekündigten Gegebenheiten zur Veränderung der Menschheit rückt näher. Glücklich werden diejenigen sein, die auf dem Feld Gottes ohne eigenes Interesse, nur bewegt von der Nächstenliebe gearbeitet haben. Ihre Arbeitsgänge werden hundertfacher bezahlt, als sie es erwartet haben. Glücklich werden diejenigen sein, die ihren Geschwistern gesagt haben: „Geschwister, arbeiten wir zusammen und verbinden wir unsere Anstrengungen, damit der Herr bei seiner Ankunft das Werk vollendet finden kann." Denn der Herr wird zu diesen sagen: „Kommt zu mir, die ihr gute Diener seid; die ihr über eure Empfindlichkeiten und eure Auseinandersetzungen Ruhe gebracht habt,

---

[91] Teile dieser Kundgabe wurden nach einem Vergleich mit der ersten Ausgabe des französischen Originals vom 29. April 1864 ergänzt; (Anmerkung des Übersetzers)

damit das Werk nicht darunter leiden musste." Unglücklich sind aber diejenigen, die durch ihre Unfrieden die Zeit der Ernte verschoben haben, da das Gewitter kommen wird und sie werden in dem Wirbelsturm weggerissen. In diesem Moment werden sie rufen: „Gnade, Gnade!" Aber der Herr wird ihnen sagen: „Warum fleht ihr um Gnade, wenn ihr kein Mitleid mit eueren Brüdern hattet; wenn ihr es verweigert habt, ihnen die Hand auszustrecken; wenn ihr die Schwächeren erdrückt habt, anstatt ihnen zu helfen? Warum fleht ihr um Gnade, wenn ihr die Belohnung an dem irdischen Genuss und an der Befriedigung eueres Stolzes gesucht habt? Ihr habt eure Belohnung nach eueren Wünschen schon bekommen. Ihr habt nichts mehr zu verlangen. Denn die himmlischen Belohnungen sind für diejenigen, welche die irdischen Belohnungen nicht verlangt haben."

Gott ist im Begriff, Seine treuen Diener einzuberufen. Und Er hat schon diejenigen aufgezeigt, die ihre Hingabe nur vortäuschen. Diese werden somit den Lohn der mutigen Diener an sich nicht reißen. Denn denjenigen, die nicht vor ihren Aufgaben zurücktreten werden, wird Gott die schwierigsten Anstellungen am großen Werk der Erneuerung durch den Spiritismus anvertrauen. Und diese Worte werden sich erfüllen: „So werden die Letzten die Ersten und die Ersten die Letzten sein."

(Geist der Wahrheit, Paris, 1862)

KAPITEL XXI -
Es werden falsche Christusse und falsche Propheten aufstehen

Man erkennt den Baum an seinen Früchten - Die Mission der Propheten - Wunderzeichen der falschen Propheten - Glaubt nicht einem jeden Geist **Unterweisungen der Geistigen Welt:** Die falschen Propheten - Kennzeichen der wahren Propheten - Die falschen Propheten der Geistigen Welt - Jeremia und die falschen Propheten

Man erkennt den Baum an seinen Früchten

1. Denn es gibt keinen guten Baum, der faule Frucht trägt, und keinen faulen Baum, der gute Frucht trägt. Denn jeder Baum wird an seiner eigenen Frucht erkannt. Man pflückt ja nicht Feigen von den Dornen, auch liest man nicht Trauben von den Hecken. Ein guter Mensch bringt Gutes bevor aus dem guten Schatz seines Herzens; und ein böser bringt Böses hervor aus dem bösen. Denn wes das Herzvoll ist, des geht der Mund über. (Lukas VI, 43 - 45)

2. *Seht euch vor den falschen Propheten,* die in Schafskleidern zu euch kommen, inwendig aber sind sie reißende Wölfe. *An ihren Früchten sollt ihr sie erkennen. Kann man denn Trauben lesen von den Dornen oder Feigen von den Disteln?* So bringt jeder gute Baum gute Früchte; aber ein fauler Baum bringt schlechte Früchte. *Ein guter Baum kann nicht schlechte Früchte bringen, und ein fauler Baum kann nicht gute Früchte bringen.* Jeder Baum, der nicht gute Früchte bringt, wird abgehauen und ins Feuer geworfen. Darum: an ihren Früchten sollt ihr sie erkennen. (Matthäus VII, 15 - 20)

3. Jesus aber antwortete und sprach zu ihnen: Seht zu, daß euch nicht jemand verführe. Denn es werden viele kommen unter meinem Namen und sagen: Ich bin der Christus, und sie werden viele verführen. (...)

Und es werden sich viele falsche Propheten erheben und werden viele verführen. Und weil die Ungerechtigkeit überhand nehmen wird, wird die Liebe in vielen erkalten. Wer aber beharrt bis ans Ende, der wird selig werden. (...)

Wenn dann jemand zu euch sagen wird: Siehe, hier ist der Christus! oder da!, so sollt ihr's nicht glauben. *Denn es werden falsche Christusse und falsche Propheten aufstehen und, große Zeichen und Wunder tun,* so daß sie, wenn es möglich wäre, auch die Auserwählten verführten. (Matthäus XXIV, 4 - 5, 11 - 13, 23 - 24; Markus XIII, 5 - 6, 21 - 22)

Die Mission der Propheten

4. Man schreibt den Propheten derart die Gabe der Zukunftsvoraussage zu, dass die Wörter „Prophetie,"[92] und „Voraussage" synonyme Bedeutung bekamen. Im Sinne des Evangeliums hat das Wort „Prophet" eine breitere Bedeutung. Es bedeutet „Gottesbote", der die Mission hat, die Menschen zu lehren und ihnen die verborgenen Dinge und Mysterien des geistigen Lebens sichtbar zu machen. Ein Mensch kann demnach ein Prophet sein, ohne Voraussagen zu treffen. Die Juden zur Zeit Jesus hatten diese erste Vorstellung des Begriffes. Das erklärt, warum die versammelten Schriftgelehrten und Ältesten Jesus, als er vor den Hohepriester Kaiphas gebracht wurde, ihm in das Gesicht spuckten, ihn schlugen und ohrfeigten und sprachen: „Weissage uns, Christus, wer ist's, der dich schlug?"[93] Dennoch geschah es, dass Propheten tatsächlich die Zukunft vorausahnten, entweder mittels Intuition oder providentieller Offenbarung. Diese Kundgaben sollten sie den Menschen weitergeben. Da diese vorausgeahnten Ereignisse eingetroffen sind, wurde die Gabe der Zukunftsvoraussage als eine der ausschlaggebenden Eigenschaften der Propheten angesehen.

Wunderzeichen der falschen Propheten

5. „Denn es werden falsche Christusse und falsche Propheten auferstehen und große Zeichen und Wunder tun, so dass sie, wenn es möglich wäre, auch die Auserwählten verführten."[94] Diese Worte geben den wahren Sinn des Wortes „Prodigium"[95] wieder. Nach theologischer Begriffsbestimmung sind die Wunder außergewöhnliche Phänomene außerhalb der Naturgesetze. Diese Naturgesetze sind *allein* das Werk Gottes. Ohne Zweifel könnte Er sie aufheben, wenn Er es bezwecken würde. Dennoch sagt uns der einfache, gesunde Menschenverstand, dass Gott den einfachen und böswilligen Wesen keine Macht hätte geben können, wie Er sie selbst besitzt, geschweige denn das Recht, das aufzuheben, was Er selbst erschaffen hat. Jesus hätte solch ein Prinzip nicht gutheißen können.

---

[92] Griechisch *prophetes*, zu *prophánai*: vorhersagen, verkünden; (Anmerkung des Übersetzers)
[93] Matthäus XXVI, 68; (Anmerkung des Herausgebers)
[94] Matthäus XXIV, 24; (Anmerkung des Herausgebers)
[95] (lat.)Wunderzeichen; (Anmerkung des Übersetzers)

Wenn also, entsprechend dem Sinn, den man gewöhnlich diesen Worten zuschreibt, solch ein „Geist des Bösen" die Macht hätte, jene Wunderzeichen zu vollbringen, die sogar die Auserwählten verführen würden, würde es bedeuten, dass, da er dasselbe wie Gott bewirken kann, die Wunder kein ausschließliches Privileg der Gesandten Gottes sind. Und diese würden nichts mehr erweisen, denn es würde keinen Unterschied zwischen den Wundern der Heiligen und denen der Dämonen geben. Daraus entsteht die Notwendigkeit, einen rationaleren Sinn für diese Worte zu suchen.

Mit den Augen der Unwissenden wird jedes Phänomen, dessen Ursache unbekannt ist, als übernatürlich und wunderbar angesehen. Wenn man die Ursache kennt, weiß man, dass das Phänomen, so außergewöhnlich es auch erscheint, nichts anderes als die Anwendung eines der Naturgesetze ist. So wird die Menge an übernatürlichen Phänomenen immer kleiner, in dem Maße, wie die Wissenschaft sich entwickelt. Zu allen Zeiten nutzten die Menschen zu Gunsten ihrer Ambitionen, ihres Interesses und ihrer Macht bestimmtes Wissen, das sie besaßen, aus, um sich selbst die Anerkennung für scheinbar übernatürliche Macht oder angeblich göttliche Mission zu sichern. Das sind die falschen Christusse und die falschen Propheten. Die Verbreitung des Wissens zerstört ihr Ansehen. Damit reduziert sich ihre Zahl in dem Maße, in dem die Menschen dazulernen und neue Erkenntnisse gewinnen. Die Tatsache, dass ein Mensch etwas bewirken kann, das in den Augen mancher als Wunder bezeichnet wird, stellt keinen Beweis einer göttlichen Mission dar. Denn das kann das Resultat von Kenntnissen sein, die jeder erlernen kann, oder von besonderen organischen Fähigkeiten, die der unwürdigste aller Menschen ebenso wie der würdigste besitzen kann. Die wahren Propheten erkennt man an ernsthafteren Merkmalen von ausschließlich moralischer Natur.

GLAUBT NICHT EINEM JEDEN GEIST

6. Ihr Lieben, glaubt nicht einem jeden Geist, sondern prüft die Geister, ob sie von Gott sind; denn es sind viele falsche Propheten ausgegangen in die Welt. (1. Brief des Johannes, IV, 1)

7. Die spiritistischen Phänomene geben falschen Messiassen und falschen Propheten keinesfalls Spielraum, wie einige Menschen in übertriebener Weise behaupten. Gerade das Gegenteil geschieht, sie machen sie zunichte. Verlangt vom Spiritismus keine Wunder oder Wunderzeichen, denn er erklärt ausdrücklich, dass er sie nicht hervorbringt. Wie die Physik, die Chemie, die Astronomie und die Geologie, welche die Gesetze der physischen Welt zeigen, offenbart der Spiritismus andere unbekannte Gesetze, welche die Beziehungen der leiblichen und der spirituellen Welt steuern. Es sind genauso Naturgesetze wie die Gesetze der Wissenschaft. Indem der Spiritismus die Erklärung für bestimmte, bis zum heutigen Tag unverstandene Phänomene gibt, zerstört er das, was noch im Bereich des Wunderbaren lag. Diejenigen aber, welche sich geneigt fühlen, diese Phänomene zu ihren Gunsten auszunutzen, indem sie sich für den Messias Gottes ausgeben, würden den Glauben der Menschen nicht lange täuschen und wären bald enthüllt. Wie schon gesagt, die Phänomene allein beweisen nichts. Die Mission erweist sich durch die moralischen Wirkungen, die nicht jeder hervorbringen kann. Das ist eines der Ergebnisse der Studien der spiritistischen Wissenschaft. Indem sie die Ursache bestimmter Phänomene erforscht, lüftet sie den Schleier, der über vielen Mysterien liegt. Nur wer die Verborgenheit dem Licht vorzieht, hat Interesse dieses Licht zu bekämpfen. Aber die Wahrheit ist wie die Sonne: Sie löst die dichteste Dunkelheit auf.

Der Spiritismus offenbart eine andere, viel gefährlichere Art von falschen Christussen und falschen Propheten, die sich nicht unter den Menschen, sondern unter den nichtinkarnierten Geistwesen befinden. Es sind nämlich Geister, die trügerisch, heuchlerisch, hochmütig sind und Wissen vortäuschen. Von der Erde in die Erraticität übergegangen, betiteln sie sich mit ehrwürdigen Namen und versuchen mittels dieser Maske, die sie sich aufsetzen, Ideen zu verbreiten, die oft sehr absonderlich und absurd sind. Bevor die mediumistischen Beziehungen bekannt waren, wirkten diese Geister auf eine weniger deutliche Weise, zum Beispiel durch Eingebung, durch die unbewusste, hörende oder sprechende Mediumschaft. Die Zahl derer, die sich in verschiedenen Epochen, besonders aber in der letzten Zeit als einige der früheren Propheten, als Messias, als Maria und sogar als Gott selbst ausgaben, ist erheblich hoch. Der Heilige Johannes warnte uns vor ihnen, als er sprach: „Ihr Lieben, glaubt nicht einem jeden Geist, sondern prüft die Geister, ob sie von Gott sind; denn es sind viele falsche Propheten ausgegangen in die Welt." Der Spiritismus gibt uns die Mittel, um die Geister zu prüfen, indem er die Merkmale aufzeigt, an denen wir die guten Geister erkennen, Merkmale, *die immer moralischer und nie materieller* Natur sind.[96] Bei der Unterscheidung zwischen guten und üblen Geistern können wir diese Worte von Jesus anwenden: „An ihren Früchten sollt ihr sie erkennen. Kann man denn Trauben lesen von den Dornen oder Feigen von den Disteln? (...) Ein guter Baum kann nicht schlechte Früchte bringen, und ein fauler Baum kann nicht gute Früchte bringen." Man beurteilt demnach die Geister nach der Qualität ihrer Werke, wie man einen Baum nach der Qualität seiner Früchte beurteilt.

UNTERWEISUNGEN DER GEISTIGEN WELT
DIE FALSCHEN PROPHETEN

8. Wenn jemand euch sagt: „Christus ist hier." geht nicht dorthin, sondern seid wachsam, denn die falschen Propheten werden zahlreich sein. Seht ihr nicht die Blätter des Feigenbaumes, der begonnen hat, gelb zu werden; seht ihr nicht seine zahlreichen Knospen, die auf die Blütezeit warten; hat Christus euch nicht gesagt: „Man erkennt einen Baum an seinen Früchten?" Wenn die Früchte bitter sind, erkennt ihr, dass der Baum schlecht ist, aber wenn sie süß und gesund sind, sagt ihr: Nichts Reines kann aus einem schlechten Stamm herauskommen.

Und so, meine Geschwister, sollt ihr urteilen. Die Werke sollt ihr untersuchen. Wenn die Menschen, die von sich behaupten mit der göttlichen Macht erfüllt zu sein, von allen Kennzeichen der christlichen Mission begleitet sind, ist zu sagen, dass sie im höchsten Maße die christlichen und ewigen Eigenschaften besitzen: die Nächstenliebe, die Liebe, die Nachsicht und die Güte, die alle Herzen versöhnen. Wenn sie nicht nur mit Worten, sondern mit Taten handeln, dann könnt ihr sagen: Diese sind wirklich die Gottesboten.

Aber hütet euch vor heuchlerischen Worten, hütet euch vor den Schriftgelehrten und Pharisäern, die auf öffentlichen Plätzen beten. Hütet

---

[96] Zur Unterscheidung der Geister siehe Buch der Medien, Zweites Buch, Kap. XXIV und ff.;

euch vor denen, die sagen, sie seien die Einzigen, welche die Wahrheit besitzen!

Nein, der Messias ist nicht unter denen. Diejenigen, die er sendet, um seine Lehre zu verkünden und sein Volk zu erhellen, sind nach dem Beispiel des Meisters von Herzen sanftmütig und demütig. Vor allen sind sie diejenigen, die durch Beispiele und Ermahnungen die Menschheit retten sollen, die in das Verderben läuft und ungerade Wege geht. Und insbesondere sind sie bescheiden und demütig. Vor jedem, der auch nur einen Keim von Hochmut zeigt, solltet ihr wie vor einer sich ausbreitenden Lepra fliehen, die jeden ansteckt.[97] *Erinnert euch, dass alle Menschen in ihrem Angesicht, aber besonders in ihren Taten, den Ausdruck ihrer Größe oder ihrer Verderbnis tragen.*

Daher geht, meine geliebten Kinder, geht ohne Zögern, ohne Vorurteile auf dem gesegneten Weg, den ihr eingeschlagen habt. Geht, geht weiter ohne Furcht und entfernt mutig alles, was euch den Weg zu diesem ewigen Ziel verhindern kann. Ihr Reisende, wenn ihr eure Herzen für diese sanfte Lehre öffnet, die euch die ewigen Gesetze verkünden und alle Sehnsüchte euerer Seelen in Bezug auf das Unbekannte befriedigen wird, werdet ihr eine um so kürzere Zeit in der Dunkelheit und in dem Schmerz der Prüfung verweilen. Von diesem Zeitpunkt an könnt ihr schon eine Gestalt diesen flüchtigen Luftgeistern geben, die ihr in eueren Träumen vorüberziehen seht und die eure Seele entzückten, aber eueren Herzen nichts vermittelt haben. Und nun, meine geliebten Kinder, ist der Tod verschwunden, um dem erleuchtenden Engel, den ihr kennt, Platz zu schaffen. Der Engel des Wiedersehens und der Einheit! Jetzt, da ihr die euch übertragene Aufgabe des Schöpfers gut erfüllt habt, habt ihr Seine Gerechtigkeit nicht zu fürchten. Denn Er ist der Vater und vergibt immer Seinen verirrten Kindern, die nach Barmherzigkeit rufen. Geht also weiter. Rückt vorwärts, ohne nachzulassen. Euer Grundsatz soll der des Fortschrittes sein, des ständigen Fortschrittes in allen Bereichen. Bis ihr endlich zu dem glücklichen Moment kommt, wo auf euch alle, die euch vorausgegangen sind, warten.

(Louis, Bordeaux, 1861)

---

[97] Heutzutage erlauben die medizinischen Fortschritte die Unterschneidung von hoch- bis nicht-ansteckenden Lepraerkrankungen; (Anmerkung des Herausgebers)

KENNZEICHEN DES WAHREN PROPHETEN

9. *„Hütet euch vor den falschen Propheten."* Dieser Rat ist in allen Zeiten nützlich. Aber besonders in Zeiten des Wandels, in denen, so wie momentan, eine Veränderung der Menschheit stattfindet; immer dann bezeichnet sich eine große Zahl von ehrgeizigen und unnachgiebigen Menschen als Reformatoren und als Messiasse. Vor diesen Betrügern müssen wir uns hüten, und es ist die Pflicht von jedem ehrlichen Menschen, sie zu entlarven. Ihr werdet fragen: „Wie können wir sie erkennen?" seht hier ihre Anzeichen:

Eine bedeutende Arbeitsgruppe kann man nur einem fähigen und geeigneten Leiter, der sie führen kann, anvertrauen. Glaubt ihr, dass Gott weniger vorsichtig ist, als die Menschen es sind? Ihr solltet sicher sein, dass Er die wichtigen Missionen nur denjenigen anvertraut, die fähig sind, sie zu erfüllen, weil die großen Aufgaben schwere Lasten sind, die den Menschen, der ihnen nicht gewachsen ist, erdrücken würden. Wie in allen Dingen muss der Meister mehr als sein Lehrling wissen. Um die Menschheit moralisch und intellektuell vorwärts bringen zu können, sind Menschen mit großer Intelligenz und Moral erforderlich! Deswegen sind dies immer schon sehr weit entwickelte Geister, welche ihre Prüfungen in anderen Leben erfüllt haben, die mit diesem Ziel inkarnieren. Denn wenn sie nicht höher entwickelt sind als das Umfeld, in dem sie arbeiten werden, ist ihr Handeln wirkungslos.

Daraus schließen wir, dass der wahre Missionar seine Aufgabe an seinem erhabenen Ansehen, an seinen Tugenden, an seiner Größe, an dem Ergebnis und moralischem Einfluss seiner Werke beweisen muss. Eine andere Schlussfolgerung wäre dass, wenn dieser aber aufgrund seines Charakters, seiner Tugenden und seiner Intelligenz der Würde der ihm zugeschriebenen Rolle nicht gerecht wird oder unter der Würde der Persönlichkeit, unter deren Namen er sich ankündigt, befindet, so ist er nur ein Narr von übler Sorte, der selbst sein Vorbild nicht nachzuahmen weiß.

Eine weitere Erwägung ist, dass die meisten der wahren Propheten Gottes nicht wissen, dass sie es sind. Sie erfüllen ihre Aufgabe, zu der sie durch die Kraft ihres Geistes angetrieben wurden. Sie werden von der verborgenen Macht unterstützt, die sie inspiriert und ihr Wissen lenkt, jedoch ohne vorherbestimmte Absicht. Mit anderen Worten, *die wahren Propheten erkennt man an ihren Taten; sie werden von den anderen entdeckt. Während die falschen Propheten sich selbst zu Gottesboten ernennen.* Der Erste ist demütig und bescheiden, der Zweite hochmütig und von sich selbst eingenommen. Er spricht in großen Tönen und wie alle Schwindler, fürchtet er, dass ihm nicht geglaubt wird.

Wir sehen einige dieser Menschen als Apostel von Christus auftreten und andere als Christus selbst. Es müsste die Menschheit beschämen, dass es genug leichtgläubige Menschen gibt, die ihren Glauben an solch schädliche Gesinnung verschenken. Eine einfache Erwägung andererseits könnte die Augen der Blinden öffnen. Wenn nämlich der Messias sich auf der Erde inkarnieren würde, käme er mit all seiner Macht und Tugend, vorausgesetzt wir nähmen an, dass er degeneriert ist, was absurd wäre. Ebenso verhält es sich damit: Wenn ihr Gott ein einziges Seiner Attribute wegnehmen würdet, dann hättet ihr keinen Gott mehr, wenn ihr eine einzige der Tugenden des Christus wegnehmen würdet, dann hättet ihr keinen Messias mehr. Haben diejenigen, die sich als Christus bezeichnen, seine Tugenden? Es stellt sich hier diese Frage. Passt auf, untersucht ihre Gedanken und ihre Taten und ihr werdet erkennen, dass ihnen die entscheidenden Tugenden Christi fehlen: die Demut und die Nächstenliebe. Stattdessen besitzen sie, was Christus nicht hatte: die Gier und den Stolz. Seht ihr übrigens, dass in diesem Moment, in verschiedenen Ländern zahlreiche angebliche Messiasse in Erscheinung treten, wie auch zahlreiche angebliche Eliasse, Heilige Johannesse oder Heilige Petrusse, die in Wirklichkeit nicht alle echt sein können. Seid euch sicher, dass es Menschen sind, die den Glauben von anderen ausnutzen und es bequem finden, auf Kosten derjenigen zu leben, die auf sie hören.

Misstraut den falschen Propheten, besonders in der Zeit der Erneuerung. Denn viele Schwindler werden sich als Gottesboten bezeichnen. Sie verschaffen sich auf der Erde ein Leben, das die Eitelkeit befriedigt, aber ihr könnt euch sicher sein, dass auf sie eine verheerende Gerechtigkeit wartet.

(Eraste, Paris, 1862)

DIE FALSCHEN PROPHETEN DER GEISTIGEN WELT

10. Die falschen Propheten befinden sich nicht nur unter den inkarnierten Menschen. Sie sind auch - und zwar in größerer Zahl - unter den hochmütigen Geistern, die unter dem falschen Schein der Nächstenliebe Uneinigkeit verbreiten und die Erlösung der Menschheit verzögern. Sie säen unter den Menschen absurde Denkmuster aus, welche manche Medien annehmen. Um diejenigen mehr zu beeindrucken, die sie täuschen möchten, um ihren Theorien noch mehr Gewicht zu geben, bekleiden sie sich ohne Skrupel mit Namen, von denen die Menschen nur mit großer Achtung sprechen.

Sie sind es, die Zwietracht zwischen den Menschengruppen säen. Sie drängen diese Gruppen dazu, sich von den anderen zu isolieren und sich gegenseitig feindselig zu betrachten. Das alleine würde schon ausreichen, sie zu entlarven. Denn, indem sie so handeln, widerlegen sie ausdrücklich das, was sie zu sein vorgeben. Daher sind diejenigen Menschen blind, die in solche groben Fallen geraten.

Es gibt andere Möglichkeiten, sie zu erkennen. Die Geister von erhabenen Sphären, zu denen die falschen Propheten behaupten, dazuzugehören, sind nicht nur sehr erhaben, sondern auch ausgesprochen rational. Deswegen sollt ihr ihre Systeme mit Vernunft und dem gesunden Menschenverstand prüfen und ihr werdet sehen, was von ihnen bestehen bleibt. Ihr würdet mir daher zustimmen, dass, jedes Mal wenn ein Geist als Heilmittel für das Leiden der Menschheit oder deren Umwandlung utopische und unausführbare Dinge sowie kindische und lächerliche Mittel vorschlägt, oder wenn er ein System formuliert, das durch die grundlegendsten Wissenschaftskenntnisse widerlegt wird, es nur ein unwissender und lügnerischer Geist sein kann.

Andererseits dürft ihr gerne glauben, dass die Wahrheit, auch wenn sie nicht immer von jedem Einzelnen anerkannt wird, diese immer durch den gesunden Menschenverstand der Masse geschätzt wird. Das ist ein weiteres Kriterium. Wenn zwei Prinzipien sich widersprechen, werdet ihr einen Maßstab für den intrinsischen Wert von beiden in der Feststellung finden, welche von beiden auf mehr Akzeptanz und Sympathie stößt. *Es wäre in der Tat unlogisch anzunehmen, dass eine Lehre, deren Anhängerzahl sich ständig verringert, wahrhaftiger sei, als eine andere, in der sich die Zahl der Anhänger erhöht.* In der Absicht, dass die Wahrheit alle Menschen erreichen kann, vertraut Gott sie nicht nur einem engen Kreis an. Er ermöglicht, dass sie an verschiedenen Orten entsteht, damit überall das Licht neben der Finsternis leuchtet.

Weist hemmungslos alle diese Geister ab, die sich als exklusiver Berater vorstellen und die Uneinigkeit und Isolation predigen. Sie sind zumeist eitle und mittelmäßige Geister, die schwachen und leichtgläubigen Menschen imponieren möchten. Sie überschütten die Menschen mit übertriebenem Lob, um sie zu beeindrucken und dann zu dominieren. Sie sind normalerweise Geister, die gierig nach Macht sind und während ihres irdischen Lebens im öffentlichen oder privaten Bereich Despoten waren und nach ihrem Tod Opfer suchen, um diese zu tyrannisieren. *Misstraut im Allgemeinenen Mitteilungen, die einen mystischen und seltsamen Charakter haben, oder solchen, die prahlerische Zeremonien und Handlungen vorschreiben.* Solche Mitteilungen haben immer ein legitimes Motiv zu diesem Misstrauen.

Ihr sollt noch bedenken, dass, wenn eine Wahrheit an die Menschheit verkündet werden soll, sie sozusagen unmittelbar allen seriösen Gruppen mitgeteilt wird, in denen sich ebenso seriöse Medien befinden und nicht an diese oder jene Gruppe unter Ausschluss von anderen. Kein Mensch dient als gutes Medium, wenn er besessen ist. Und eine Besessenheit ist dann gegeben, wenn ein Medium nur Kundgaben von einem bestimmten Geist erhalten kann, selbst wenn der Geist sich sehr erhaben mitteilt. Infolgedessen steht jedes Medium und jede Gruppe, die an das Privilegium glauben, allein bestimmte Mitteilungen erhalten zu können und die andererseits zu abergläubischen Praktiken tendieren, ohne Zweifel unter dem Einfluss einer stark ausgeprägten Besessenheit. Das gilt besonders, wenn der herrische Geist mit einem Namen prahlt, den alle, Geister und inkarnierte Wesen, ehren und respektieren, und sich nicht zu jeder Gelegenheit widersprechen lässt.

Wenn alle Angaben und Kundgaben der Geister der Transparenz von Vernunft und Logik unterworfen werden, werden ohne Zweifel das Absurde und der Irrtum leicht vermieden werden. Ein Medium kann verblendet, eine Gruppe getäuscht werden. Aber die strenge Prüfung durch andere Gruppen, das erworbene Wissen, die hohe moralische Autorität der Gruppenleiter und die von Logik und Authentizität geprägten Kundgaben der erhabenen Geister durch die Hauptmedien,

werden die lügnerischen Sprüche und listigen Verbreitungen einer Schar trügerischer und bösartiger Geister zunichte machen.
(Erastus, Jünger von Paulus, 1862)
(siehe Einleitung, Abs. II, Universelle Prüfung der Lehre der Geister, S. 18;
Buch der Medien, Kap. XXIII, Von der Besessenheit)

JEREMIA UND DIE FALSCHEN PROPHETEN

11. So spricht der Herr der Heere: Hört nicht auf die Worte der Propheten, die euch weissagen. Sie betören euch nur. Sie verkünden Visionen, die aus dem eigenen Herzen stammen, nicht aus dem Mund des Herrn. Immerzu sagen sie denen, die das Wort des Herrn verachten: „Das Heil ist euch sicher! Und jedem, der dem Trieb seines Herzens folgt, versprechen sie: „Kein Unheil kommt über euch". Doch wer hat an der Ratsversammlung des Herrn teilgenommen, hat er ihn gesehen und sein Wort gehört? Wer hat sein Wort vernommen und kann es verkünden?
Ich habe diese Propheten nicht ausgesandt, dennoch laufen sie aus eigener Entscheidung. Ich habe nicht zu ihnen gesprochen, dennoch weissagen sie.
Ich habe gehört, was die Propheten reden, die in meinem Namen Lügen aussprechen und weissagen: Einen Traum habe ich gehabt, einen Traum. Wie lange noch? Haben sie denn wirklich etwas in sich, die Propheten, die Lügen weissagen und den selbst ausgedachten Betrug?
Fragt dich dieses Volk oder ein Prophet oder ein Priester: Was ist der „Lastspruch" des Herrn?, so antworte ihnen: ihr selbst seid die Last und ich werfe euch ab - Spruch des Herrn. (Jeremia XXIII, 16 - 18, 21, 25 - 26, 33)

Über diesen Text des Propheten Jeremia möchte ich mit euch, meine Freunde, reden. Gott sprach durch Jeremias Mund und sagte: „Es ist die Vision ihrer Herzen, die sie reden lässt." Diese Worte sagen deutlich, dass schon damals die Schwindler und Fanatiker die Gabe der Prophetie missbrauchten und ausnutzten. Sie missbrauchten den einfachen und fast blinden Glauben des Volkes, indem sie gute und angenehme Angelegenheiten *gegen Bezahlung* weissagten. Diese Art von Betrug war bei der jüdischen Nation allgemein verbreitet. Es ist also verständlich, dass dieses arme Volk in seiner Unwissenheit nicht in der Lage war, die guten von den böswilligen Geistern zu unterscheiden. Es wurde dann mehr oder weniger leicht von den angeblichen Propheten betrogen, die nichts anders als Schwindler oder Fanatiker waren. Dazu gibt es nichts Bedeutsameres als diese Worte: „Ich habe diese Propheten nicht ausgesandt, dennoch laufen sie; ich habe nicht zu ihnen gesprochen, dennoch weissagen sie!" Und noch weiter sagte Jesus: „Ich habe gehört, was die Propheten reden, die in meinem Namen Lügen weissagen und sprechen: Einen Traum habe ich gehabt, einen Traum!" Jeremia wies auf eines der Mittel hin, das die falschen Propheten benutzten, um diejenigen auszunutzen, die an sie glaubten. Die immer vertrauensvolle Menge dachte nicht darüber nach, der Wahrhaftigkeit dieser Träume und Visionen zu widersprechen; sie fand alles natürlich und lud immer wieder diese Propheten ein, zu sprechen.

Nach diesen Worten des Propheten sollt ihr die weisen Ratschläge des Apostels Johannes hören, der sagt: *„Glaubt nicht einem jeden Geist, sondern prüft die Geister, ob sie von Gott sind."* Denn unter den Unsichtbaren gibt es auch diejenigen, die an der Lüge Gefallen finden, wenn die Gelegenheit für sie günstig ist. Diese betrogenen Menschen sind ersichtlich Medien, die nicht vorsichtig genug sind. Hier liegt ohne Zweifel eine der größten Tücken, den viele Medien zum Opfer fallen, insbesondere wenn sie Neulinge im Spiritismus sind. Es ist für sie eine Prüfung, die sie nur mit großer Umsicht bestehen können. Lernt also vor allem die gutwilligen von den böswilligen Geistern zu unterscheiden, damit ihr selbst nicht zu falschen Propheten werdet.

(Luoz, Schutzgeist, Karlsruhe, 1861)

KAPITEL XXII -
TRENNT NICHT, WAS GOTT ZUSAMMENGEFÜGT HAT

Die Unauflösbarkeit der Ehe - Die Scheidung

DIE UNAUFLÖSBARKEIT DER EHE

1. Da traten Pharisäer zu ihm und versuchten ihn und sprachen: Ist's erlaubt, daß sich ein Mann aus irgendeinem Grund von seiner Frau scheidet? Er aber antwortete und sprach: Habt ihr nicht gelesen: Der im Anfang den Menschen geschaffen hat, schuf sie als Mann und Frau und sprach {1. Mose (Genesis) 2,24}: „Darum wird ein Mann Vater und Mutter verlassen und an seiner Frau hängen, und die zwei werden ein Fleisch sein?" So sind sie nun nicht mehr zwei, sondern ein Fleisch. Was nun Gott zusammengefügt hat, das soll der Mensch nicht scheiden!

Da fragten sie: Warum hat dann Mose geboten, ihr einen Scheidebrief zu geben und sich von ihr zu scheiden? Er sprach zu ihnen: Mose hat euch erlaubt, euch zu scheiden von euren Frauen, eures Herzens Härte wegen; von Anfang an aber ist's nicht so gewesen. Ich aber sage euch: Wer sich von seiner Frau scheidet, es sei denn wegen Ehebruchs, und heiratet eine andere, der bricht die Ehe. (Matthäus XIX, 3 - 9)

2. Unveränderlich bleibt nur das, was von Gott kommt. Alles von Menschen Geschaffene unterliegt der Veränderung. Die Naturgesetze sind immer dieselben, zu allen Zeiten und in allen Ländern. Die von Menschen geschriebenen Gesetze ändern sich gemäß Zeit, Ort und Weiterentwicklung der Intelligenz. In der Ehe ist die Vereinigung der Geschlechter gottgewollt, um eine Erneuerung der verstorbenen Wesen herbeizuführen. Die Bedingungen, welche diese Verbindung steuern, sind dennoch derart menschlich, dass es auf der ganzen Welt, selbst in der Christenheit, nicht zwei Länder gibt, in denen sie vollkommen gleich sind, und nicht ein Mal ein Einziges, in dem sie sich nicht im Laufe der Zeit verändert haben. Daraus ergibt sich, zivilrechtlich betrachtet, dass etwas, das in einem Land zu einer Zeit gesetzmäßig ist, in einem anderen Land und zu anderer Zeit ehebrecherisch sein kann. Aus diesem Grund soll das Zivilrecht die Interessen der Familien regeln, die sich in Abhängigkeit von Gebräuchen und örtlichen Notwendigkeiten verändern. So ist in bestimmten Ländern zum Beispiel die kirchliche Eheschließung die einzig legale Eheschließung, in anderen Ländern ist außerdem noch die

standesamtliche Trauung erforderlich und in weiteren Ländern schließlich genügt die standesamtliche Trauung.

3. Aber neben dem stofflichen göttlichen Gesetz, das für alle Lebewesen gleich ist, gibt es in der Geschlechterverbindung noch ein weiteres göttliches Gesetz, das genauso unwandelbar wie alle andere Gesetze Gottes und ausschließlich moralischer Natur ist: das Gesetz der Liebe. Gott wollte, dass die Wesen sich nicht nur durch fleischliche, sondern auch durch seelische Bande verbinden, damit die gegenseitige Zuwendung der Eheleute sich auf die Kinder überträgt, und nicht nur einer, sondern zwei sie lieben, für sie sorgen und sich um ihre Entwicklung kümmern. Wird dieses Gesetz der Liebe unter den gewöhnlichen Eheschließungen berücksichtigt? Überhaupt nicht. In Betracht gezogen wird nicht, ob sich die Ehepartner lieben oder ob sie sich durch gegenseitige Gefühle anziehen, da diese Zuneigung oft zerbricht. Man denkt nicht an eine Erfüllung des Herzens, sondern an die Befriedigung des Stolzes, der Eitelkeit und der Gier, d. h. an die Erfüllung der materiellen Werte. Wenn alles gut geht, sagt man, dass es sich um eine Zweckehe handelt und wenn sie reich sind, sagt man, dass die Eheleute sehr glücklich sind und ebenfalls sein werden.

Und dennoch können weder das Zivilrecht noch die eingegangenen Verpflichtungen das Gesetz der Liebe ersetzen, wenn dieses nicht bei der Eheschließung vorhanden ist. Die Folge ist, dass oft *etwas, was man mit Gewalt zusammengefügt hat, sich wieder von selbst trennt.* Man leistet einen Meineid, wenn der vor dem Altar abgelegte Eid wie eine banale Formel ausgesprochen wird. Daraus entstehen die unglücklichen Verbindungen, die schließlich kriminell werden. Das ist ein zweifaches Unglück, das vermieden werden könnte, wenn man unter den festgelegten Bedingungen für eine Heirat jene einzige, welche die Ehe in Gottes Augen anerkannt macht, nicht fehlen würde: das Gesetz der Liebe. Gottes Worte: „... und sie werden sein ein Fleisch."[98] und was Christus dazu sagte: „Was nun Gott zusammengefügt hat, das soll der Mensch nicht scheiden!" soll man in Bezug auf eine Verbindung nach dem unveränderlichen Gesetz Gottes verstehen und nicht nach dem veränderlichen Gesetz der Menschen.

---

[98] 1 Mose (Genesis) II, 24; (Anmerkung des Herausgebers)

4. Ist das bürgerliche Gesetz also überflüssig? Sollte man nochmals zu den Naturehen zurückkehren? Nein, natürlich nicht. Das Zivilrecht hat den Zweck, die sozialen Beziehungen und die Familieninteressen je nach Gesellschaftsentwicklung zu regeln; es ist daher nützlich und notwendig, dennoch veränderlich. Es muss vorsorglich sein, da der moderne Mensch nicht wie ein Wilder mehr leben kann. Denn nichts, überhaupt nichts spricht dagegen, dass das menschliche Gesetz die unmittelbare Folge des Gesetzes Gottes sei. Die Hindernisse zur Erfüllung des Göttlichen Gesetzes entstehen erst durch die Vorurteile und nicht durch das Zivilrecht. Obwohl diese Vorurteile noch bestehen, haben sie unter den aufgeklärten Völkern bereits viel an Bedeutung verloren. Sie werden mit der moralischen Entwicklung schwinden, die schließlich den Menschen die Augen für die zahlreichen Übel, für die Fehler und auch für die Verbrechen, die aus Verbindungen hervorgegangen sind, welche nur aus materiellen Interessen geschlossen wurden, öffnen wird. Eines Tages wird man sich grundsätzlich fragen, was humaner, mildtätiger oder moralischer ist: Zwei Wesen, die nicht zusammen leben können, miteinander zu verketten oder ihnen die Freiheit zurückgeben. Dabei stellt es sich die Frage, ob die Aussicht auf eine unlösbare Fessel die Zahl der ungesetzlichen Verbindungen nicht noch vergrößert.

DIE SCHEIDUNG

5. Die Scheidung ist ein menschliches Gesetz mit dem Zweck, offiziell das zu trennen, was tatsächlich schon getrennt ist. Die Scheidung ist kein Verstoß gegen das Gesetz Gottes, denn sie korrigiert lediglich das, was von den Menschen gemacht wurde und findet nur in dem Fall Anwendung, in dem das Göttliche Gesetz nicht berücksichtigt wurde. Wenn die Scheidung gegen das Gesetz Gottes wäre, müsste dann die Kirche sogar jene Kirchenführer verurteilen, die Kraft ihrer eigenen Autorität und im Namen der Religion schon mehr als einmal die Scheidung ausgesprochen haben. Es wäre von diesen sogar eine doppelte Pflichtverletzung, da die Scheidung in diesen Fällen lediglich materielle Interessen zum Ziel gehabt hat und nicht die Erfüllung des Gesetzes der Liebe.

Auch Jesus selbst sprach die absolute Unauflösbarkeit der Ehe nicht heilig. Sagte er nicht: „Moses hat euch erlaubt, euch zu scheiden von eueren Frauen, eueres Herzens Härte wegen." [99] Dies bedeutet, dass bereits in der damaligen Zeit möglicherweise Scheidungen notwendig waren, da die gegenseitige Zuwendung nicht der einzig entscheidende Grund für die Ehe war. Er fügte jedoch hinzu: „Von Anfang an aber ist's nicht so gewesen." Dazu ist es zu sagen, dass in frühesten Zeiten der Menschheit, als die Menschen noch nicht durch Selbstsucht und Stolz verdorben waren und nach dem Gesetz Gottes lebten, die Ehen aus Sympathie und nicht aus Eitelkeit und Ehrgeiz geschlossen wurden. Aus diesem Grund gab es keinen Anlass zu einem Verstoß.

Er geht noch einen Schritt weiter und nennt ein Beispiel, in dem ein Verstoß gerechtfertigt werden kann: im Falle eines Ehebruches. Nun es kann keinen Ehebruch geben, wenn gegenseitige aufrichtige Zuneigung herrscht. In der Tat verbietet Jesus dem Mann, eine Frau zu nehmen, die verstoßen wurde. Hierzu muss man allerdings die Gebräuche und Sitten der Menschen von der damaligen Zeit berücksichtigen. Das mosaische Gesetz schreibt in einem solchen Fall die Steinigung vor. Da er diesen barbarischen Brauch abschaffen wollte, musste er als Ersatz eine andere Strafe finden. Sie bestand darin, dass eine zweite Ehe verboten wurde. In gewisser Weise kann man sagen, dass ein Zivilrecht durch ein anderes ersetzt wurde, so wie alle Gesetze dieser Art sich mit der Zeit bewähren mussten.

---

[99] Matthäus XIX, 8; (Anmerkung des Herausgebers)

KAPITEL XXIII -
Seltsame Moral

Wer nicht hasst seinen Vater und seine Mutter - Vater, Mutter und Kinder verlassen - Lass die Toten ihre Toten begraben - Ich bin nicht gekommen, Frieden zu bringen, sondern das Schwert

Wer nicht hasst seinen Vater und seine Mutter

1. Es ging aber eine große Menge mit ihm; und er wandte sich um und sprach zu ihnen: Wenn jemand zu mir kommt und *haßt* nicht seinen Vater, Mutter, Frau, Kinder, Brüder, Schwestern und dazu sich selbst, der kann nicht mein Jünger sein. Und wer nicht sein Kreuz trägt und mir nachfolgt, der kann nicht mein Jünger sein. So auch jeder unter euch, der sich nicht lossagt von allem, was er hat, der kann nicht mein Jünger sein. (Lukas XIV, 25 - 27, 33)

2. Wer Vater oder Mutter mehr liebt als mich, der ist meiner nicht wert; und wer Sohn oder Tochter mehr liebt als mich, der ist meiner nicht wert. (Matthäus X, 37)

3. Bestimmte Worte, die übrigens sehr selten vorkommen, widersprechen in seltsamer Art den Worten Jesu Christi, so dass wir sie im literarischen Sinn unwillkürlich zurückweisen. Der Inhalt seiner Lehre leidet jedoch nicht darunter. Diese Worte wurden nach seinem Tod geschrieben; zu seinen Lebzeiten ist kein Evangelium geschrieben worden. Wir können annehmen, dass in diesem Fall der Sinn seiner Gedanken nicht gut wiedergegeben wurde, oder - was nicht weniger wahrscheinlich wäre - dass die ursprüngliche Bedeutung bestimmte Änderungen bei der Übersetzung erlitt. Es genügt, dass ein einziges Mal ein Fehler gemacht wird, um in den Nachdrucken den Fehler weiterzugeben, wie es häufig an historischen Fakten zu beobachten ist.

Das Wort „*Hass*" in dem Satz von Lukas: „*Wenn jemand zu mir kommt und haßt nicht seinen Vater, Mutter, Frau, Kinder, Brüder, Schwestern und dazu sich selbst ...*" ist einer dieser Fälle. Niemand könnte diesen Satz Jesu zuschreiben. Es ist dann überflüssig, den Satz zu diskutieren oder zu versuchen, ihn zu rechtfertigen. Es wäre zunächst notwendig zu wissen, ob Jesus diesen Satz ausgesprochen hat, und wenn ja, ob in der Sprache, in der er diesen Satz sprach, das Wort dieselbe Bedeutung hat wie in unserer Sprache. In dem Abschnitt bei Johannes: „Wer sein Leben lieb hat, der wird's verlieren; und wer sein Leben auf dieser Welt hasst, der wird's erhalten zum ewigen Leben." ist es offensichtlich, dass er nicht dieselbe Bedeutung hat, die wir ihm zuschreiben.

Die hebräische Sprache war nicht sehr reich und viele ihrer Wörter haben doppelte Bedeutungen. Das ereignet sich zum Beispiel mit dem Wort in der Genesis, das die Phasen der Schöpfung beschreibt. Es dient gleichzeitig dazu, eine Zeitspanne sowie die Tageszeit auszudrücken. Daher erschien in der Übersetzung der Begriff *„Tag"* und später entstand der Glaube, die Welt wurde in sechs mal vierundzwanzig Stunden (*„Tagen"*) erschaffen. Dasselbe geschah auch mit den Worten *„Kamel"* und *„Seil"*, da die Seile früher aus Kamelhaaren geflochten wurden. Der nämliche allegorische Sinn ist im Gleichnis von der Gefahr des Reichtums zu finden. (siehe Kap. XVI, Abs. 2)[100]

Es ist auch notwendig, auf die Gewohnheiten und die Merkmale eines Volkes zu achten, welche die Eigenschaft einer Sprache beeinflussen. Ohne diese Kenntnisse vermischt sich die wahre Bedeutung bestimmter Wörter. In zwei verschiedenen Sprachen kann derselbe Begriff eine mehr oder weniger wichtige Bedeutung haben. Er kann in einer Sprache eine Beleidigung oder eine Verhöhnung sein und unbedeutend in einer anderen, entsprechend der Vorstellung, die man damit verknüpft. Manche Wörter verlieren außerdem in derselben Sprache im Laufe der Jahrhunderte ihre Wichtigkeit. Aus diesem Grund gibt manch wortwörtliche Übersetzung nicht immer den genauen Sinn wieder. Um den genauen Gedanken zu übersetzen, ist es zuweilen notwendig, nicht die laut Wörterbuch entsprechenden Wörter, sondern periphrastische Wörter oder Umschreibungen zu verwenden.

---

[100] „Non odit" im Lateinischen und „Kaï" oder „miseï" aus dem Griechischen bedeuten nicht „hassen", sondern „wenig lieben". Was das griechische Verb „miseïn" ausdrückt, wird noch deutlicher an dem hebräischen Verb, das Jesus benutzt haben dürfte. Dieses Verb bedeutet nicht nur „hassen", sondern auch „weniger lieben" oder „ nicht genauso lieben, wie den anderen ". Im syrischen Dialekt, den Jesus angeblich häufiger gebraucht hat, wird diese Bedeutung noch stärker betont. Es ist auch in diesem Sinne zu verstehen, dass in der Genesis (erstem Buch Moses) steht: „So ging Jakob auch bei Rachel ein und hatte Rachel lieber als Lea; (...) Als aber der Herr sah, dass Lea ungeliebt war, machte er sie fruchtbar; ..." (siehe Kap. XXIX, 30-31) Es ist ersichtlich, dass der wahre Sinn des Wortes „ungeliebt" in diesem Satz „weniger geliebt" bedeutet; so sollte es übersetzt werden. In vielen anderen hebräischen und hauptsächlich syrischen Passagen wird dasselbe Verb im Sinne von „nicht so lieben wie den anderen" übersetzt. Es wäre sinnwidrig, es mit „hassen" zu übersetzen, dem eine ganz andere Bedeutung zugeordnet wird. Der Text von Matthäus erklärt übrigens jede Schwierigkeit. (Anmerkung von Herrn A. Pezzani)

Diese Bemerkungen finden besondere Anwendung in den Interpretationen der Heiligen Schrift und insbesondere der Evangelien. Wenn man nicht das Umfeld, in dem Jesus gelebt hat, berücksichtigt, ist man der Gefahr ausgesetzt, sich hinsichtlich der Bedeutung bestimmter Ausdrücke und Fakten zu irren, weil man die Angewohnheit besitzt, die anderen mit sich selbst gleichzusetzen. Jedenfalls ist es notwendig, das Wort „Hass" nicht in seiner heutigen Bedeutung zu verwenden, die dem Geist und der Lehre Christus widersprechen würde. (siehe Kap. XIV, Abs. 5 und ff.)

VATER, MUTTER UND KINDER VERLASSEN

4. Und wer Häuser oder Brüder oder Schwestern oder Vater oder Mutter oder Kinder oder Äcker verläßt um meines Namens willen, der wird's hundertfach empfangen und das ewige Leben ererben. (Matthäus XIX, 29)

5. Da sprach Petrus: Siehe, wir haben, was wir hatten, verlassen und sind dir nachgefolgt. Er aber sprach zu ihnen: Wahrlich, ich sage euch: Es ist niemand, der Haus oder Frau oder Brüder oder Eltern oder Kinder verläßt um des Reiches Gottes willen, der es nicht vielfach wieder empfange in dieser Zeit und in der zukünftigen Welt das ewige Leben. (Lukas XVIII, 28 - 30)

6. Und ein andrer sprach: Herr, ich will dir nachfolgen; aber erlaube mir zuvor, daß ich Abschied nehme von denen, die in meinem Haus sind. Jesus aber sprach zu ihm: Wer seine Hand an den Pflug legt und sieht zurück, der ist nicht geschickt für das Reich Gottes. (Lukas IX, 61 - 62)

Ohne die Wörter zu diskutieren, sollte man an dieser Stelle versuchen, den Gedanken zu verstehen, der offensichtlich Folgendes bedeutet: „Die Interessen des zukünftigen Lebens stehen über allem menschlichen Interesse und allen Erwägungen der menschlichen Ordnung", da dieser Gedanke in Übereinstimmung mit der Essenz der Lehre Jesu steht, wohingegen die Idee, die Familie zu verlassen, ihr gegenüber ein Widerspruch wäre.

Haben wir nicht ohnehin die Anwendung dieser Maximen vor Augen, wenn man sich, entgegen seiner Interessen und seiner Zuneigungen für die Familie, für das Heimatland aufopfert? Verurteilt man einen Sohn, der Vater, Mutter, Brüder, Ehefrau und sogar seine eigenen Kinder verlässt, um sein Land zu verteidigen? Erkennen wir ihm nicht im Gegenteil den Verdienst an, die Behaglichkeit seines Heimes und die Wärme des Freundeskreises zu verlassen, um einer Pflicht nachzugehen? Es gibt demnach Pflichten, die über anderen stehen. Verlangt nicht das Gesetz, dass die Tochter die Eltern zu verlassen hat, um dem Ehemann zu folgen? Die Welt ist voller Fälle, in denen schmerzhafte Trennungen notwendig sind. Aber die Zuneigung wird nicht dadurch gemindert. Die Entfernung vermindert nicht den Respekt oder die Sorge, die man den Eltern gegenüber hat und auch nicht deren Zärtlichkeit gegenüber den Kindern. Man kann deswegen sagen, auch wenn man die Begriffe wörtlich nehmen würde, dass sie mit Ausnahme des Wortes „Hass", keine Verleumdung des Gebotes, Vater und Mutter zu ehren, als auch des Gebotes der Liebe des Sohnes zum Vater darstellen. Sie sind um so weniger eine Verleumdung, wenn sie in ihrer geistigen Bedeutung betrachtet werden. Die Zweckbestimmung dieser Ausdrücke war, anhand einer Hyperbel zu zeigen, wie zwingend es für einen ist, sich mit seinem zukünftigen Leben zu beschäftigen. Sie wären allerdings für jenes Volk und zu jener Zeit, in der infolge der Lebensumstände die familiären Bindungen schwächer als in einer moralisch weiterentwickelten Zivilisation waren, weniger erschreckend gewesen. Diese Bindungen, unter den primitiven Völkern schwächer, verstärken sich mit der Entwicklung der Sensibilität und des moralischen Empfindens. Die Trennung selbst ist jedoch für den Fortschritt notwendig. Ohne diese würden sowohl die Familien als auch die Rassen aussterben, wenn zwischen diesen keine Zusammenführung stattfinden würde. Das ist ein Naturgesetz, das sowohl der moralischen Entwicklung als auch dem materiellen Fortschritt dient.

Man sieht die Dinge auf der Erde eben nur aus einer irdischen Sicht. Der Spiritismus verhilft uns zu einer anderen Sicht aus einer erhobenen Perspektive und er zeigt, dass die wahre Zuneigung die des Geistes und nicht die des Körpers ist, dass diese Bindungen weder durch die Trennung, noch durch das Ableben des Körpers zerbrechen und dass sie sich in der Geistigen Welt durch die Reinheit des Geistes noch verstärken. Das ist eine tröstende Wahrheit, aus der man viel Kraft schöpft, die Schicksalsschläge des Lebens zu ertragen. (siehe Kap. IV, Abs. 18, S. 81 und Kap. XIV, Abs. 8, S. 223)

LASS DIE TOTEN IHRE TOTEN BEGRABEN

7. Und er sprach zu einem andern: Folge mir nach! Der sprach aber: Herr, erlaube mir, daß ich zuvor hingehe und meinen Vater begrabe. Aber Jesus sprach zu ihm: Laß die Toten ihre Toten begraben; du aber geh hin und verkündige das Reich Gottes! (Lukas IX, 59-60)

8. Was können diese Worte „Lass die Toten ihre Toten begraben" bedeuten? Die vorangegangenen Betrachtungen zeigen uns vor allem, dass sie in dem Moment, in dem sie gesagt wurden, nicht einen Tadel desjenigen darstellen sollten, der es als Ehrfurcht vor seinen Eltern für eine Pflicht hielt, seinen Vater beerdigen zu müssen. Sie drücken im Gegenteil einen viel tieferen Sinn aus, der nur durch eine umfassendere Kenntnis des spirituellen Lebens verstanden wird.

Das spirituelle Leben ist in der Tat das wahre Leben; es ist das gewöhnliche Leben des Geistes. Dabei ist seine irdische Existenz vergänglich und von kurzer Dauer. Sie ist eine Art Tod, wenn man sie mit dem Glanz und den Tätigkeiten im geistigen Leben vergleicht. Der Körper ist nichts weiter als eine grobe Bekleidung, die zeitweise den Geist umwickelt. Er ist eine wahre Kette, die den Geist an der irdischen Sphäre festhält, der sich glücklich fühlt, wenn er sich von ihr wieder befreit. Der Respekt, den man vor den Verstorbenen hat, bezieht sich nicht auf die Materie, sondern auf die Erinnerung an den abwesenden Geist. Dieser Respekt ist der Achtung ähnlich, die man vor den Gegenständen zeigt, die ihm gehörten und die er berührte und welche die ihm nahe stehenden Menschen als Erinnerungsstücke aufbewahren. Das ist der Sinn, den jener Mann von selbst nicht verstehen konnte. Jesus lehrte ihn, indem er sagte: Sorge dich nicht um den Körper, sondern denke erst an den Geist; geh und verkünde die Botschaft vom Reich Gottes und erzähle den Menschen, dass ihr Vaterland nicht auf Erden, sondern im Himmel ist, denn nur dort ereignet sich das wahre Leben.

ICH BIN NICHT GEKOMMEN, FRIEDEN ZU BRINGEN, SONDERN DAS SCHWERT

9. Ihr sollt nicht meinen, daß ich gekommen bin, Frieden zu bringen auf die Erde. Ich bin nicht gekommen, Frieden zu bringen, sondern das Schwert. Denn ich bin gekommen, den Menschen zu entzweien mit seinem Vater und

die Tochter mit ihrer Mutter und die Schwiegertochter mit ihrer Schwiegermutter. Und des Menschen Feinde werden seine eigenen Hausgenossen sein. (Matthäus X, 34 - 36)

10. Ich bin gekommen, ein Feuer anzuzünden auf Erden; was wollte ich lieber, als daß es schon brennte! Aber ich muß mich zuvor taufen lassen mit einer Taufe, und wie ist mir so bange, bis sie vollbracht ist! Meint ihr, daß ich gekommen bin, Frieden zu bringen auf Erden? Ich sage: Nein, sondern Zwietracht. Denn von nun an werden fünf in einem Hause uneins sein, drei gegen zwei und zwei gegen drei. Es wird der Vater gegen den Sohn sein und der Sohn gegen den Vater, die Mutter gegen die Tochter und die Tochter gegen die Mutter, die Schwiegermutter gegen die Schwiegertochter und die Schwiegertochter gegen die Schwiegermutter. (Lukas XII, 49 - 53)

11. **Christus selbst verkörperte die Liebe und die Güte.** Er, der nie aufgehört hat, die Nächstenliebe zu verkünden, sprach die Worte: „Ihr sollt nicht meinen, dass ich gekommen bin, Frieden zu bringen auf die Erde. Ich bin nicht gekommen, Frieden zu bringen, sondern das Schwert. Denn ich bin gekommen, den Menschen zu entzweien von seinem Vater und die Tochter von ihrer Mutter; (...) Ich bin gekommen, ein Feuer anzuzünden auf Erden; was sollte ich lieber wollen, als dass es schon brenne?" Stehen diese Worte etwa nicht in offenkundigem Widerspruch zu seiner Lehre? Ist es nicht eine Verhöhnung, ihm diese Sprache eines blutigen und vernichtenden Eroberers zu unterstellen? Nein, hier ist keine Lästerzunge und keinen Widerspruch in diesen Worten zu finden, weil er es war, der sie ausgesprochen hat. Sie zeugen sogar von seiner erhabenen Weisheit. Nur die etwas irreführende Form drückt seinen Gedanken nicht genau aus und lässt Zweifel an der wahren Bedeutung seiner Worte hegen. Wortwörtlich betrachtet würden diese Worte seine vollkommen friedfertige Mission in eine der Unruhen und der Zwietracht verzerren. Eine groteske Folgerung, die der gesunde Menschenverstand ablehnt, da Jesus sich nicht widersprechen würde. (siehe Kap. XIV, Abs. 6, S. 222)

12. Jede neue Idee trifft zwangsläufig auf Gegenseiten und es gab nicht eine, die sich ohne Kampf durchgesetzt hat. Der Widerstand steht in diesen Fällen immer im Verhältnis zu der Wichtigkeit des *erwarteten* Erfolges. Je mehr er zunimmt, desto größer wird die Anzahl der bedrohten Interessen sein. Wenn die Idee offenkundig falsch ist und keine

Konsequenzen ersichtlich sind, fühlt sich niemand dadurch belästigt und man lässt sie vorüberziehen, eingedenk ihrer fehlenden Kraft. Wenn sie jedoch wahr ist, ist sie auf solider Basis verankert, man sieht ihr eine Zukunft voraus, und eine verborgene Vorahnung warnt ihre Gegner, dass diese Idee eine Gefahr für sie und für das Aufrechterhalten von Dingen, die in ihrem Interesse liegen darstellt. Deshalb wehren sie sich gegen diese Idee und ihre Bekennenden.

Folglich findet sich das Maß für die Wichtigkeit und für die Folgen einer neuen Idee in den Emotionen, die ihr Erscheinen verursacht, in der durch diese Idee hervorgebrachten Gewalt der Kritiker sowie in der Intensität und Ausdauer der Wut ihrer Gegner.

13. Jesus kam, um eine Lehre zu verkünden, welche die Basis des unsittlichen Lebenswandels der in dieser Zeit lebenden Pharisäer, Schriftgelehrten und Priester untergraben würde. Man hat ihn auch in dem Glauben ermordet, die Idee sei mit dem Menschen getötet worden. Doch die Idee überlebte, weil sie Wahrheit war und sie hat sich entwickelt, weil sie von Gott geplant war. In einem kleinen jüdischen Dorf geboren, wurde ihre Fahne inmitten derselben Hauptstadt der heidnischen Welt gehängt. Dies geschah vor den Augen ihrer bittersten Feinde, deren größtes Interesse es war, diese Idee zu bekämpfen. Denn sie würde die Auffassungen umstürzen, die viele mehr aus Interesse als aus Überzeugung befolgt haben. Die härtesten Kämpfe lauerten überall auf ihre Apostel. Es gab unzählige Opfer und dennoch wuchs die Lehre immer mehr und triumphierte. Denn als Wahrheit konnte sie sich über die vor ihr erschienenen Ideen erheben.

14. Es ist festzustellen, dass das Christentum aufblühte, als das Heidentum am Zerfallen war und sich gegen die aufkommende Vernunft sträubte. Es wurde noch der Form halber praktiziert, obwohl der Glaube schon lange verschwunden war, durch einzelne, persönliche Interessen aufrechterhalten. Da solch ein Interesse hartnäckig ist. Es beugt sich niemals der Offensichtlichkeit, sondern erregt sich um so mehr, je weniger Widerspruch die Argumentation duldet, die man ihm entgegenbringt und je mehr sie seine Fehler demonstriert. Dieses Interesse weiß genau, dass es irrt, aber das berührt es nicht, da der wahre Glaube nicht in seiner Seele

ist. Was es am meisten fürchtet, ist das Licht, das die Augen der Blinden öffnet. Der Irrtum ist ihm nützlich, darum klammert es sich daran und verteidigt ihn.

Hat nicht Sokrates auch eine Lehre formuliert, die der von Christus in gewisser Hinsicht ähnlich war? Warum hat sie dann nicht auch diese Epoche überdauert, zumal mit einem der intelligentesten Völker der Erde? Die Zeit war noch nicht gekommen. Er hat auf einen ungepflügten Acker gesät: Das Heidentum war noch nicht *durchlebt worden*. Christus erhielt seine providentielle Mission zur richtigen Zeit. Nicht alle Menschen seiner Zeit waren in der Lage, die christliche Idee aufzunehmen, es fehlte dazu viel. Dennoch wären sie grundsätzlich in der Lage gewesen, diese aufzunehmen, da man schon anfing, die Leere zu spüren, welche die gewöhnten Glauben in der Seele hinterlassen haben. Sokrates und Platon hatten den Weg geebnet und die Gemüter darauf vorbereitet. (siehe EINLEITUNG, Abs. IV, Sokrates und Platon, Vorläufer der christlichen Idee und des Spiritismus, S. 33)

15. Unglücklicherweise sind die Anhänger der neuen Lehre sich nicht einig über die Interpretation der Worte des Meisters gewesen, die überwiegend Darstellungen von Sinnbildern und Gleichnissen beinhalteten. Daraus wuchsen bald zahlreiche Sekten, die alle für sich den Besitz der exklusiven Wahrheit beanspruchten und die sich achtzehn Jahrhunderte lang nicht einigen konnten. Sie vergaßen das wichtigste aller himmlischen Gebote, das Jesus zum Grundstein seines Gebäudes und zur unmissverständlichen Bedingung für das seelische Heil gemacht hat: die Nächstenliebe, die Brüderlichkeit und die Mildtätigkeit. Diese Sekten haben sich gegenseitig verbannt. Die einen fielen über die anderen her; die Stärkeren haben die Schwächeren niedergeschlagen und ihnen in Blut, in Folter und Scheiterhaufen die Luft zum Atmen genommen. Die Christen, Sieger über das Heidentum, wurden von Verfolgten zu Verfolgern. Mit Eisen und Feuer haben sie das Kreuz des unbefleckten Lammes in beiden Welten errichtet. Fest steht, dass die Religionskriege die grausamsten gewesen sind und mehr Opfer gefordert haben als die politischen Kriege. In keinem anderen Krieg kam es zu solch grausamen und barbarischen Taten.

Ist die Ursache der Lehre Christi zuzuschreiben? Gewiss nicht, denn sie verurteilt entschieden jegliche Gewalt. Hat Jesus seinen Jüngern jemals gesagt: Geht und tötet, verbrennt und massakriert diejenigen, die nicht so glauben wie ihr? Nein! Denn er sagte das Gegenteil: Alle Menschen sind Brüder und Gott ist allmächtig und barmherzig; liebet eueren Nächsten, liebt eure Feinde, tut denjenigen Gutes, die euch verfolgen. Außerdem sprach er: Wer mit dem Schwert tötet, der wird durch das Schwert getötet werden. Die Lehre Jesu ist durchaus nicht dafür verantwortlich, sondern diejenigen, die sie falsch interpretiert haben und sie zu einem Instrument zur Befriedigung ihrer Leidenschaften gemacht haben, all jene, welche diese Worte ignorierten: „Mein Reich ist nicht von dieser Welt."

Jesus sah, in seiner tiefen Weisheit, schon im Voraus, was geschehen würde. Diese Ereignisse waren dennoch unvermeidlich, da sie der niederen Natur des Menschen entsprachen, die sich nicht mit einem Mal umwandeln konnte. Es war notwendig, dass das Christentum diese lange und grausame Prüfung über achtzehn Jahrhunderte durchlaufen musste, um seine ganze Kraft zu zeigen. Denn trotz allem Bösen, das in seinem Namen begangen wurde, ist es aus dieser Prüfung rein hervorgegangen. Das stand nie in Frage. Der Tadel fiel immer auf diejenigen zurück, die das Christentum missbraucht haben. Zu jeder Tat der Intoleranz lässt sich nur sagen, dass, wenn das Christentum besser verstanden und praktiziert worden wäre, das nicht geschehen würde.

16. Als Jesus sagte: „Ich bin nicht gekommen, Frieden zu bringen, sondern das Schwert." , war sein Gedanke folgender:

„Glaubt nicht, dass meine Lehre sich friedlich durchsetzen wird. Sie wird blutige Kämpfe mit sich bringen, die angeblich in meinem Namen stattfinden, weil die Menschen mich nicht verstanden haben, oder nicht verstehen wollten. Und die Brüder, durch ihren Glauben voneinander getrennt, werden aufeinander das Schwert richten und die Uneinigkeit wird in eine und derselben Familie herrschen, deren Angehörige nicht einen und denselben Glauben besitzen. So kam ich, um Feuer auf die Erde zu bringen, damit sie von den Irrtümern und Vorurteilen gereinigt wird. Wie man Feuer auf einem Acker anzündet, damit das Unkraut vernichtet wird. Und es ist bereits erforderlich, dass es sich bald entzündet. Nur so kann dann die Reinigung stattfinden. Denn die Wahrheit wird über diese Konflikte letzten Endes siegen.

Nach dem Krieg wird Frieden herrschen; nach dem Hass der Parteien wird universelle Brüderlichkeit entstehen; nach der Finsternis des Fanatismus wird das Licht des aufgeklärten Glaubens sein.

Und sobald das Feld vorbereitet ist, werde ich euch *den Tröster, den Geist der Wahrheit, der alle Gegebenheiten wieder herstellen wird*, senden. Das bedeutet, sobald man den wahren Sinn meiner Worte erfasst, den die aufgeklärteren Menschen endlich werden begreifen können, wird dem Brudermord, der die Kinder eines und desselben Gottes entzweit, ein Ende gesetzt. Die Menschen werden, schließlich müde von einem endlosen Kampf, der nur die Zerstörung und den Unfrieden bis in den Keim der Familie mit sich bringt, erkennen, wo ihre wahren Interessen in dieser oder in der anderen Welt liegen. Sie werden sehen, auf welcher Seite stehen die Freunde und auf welcher die Feinde ihres Seelenfriedens. Alle werden dann unter demselben Dach Schutz finden - dem der Nächstenliebe. Und die Zustände auf der Erde werden wieder richtig gestellt werden, in Übereinstimmung mit der Wahrheit und den Grundsätzen, die ich euch gelehrt habe."

17. Der Spiritismus kommt zur richtigen Zeit, um die Verheißungen von Christus zu erfüllen. Er kann das dennoch nicht ohne dem Missbrauch ein Ende zu setzen tun. Wie Jesus selbst erlebte, trifft der Spiritismus auf seinem Wege auch auf den Stolz, den Egoismus, den Ehrgeiz, die Gier und den blinden Fanatismus. Zurückgedrängt hinter ihre letzte Schutzmauer, versuchen sie ihm noch den Weg zu versperren und rufen Hindernisse und Verfolgungen hervor. Er muss sich deswegen auch verteidigen. Die Zeiten der Kämpfe und der blutigen Verfolgungen sind jedoch vorbei. Die Kämpfe, die der Spiritismus erleiden muss, sind rein moralischer Natur und auch diese werden bald ein Ende haben. Die ersten Kämpfe dauerten Jahrhunderte an. Diese werden dagegen nur einige Jahre dauern, da das Licht nicht nur aus einer Quelle entspringt, sondern von allen Orten der Erde strahlt es und wird den Blinden die Augen schneller öffnen.

18. Diese (oben genannten) Worte Christi sollen deshalb bezüglich des Zorns verstanden werden, den seine Lehre hervorrufen würde, der

zeitweiligen Konflikte, die sie verursachen würde und der Kämpfe, die sie, bevor sie sich durchgesetzt hat, standhalten müsste. Das geschah genauso mit den Hebräern, bevor sie in das gelobte Land eintraten. Seine Worte sollen nicht wie ein von ihm vorsätzlich geplantes Vorhaben aufgefasst werden, Chaos und Verwirrung zu stiften. Das Unheil würde von den Menschen selbst und nicht von ihm kommen. Denn er war wie der Arzt, der um zu heilen kommt, dessen Mittel aber eine heilsame Krise hervorrufen, welche die ungesunde Gesinnung des Kranken erschüttern würde.

KAPITEL XXIV -
Nicht das Licht unter den Scheffel stellen

Vom Licht unter dem Scheffel. Warum Jesus in Gleichnissen spricht - Nicht den Weg zu den Heiden gehen - Die Gesunden bedürfen des Arztes nicht - Mut des Glaubens - Sein Kreuz nehmen. Wer sein Leben erhalten will, der wird's verlieren

Vom Licht unter dem Scheffel. Warum Jesus in Gleichnissen spricht

1. Man zündet auch nicht ein Licht an und setzt es unter einen Scheffel, sondern auf einen Leuchter; so leuchtet es allen, die im Hause sind. (Matthäus V, 15)
2. Niemand aber zündet ein Licht an und bedeckt es mit einem Gefäß oder setzt es unter eine Bank; sondern er setzt es auf einen Leuchter, damit, wer hineingeht, das Licht sehe. Denn es ist nichts verborgen, was nicht offenbar werden soll, auch nichts geheim, was nicht bekannt werden und an den Tag kommen soll. (Lukas VIII, 16 - 17)
3. Und die Jünger traten zu ihm und sprachen: Warum redest du zu ihnen in Gleichnissen? Er antwortete und sprach zu ihnen: Euch ist's gegeben, die Geheimnisse des Himmelreichs zu verstehen, diesen aber ist's nicht gegeben. Denn wer da hat, dem wird gegeben, daß er die Fülle habe; wer aber nicht hat, dem wird auch das genommen, was er hat.[101] Darum rede ich zu ihnen in Gleichnissen. Denn mit sehenden Augen sehen sie nicht und mit hörenden Ohren hören sie nicht; und sie verstehen es nicht. Und an ihnen wird die Weissagung Jesajas erfüllt, die da sagt Mit den Ohren werdet ihr hören und werdet es nicht verstehen; und mit sehenden Augen werdet ihr sehen und werdet es nicht erkennen. Denn das Herz dieses Volkes ist verstockt: ihre Ohren hören schwer, und ihre Augen sind geschlossen, damit sie nicht etwa mit den Augen sehen und mit den Ohren hören und mit dem Herzen verstehen und sich bekehren, und ich ihnen helfe. (Matthäus XIII, 10 - 15)

4. Es ist verwunderlich zu hören, wenn Jesus einerseits sagt, dass man kein Licht anzünden und dann es unter einen Scheffel verbergen soll, während er andererseits selbst sehr oft den Sinn seiner Worte unter einen Schleier der Sinnbilder verbirgt, die nicht alle verstehen konnten. Er erklärte dies, in dem er zu seinen Jüngern sagt: „Euch ist's gegeben, die

---

[101] Im französischen Original fehlt den 12. Vers, der hier angefügt wurde; (Anmerkung des Übersetzers)

Geheimnisse des Himmelreichs zu verstehen, diesen aber ist's nicht gegeben. Denn, wer da hat, dem wird gegeben, dass er die Fülle habe; wer aber nicht hat, dem wird auch das genommen, was er hat. Darum rede ich zu ihnen in Gleichnissen. Denn mit sehenden Augen sehen sie nicht und mit hörenden Ohren hören sie nicht; und sie verstehen es nicht." Er geht mit dem Volk demnach ähnlich vor, wie man mit Kindern umgeht, deren Ideen noch nicht ausgereift sind. Er zeigt den wahren Sinn des Grundsatzes: „Niemand aber zündet ein Licht an und bedeckt es mit einem Gefäß oder setzt es unter eine Bank; sondern er setzt es auf einen Leuchter, damit, wer hineingeht, das Licht sehe." Es bedeutet nicht, dass alles unbedacht, offenbart werden soll. Denn jeden Grundsatz soll entsprechend der Intelligenz derjenigen gelehrt werden, zu denen man etwas erläutern will. Da es Menschen gibt, denen ein starkes Licht nur blendet, ohne sie tatsächlich zu erleuchten.

Dies trifft im Allgemeinen sowohl auf die Menschheit, als auch auf die einzelnen Individuen zu. Die Generationen haben auch ihre Kindheit, ihre Jugend und ihr Reifealter. Jede Sache soll zu der richtigen Zeit kommen. Das zu früh gesäte Korn wird keine Früchte tragen. Und dennoch wird das früher oder später bekannt sein, was momentan die Umsicht zu schweigen rät. Denn die Menschen suchen von sich selbst das lebendige Licht, sobald sie einen gewissen Entwicklungsgrad erreicht haben. Die Dunkelheit belastet sie dann. Da Gott sie mit der Intelligenz ausgestattet hat, um zu Verständnis aufzubringen und sich zu orientieren zwischen irdischen und himmlischen Dingen, dann denken sie über ihren Glauben nach. Das ist der Augenblick, in dem man das Licht unter den Scheffel nicht setzen soll, weil *ohne das Licht der Vernunft der Glaube geschwächt wird*. (siehe Kap. XIX, Abs. 7, S. 283)

5. Wenn daraus folgend die Vorsehung in ihrer weit blickenden Weisheit, nur nach und nach die Wahrheit offenbart, bedeutet es, dass gerade dann etwas offenbart wird, wenn die Menschheit reif ist, dieses aufzunehmen. Sie behält das Licht behutsam und nicht verborgen unter einem Gefäß. Die Menschen sind es, die etwas besitzen und vor Unwissenden es oft verbergen, wenn sie diese anderen beherrschen wollen. Sie sind es, die das Licht tatsächlich unter einen Scheffel verbergen. Aus diesem Grund haben alle Religionen ihre Mysterien gehabt, deren Analyse verboten war.

Während diese Religionen zurückblieben, haben sich Wissenschaft und Intelligenz dagegen entwickelt und den Schleier dieser Mysterien enthüllt. Der gewöhnliche Mensch, der seine Reife erreicht hat, verstand nun bis in die Tiefe der Wahrheit einzudringen und hat dann in seinem Glauben alles abgelehnt, das im Widerspruch mit seiner Beobachtung stand.

Es können dann keine absoluten Mysterien weiter existieren und Jesus sagte zurecht, dass es nichts Heimliches gibt, das nicht bekannt gegeben werden soll. Alles, was noch verborgen ist, soll eines Tages geoffenbart werden; und was der Mensch auf der Erde noch nicht verstehen kann, soll ihm nach und nach auf weiterentwickelten Welten kundgegeben werden, sobald er gereinigt ist. Deshalb befindet er sich auf dieser Welt noch in einem dichten Nebel.

6. Man fragt sich, welche Vorteile die Menschen aus dieser großen Zahl an Gleichnissen ziehen könnten, deren Sinn ihnen verborgen blieb? Man stellt fest, dass, wenn Jesus sich in Gleichnissen geäußert hat, dann nur über bestimmte Themen seiner Lehre, die in gewisser Weise abstrakt waren. Andererseits hat Jesus die Nächstenliebe und die Demut zur Bedingung für die seelische Rettung gemacht und sprach über alles vollkommen klar, deutlich und ohne Doppelsinn. So sollte es sein, weil es bei diesen sich um eine Verhaltensregel gehandelt hat. Es sind Grundsätze, die alle verstehen sollten, um danach handeln zu können. Das war das Wesentliche für die unwissende Menschenmasse, zu der er sich zu sagen beschränkte: „.... das müsstet ihr tun, um in das Himmelreich zu kommen." Über andere Themen hat er seine Gedanken nur seinen Jüngern ausgelegt. Denn sie waren moralisch und intellektuell weiterentwickelt und Jesus konnte sie in die Kenntnis abstrakterer Wahrheiten einführen. Deswegen sagte er: *„Wer da hat, dem wird gegeben, daß er die Fülle habe."* (siehe Kap. XVIII, Abs. 15, S. 278)

Er hat sich trotzdem den Jüngern selbst bei verschiedenen Themenschwerpunkten zurückgehalten, deren vollständiges Verständnis für spätere Zeiten vorbehalten war. Es waren Themen, die sehr unterschiedliche Interpretationen verursachten. So kamen die Wissenschaft auf der einer und der Spiritismus auf der anderen Seite, um die neuen Naturgesetze, die ihren wahren Sinn verständlich gemacht haben, preiszugeben.

7. Der Spiritismus bringt, in der heutigen Zeit, Licht über viele unverständliche Schwerpunkte. Er tut dies allerdings nicht mit Naivität. Die Geister leiten ihre Unterweisungen mit beachtenswerter Umsicht ein. Sie lehren die bekannten unterschiedlichen Teile der Lehre allmählich und in Stufen, so dass die anderen Teile nach und nach verkündet werden, insofern der Moment gelegen kommt, diese ans Licht zu bringen. Sie wäre nur für eine kleine Anzahl an Menschen erreichbar gewesen, wenn sie die Lehre von Anfang an vollständig präsentiert hätten. Das würde außerdem diejenigen erschrecken, die noch nicht vorbereitet waren; was zu einer Gefährdung ihrer Verbreitung hätte führen können. Wenn die Geister dann noch nicht alles deutlich sagen, bedeutet es nicht, dass die Lehre Mysterien beinhaltet, die nur für Privilegierte bestimmt sind, auch nicht, dass sie das Licht unter einen Scheffel verbergen, sondern vielmehr, weil alles zu seiner richtigen Zeit kommen soll. Sie geben somit zu jeder Idee die Zeit zu reifen und sich Gehör zu verschaffen, bevor sie eine Weitere darlegen und lassen *dass die Ereignisse deren Akzeptanz vorbereiten*.

NICHT DEN WEG ZU DEN HEIDEN GEHEN

8. Diese Zwölf sandte Jesus aus, gebot ihnen und sprach: Geht nicht den Weg zu den Heiden und zieht in keine Stadt der Samariter, sondern geht hin zu den verlorenen Schafen aus dem Hause Israel. Geht aber und predigt und sprecht: Das Himmelreich ist nahe herbeigekommen. (Matthäus X, 5 – 7)

9. Jesus zeigte bei verschiedenen Gelegenheiten, dass seine Aufmerksamkeit nicht auf das jüdische Volk beschränkt war, sondern, dass sie die ganze Menschheit einschloss. Wenn er zu seinen Aposteln sagte, dass sie „nicht den Weg zu den Heiden gehen", war es nicht, weil er ihre Bekehrung gering schätzte, was nicht barmherzig von ihm gewesen wäre. Der Grund war, dass die Juden, die an einen einzigen Gott glaubten und auf den Messias warteten, durch das Gesetz von Moses und durch die Propheten schon vorbereitet waren, sein Wort aufzunehmen. Unter den Heiden fehlte sogar jede Grundlage. Es war alles noch zu tun und die Apostel waren noch nicht ausreichend aufgeklärt, dieser so schwierigen

Aufgabe gerecht zu werden. Deswegen sagte Jesus zu ihnen: „Geht zu den verlorenen Schafen des Hauses Israel", das heißt, geht und sät auf einem schon vorbereiteten Boden. Denn er wusste genau, dass die Bekehrung der Heiden zu ihrer Zeit kommen würde. Und später würden die Apostel, in der Tat, im wahren Zentrum des Heidentums das Kreuz aufstellen. [102]

10. Diese Worte können die Anhänger und Verkünder des Spiritismus sich zu Eigen machen. Die hartnäckigen Ungläubigen, die halsstarrigen Spötter und die berechnenden Gegner sind für sie das, was die Heiden für die Apostel waren. Dass man, nach deren Beispiel, zuerst die Bekennenden unter den Menschen guten Willens sucht, unter denen, die das Licht wünschen und die schon einen fruchtbaren Samen in sich tragen, die zahlreich sind. So verliert man keine Zeit mit denen, die sich weigern zu sehen und zu verstehen. Denn sie es scheint, dass sie sich je mehr aus Stolz dagegen wehren, desto mehr Wert man ihrer Bekennung beimisst. Es ist mehr Wert, die Augen von Hunderten Blinden, die deutlich sehen möchten, zu öffnen, als die von einem Einzigen, der sich in der Finsternis wohl fühlt. Wenn man derart vorgeht, wird man dann die Zahl derjenigen, die von der Sache überzeugt sind, wesentlicher erhöhen. Die anderen „in Ruhe lassen" bedeutet keinesfalls Gleichgültigkeit zu zeigen, sondern eine gute Politik zu betreiben. Denn die Ungläubigen werden, zu ihrer Zeit, die allgemeine Meinung und dieselbe Sache mehrmals wiederholend um sich herum hören. Dann werden sie die Idee ohne Zwang, durch ihre eigene Einsicht und ohne Druck von jemandem annehmen. Es geschieht ferner mit manchen Ideen dasselbe, wie mit den Samen: Sie können nur auf einem bereits bebauten Boden und nicht außerhalb der geeigneten Zeit keimen. Deswegen ist es besser, auf die geeignete Zeit zu warten und nur die Samen anzupflanzen, die schon keimen, um zu vermeiden, dass die anderen überfordert werden.

Zu der Zeit Jesu und infolge der beschränkten und materiellen Ideen von damals, war alles beschränkt und begrenzt. Das Haus Israel war ein kleines Volk und die Heiden waren kleine Stämme im Umland. Heute werden die Ideen spirituell und universal. Das neue Licht ist kein Privileg eines Volkes. Für dieses Licht gibt es keine Grenzen, es strahlt überall, denn es sieht alle Menschen als Brüder an. Aber auch die Heiden sind kein

---

[102] Die Stadt Rom in der Zeit des Römischen Reiches; (Anmerkung des Herausgebers)

Volk mehr, sondern eine Meinung, die überall anzutreffen ist und über diese die Wahrheit nach und nach siegen und ähnlich wie das Christentum über den Paganismus gesiegt hat. Sie werden nicht mehr mit den Waffen des Krieges bekämpft, sondern mit der Macht der Idee.

DIE GESUNDEN BEDÜRFEN DES ARZTES NICHT

11. Und es begab sich, als er zu Tisch saß im Hause (von Matthäus), siehe, da kamen viele Zöllner und Sünder und saßen zu Tisch mit Jesus und seinen Jüngern. Als das die Pharisäer sahen, sprachen sie zu seinen Jüngern: Warum ißt euer Meister mit den Zöllnern und Sündern? Als das Jesus hörte, sprach er: Die Starken bedürfen des Arztes nicht, sondern die Kranken. (Matthäus IX, 10 - 12)

12. Jesus wendete sich vor allem den Armen und den Bedürftigen zu, da sie am meisten Trost benötigten; dann zu den milden und gutwilligen Blinden, weil sie darum baten, sehen zu können; aber er wendete sich nicht den Stolzen, die glauben, das ganze Licht zu besitzen und nichts zu benötigen. (siehe in der EINLEITUNG „Die Zöllner", S. 28 und „Die Brückenzöllner", S. 29)

Die Worte aus dieser Passage, wie viele andere, finden ihre Anwendung im Spiritismus. Man wundert sich manchmal, dass die Mediumschaft an unwürdige Menschen gegeben wird, die unfähig sind, diese richtig anzuwenden. Man denkt, eine so wertvolle Fähigkeit könnte nur ausschließliche Eigenschaft derer sein, die größeren Verdienst hätten.

Sagen wir zunächst, dass die Mediumschaft zu solchen organischen Veranlagungen gehört, die jeder Mensch besitzen kann, wie zum Beispiel die Fähigkeiten zu sehen, zu hören oder zu sprechen. Es gibt nämlich keine von diesen, die der Mensch mit seiner Willensfreiheit nicht missbrauchen könnte. Und wenn Gott das Wort nur z. B. an diejenigen, die keine böswilligen Worte sagen, gegeben hätte, würde es mehr Stumme als Sprechende geben. Gott gab dem Menschen bestimmte Fähigkeiten. Er überlässt ihm, diese nach seinem freien Willen zu gebrauchen. Der Missbrauch davon bleibt jedoch für ihn nicht ohne Bestrafung.

Wenn die Fähigkeit, sich mit den Geistern in Verbindung zu setzen, nur den würdigsten Menschen gegeben wäre, wer könnte diese in Anspruch nehmen? Wo wäre, außerdem, die Grenze der Würde und der

Würdelosigkeit? Die Mediumschaft wird ohne Unterscheidung gegeben, damit die Geistwesen das Licht an allen Ecken bringen können, zu allen gesellschaftlichen Schichten, zu den Armen wie zu den Reichen; zu den Weisen, um sie im Guten zu stärken; und zu den Lasterhaften, um sie zu verbessern. Sind nicht diese Letzten, die Kranken, die den Arzt benötigen? Warum soll Gott, Der nicht den Untergang der Lasterhaften will, ihnen die Hilfe entziehen, die sie aus dem Schlamm ziehen könnte? Die guten Geister kommen ihnen zu Hilfe. Und die lasterhaften Menschen sind mehr beeindruckt, wenn sie die guten Ratschläge der Geister aus nächster Nähe bekommen, als wenn sie diese auf indirektem Wege erhalten würden. Gott, in Seiner Güte, um den Menschen die Arbeit zu ersparen, das Licht weit entfernt zu suchen, gibt ihnen dieses in die Hände. Trägt der Mensch nicht eine noch größere Verantwortung, wenn er dieses Licht verachtet? Kann er sich mit Unwissenheit entschuldigen, wenn er selbst seine eigene Verurteilung mit seinen Händen geschrieben, mit seinen Augen gesehen, mit seinen Ohren gehört und mit dem eigenen Mund ausgesprochen hat? Wenn er diese Chance nicht nutzt, wird er mit dem Verlust oder mit der Perversion seiner Fähigkeit bestraft. Die böswilligen Geister bedienen sich, in diesem Fall, von seiner Fähigkeit, um ihn zu besessen und zu täuschen. Trotzdem bleiben ihm die tatsächlichen Leiden nicht erspart, welche die Göttlichkeit seinen unwürdigen Dienern und den durch Stolz und Egoismus verhärteten Herzen, widerfahren lässt.

Die Mediumschaft bringt notwendigerweise nicht den Verkehr mit erhabenen Geistern mit sich. Sie ist nur eine *Fähigkeit*, die den Geistern allgemein als ein mehr oder weniger gefügiges Instrument dient. Ein gutes Medium ist demzufolge nicht dasjenige, das mit den Geistern leicht kommuniziert, sondern dasjenige, das den guten Geistern einnehmend ist und nur von ihnen die Hilfe erhält. Es ist nur in diesem Sinne, dass die Vorzüglichkeit der moralischen Eigenschaften eines Mediums, einen entscheidenden Einfluss auf die Mediumschaft ausübt.

MUT DES GLAUBENS

13. Wer nun mich bekennt vor den Menschen, den will ich auch bekennen vor meinem himmlischen Vater. Wer mich aber verleugnet vor den Menschen, den will ich auch verleugnen vor meinem himmlischen Vater. (Matthäus X, 32 - 33)

14. Wer sich aber meiner und meiner Worte schämt, dessen wird sich der Menschensohn auch schämen, wenn er kommen wird in seiner Herrlichkeit und der des Vaters und der heiligen Engel. (Lukas IX, 26)

15. Den Mut zur eigenen Meinung haben, hat immer die Achtung des Menschen verdient. Denn es gilt als Verdienst, den Gefahren, den Verfolgungen, den Auseinandersetzungen und sogar dem einfachen Sarkasmus zu trotzen, in denen man sich fast immer begibt, wenn man sich nicht fürchtet, sich offenkundig zu den Ideen zu bekennen, die nicht von der Allgemeinheit vertreten werden. Hier, wie in allem, steht der Verdienst im Verhältnis zu den Umständen und der Wichtigkeit des Ergebnisses. Es gilt andererseits immer als Schwäche, wenn man gegenüber den möglichen Konsequenzen seine Meinung zurückzieht oder verleugnet. Es gibt dennoch Fälle, in denen diese Zurückziehung eine derartige Mutlosigkeit ist, als würde man im Augenblick der Auseinandersetzung fliehen.

Jesus kritisierte diese Zurückhaltung aus dem besonderen Blickwinkel seiner Lehre, indem er sagt, dass, wenn jemand seiner Worte sich schämt, er sich auch vor ihm schämen würde; dass er denjenigen verleugnen wird, der ihn verleugnen sollte, aber dass er denjenigen vor seinem Vater im Himmel erkennen werde, der sich zu ihm vor den Menschen bekannt hat. Mit anderen Worten: *Diejenigen, die sich als Apostel der Wahrheit zu bekennen gefürchtet haben sollten, sind nicht würdig, in das Reich der Wahrheit aufgenommen zu werden.* Sie werden den Verdienst ihres Glaubens verlieren, weil es sich um einen egoistischen Glauben handelt, den sie für sich selbst behalten und verbergen, damit sie keinen Verlust auf dieser Welt erleiden. Währenddessen arbeiten diejenigen, welche die Wahrheit über ihre materiellen Interessen stellen und sie offen bekannt geben, gleichzeitig für ihre eigene Zukunft und für die der anderen.

16. Dasselbe wird mit den Bekennenden des Spiritismus geschehen. Denn die Lehre, die sie bekunden, nichts anders als die Anwendung und die

Auslegung der des Evangeliums ist. An sie richten sich die Worte von Christus auch. Sie säen auf der Erde das aus, was sie in der geistigen Welt ernten werden. Sie werden dort die Früchte ihres Mutes oder ihrer Schwäche ernten.

SEIN KREUZ NEHMEN. WER SEIN LEBEN ERHALTEN WILL, DER WIRD'S VERLIEREN

17. Selig seid ihr, wenn euch die Menschen hassen und euch ausstoßen und schmähen und verwerfen euren Namen als böse um des Menschensohnes willen. Freut euch an jenem Tage und springt vor Freude; denn siehe, euer Lohn ist groß im Himmel. Denn das gleiche haben ihre Väter den Propheten getan. (Lukas VI, 22 - 23)

18. Und er rief zu sich das Volk samt seinen Jüngern und sprach zu ihnen: Wer mir nachfolgen will, der verleugne sich selbst und nehme sein Kreuz auf sich und folge mir nach. Denn wer sein Leben erhalten will, der wird's verlieren; und wer sein Leben verliert um meinetwillen und um des Evangeliums willen, der wird's erhalten. Denn was hülfe es dem Menschen, wenn er die ganze Welt gewönne und nähme an seiner Seele Schaden? (Markus VIII, 34 - 36; Lukas IX, 23 - 25; Matthäus X, 39; Johannes XII, 24 – 25)

19. „Selig seid ihr" sagte Jesus, wenn euch die Menschen um meinetwillen schmähen und verfolgen und reden allerlei Übles gegen euch, wenn sie damit lügen; es wird euch im Himmel reichlich belohnt werden. Diese Worte können folgendermaßen gedeutet werden: Seid glücklich, wenn Menschen, die aufgrund ihrer böswilligen Absicht, euch die Gelegenheit geben, die Aufrichtigkeit eueres Glaubens zu beweisen. Denn die gegen euch begangene ungute Tat wird zu eueren Gunsten angerechnet werden. Bedauert ihre Blindheit, aber verflucht sie nicht.

Danach fügt Jesus hinzu: „... nehme sein Kreuz auf sich und folge mir nach." das heißt: Mutig die Drangsale ertragen, die dir dein Glauben hervorruft. Zumal, wer sein Leben und seine Güter retten will und Christus verleugnet, der wird die Vorzüge im Himmelreich verlieren. Während wer alles auf der Erde verliert, sogar das Leben, damit die Wahrheit triumphiert, in dem zukünftigen Leben die Belohnung für den Mut, die Beharrlichkeit und für seine Entsagung bekommen wird. Zu denjenigen, welche die himmlische Güte für die irdischen Genüsse jedoch opfern, wird Gott schließlich sagen: „Sie haben ihren Lohn schon gehabt."

KAPITEL XXV -
SUCHET, SO WERDET IHR FINDEN

Hilft dir selbst, dann hilft dir Gott - Seht die Vögel unter dem Himmel an -
Sorgt euch nicht darum, Gold zu besitzen

HILF DIR SELBST, DANN HILFT DIR GOTT

1. Bittet, so wird euch gegeben; sucht, so werdet ihr finden; klopfet an, so
wird euch aufgetan. Denn wer da bittet, der empfängt; und wer da sucht,
der findet; und wer da anklopft, dem wird aufgetan.
Wer ist unter euch Menschen, der seinem Sohn, wenn er ihn bittet um Brot,
einen Stein biete? oder, wenn er ihn bittet um einen Fisch, eine Schlange
biete? Wenn nun ihr, die ihr doch böse seid, dennoch euren Kindern gute
Gaben geben könnt, wie viel mehr wird euer Vater im Himmel Gutes geben
denen, die ihn bitten! (Matthäus VII, 7 - 11)

2. Aus irdischer Ansicht, ist die Maxime *„Sucht, so werdet ihr finden"*
ähnlich der anderen, die besagt: *„Hilf dir selbst, dann hilft dir Gott."* Das ist
das Prinzip des *Gesetzes der Arbeit* und deshalb des *Gesetzes des Fortschrittes*,
denn die Weiterentwicklung ist eine Folge der Arbeit, weil diese die
Intelligenzkraft in Bewegung setzt.
In der frühen Kindheit der Menschheitsgeschichte benutzte der Mensch
seine Intelligenz nur, um Nahrung zu suchen und um die Mittel zum
Überleben und zur Verteidigung gegen den Feind zu haben. Aber Gott hat
den Menschen mehr als den Tieren gegeben, *nämlich den unerschöpflichen
Wunsch nach dem Besseren*. Dieser treibt ihn, die Mittel zu erforschen, um
seinen Zustand zu verbessern, oder führt ihn zu Entdeckungen, zu
Erfindungen, zur Verbesserung der Wissenschaft. Denn die Wissenschaft
ermöglicht ihm das zu bekommen, was er benötigt. Dank seiner
Nachforschungen entwickelt sich seine Intelligenz und seine moralischen
Werte werden reiner. Nach den Bedürfnissen des Körpers kommen die
Bedürfnisse des Geistes. Nach der materiellen Sättigung benötigt der
Mensch geistige Nahrung. Auf diese Weise verändert sich er vom
primitiven zum zivilisierten Menschen.
Dennoch ist die Entwicklung, die der individuelle Mensch während
seines irdischen Lebens selbst erreicht, sogar in vielen Fällen kaum
bemerkbar. Wie könnte sich nun die Menschheit ohne die Präexistenz und
die *„Reexistenz"* der Seele weiterentwickeln? Wenn die Seelen jeden Tag

die Erde verlassen würden, um nicht mehr zur Erde zurückzukehren, würde sich die Menschheit ständig mit primitiven Zuständen erneuern. Sie hätte ständig alles von vorne beginnen und neu lernen müssen. Es gäbe keinen Grund dafür, dass der Mensch heute weiter entwickelt sein sollte, als in den ersten Jahren der Erde, zumal bei jeder Geburt jede intellektuelle Arbeit hätte neu beginnen müssen. Im Gegenteil, wenn die Seele mit ihren erreichten Fortschritten wiederkehrt und in dem sie neue Erfahrungen sammelt, entwickelt sie sich nach und nach von der barbarischen zu der *materiellen Zivilisation* und von dieser zur *moralischen Zivilisation*. (siehe Kap. IV, Abs. 17, S. 80)

3. Wenn Gott den Menschen von der körperlichen Arbeit befreit hätte, wären seine Glieder eingeschrumpft; hätte Er ihn von der intellektuellen Arbeit befreit, wäre sein Geist in der Kindheit stecken geblieben, gleichsam der tierischen Instinkte. Deshalb hat Gott aus der Arbeit eine Notwendigkeit für ihn gemacht und dem Menschen bekannt: *„Suchet und ihr werdet finden, arbeitet und ihr werdet produzieren."* Somit werdet ihr Kinder euerer Werke sein und werdet den Verdienst euerer Anstrengungen bekommen und ihr werdet die Belohnung nach eueren Leistungen erhalten.

4. Infolge der Anwendung dieses Prinzips nehmen die Geister den Menschen ihre Forschungsarbeit nicht ab. Sie bringen ihnen überarbeitete Entdeckungen und Erfindungen in ihre Hände nicht, welche sie ohne das kleinste Zeichen von Bemühung oder Gedankenarbeit zu leisten, für sich nehmen könnten. Ansonsten könnte der arbeitsfaulste Mensch reich werden und der Unwissendste von allen würde weise sein, beide ohne Anstrengung würden sich den Lohn zuschreiben, den sie nicht verdient haben. Nein, *die Geister kommen nicht, um den Menschen von dem Gesetz der Arbeit zu befreien. Sie zeigen ihm das zu erreichende Ziel und den Weg, der dorthin führt, indem sie ihm sagen: „Geh hin und du wirst es erreichen.* Du wirst Steine auf dem Weg finden, sei wachsam und bemühe dich selbst, die Steine aus dem Weg zu räumen. Wir werden dir die notwendige Kraft geben, wenn du sie verwenden willst." (siehe „Das Buch der Medien", Zweites Buch, Kap. XXVI, 291 und ff.)

5. Moralisch gesehen ist der Sinn dieser Worte Jesu, dass ihr um das Licht bitten sollt, welches eueren Weg weisen soll und es wird euch gegeben, bittet um Kraft, um dem Schlechten zu widerstehen und ihr werdet sie bekommen. Bittet um den Schutz der guten Geister und sie werden euch begleiten.[103] Und, wie der Engel Tobias begleitet hat, werden sie euch als Schutzgeister dienen.[104] Bittet um gute Ratschläge und sie werden diese euch nie ablehnen. Klopft an die Tür und sie werden euch diese öffnen. Aber bittet aufrichtig, mit Überzeugung, mit Inbrunst und vertrauensvoll. Zeigt euch nicht mit Arroganz, sondern mit Demut, ohne die ihr nur euerer eigenen Kraft ausgeliefert seid und alle Abstürze, die ihr dann erleben werdet, nun die Folgen eueres Hochmutes sein werden.

Das ist der Sinn der Worte: „... sucht, so werdet ihr finden; klopfet an, so wird euch aufgetan".

SEHT DIE VÖGEL UNTER DEM HIMMEL AN

6. Ihr sollt euch nicht Schätze sammeln auf Erden, wo sie die Motten und der Rost fressen und wo die Diebe einbrechen und stehlen. Sammelt euch aber Schätze im Himmel, wo sie weder Motten noch Rost fressen und wo die Diebe nicht einbrechen und stehlen. Denn wo dein Schatz ist, da ist auch dein Herz. (...)

Darum sage ich euch: Sorgt nicht um euer Leben, was ihr essen und trinken werdet; auch nicht um euren Leib, was ihr anziehen werdet. Ist nicht das Leben mehr als die Nahrung und der Leib mehr als die Kleidung? Seht die Vögel unter dem Himmel an: sie säen nicht, sie ernten nicht, sie sammeln nicht in die Scheunen; und euer himmlischer Vater ernährt sie doch. Seid ihr denn nicht viel mehr als sie? Wer ist unter euch, der seines Lebens Länge eine Spanne zusetzen könnte, wie sehr er sich auch darum sorgt?

Und warum sorgt ihr euch um die Kleidung? Schaut die Lilien auf dem Feld an, wie sie wachsen: sie arbeiten nicht, auch spinnen sie nicht. Ich sage euch, daß auch Salomo in aller seiner Herrlichkeit nicht gekleidet gewesen ist wie eine von ihnen. Wenn nun Gott das Gras auf dem Feld so kleidet, das doch heute steht und morgen in den Ofen geworfen wird: sollte er das nicht viel mehr für euch tun, ihr Kleingläubigen?

---

[103] Matthäus, Kap. VII, 7 - 11; (Anmerkung des Herausgebers)
[104] Tobias V, 4, Kanonisches Geschichtsbuch (katholisch) und protestantisches Apokryph; (Anmerkung des Herausgebers)

Darum sollt ihr nicht sorgen und sagen: Was werden wir essen? Was werden wir trinken? Womit werden wir uns kleiden? Nach dem allen trachten die Heiden. Denn euer himmlischer Vater weiß, daß ihr all dessen bedürft. Trachtet zuerst nach dem Reich Gottes und nach seiner Gerechtigkeit, so wird euch das alles zufallen. Darum sorgt nicht für morgen, denn der morgige Tag wird für das Seine sorgen. *Es ist genug, daß jeder Tag seine eigene Plage hat.* (Matthäus VI, 19 - 21, 25 - 34)

7. Wenn wir diese Aussage wortwörtlich interpretieren würden, wäre sie die Verneinung aller Vorsorge, aller Arbeit und daraus folgend von jedem Fortschritt. Nach diesem Sinne würde der Mensch sich darauf begrenzen, ein passiver Zuschauer zu sein. Seine physische und intellektuelle Kraft würde inaktiv bleiben. Wenn das sein gewöhnlicher Zustand auf der Erde wäre, wäre der Mensch nie aus dem primitiven Stadium herausgekommen. Und wenn er aus diesem Zustand seine heutigen Prinzipien machen würde, hätte er nichts mehr in seinem Leben zu tun. Es ist ersichtlich, dass dieser Gedanke nicht der von Jesus gewesen sei. Denn er steht im Widerspruch zu dem, was er in anderen Angelegenheiten gesagt hat. Ferner widersprechen solche Grundsätze jeglichem Naturgesetz. Gott schuf den Menschen ohne Kleidung und ohne Haus, gab ihm aber die Intelligenz dafür, diese anzufertigen. (siehe Kap. XIV, Abs. 6, S. 222 und Kap. XXV, Abs. 2, S. 333)
Aus diesen Worten soll man sich deswegen nicht mehr als ein poetisches Sinnbild der Vorsehung malen. Die Vorsehung lässt diejenigen nie im Stich, die ihr vertrauen. Sie wünscht sich nur, dass sie dabei weiterhin arbeiten. Und wenn sie einem nicht immer mit materiellen Hilfen beisteht, gibt sie die nötige Inspiration, um die Mittel zu finden, aus den Schwierigkeiten herauszukommen. (siehe Kap. XXVII, Abs. 8, S. 346)
Gott kennt unsere Bedürfnisse und sorgt für sie, je nach Notwendigkeit. Aber der Mensch, unersättlich in seinem Verlangen, begnügt sich nicht immer mit dem, was er hat. Das Notwendige genügt ihm nicht. Er strebt nach dem Überschuss. Die Vorsehung lässt ihn dann auf sich selbst gestellt. Und er wird öfters aufgrund seiner eigenen Fehler und weil er den Ermahnungen seines Gewissens nicht befolgt hat, unglücklich. Gott lässt ihn schließlich unter den Folgen leiden, damit sie ihm als Lehre in der Zukunft dienen. (siehe Kap. V, Abs. 4, S. 89)

8. Die Erde wird genügend Nahrung um all ihre Einwohner zu sättigen produzieren, sobald die Menschen gelernt haben, ihre Schätze nach den Gesetzen der Gerechtigkeit, der Mildtätigkeit und der Nächstenliebe zu bewirtschaften. Wenn die Brüderlichkeit zwischen den Völkern, wie zwischen den Provinzen desselben Staates, überwiegen würde, würde der Eine mit seinem momentanen Überschuss, den momentanen Mangel des Anderen lindern und alle wären ausreichend versorgt. Der Reiche würde sich selbst dann als ein großer Samenbesitzer betrachten, der weiß, dass wenn er diese Samen verteilt, sie ihm und den anderen das Hundertfache an Erträge erzielen würden. Wenn er dennoch die Samen allein verbraucht, sie verschwenden lässt oder den Überschuss verderben lässt, werden sie nichts mehr produzieren und es wird nicht genug für alle da sein. Schließt er diese in seinem Lager ein, so werden sie von Schädlingen gefressen. Deswegen sagte Jesus, dass man keine Schätze auf der Erde sammeln soll, denn sie verderben, sondern Schätze in dem Himmel sammeln soll, denn diese verderben nicht. Mit anderen Worten: Schenkt nicht den materiellen mehr Bedeutung als den spirituellen Schätzen und lernt die Ersten zu Gunsten der Zweiten zu opfern. (siehe Kap. XVI, Abs. 7 und ff., Der vorsehentliche Zweck des Reichtums, S. 241)

Die Nächstenliebe und die Brüderlichkeit lassen sich durch Gesetze nicht verordnen. Wenn sie nicht im Herzen verwurzelt sind, wird der Egoismus sie immer ersticken. Der Spiritismus hat sich die Aufgabe gestellt, den Samen der Nächstenliebe in die Herzen zu säen.

SORGT EUCH NICHT DARUM, GOLD ZU BESITZEN

9. Ihr sollt weder Gold noch Silber noch Kupfer in euren Gürteln haben, auch keine Reisetasche, auch nicht zwei Hemden, keine Schuhe, auch keinen Stecken. Denn ein Arbeiter ist seiner Speise wert.

10. Wenn ihr aber in eine Stadt oder ein Dorf geht, da erkundigt euch, ob jemand darin ist, der es wert ist; und bei dem bleibt, bis ihr weiterzieht. Wenn ihr aber in ein Haus geht, so grüßt es; und wenn es das Haus wert ist, wird euer Friede auf sie kommen. Ist es aber nicht wert, so wird sich euer Friede wieder zu euch wenden.

Und wenn euch jemand nicht aufnehmen und eure Rede nicht hören wird, so geht heraus aus diesem Hause oder dieser Stadt und schüttelt den Staub von euren Füßen. Wahrlich, ich sage euch: Dem Land der Sodomer und

Gomorrer wird es erträglicher ergehen am Tage des Gerichts als dieser Stadt. (Matthäus X, 9 - 15)

11. Diese Worte, die Jesus an seine Jünger richtete, als er sie zum ersten Mal aussandte, um die Frohe Botschaft zu verkünden, waren für sie zu jener Zeit nicht unbekannt: Sie stimmten mit der patriarchalischen Tradition des Ostens überein, wo Reisende immer in jedem Zelt Willkommen geheißen wurden. Damals reiste man nicht so häufig wie heute. Unter den modernen Völkern mussten sich durch die Reisezunahme die Gewohnheiten ändern. Man begegnet heute den alten Sitten nur noch in fernen Gegenden, wo die Zivilisation noch nicht eingedrungen ist. Wenn Jesus heute zurückkehren würde, würde er nicht mehr zu seinen Aposteln sagen: Geht und nehmt keine Vorratstasche mit auf den Weg.

Neben ihrer wortwörtlichen Bedeutung haben diese Worte auch einen sehr tiefen moralischen Sinn. Jesus lehrte seine Jünger, auf diese Weise, auf die Vorsehung zu vertrauen. Wenn die Apostel nichts besaßen, konnten sie diejenigen, die sie empfangen würden, nicht zur Gier verführt werden. Es war ein Mittel, die Gütigen von den Egoisten zu unterscheiden. Deswegen sagte Jesus: „Da erkundigt euch, ob jemand darin ist, der es wert ist, euch zu beherbergen." Das bedeutet, wer ist derart gütig und menschlich, um einen Reisenden zu beherbergen, der nichts bezahlen kann. Denn diese Ersten sind es wert, eure Worte zu hören. Denn durch ihre Nächstenliebe werdet ihr sie erkennen.

In Bezug auf diejenigen, die sie weder empfangen noch hören würden, hat Jesus zu seinen Aposteln gesagt, ob sie diese verfluchen sollen? Oder hat er den Aposteln befohlen, auf sie Gewalt und Zwang zu üben, diese zu bekehren? Nein, sie sollten bloß zu einem anderen Ort gehen und Menschen guten Willens suchen.

In diesem Sinne sagt der Spiritismus heute zu seinen Bekennenden: tut dem Gewissen des anderen keine Gewalt an. Zwingt niemandem seinen Glauben zu verlassen, um den eueren anzunehmen. Verflucht niemanden, der nicht so denkt, wie ihr. Nehmt diejenigen auf, die zu euch kommen und lasst sie in Ruhe, die euch ablehnen. Erinnert euch an die Worte Christi, die euch sagen: Früher nahm man den Himmel mit Gewalt, heute mit Sanftmut. (siehe Kap. IV, Abs. 10 - 11, S. 78)

KAPITEL XXVI -
Gebt umsonst, was ihr umsonst bekommen habt

Heilgabe - Bezahlte Gebete - Die Vertreibung der Straßenhändler aus dem Tempel – Uneigennützige Mediumschaft

Heilgabe

1. Macht Kranke gesund, weckt Tote auf, macht Aussätzige rein, treibt böse Geister aus. Umsonst habt ihr's empfangen, umsonst gebt es auch. (Matthäus X, 8)

2. „Umsonst habt ihr's empfangen, umsonst gebt es auch." sagte Jesus zu seinen Jüngern. Durch diesen Grundsatz verkündete er, dass wir kein Geld für das verlangen können, wofür wir selbst kein Geld bezahlt haben. Was sie nun kostenlos bekamen war die Fähigkeit, die Kranken zu heilen und die Dämonen zu vertreiben oder besser gesagt, die böswilligen Geister. Diese Gabe war ihnen umsonst von Gott gegeben, zur Linderung des Leidens und zur Verbreitung des Glaubens zu verhelfen. So sagte er ihnen, dass sie diese Gabe nicht als Handelsware, als Gegenstand von Spekulation oder zum Lebensunterhalt verwenden sollten.

Bezahlte Gebete

3. Als aber alles Volk zuhörte, sprach er zu seinen Jüngern: Hütet euch vor den Schriftgelehrten, die es lieben, in langen Gewändern einherzugehen, und lassen sich gern grüßen auf dem Markt und sitzen gern obenan in den Synagogen und bei Tisch; sie fressen die Häuser der Witwen und verrichten zum Schein lange Gebete. Die werden ein um so härteres Urteil empfangen. Und er lehrte sie und sprach zu ihnen: Seht euch vor vor den Schriftgelehrten, die gern in langen Gewändern gehen und lassen sich auf dem Markt grüßen und sitzen gern obenan in den Synagogen und am Tisch beim Mahl; *fressen die Häuser der Witwen und verrichten zum Schein lange Gebete*. Die werden ein um so härteres Urteil empfangen. (Lukas XX, 45 - 47; Markus XII, 38 - 40; Matthäus XXIII, 14)

4. Jesus sagte außerdem: Lasst nicht zu, dass eure Gebete bezahlt werden, tut nicht wie die Schriftgelehrten, die „... *fressen die Häuser der Witwen und verrichten zum Schein lange Gebete.*" Das bedeutet sie ergriffen ihren Besitz. Das Gebet ist eine Tat der Nächstenliebe, ein Impuls des Herzens.

Wenn wir uns für dieses Gebet, das wir an Gott für jemanden richten, bezahlen lassen, verwandeln wir uns in bezahlte Zwischenhändler. Das Gebet verändert sich dann in eine Formel, bei der die Länge so groß wie das bezahlte Geld ist. Es gilt nun entweder das eine oder das andere: Entweder misst Gott Seine Gnade an der Zahl der Worte oder nicht. Wenn viele Worte notwendig sein sollten, wieso würde man nur einige oder gar nur sehr wenige für diejenigen sprechen, die nichts bezahlen können? Das ist Mangel an Nächstenliebe. Und wenn es nur ein Wort genügt, sind die anderen überflüssig. Wie kann man denn dafür Geld verlangen? Das ist eine moralisch verdorbene Handlung.

Gott handelt mit Seinen Wohltaten nicht. Wie könnte demnach jemand, der nicht einmal Verteiler dieser Wohltaten ist und geschweige denn diese zu bekommen garantieren kann, Geld für einen Wunsch verlangen, wenn er vielleicht auch nicht in Erfüllung geht? Gott kann keine Tat der Gnade, der Güte oder der Gerechtigkeit, um die wir angesichts Seines Erbarmens bitten, von einer bestimmten Bezahlung abhängig machen. Daraus folgt, auf der anderen Seite, dass, wenn diese Summe nicht getilgt oder nicht vollständig bezahlt worden wäre, die Gerechtigkeit, die Güte und die Barmherzigkeit Gottes nicht stattfinden würden. Die Vernunft, der gesunde Menschenverstand und die Logik sagen uns ferner, dass Gott, die uneingeschränkte Vollkommenheit, nicht auf unvollkommene Menschen das Recht übertragen würde, Preise für Seine Gerechtigkeit festzulegen. Die Gerechtigkeit Gottes ist wie die Sonne, die für alle scheint, sowohl für Arme als auch für Reiche. Und wenn wir es schon unmoralisch finden, mit den Gütern eines irdischen Monarchen zu handeln, wäre es dann überhaupt annehmbar, mit den Gütern des Schöpfers des Universums zu handeln?

Die bezahlten Gebete besitzen noch andere Nachteile. Wer sie kauft, betrachtet sich oftmals davon befreit, selbst zu beten. Er geht davon aus, seinen Anteil getan zu haben, in dem er Geld dafür gegeben hat. Man weiß jedoch, dass die Inbrunst der Gedanken derer, die sich für die Geister interessieren, diese berührt. Welche Inbrunst kommt aber von demjenigen, der einem Dritten bezahlt, um für ihn selbst beten zu lassen? Und welche ist dann die Inbrunst eines Dritten, der einem anderen diesen Auftrag gegeben hat und dieser Letzter wiederum an anderen und so weiter? Bedeutet das nicht, die Wirksamkeit des Gebetes auf den Wert der täglichen Währung herabzusetzen?

DIE VERTREIBUNG DER STRAßENHÄNDLER AUS DEM TEMPEL

5. Und sie kamen nach Jerusalem. Und Jesus ging in den Tempel und fing an, auszutreiben die Verkäufer und Käufer im Tempel; und die Tische der Geldwechsler und die Stände der Taubenhändler stieß er um und ließ nicht zu, daß jemand etwas durch den Tempel trage. Und er lehrte und sprach zu ihnen: Es steht geschrieben »Mein Haus soll ein Bethaus heißen«; ihr aber macht eine Räuberhöhle daraus! Und es kam vor die Hohenpriester und Schriftgelehrten, und sie trachteten danach, wie sie ihn umbrächten. Sie fürchteten sich nämlich vor ihm; denn alles Volk verwunderte sich über seine Lehre. (Markus XI, 15 - 18; Matthäus XXI, 12 - 13)

6. Jesus vertrieb die Straßenhändler aus dem Tempel und verurteilte somit den Handel mit heiligen Gegenständen, *in welcher Art und Weise auch immer*. Gott verkauft weder Seinen Segen, noch Seine Gnade, noch den Eintritt in das Himmelreich. Der Mensch hat deswegen kein Recht, Geld dafür zu verlangen.

UNEIGENNÜTZIGE MEDIUMSCHAFT

7. Die modernen Medien - im Vergleich zu jenen Aposteln, die auch Medien waren - haben von Gott genauso diese Fähigkeit umsonst bekommen, um Vermittler zwischen den Geistern und den Menschen zu sein und um diese aufzuklären. So zeigen sie ihnen den guten Weg und führen sie zum Glauben. Sie sind dagegen nicht gekommen, um Worte zu verkaufen, die ihnen nicht gehören. *Denn diese stammen weder von ihren Ideen ab, noch gehören sie zu ihrer Forschung, oder noch kommen sie aus ihrer eigenen Arbeit.* Gott will, dass das Licht allen erreicht und nicht, dass der Ärmere von ihm enterbt wird und dann sagt: „Ich habe keinen Glauben, weil ich für ihn nicht bezahlen konnte. Hatte deshalb nicht den Trost, die Ermutigung und die Zeichen der Zuneigung von denen, die ich beweine, bekommen, weil ich arm bin." Aus dem Grund ist die Mediumschaft kein Privileg und ist überall zu finden. Dafür Geld zu verlangen würde demzufolge ihre vorsehentliche Bestimmung zunichte machen.

8. Jeder, der die Bedingungen kennt, in denen sich die erhabenen Geister mitteilen und weiß, dass es sehr wenig reicht, um sie von uns zu entfernen, der kennt ihre Abneigung gegenüber jeglicher Form von egoistischem Interesse. Dieser kann niemals annehmen, dass erhabene Geister dem besten Zahlenden zur Verfügung stehen, der sie in irgendwelchen Sitzungen ruft. Der reine gesunde Menschenverstand wehrt sich gegen diese Idee. Wäre es also nicht auch lästerlich, für Geld die Wesen zu rufen, die wir respektieren oder die uns wertvoll sind? Es steht außer Zweifel, dass wir Mitteilungen dieser Art erhalten können. Wer könnte dennoch für deren Ehrlichkeit garantieren? Die leichtsinnigen, lügnerischen und tückischen Geister und alle niederen Geister, die wenig Skrupel haben, eilen immer, um diesem Ruf nachzukommen. Sie sind auch immer bereit, die an sie gestellten Fragen ohne jegliche Sorge über die Wahrheit zu beantworten. Wer nun den Wunsch hat, seriöse Kundgaben zu erhalten, soll vor allem diese auch ernsthaft erbitten. Dabei soll er sich über die Art der Affinität der Medien mit denen der Geistigen Welt vergewissern. Hier ist nun die erste Bedingung, um die Güte erhabener Geister auf uns zu ziehen. Es ist durch die Demut, die Hingabe, die Entsagung und die abs*olute moralische, wie mater*ielle Uneigennützigkeit.

9. Neben der moralischen Frage zeigt sich eine an sich nicht weniger wichtige wahre Feststellung, die sich auf die Natur dieser Fähigkeit bezieht. Die ernsthafte Mediumschaft kann und wird niemals ein Beruf werden, nicht nur weil sie moralisch gesehen unglaubwürdig wäre. Und bald wäre sie mit den Wahrsagern gleichgestellt. Dabei hebt sich dennoch eine materielle Hürde hervor. Die Mediumschaft ist eine ausgesprochene, mobile, unkontrollierbare und veränderliche Fähigkeit, mit deren Beständigkeit niemand mit Sicherheit rechnen kann. Sie ist deshalb für ihre Anwender eine völlig unsichere Fähigkeit, die sie im Moment der größten Bedürftigkeit verlieren können. Im Unterschied dazu ist die Begabung, die man sich durch Lernen und Arbeit erworben hat und die, aus diesem Grunde, ein wahrer Besitz geworden ist, dessen man sich ganz natürlich bedienen kann. Die Mediumschaft ist aus diesem Grund weder eine Kunst noch eine Gabe und deshalb kann sie nicht beruflich genutzt werden. Sie existiert nur in Zusammenarbeit mit den Geistern, wenn sie

ihr fehlen, gibt es keine Mediumschaft mehr. Obwohl die Fähigkeit weiter existieren kann, kann sie aber nicht mehr ausgeübt werden. Demnach gibt es kein einziges Medium auf dieser Erde, welches das Erlangen eines spiritistischen Phänomens[105] in einem bestimmten Moment garantieren kann. Die Ausnutzung der Mediumschaft ist wie man sieht, über eine Sache verfügen zu wollen, die man in Wirklichkeit nicht besitzt. Das Gegenteil zu behaupten, ist diejenigen zu betrügen, die dafür bezahlen. Darüber hinaus verfügt man nicht über *sich selbst*, sondern über die Geister, die Seele der Verstorbenen, deren Mitwirkung verkäuflich gemacht wird. Dieser Gedanke widerstrebt einem ganz instinktiv. Es war dieser Handel, der, ausgenutzt von Scharlatanen, durch Missbrauch, durch Unwissenheit, Gutgläubigkeit und Aberglaube heruntergekommen, der das Verbot von Moses veranlasst hat. Der moderne Spiritismus, der die ernsthaften Aspekte der Sache versteht, verurteilt diesen Missbrauch. Und er hebt die Mediumschaft in die Kategorie einer Mission empor. (siehe „Das Buch der Medien", Kap. XXVIII; „Der Himmel und die Hölle", Kap. XII)

10. Die Mediumschaft ist eine heilige Aufgabe, die auch mit Religiosität entsprechend praktiziert werden soll. Wenn eine der Arten der Mediumschaft diese Bedingungen aufs Strengste befolgen soll, ist es die heilende Mediumschaft. Der Arzt bietet das Ergebnis seiner Studien an, die unter großen Leistungen erbracht worden sind, der Magnetiseur, sein eigenes Fluidum und oftmals seine eigene Gesundheit. Diese könnten dafür einen Preis verlangen. Das heilende Medium dagegen überleitet das heilsame Fluidum der guten Geister und hat nicht das Recht, es zu verkaufen. Jesus und seine Jünger haben trotz Armut kein Geld für die Heilung, die sie vollbrachten verlangt.

Derjenige also, der nichts hat von dem er leben kann, muss sich andere Möglichkeiten als die Mediumschaft aussuchen und dieser nur die Zeit opfern, die er nach der materiellen Arbeit zur Verfügung stellen kann. Die Geister werden seine Widmung und seine Opfergabe in Betracht ziehen, während sie sich von denen entfernen werden, die aus der Mediumschaft ein Mittel machen möchten, um eine Position zu erreichen.

---

[105] Hier sind die Phänomene angesprochen, die der Spiritismus bezüglich der Mediumschaft behandelt; (Anmerkung des Herausgebers)

KAPITEL XXVII -
Bittet, so wird euch gegeben

Merkmale des Gebetes - Wirksamkeit des Gebetes - Wirkung des Gebetes. Gedankenübertragung - Verständliche Gebete - Fürbitte für die Verstorbenen und für die leidenden Geistwesen
Unterweisungen der Geistigen Welt: Art zu beten - Freude des Gebetes

Merkmale des Gebetes

1. Und wenn ihr betet, sollt ihr nicht sein wie die Heuchler, die gern in den Synagogen und an den Straßenecken stehen und beten, damit sie von den Leuten gesehen werden. Wahrlich, ich sage euch: Sie haben ihren Lohn schon gehabt. Wenn du aber betest, so geh in dein Kämmerlein und schließ die Tür zu und bete zu deinem Vater, der im Verborgenen ist; und dein Vater, der in das Verborgene sieht, wird dir's vergelten.

Und wenn ihr betet, sollt ihr nicht viel plappern wie die Heiden; denn sie meinen, sie werden erhört, wenn sie viele Worte machen. Darum sollt ihr ihnen nicht gleichen. Denn euer Vater weiß, was ihr bedürft, bevor ihr ihn bittet. (Matthäus VI, 5 - 8)

2. Und wenn ihr steht und betet, so vergebt, wenn ihr etwas gegen jemanden habt, damit auch euer Vater im Himmel euch vergebe eure Übertretungen. Wenn ihr aber nicht vergebt, dann wird euch euer Vater im Himmel eure Übertretungen auch nicht vergeben. (Markus XI, 25 - 26)

3. Er sagte aber zu einigen, die sich anmaßten, fromm zu sein, und verachteten die andern, dies Gleichnis:

Es gingen zwei Menschen hinauf in den Tempel, um zu beten, der Eine ein Pharisäer, der andere ein Zöllner. Der Pharisäer stand für sich und betete so: Ich danke dir, Gott, daß ich nicht bin wie die andern Leute, Räuber, Betrüger, Ehebrecher oder auch wie dieser Zöllner. Ich faste zweimal in der Woche und gebe den Zehnten von allem, was ich einnehme.

Der Zöllner aber stand ferne, wollte auch die Augen nicht aufheben zum Himmel, sondern schlug an seine Brust und sprach: Gott, sei mir Sünder gnädig! Ich sage euch: Dieser ging gerechtfertigt hinab in sein Haus, nicht jener. Denn wer sich selbst erhöht, der wird erniedrigt werden; und wer sich selbst erniedrigt, der wird erhöht werden. (Lukas XVIII, 9 - 14)

4. Die Merkmale des Gebetes wurden deutlich von Jesus gezeigt; wenn ihr betet, sagt er, stellt euch nicht in den Vordergrund, aber betet im Verborgenen; seid nicht wie die Heuchler, denn nicht durch die vielen Worte werdet ihr gehört, sondern durch eure Aufrichtigkeit. Bevor ihr

betet, wenn ihr irgendetwas gegen jemanden habt, vergebt ihm. Denn das Gebet wird nicht Gott gefällig sein, wenn es nicht aus einem gereinigten Herzen kommt, das von allen Gefühlen wider die Nächstenliebe befreit ist. Betet, aber mit Demut, wie der Zöllner und nicht mit Stolz, wie der Pharisäer. Prüft eure Fehler aber nicht eure Vorzüge, wenn ihr euch mit anderen vergleicht, überprüft wo in euch noch etwas Schlechtes ist. (siehe Kap. X, Abs. 7 - 8, S. 158)

WIRKSAMKEIT DES GEBETES

5. Darum sage ich euch: Alles, was ihr bittet in eurem Gebet, glaubt nur, daß ihr's empfangt, so wird's euch zu teil werden. (Markus XI, 24)

6. Es gibt Menschen, welche die Wirksamkeit des Gebetes bestreiten und sich auf das Prinzip berufen, dass, wenn Gott unsere Nöte kennt, ist überflüssig, diese darzulegen. Sie fügen hinzu, dass, wenn alles im Universum durch ewige Gesetze bestimmt wird, können unsere Wünsche den Willen Gottes nicht verändern.

Ohne Zweifel gibt es natürliche und unwiderrufliche Gesetze, die Gott nicht nach dem Wunsch von jedem Menschen ändern kann. Daran zu glauben, dass alle Lebensumstände dem Schicksal zugeordnet wären, macht aber einen großen Unterschied. Wenn es so wäre, würde der Mensch nur ein passives Instrument, ohne Willensfreiheit und ohne Initiative sein. Mit dieser Annahme müsste er nur vor jedem Ereignis seinen Kopf beugen, ohne den Versuch zu wagen, es zu vermeiden, als ob er nicht von einem Blitz ausweichen würde. So gab Gott ihm die Vernunft und die Intelligenz nicht, um nicht angewandt zu werden; den Willen, um keine Entscheidung zu treffen oder das Leben, um untätig zu bleiben. Der Mensch ist andererseits frei zu handeln, in dem einen wie in dem anderen Sinn. Seine Taten haben für ihn und für die anderen Konsequenzen, die von dem, was er tut oder nicht tut, abhängig sind. Aufgrund seiner Initiative gibt es demnach Erfolgen, die gezwungenermaßen dem Schicksal entfliehen und die nicht das Gleichgewicht der universellen Gesetze zerstören. Genauso wenig wie das Nach- bzw. Vorstellen der Uhrzeiger das Bewegungsgesetz nicht zerstört, das diesen Mechanismus bestimmt. Es ist daher möglich, dass Gott gewisse Bitte erhöre, ohne dabei die Umwandelbarkeit der Gesetze, die das Ganze regieren, zu stören, was allein Seinem Willen untergeordnet sind.

7. Es wäre unlogisch aus der Aussage „Alles, das ihr durch das Gebet erbittet, wird erhört." zu schließen, dass es zu bitten genügt, um tatsächlich es zu bekommen. Und es wäre ungerecht die Vorsehung zu verurteilen, sie hätte all unsere an sie gerichteten Bitten nicht erhört. Denn sie weiß besser Bescheid als wir, was für uns gut ist. Dasselbe geschieht mit einem Vater, der seinem Sohn etwas verweigert, was gegen sein Interesse steht. Der Mensch sieht im Allgemeinen nur die Gegenwart. Wenn das Leiden aber für sein zukünftiges Glück nützlich ist, erlaubt Gott, dass er Leiden erfährt, genauso wie ein Chirurg den Kranken eine Operation erleiden lässt, die ihn gesund machen wird.

Was Gott jemandem gibt, wenn man sich im Vertrauen an Ihn wendet, ist Mut, Geduld und Ergebung in das Schicksal. Und was Er noch dazu geben wird, sind die Mittel, durch die man sich mit eigener Kraft von den Schwierigkeiten befreien wird, mit Hilfe der Gedanken, die uns von den guten Geistern eingegeben werden. Dann wird dem Menschen der Verdienst der Handlung überlassen. Gott steht diesem bei, der sich selbst hilft, nach dem Grundsatz: „Hilf dir selbst, dann hilft dir Gott." Andererseits ist der Beistand Gottes weniger bei denjenigen, die nur fremde Hilfe erwarten, ohne ihre Fähigkeiten selbst zu gebrauchen. Denn im Allgemeinen will der Mensch durch Wunder geholfen werden, ohne etwas dafür zu tun. (siehe Kap. XXV, Abs. 1 und ff., Hilf dir selbst, dann hilft dir Gott, S. 333)

8. Betrachten wir ein Beispiel: Ein Mann hat sich in der Wüste verirrt und leidet furchtbaren Durst. Er hat keine Kraft mehr und lässt sich auf den Boden fallen. Er fleht Gott an, damit Er ihm beisteht und wartet; aber kein Engel bringt ihm etwas zu trinken. Ein guter Geist gibt ihm dennoch einen Gedanken ein, er soll aufstehen und einen bestimmten Weg folgen, der vor ihm liegt; durch eine ungezielte Bewegung, sammelt der Mann die letzten Kräfte ein, erhebt sich und geht ohne Ziel weiter. Er kommt an einen Hügel und entdeckt von weitem einen Bach. Aufgrund dieser Entdeckung schöpft er neuen Mut. Wenn er gläubig ist, wird er sagen: „Danke mein Gott, für den Gedanken, den Du mir gegeben hast und für

die neue Kraft." Wenn er keinen Glauben hat, wird er sagen: „Was für einen guten Einfall ich hatte! Was für ein Glücksfall war es, als ich den rechten statt den linken Weg gegangen bin; der Zufall dient uns doch manchmal, wahrhaftig sehr! Ich bin stolz auf meinen Mut und auf meine Hartnäckigkeit, mich nicht dem Schicksal zu unterwerfen."

Aber, ihr werdet sagen, warum hat der gute Geist ihm nicht deutlich gesagt: „Folge diesem Weg und am Ende wirst du finden, was du benötigst."? Warum hat er sich ihm nicht gezeigt, um ihn zu begleiten und in dieser Ohnmacht zu helfen? Der Geist würde somit ihn von dem Eingreifen der Vorsehung überzeugen. Das geschah in erster Linie, um ihn zu lehren, dass es notwendig ist, zuerst sich selbst zu helfen und seine eigenen Kräfte selbst einzusetzen. Gott stellt außerdem durch die Unsicherheit, das menschliche Vertrauen und die menschliche Ergebung Seinem Willen gegenüber auf die Probe. Dieser Mensch war in der Situation eines Kindes, das hinfällt. Wenn es jemanden sieht, schreit das Kind danach und wartet darauf, dass es aufgehoben wird; wenn es niemanden sieht, bemüht es sich und steht von selbst auf.

Wenn der Engel, der Tobias begleitete, ihm gesagt hätte: „Ich bin ein Gottesbote, der dich auf deiner Reise begleitet und dich vor allen Gefahren behüten wird.", hätte Tobias keinen Verdienst. Seinem Begleiter vertrauend, hätte er keine Notwendigkeit gesehen, sich Gedanken zu machen. Deswegen gab sich der Engel erst bei seiner Rückreise zu erkennen.[106]

WIRKUNG DES GEBETES. GEDANKENÜBERTRAGUNG

9. Das Gebet ist eine Invokation[107], wodurch der Mensch sich durch den Gedanken mit dem Wesen, an die er sich wendet, in Verbindung stellt. Das kann zum Ziel eine Bitte, eine Danksagung oder ein Lob haben. Wir können für uns oder für jemanden anders, für die Lebenden oder für die Verstorbenen beten. Die Gott zugewandten Gebete werden von Geistwesen erhört, die beauftragt sind, den Willen Gottes in die Praxis umzusetzen. Und die Gebete, die an die guten Geistwesen gerichtet sind, werden andererseits zu Gott weitergeleitet. Wenn jemand zu anderen

---

[106] Siehe Seite 335; (Anmerkung des Herausgebers)
[107] Siehe Fußnote 23; (Anmerkung des Übersetzers)

Wesen betet, und nicht zu Gott, dienen diese Ersten als Vermittler, als Fürsprecher, denn nichts kann ohne den Willen Gottes getan werden.

10. Der Spiritismus macht die Wirkung des Gebetes verständlich, indem er die Art und Weise der Gedankenübertragung erklärt; sei es in dem Fall, wo das gebetene Wesen unserem Appell entgegen kommt, oder wenn unser Gedanke es zunächst erreicht hat. Um es zu verstehen, was hier geschieht, ist es notwendig, uns alle Wesen, inkarniert und nichtinkarniert, in dem universellen Fluidum des Weltraums als eingetaucht vorzustellen, genauso wie wir hier in der Atmosphäre der Erde sind. Dieses Fluidum bekommt von dem Willen einen Impuls. Es ist das Vehikel des Gedankens, wie die Luft den Schall überträgt, mit dem Unterschied, dass die Schallwellen begrenzt sind, während die Schwingungen des universellen Fluidums sich in das Unendliche ausdehnen. Wenn ein Gedanke von einem inkarnierten zu einem nichtinkarnierten Geist, oder umgekehrt, auf der Erde oder im Weltraum, gerichtet wird, bildet sich zwischen diesen eine fluidale Kette, die von dem einen zu dem anderen den Gedanken überträgt, ähnlich wie die Luft den Klang überträgt.

Die Energie dieser Kette steht im Verhältnis zu der Energie des Gedankens und des Willens. So wird das Gebet von den Geistern gehört, unbedeutend von dem Ort, wo sie sich befinden. Auf dieser Weise kommunizieren die Geister untereinander, inspirieren sie uns und so stellen sich schließlich die Verbindungen zwischen den inkarnierten Geistern aus der Entfernung her.

Diese Erklärung ist vor allem an diejenigen gerichtet, welche die Zweckmäßigkeit des rein mystischen Gebetes nicht verstehen. Sie hat nicht den Zweck, das Gebet stofflich zu machen, sondern seine Wirkungen zu verdeutlichen, in dem ein direkter und effektiver Effekt von ihm gezeigt wird. Das Gebet bleibt deswegen nicht weniger dem Willen Gottes, Der allmächtige Richter in allen Dingen, untergeordnet, Der Einzige, Der letzten Endes dafür eine sinnvolle Wirkung geben kann.

11. Durch das Gebet erhält der Mensch für sich die Hilfe der guten Geister, die ihn in seinen guten Entschlüssen stützen und ihn zu guten Gedanken inspirieren. Der Mensch bekommt somit die notwendige Kraft,

um seine Schwierigkeiten zu bewältigen und den geraden Weg wiederzufinden, wenn er sich von diesem entfernt haben sollte, so kann er selbst das Übel vom sich fern halten, das er sonst durch seine eigenen Fehler an sich herangezogen hätte. Ein Mensch sieht z. B. seine Gesundheit durch Ausschweifungen ruiniert, die er selbst begangen hat und schleppt diese Krankheit bis zum Ende seiner Tage mit sich herum. Ein Leben voller Leiden. Hat er das Recht sich zu beklagen, wenn er die Gesundheit nicht wieder erlangt? Nein, weil er im Gebet die Kraft hätte finden können, um den Versuchungen zu widerstehen.

12. Wenn wir die Sorgen im Leben in zwei Kategorien trennen würden: die eine jene, welche der Mensch nicht vermeiden kann und die andere wären die Drangsale, die der Mensch selbst durch seine Fahrlässigkeit und seine Ausschweifung verursacht hat. (siehe Kap. V, Abs. 4, S. 89) Wir werden sehen, dass die Letzte viel öfters vorkommt, als die Erste. Es wird daher offensichtlich, dass der Mensch der Verursacher der Mehrheit seiner Bedrängnisse ist und dass er von diesen verschont bleiben würde, würde er immer mit Weisheit und Umsicht handeln.

Es ist nicht weniger sicher, dass diese elenden Zustände das Ergebnis unserer Übertretungen gegenüber den Gesetzen Gottes ist. Und wenn wir diese Gesetze genau befolgen würden, wären wir vollkommen glücklich. Wenn wir die Grenzen des Notwendigen zur Befriedigung unserer Lebensbedürfnisse nicht überschreiten würden, müssten wir keine Krankheiten leiden, welche Folgen solcher Ausschweifungen sind und wären wir daraufhin den daraus resultierenden Schicksalsschlägen nicht ausgesetzt. Würden wir unserem Ehrgeiz eine Grenze setzen, so hätten wir keine Armut. Wenn wir nicht höher als wir können steigen wollten, bräuchten wir keinen Absturz zu befürchten. Wenn wir demütig wären, würden wir keine Enttäuschungen unseres verletzten Stolzes erleiden. Wenn nach dem Gesetz der Nächstenliebe handeln würden, würden wir weder lästern noch neidisch oder eifersüchtig sein und würden wir den Streit und die Uneinigkeit vermeiden. Täten wir schließlich niemandem etwas Schlechtes an, müssten wir uns nicht vor Rache fürchten oder und so weiter.

Nehmen wir an, dass der Mensch nichts gegen die anderen Übel machen kann, dass alle Gebete unnütz sind, sich von diesen zu befreien; wäre es dann nicht schon viel, sich von dem von uns selbst verursachten Übel zu befreien? Nun gut. Hier wird die Wirkung des Gebetes deutlich begriffen, weil sie das Ziel hat, die gesunde Inspiration der guten Geistwesen hervorzurufen; um die Kraft zu erbeten, dem böswilligen Gedanken zu widerstehen, dessen Verwirklichung für uns unheilvoll sein könnte. *In diesem Fall ist es nicht das Böse, das sie von uns entfernen, sie lenken uns jedoch von den schlechten Gedanken ab, die uns Unheil anrichten können. Die guten Geister weder behindern den Willen Gottes, noch heben sie den Lauf der Naturgesetze auf, sie verhindern lediglich, dass wir diese Gesetze übertreten, indem sie uns beim Gebrauch unseres freien Willens orientieren.* Sie tun dies aber ohne dass wir das zur Kenntnis nehmen, in unauffälliger Weise, um unseren Willen nicht zu verletzen. Der Mensch befindet sich demnach in der Lage desjenigen, der gute Ratschläge erbittet und sie in die Praxis umsetzt, dennoch mit der Freiheit, diese zu befolgen oder nicht. Gott will es so, damit der Mensch die Verantwortung seiner Taten trägt und Er überlässt ihm den Verdienst der Wahl zwischen dem Guten und dem Bösen. Das wird der Mensch immer bekommen, wenn er mit Inbrunst bittet. Hier finden vor allem die Worte Gebrauch: „Bittet, so wird euch gegeben."

Wäre die Wirkung des Gebetes, selbst nur auf dieses Verhältnis bezogen, nicht schon immens sein? Es war dem Spiritismus vorbehalten, die Wirkung des Gebetes durch die Offenbarung der Verhältnisse zwischen der körperlichen und der geistigen Welt, zu beweisen. Aber allein darauf, beschränkt sich seine Wirksamkeit nicht.

Das Gebet wird von allen Geistern empfohlen. Auf das Gebet zu verzichten, wäre die Güte Gottes zu ignorieren. Das wäre auf Seine Fürsorge für sich selbst zu verzichten und ebenso ein Verzicht auf das Gute, das man für die anderen tun kann.

13. Bei der Erfüllung der an Ihn gerichteten Bitten, will Gott oft die Hingabe, den Glauben und die Absicht von dem Betenden belohnen. Deswegen ist das Gebet des gütigen Menschen verdienstwürdiger und immer wirkungsvoller vor Gottes Augen. Denn der süchtige und böswillige Mensch kann nicht mit Inbrunst und Vertrauen beten, die nur durch das Gefühl der wahrhaften Ehrfurcht verliehen werden können. Aus dem Herzen des Egoisten, von demjenigen, der nur mit den Lippen

betet, können nicht mehr als nur *Worte* hervorgehen und nicht die Impulse der Nächstenliebe, die dem Gebet all seiner Macht geben. Man versteht das so deutlich, dass man intuitiv, wenn man Gebete für sich von jemandem bestellt, man die Personen gottgefälligen Verhaltens bevorzugt, denn von diesen werden die Gebete mehr erhört.

14. Da das Gebet eine Art magnetische Kraft ausübt, könnten wir annehmen, dass seine Wirkung von der fluidalen Kraft abhängig ist. Die Wirkung ist es dennoch nicht. Wenn die Geister diese Wirkung auf die Menschen ausüben, gleichen sie die Schwäche der Betenden aus, wenn es notwendig ist, sei es durch ein direktes Handeln *in seinem Namen* oder indem sie ihm augenblicklich eine außergewöhnliche Kraft geben. Das geschieht nur dann, wenn der Mensch dieser Gunst würdig ist oder wenn dies von Nutzen ist.

Der Mensch, der sich nicht für gut genug hält, einen heilsamen Einfluss auszuüben, soll sich trotzdem nicht deswegen enthalten, für den anderen zu beten, mit dem Gedanken, er sei nicht würdig, erhört zu werden. Die Erkenntnis seiner Begrenztheit ist ein Beweis von Demut, die Gott immer gut heißt. Er berücksichtigt die gute Absicht, welche den Menschen bewegt. Seine Inbrunst und sein Vertrauen an Gott sind der erste Schritt der Rückkehr zum Guten, welche die Geister Freude haben zu ermutigen. Jenes Gebet, das keine Zustimmung findet, *ist das von dem Hochmütigen, der nur seiner Macht und seinen Auszeichnungen Glauben schenkt und der glaubt, sich über den Willen des Allmächtigen erheben zu können.*

15. Die Macht des Gebetes liegt im Gedanken. Es bindet sich weder an Worte, noch an den Ort, noch an die Zeit, in der es gesprochen wird. Man kann also überall beten, zu jeder Zeit, allein oder in Gemeinschaft. Der Einfluss von Ort oder von Zeit hängt von den Umständen ab, die das Insichgehen begünstigen. *Das gemeinschaftliche Gebet hat eine stärkere Wirkung, wenn alle diejenigen die beten, sich mit dem Herzen zu einem Gedanken und einem Ziel vereinigen.* Dann ist es so, als ob viele gemeinsam und gleichzeitig wie in einem Chor laut rufen. Hier stellt sich die Frage: Was würde nützen, wenn eine große Zahl von Menschen sich versammelt aber jeder einsam und für sich allein agiert? Hunderte versammelten Personen können jeweils isoliert nur für sich selbst beten, während wenn zwei oder

drei in einer gemeinsamen Absicht verbunden sind, diese wie wahrhaftige Geschwister in Gott beten werden. Ihr Gebet wird mehr Kraft haben, als das von den oben zitierten hunderten Personen. (siehe Kap. XXVIII, Abs. 4 - 5, S. 368)

Verständliche Gebete

16. Wenn ich nun die Bedeutung der Sprache nicht kenne, werde ich den nicht verstehen, der redet, und der redet, wird mich nicht verstehen. (...) *Denn wenn ich in Zungen bete, so betet mein Geist; aber was ich im Sinn habe,* bleibt ohne Frucht. (...) Wenn du Gott lobst im Geist, wie soll der, der als Unkundiger dabeisteht, das Amen sagen auf dein Dankgebet, *da er doch nicht weiß, was du sagst?* Dein Dankgebet mag schön sein; *aber der andere wird dadurch nicht erbaut.* (Paulus 1. Korintherbrief XIV, 11, 14, 16 - 17)

17. Das Gebet hat bloß den Wert des Gedankens, mit dem es sich verbindet. Es ist unmöglich, den Gedanken mit irgendetwas zu verbinden, das man nicht versteht. Denn, was man nicht versteht, berührt auch unser Herz nicht. Für die Mehrheit der Menschen sind die Gebete in einer unverständlichen Sprache nur eine Menge gemischter Worte, die dem Geist nichts sagen. Damit das Gebet das Herz berührt, muss jedes Wort eine Idee ausdrücken, und wenn es nicht verstanden wird, kann es keine Idee äußern. Wir können das Wort dann wie eine leere Formel wiederholen, die mehr oder weniger Eigenschaften haben wird, entsprechend der Anzahl, wie oft sie wiederholt wird. Viele Menschen beten aus Pflicht, andere beten entsprechend ihren Gewohnheiten. Sie glauben deswegen, dass sie ihren Verpflichtungen nachgegangen sind, nachdem sie ein Gebet in einer bestimmten Anzahl oder in der einen oder anderen Reihenfolge hersagen. Gott sieht aber in die Tiefe der Herzen; Er erkundet unseren Gedanken und unsere Aufrichtigkeit. Es wäre eine Erniedrigung zu glauben, Er wäre sensibler für die Form, als für die Tiefe des Gebetes. (siehe Kap. XXVIII, Abs. 2, S. 361)

Fürbitte für die Verstorbenen und für die leidenden Geister

18. Die leidenden Geistwesen bitten Gebete. Es ist ihnen nützlich, wenn sie spüren, dass wir an sie denken und so fühlen sie sich weniger verlassen

und weniger unglücklich. Das Gebet wirkt sogar direkter auf sie: Es hebt ihren Mut, ermutigt sie durch Reue sie Verbesserung und die Wiedergutmachung anzustreben. Es vermag sie damit von schlechten Gedanken abzulenken. In diesem Sinne kann das Gebet nicht nur ihre Leiden erleichtern, sondern auch sie verkürzen. (siehe „Der Himmel und die Hölle", 2. Teil: Beispiele)

19. Viele Menschen lehnen die Fürbitte für die Verstorbenen ab. In ihrem Glauben gibt es für die Seele nur zwei Alternativen: Entweder ist sie gerettet oder zur ewigen Qual verdammt. Für sie in dem einen wie in dem anderen Fall sei das Gebet nutzlos. Ohne darüber diskutieren zu wollen, nehmen wir für einen Augenblick, die Wirklichkeit der ewigen und unwiderruflichen Qual an und dass unsere Fürbitten nutzlos sind, um diesem Leiden ein Ende zu setzen. Wir fragen uns in dieser Annahme, ob es logisch, barmherzig und christlich ist, die Fürbitte für die Verurteilten abzulehnen? Mögen diese Fürbitten nutzlos sein, die Verurteilten zu befreien, sind sie aber nicht ein Zeichen des Mitleides, das ihre Leiden mildern könnte? Wenn ein Mensch auf der Erde lebenslänglich verurteilt wird, ist es jemandem verboten, selbst wenn er keine Hoffnung auf Gnade hätte, aus Mitleid seine Ketten zu heben, um ihn von diesem Gewicht zu erleichtern? Wenn jemand unter einer unheilbaren Krankheit leidet, ohne Hoffnung auf Heilung, sollen wir ihn ohne Trost allein lassen? Denkt daran, dass sich unter den Verurteilten ein liebender Mensch befinden kann, der ein Freund, vielleicht auch ein Vater, eine Mutter oder ein Kind ist. Könntet ihr, da für diesen nahe stehenden Menschen, nach euerer Auffassung, keine Gnade mehr zu erwarten ist, ihm ein Glas Wasser verweigern, um seinen Durst zu löschen? Oder würdet ihr ihm eine Salbe, um seine Wunden zu heilen, verweigern? Würdet ihr es für ihn nicht genauso tun, wie für einen Gefangenen? Werdet ihr keinerlei Beweis euerer Liebe oder eueres Trostes geben? Nein, das wäre nicht christlich. Das wäre ein Glaube, der das Herz verhärtet, der sich nicht mit dem Glauben eines Gottes vereinbaren lässt, Der die Nächstenliebe an die erste Stelle unter den Pflichten stellt.

Wenn wir die ewigen Strafen ablehnen, bedeutet dies die Verneinung vorübergehender Prüfungen nicht. Gott, in Seiner Gerechtigkeit, würde das Gute und das Böse nicht verstellen. In diesem Fall, wenn die Wirkung des Gebetes verneint wird, wäre die Wirkung des Trostes, der Ermutigung und des guten Rates genauso zu verneinen. Es wäre die Kraft zu verneinen, die wir aus der moralischen Hilfe von denjenigen bekommen würden, die uns lieb haben.

20. Andere Menschen argumentieren aus einem noch besonderen Grund heraus: die Unwandelbarkeit von Gottes Urteilen.[108] Sie sagen: Gott kann nicht seine Entscheidungen nach den Bitten der Menschen verändern, sonst hätte nichts auf der Erde dauerhaft Bestand. Aus diesem Grund hat der Mensch von Gott nichts zu verlangen, er hat nur Gott zu folgen und Ihn anzubeten.

Es handelt sich hier um eine irrtümliche Auslegung der Unwandelbarkeit des göttlichen Gesetzes, besser gesagt, die Unkenntnis des Gesetzes, was die zukünftige Bestrafung betrifft. Dieses Gesetz wird durch die Geister des Herrn zu der jetzigen Zeit offenbart, da der Mensch schon reif ist zu verstehen, was im Glauben, der göttlichen Eigenschaften angemessen ist oder nicht.

Nach dem Dogma der absoluten Ewigkeit der Strafen werden dem Schuldigen keine Gewissensbisse und keine Reue angerechnet. Für ihn sind dann alle Absichten, sich zu bessern, unnütz: Er ist für immer und ewig zum Bösen verdammt. Und wenn er nur für auf Zeit verurteilt wurde, hebt sich dann die Strafe nach dieser Zeit auf. Wer kann dann aber behaupten, dass er bessere Gefühle danach haben wird? Wer wird voraussagen, dass seine Handlungen nicht genauso boshaft sein werden, wie die früheren zahlreichen Beispiele von Sträflingen auf der Erde, als sie aus dem Gefängnis entlassen wurden? In dem ersten Fall würde man in dem Schmerz der Strafe, einen Menschen belassen, der auf den richtigen Weg zurückgekehrt ist. In dem zweiten Fall würde derjenige belohnt werden, der noch schuldig ist. Das Gesetz Gottes ist bedachter als dieses. Es ist immer folgerichtig, gerecht und barmherzig, und bestimmt keine Strafdauer, welche Strafe auch immer sei. Es lässt sich so sich zusammenfassen:

---

[108] Siehe Seite 192; (Anmerkung des Herausgebers)

21: „Der Mensch trägt immer die Konsequenz seiner Fehler. Es gibt keine Übertretung der Gottesgesetze, die ohne die entsprechende Bestrafung bleibt.

Die Härte der Strafe entspricht der Schwere des Fehlers.

Die Strafdauer ist für jeglichen Fehler unbestimmt, und hängt von der Reue des Schuldners und seiner Rückkehr zum Guten ab. Die Strafe dauert so lange, wie die Hartnäckigkeit im Schlechten existiert, sie würde ewig sein, wenn die Hartnäckigkeit ewig wäre; sie ist von kurzer Dauer, wenn die Reue da ist.

Sobald der Schuldige um Erbarmen bittet, erhört Gott ihn und schenkt ihm Hoffnung. Aber die einfache Reue genügt nicht, weil die Wiedergutmachung notwendig ist. Deswegen wird der Schuldige unter neue Prüfungen gestellt, unter denen er mit seiner Willensfreiheit das Gute tun kann, um seine üblen Taten wieder gutzumachen.

Der Mensch ist also ständig der Richter seines eigenen Schicksals. Er kann seine Leiden verkürzen oder sie für eine unbestimmte Zeit verlängern. Sein Glück oder sein Unglück hängen von seinem Willen ab, das Gute zu tun."

So ist das Gesetz, ein *unveränderliches* Gesetz, gemäß Gottes Güte und Gerechtigkeit.

Der schuldige und unglückliche Geist kann sich somit immer selbst retten: Das Gesetz Gottes sagt ihm, unter welchen Bedingungen er handeln kann. Oft fehlen ihm der Wille, die Kraft und der Mut. Wenn wir mit unseren Gebeten ihn zu diesem Willen inspirieren, wenn wir ihn unterstützen und ermutigen, wenn wir ihm mit unseren Ratschlägen das fehlende Licht geben, *statt Gott anzuflehen, Er soll das Gesetz aufheben, werden wir Werkzeuge Gottes sein, um andere Gesetze Gottes zu verwirklichen: das Gesetz der Liebe und der Nächstenliebe.* Während Er auf dieser Weise uns mitzuwirken erlaubt, können wir damit selbst den Beweis unserer Nächstenliebe darbieten. (siehe „Der Himmel und die Hölle", Teil I, Kap. IV, VII und VIII)

UNTERWEISUNGEN DER GEISTIGEN WELT
ART DES GEBETES

22. Die erste Pflicht des menschlichen Wesens, die erste Tat, welche die Rückkehr des Menschen in den Alltag kennzeichnen soll, ist das Gebet. Fast jeder von euch vermag zu beten, aber wie wenige von euch wissen, wie man wirklich betet! Was bedeuten für Gott eure Sätze, die ihr aneinander reiht und daraus eine Gewohnheit und eine zu erfüllende Pflicht macht, die euch wie alle anderen Pflichten belasten.

Das Gebet des Christen, des *Spiritisten* oder welcher Glaubensgemeinschaft man auch immer angehört, soll verrichtet werden, sobald das Geistwesen zu seinem Leibe zurückkehrt. Es soll zu Füßen der göttlichen Majestät mit Demut und Tiefe erhoben werden, voller Dankbarkeit für all die Güte, die ihm bis dahin erwiesen wurde. Und für die vergangene Nacht, in der ihm erlaubt wurde, zu seinen Freunden, zu seinen Schutzgeistern zurückzukehren, um durch ihren Kontakt mehr Kraft und Beharrlichkeit zu bekommen, obwohl ihm das alles unbewusst erscheint. Das Gebet soll demütig zu Füßen Gottes gelegt werden, um Ihm die eigene Schwäche darzulegen, um Seinen Schutz, seine Nachsicht und seine Barmherzigkeit zu erbitten. Es muss Tiefe haben, weil es eure Seele ist, die sich zum Schöpfer erhebt, die sich verwandeln soll, wie bei der Verklärung Jesu auf dem „Tabor[109]". Auf dass sie glänzend und strahlend vor Hoffnung und Liebe bei Ihm ankommen möge.

Eure Fürbitte soll um die Gabe ausgesprochen werden, die ihr in wahrer Not benötigt. Es ist daher zwecklos, Gott darum zu bitten, eure Prüfungen zu verkürzen, Freude und Reichtum zu bekommen. Statt dessen bittet Ihn euch die kostbarsten Güter der Geduld, der Resignation und des Glaubens zu geben. Sagt nicht, was viele von euch tun: „Es lohnt sich nicht zu beten, denn Gott wird mich nicht erhören." Um was bittet ihr Gott am meisten? Habt ihr Ihn schon um eure moralische Verbesserung gebeten? Oh, sehr oft. Ihr denkt vor allem, um den Erfolg euerer irdischen Unternehmungen zu bitten und sagt oft: „Gott kümmert sich nicht um uns, wenn er sich um uns kümmern würde, gäbe es keine Ungerechtigkeiten." Unvernünftige und Undankbare! Wenn ihr in die Tiefe eueres Gewissens eindringen

---

[109] Berg in Galiläa, Israel, auf dem die Verklärung Christi geschah (Matthäus 17, 1-5, Markus 9, 2 und Lukas 9, 28) und wo die Propheten Moses und Elias erschienen sind;
(Anmerkung des Herausgebers)

könntet, würdet ihr fast immer in euch selbst den Ausgangspunkt euerer jammernden Leiden finden. Bittet vor allem um eure Besserung und ihr werdet sehen, welch eine Strömung von Gnaden und Trost über euch kommen werde. (siehe Kap. V, Abs. 4, S. 89)

Betet ohne Unterlass, ohne dass ihr euch in eine Kammer zurückzieht oder an den öffentlichen Plätzen niederkniet. Das tägliche Gebet ist die ausnahmslose Erfüllung euerer Pflichten, worin diese auch immer bestehen. Ist es nicht eine Tat der Liebe zu Gott, eueren Brüdern in moralischer oder physischer Not zu helfen? Ist es nicht eine Tat der Anerkennung, eure Gedanken zu Ihm zu erheben, wenn ihr Freude spürt, wenn ein Unfall verhindert wurde, wenn eine Unannehmlichkeit - auch wenn nur eine kleine - in eurer Seele nicht hoch kommt und ihr laut sagen könnt: *„Gesegnet bist Du mein Vater!"*? Ist es nicht eine Reuetat, euch vor Dem allerhöchsten Richter zu demütigen, wenn ihr merkt, dass ihr einen Fehler begangen habt, selbst nur aufgrund eines flüchtigen Gedankens, ihr euch an Ihn wendet und sagt: *„Vergebe mir mein Gott, denn ich habe (durch Stolz, Egoismus oder fehlende Nächstenliebe) gefehlt. Gib mir die Kraft, um nicht mehr zu fehlen und den Mut, um meine Fehler wieder gutzumachen!"* ?

Das ist von dem gewöhnlichen Morgen-, Abend- oder Dankgebet unabhängig. Wie ihr aber seht, kann das Gebet zu jeder Zeit gemacht werden, ohne dass eure Arbeit unterbrochen wird. Wenn man das tut, wird das Gebet die Arbeit andererseits segnen. Seid bewusst, dass ein einziger dieser Gedanken, wenn er vom Herzen kommt, er durch eueren himmlischen Vater erhört mehr wird, als die langen durch Gewohnheit diktierten Fürbitten. Sie werden oft ohne einen bestimmten Grund daher gesagt und zu einer bestimmten Zeit mechanisch angestoßen.

(V. Monod, Bordeaux, 1862)

GLÜCKSELIGKEIT DURCH DAS GEBET

23. Kommt ihr, die ihr glauben möchtet. Die himmlischen Geister eilen, um euch große Gegebenheiten zu verkünden! Gott, meine Kinder, öffnet Seine Schätze, um an euch all Seiner Güte zu verteilen. Ungläubige Menschen! Wenn ihr wüsstet, wie der Glaube dem Herzen gut tut und die Seele zur Reue und zum Gebet führt! Das Gebet! Ah, wie rührend sind die Worte aus dem Munde, der betet! Denn das Gebet ist das himmlische

Tauwasser, das die größte Hitze der Leidenschaften mildert. Das Gebet ist der erste Erbe des Glaubens und führt uns auf den Weg zu Gott. In der geistigen Sammlung und in der Stille seid ihr mit Gott. Und es wird für euch keine Mysterien mehr geben. Denn sie offenbaren sich euch. Apostel der Gedanken, das wahre Leben öffnet sich für euch! Eure Seele befreit sich von dem Stoff und erhebt sich zu den unendlichen und ätherischen Welten, welche die arme Menschheit nicht kennt.

Schreitet fort, so schreitet ihr auf dem Wege des Gebetes fort und ihr werdet Engelstimme hören. Was für eine Harmonie! Es sind nicht mehr die verwirrten Geräusche und die schrillen Töne der Erde. Es sind die Leier der Erzengel, die liebenswürdige und sanfte Stimme der Seraphim, leichter als die morgendliche Brise, wenn sie mit dem Laub in eueren Wäldern spielen. Alle nur erdenklichen Wonnen werdet ihr erleben! Eure Sprache wird diese Glückseligkeit nicht ausdrücken können, so schnell sie euch in alle Poren eindringen wird, so sehr lebendig und erfrischend die Quelle ist, aus der ihr trinkt, wenn ihr betet. Sanfte Stimmen, berauschende Düfte, welche die Seele hört und genießt, wenn sie sich zu diesen unbekannten und vom Gebet bewohnten Sphären begibt! Ohne die fleischlichen Begierden ist alles Streben göttlich. Ihr auch, betet wie Christus, des Kreuzes zum Golgatha, der Kalvarienberg tragend. Tragt euer Kreuz und ihr werdet die besänftigenden Gefühle spüren, die in seiner Seele waren, trotz der Last des entehrenden Balkens. Er ging zum Sterben, aber um das himmlische Leben in der Wohnung seines Vaters zu leben.

(Hl. Augustinus, Paris, 1861)

KAPITEL XXVIII -
SAMMLUNG SPIRITISTISCHER GEBETE

PRÄAMBEL

1. Die Geister sagen immer: „Die Form ist nicht wichtig, der Gedanke ist alles. Betet deswegen, jeder von euch, nach seiner Überzeugung und in der Art und Weise, die ihm am meisten berühren. Denn ein guter Gedanke ist mehr wert als zahlreiche Worte, die nicht vom Herzen kommen."

Die Geister schreiben keine absolute Formel des Gebetes vor. Wenn sie uns Gebete vorschlagen, haben diese den Zweck, unsere Ideen auf ein klares Ziel auszurichten und vor allem, die Aufmerksamkeit auf bestimmte Prinzipien der Spiritistischen Lehre zu richten. Ein weiteres Ziel von diesen ist den Menschen zu helfen, die Schwierigkeit haben, ihre Ideen zum Ausdruck zu bringen; denn sie glauben, nicht wirklich gebetet zu haben, wenn sie ihre Gedanken nicht richtig zum Ausdruck gebracht haben.

Die Sammlung der Gebete in diesem Kapitel ist eine Auswahl von denen, welche die Geister unter unterschiedlichen Umständen diktiert haben. Sie haben sicherlich auch andere Gebete diktiert, mit anderen Ausdrucksweisen, die zu bestimmten Ideen oder zu besonderen Fällen passen. Aber die Form ist nicht wichtig, insofern der grundlegende Gedanke derselbe ist. Denn die Absicht des Gebetes ist, unsere Seele zu Gott zu erheben. Die Mannigfaltigkeit der Formel soll keinen Unterschied zwischen denjenigen zeichnen, die an Gott glauben und noch weniger zwischen den Bekennenden des Spiritismus, da Gott alle aufrichtigen Gebete annimmt.

Diese Sammlung soll daher nicht als ein einziges und absolutes Gebetsbuch betrachtet werden. Sie stellt eine Variante der Unterweisungen der Geister dar. Sie ist daher als ein Anwendungsbeispiel der Prinzipien der moralischen Lehre des Evangeliums zu betrachten, die in diesem Buch behandelt werden; als eine Ergänzung der Lehre der Geister anzunehmen, die sich auf die Pflichten gegenüber Gott und gegenüber unserem Nächsten beziehen. Deswegen wird man hier alle Prinzipien der Spiritistischen Lehre wieder erkennen.

Der Spiritismus erkennt die Gebete aller Religionen als gut an, vorausgesetzt sie werden mit dem Herzen und nicht nur mit den Lippen gesprochen. Er zwingt niemanden zu einem bestimmten Gebet, noch beanstandet er irgendein anderes. Gott ist, laut der Spiritistischen Lehre, so erhaben, dass Er eine Stimme nicht ablehnen würde, die Ihn anfleht oder lobpreist, weil das Gebet in der einen oder anderen Weise gemacht wird. *Wer auch immer Gebete nicht annehmen würde, die in seinem Gebetsbuch nicht stehen, beweist, dass er die Größe Gottes nicht kennt.* Der Glaube, dass Gott sich an einer Formel festhält, bedeutet Ihm die Kleinheit und die Leidenschaften des Menschen zu verleihen.

Nach der Auffassung des Heiligen Paulus ist eine der wesentlichen Bedingungen des Gebetes verständlich zu sein, damit es unseren Geist erreichen kann. (siehe Kap. XXVII, Abs. 16, S. 352) Dafür reicht es nicht, dass das Gebet in einer von dem Betenden bekannten Sprache gesprochen wird. Es gibt Gebete, die, selbst in einer alltäglichen Sprache, dem Gedanken nichts mehr als die in einer uns fremden Sprache gesprochen, sagen. Sie berühren deswegen das Herz nicht. Die raren Ideen, die in diesen Gebeten vorkommen, werden oft durch Wortfülle und durch sprachlichen Mystizismus erstickt.

Das Gebet muss in seinen wesentlichen Eigenschaften klar, einfach, kurz fassend, ohne unnötige Sätze und viele Namen, die nicht mehr als luxuriöser Schmuck sind, sein. Jedes Wort muss seine eigene Reichweite haben, eine Idee ausdrücken und die Seele tief berühren. Das Gebet *muss, in einem Wort, zu einer Reflexion führen.* Nur unter dieser Bedingung kann das Gebet sein Ziel erreichen, andererseits *ist es nur Palaver.* Man bemerkt jedoch, wie das Gebet meistens zerstreut und unbeständig ausgesprochen wird. Man sieht bewegende Lippen aber durch den Gesichtsausdruck und selbst durch den Klang der Stimme erkennt man eine reine mechanische und äußerliche Handlung, an der die Seele nicht teilnimmt.

Die zusammengestellten Gebete in dieser Sammlung sind in fünf Kategorien eingeteilt: I - Allgemeine Gebete, II - Gebete für sich selbst, III - Fürbitten für die Nächsten, IV - Fürbitten für die Geister und V- Fürbitten für die Kranken und die Besessenen.

Mit der Absicht, ein besonderes Augenmerk auf das Ziel jedes Gebetes zu richten und seine Bedeutung zu einem besseren Verständnis zu bringen, werden alle Gebete von einer Einführung eingeleitet. Das vermag eine Art Darstellung der Gründe für das Gebet unter dem Titel „EINFÜHRUNG" zu sein.

I - ALLGEMEINE GEBETE
DAS VATERUNSER

2. EINFÜHRUNG - Die Geister empfehlen *das Vaterunser* am Anfang dieser Sammlung nicht nur als Gebet zu setzen, sondern auch als ein Symbol. Von allen Gebeten ist das Vaterunser dasjenige, welches die Geister an erster Stelle vorbringen würden, sei es, weil es von Jesus selbst kam[110] oder, weil es alle anderen Gebete, je nach dem Gedanken, den man mit ihm verbindet, ersetzen kann. Es ist das vollkommenste Vorbild in seiner Knappheit, ein wahrhaft erhabenes Meisterwerk in seiner Einfachheit. Es fasst in der Tat alle Pflichten der Menschen gegenüber Gott, gegenüber sich selbst und gegenüber dem Nächsten zusammen. Es beinhaltet auch ein Glaubensbekenntnis, eine Tat der Verehrung und der Ergebenheit, die Bitten der notwendigen Sachen zum Leben und das Prinzip der Nächstenliebe. Das Vaterunser für jemanden zu beten, ist für ihn das zu erbitten, was man für sich selbst erbitten würde.

Sein tieferer Sinn, infolge seiner kurzen Fassung selbst, entfällt allerdings der Mehrheit der Menschen. Deswegen spricht man es, im Allgemeinen, ohne die Gedanken auf die Anwendung von jedem einzelnen Satz zu richten. Es wird wie eine Formel gebetet, deren Wirksamkeit der Zahl entspricht, wie oft es wiederholt wird. Diese Wiederholungszahl ist fast immer eine der kabbalistischen Zahlen, wie z. B.: die drei, die sieben oder die neun, die aus dem Aberglauben der Kraft der Zahlen stammen und die in der Magie benutzt werden.

Um die Verständnislücken, die dieses Gebet in seiner Knappheit in unserem Verstand hinterlässt, zu füllen, haben wir mit Hilfe und Ratschläge der gütigen Geister zu jedem Satz ein Kommentar hinzugefügt, das den Sinn erörtert und seine Anwendungen aufzeigt. Je nach den Umständen und der verfügbaren Zeit kann man das *„einfache"* oder das *„erweiterte"* Vaterunser beten.

3. GEBET - *I. Unser Vater im Himmel! Dein Name werde geheiligt.*

Wir glauben an Dich, Herr, denn alles zeigt Deine Macht und Deine Güte. Die Harmonie des Universums zeigt eine Weisheit, eine Umsicht und eine

---

[110] Siehe Matthäus Kap. VI, 9-13;

Vorsorge, die alle menschlichen Fähigkeiten übersteigt. Der Name eines großen, erhabenen und weisen Wesens ist in allen Werken der Schöpfung eingeschrieben, von dem Grashalm und dem kleinsten Insekt bis hin zu den Gestirnen im Weltall. Überall sehen wir einen Beweis der väterlichen Sorge. Deswegen ist derjenige blind, der Dich an Deinen Werken nicht erkennt, stolz derjenige, der Dich nicht preist und undankbar, wer Dir nicht Dank erweist.

II. Dein Reich komme.

Herr, Du gabst den Menschen Gesetze voller Weisheit, die sie glücklich machen würden, wenn sie diese befolgen würden. Mit diesen Gesetzen würden unter ihnen Frieden und Gerechtigkeit herrschen. Die Menschen würden sich gegenseitig helfen, anstatt sich gegenseitig zu schaden, wie sie es tun. Der Starke würde den Schwachen tragen, statt ihn niederzutreten. Sie würden die Übel vermeiden, die Missbrauch und Übertreibung aller Art verursachen. Alles Elend dieser Welt ist auf die Verstöße zurückzuführen, die gegen Deine Gesetze ausgeübt wurden. Denn es gibt keine Gesetzesübertretung, die fatale Wirkungen mit sich nicht trägt.

Du gabst dem Tier den Instinkt, der ihm die Grenzen des Notwendigen zeigt, mit dem er sich auf natürlicher Weise zufrieden gibt. Dem Menschen gabst Du aber über den Instinkt hinaus die Intelligenz und die Vernunft. Du gabst ihm auch die Freiheit, Deine Gesetze zu befolgen oder diese überzutreten, die dem Menschen persönlich betreffen. Das heißt, die Fähigkeit zwischen dem Guten und dem Unguten zu wählen, damit er den Verdienst und die Verantwortung seiner Taten erhält.

Niemand kann die Unwissenheit über Deine Gesetze als Ausrede haben. In Deiner väterlichen Vorsorge ließt Du sie im Gewissen jedes Einzelnen von ihnen ohne Unterschied von Kultur oder von Nation eingezeichnet. Übertritt der Mensch diese, so verkennt er sie.

Gemäß Deiner Verheißung wird der Tag kommen, an dem alle Menschen sie ausüben werden, dann wird der Unglaube verschwinden. Alle werden Dich als den erhabenen Herrn aller Dinge erkennen und das Überwiegen Deiner Gesetze wird Dein Reich auf der Erde begründen.

Mögest Du, Herr, dieses Eintreffen beschleunigen, in dem Du den Menschen das notwendige Licht gibst, das sie auf den Weg der Wahrheit führt!

III. Dein Wille geschehe wie im Himmel, so auf der Erden.
Wenn die Fügsamkeit eine Pflicht von dem Sohn gegenüber dem Vater, von dem Untergebenen gegenüber dem Vorgesetzten ist, wie groß muss noch die Pflicht von dem Wesen gegenüber seinem Schöpfer sein! Deinen Willen zu tun, Herr, bedeutet Deine Gesetze zu erfüllen und sich ohne Klage gegenüber Deiner göttlichen Gesetzesordnung zu ergeben. Der Mensch wird sich diesen fügen, sobald er verstanden hat, dass Du, Gott, die Quelle aller Weisheit bist und dass er ohne Dich nichts kann. Dann wird er Deinen Willen auf der Erde tun, wie die Auserwählten es im Himmel tun.

IV. Unser tägliches Brot gib uns heute.
Gib uns die notwendige Nahrung für die Erhaltung der körperlichen Kräfte. Gib uns aber auch die geistige Nahrung für die Entwicklung unseres Geistes.
Das Tier findet seine Nahrung in der Natur, aber der Mensch bekommt sie durch seine eigene Arbeit und durch die Mittel seiner Intelligenz, denn Du hast ihn als freies Wesen geschaffen.
Du hast ihm gesagt: „Im Schweiße deines Angesichts sollst du dein Brot essen."[111] Herr, Du hast in dieser Weise die Arbeit für den Menschen als eine Pflicht geschaffen, damit er seine Intelligenz auf der Suche der Mittel zur Versorgung seiner Bedürfnisse und zu seinem Wohlbefinden anwendet: die Einen durch die materielle Arbeit, die anderen durch die intellektuelle Arbeit. Ohne die Arbeit würde er nicht vorankommen und könnte die Glückseligkeit der erhabenen Geister nicht erreichen.
Du hilfst dem Menschen guten Willens, der sich Dir anvertraut und gibst ihm das Notwendige. Dieselbe Hilfe gibst Du aber demjenigen nicht, der sich in einem Müßiggang wohl fühlt und alles ohne Mühe haben will, und auch demjenigen nicht, der den Überfluss sucht. (siehe Kap. XXV)
Wie viele Menschen gibt es, die durch ihre eigene Schuld, ihre eigenen Fehler, ihre Nachlässigkeit, ihren Leichtsinn oder ihre Habsucht

---

[111] 1 Mose (Genesis) III, 19; (Anmerkung des Herausgebers)

untergehen, weil sie auch nicht mit dem zufrieden waren, was Du ihnen gegeben hast! Diese sind die Urheber ihres eigenen Unglücks und haben wenig Recht, sich zu beklagen, weil sie mit dem bestraft werden, was sie gefehlt haben. Aber Du verlässt auch diese nicht, denn Du bist unendlich barmherzig. Du reichst ihnen die Hand, sofern sie - wie der verlorene Sohn - mit aufrichtigem Herzen zu Dir zurückkehren. (siehe Kap. V, Abs. 4, S. 89)

Bevor wir uns über unser Schicksal beklagen, sollten wir uns nun selbst fragen, ob das nicht unser eigenes Werk sei. Bei jedem Unglück, das uns widerfährt, sollen wir uns fragen, ob es nicht von uns abhing, es zu vermeiden. Wir sollten auch beachten, dass Gott uns die Vernunftbegabung gegeben hat, um aus dem Sumpf herauszukommen. Und es hängt nur von uns ab, diese richtig anzuwenden.

Der Mensch auf der Erde ist dem Gesetz der Arbeit untergeordnet, gib uns daher den Mut und die Kraft, dieses zu erfüllen. Gib uns außerdem die Umsicht, die Vorsorge und die Mäßigung, damit wir dessen Früchte nicht verlieren.

Gib uns nun, Herr, unser tägliches Brot, nämlich die Mittel, durch die Arbeit die lebensnotwendigen Sachen zu erwerben, denn niemand hat das Recht, das Überflüssige zu fordern.

Wenn wir dennoch nicht arbeiten können, vertrauen wir auf Deine göttliche Vorsehung.

Wenn Dein Plan vorsieht, uns trotz unserer Bemühung durch die härtesten Entbehrungen auf die Probe zu stellen, nehmen wir sie als eine gerechte Abbüßung unserer Fehler an, die wir in diesem oder in einem vergangenen Leben begangen haben könnten. Denn Du bist gerecht. Und wir wissen, dass es kein unverdientes Leid gibt, und dass Du nie ohne Grund eine Bestrafung zulässt.

Gott, behüte uns, Neid gegen diejenigen zu empfinden, die das besitzen, was wir nicht haben, auch nicht neidisch auf diejenigen sein, die im Überfluss leben, selbst wenn uns das Notwendigste fehlt. Vergib ihnen, wenn sie das Gesetz der Barmherzigkeit und der Nächstenliebe vergessen, dass Du sie gelehrt hast. (siehe Kap. XVI, Abs. 8, S. 244)

Entferne auch von unserem Geist den Gedanken, Deine Gerechtigkeit zu verneinen, wenn wir den Wohlstand der ungerechten Menschen sehen und das Unglück, das manchmal den Gerechten unterjocht. Wir wissen

jetzt, dank der uns von Dir neu gegebenen Lichter, dass Deine Gerechtigkeit sich immer erfüllt und allen Menschen zusteht. Wir wissen auch, dass das materielle Glück des ungerechten Menschen wie seine körperliche Existenz nur vorübergehend ist und er schreckliche Rückschläge haben wird. Dagegen wird die Freude desjenigen, der resigniert leidet, ewig sein.
(siehe Kap. V, Abs. 7, 9, 12 und 18)

V. Und vergib uns unsere Schuld, wie auch wir vergeben unsern Schuldigern.
Jede unserer Übertretungen gegen Deine Gesetze, Herr, ist eine Unehrerbietigkeit Dir gegenüber. Sie ist eine aufgenommene Last, die wir früher oder später verantworten müssen. Wir bitten Dich in Deiner unendlichen Barmherzigkeit um Verzeihung. Dabei versprechen wir, dass wir uns bemühen werden, keine neuen Laster auf uns zu laden.
Du hast die Nächstenliebe als ein ausdrückliches Gesetz für uns erlassen. Diese Nächstenliebe besteht dennoch nicht nur darin, den Nächsten in seiner Not zu helfen, sondern auch in dem Vergessen und in der Verzeihung von jedem Affront. Mit welchem Recht würden wir Deine Milde erflehen, wenn wir sie selbst nicht gegenüber denjenigen anwenden, über die wir uns beklagen?
Gib uns die Kraft, mein Gott, in unserer Seele jede Empfindlichkeit, jeden Hass und jeden Groll zu löschen. *Erlaube uns, dass der Tod uns nicht mit einem Wunsch nach Rache im Herzen überrascht.* Sondern bewirke, dass, wenn Du uns heute noch von dieser Welt rufen möchtest, wir vollkommen rein von allem Argwohn vor Dir erscheinen können, nach dem Vorbild Christi, dessen letzte Worte er für seine Henker gesprochen hat. (siehe Kap. X)
Die Verfolgungen durch böswillige Menschen gehören zu unseren irdischen Prüfungen. Wir sollen sie ohne Jammern annehmen, wie alle anderen Prüfungen. Wir sollen auch nicht diejenigen verfluchen, die gegen uns boshaft sind. Denn sie öffnen uns vielmehr den Weg zu ewiger Glückseligkeit. Du hast uns durch Jesus gesagt: „Selig sind, die um der Gerechtigkeit willen verfolgt werden; denn ihrer ist das Himmelreich."[112]
Gesegnet seien daher die Hände, die uns verletzten und demütigten, zumal die Wunde des Körpers unsere Seele stärkt und wir aufgrund unserer Demut erhöht werden. (siehe Kap. XII, Abs. 4, S. 184)

---

[112] Matthäus V, 10; (Anmerkung des Herausgebers)

Gesegnet sei Dein Name, Herr, denn Du hast uns gelehrt, dass unser Schicksal nicht unausweichlich nach dem Tode festgelegt ist. Du hast uns gelehrt, dass wir in anderen Existenzen die Möglichkeit haben werden, unsere begangenen Fehler sowohl zu sühnen, als auch wieder gutzumachen; dass wir all das erfüllen können, was wir in diesem Leben für unseren Fortschritt nicht erreichen konnten. (siehe Kap. IV und Kap. V, Abs. 5, S. 90)

So erklären sich alle scheinbaren Regelwidrigkeiten des Lebens. So wird ein Licht über unsere Vergangenheit und unsere Zukunft geworfen. Das ist ein eindeutiges Zeichen Deiner allmächtigen Gerechtigkeit und Deiner unendlichen Güte.

VI. Und führe uns nicht in Versuchung, sondern erlöse uns von dem Übel.[113]

Gib uns, Herr, die Kraft, den Einflüsterungen der boshaften Geister zu widerstehen, die uns von dem guten Wege abzulenken versuchen, indem sie uns niederträchtige Gedanken einflößen.

Wir sind aber selbst unvollkommene Geister, die auf der Erde inkarniert sind, um unsere Fehler abzubüßen und um uns zu bessern. So ist die erste Ursache des Übels in uns selbst und die böswilligen Geister tun nichts anderes als unsere fehlerhaften Tendenzen auszunutzen, in dem sie diese in uns wachrufen.

Jede Unvollkommenheit ist eine offene Tür für ihren Einfluss, während sie jegliches Unternehmen gegen die vollkommenen Wesen aufgeben, da sie ihnen nichts anhaben können. Alles, was wir um sie zu entfernen tun, ist umsonst, wenn wir ihnen keinen starken und unerschütterlichen Willen, das Gute zu tun und keinen völligen Verzicht auf das Ungute, entgegenbringen. Es ist gegen uns selbst, dass wir mit unserer Willenskraft

---

[113] Bei einigen Übersetzungen *(wie hier die lutherische Übersetzung auch)* steht „...führe uns nicht in Versuchung." („et ne nos inducas in tentationem") Diese Äußerung erweckt den Eindruck, als ob die Versuchung von Gott stammen würde, als ob Er die Menschen willkürlich zum Bösen treibt. Es ist offensichtlich ein gottesunwürdiger Gedanke, der Gott einem „Satan" ähneln würde, so dass das nicht der Sinn des Satzes von Jesus sein kann. Dieser Satz steht, im Übrigen, in Übereinstimmung mit der gewöhnlichen Lehre über die Rolle der Dämonen. (siehe „Der Himmel und die Hölle", Kap. X, Die Dämonen)
- Anmerkung des deutschen Übersetzers: Im französischen Original « Ne nous abandonnez point à la tentation, mais délivrez-nous du mal. » lautet im Deutschen „Überlasse uns nicht der Versuchung, sondern erlöse uns von dem Übel.";

ankämpfen sollen und dann werden die böswilligen Geister sich von uns auf natürlicher Weise entfernen. Denn die niederen Eigenschaften ziehen sie an, während das Gute sie zurückstößt. (siehe weitere Gebete für die Besessenen, S. 410)

Herr, stütze uns bei unseren Schwächen, inspiriere uns durch die Stimme unseres Schutzengels und der guten Geister zu dem Wunsch, uns zu vervollkommnen, damit wir für die unreinen Geister den Zugang zu unserer Seele verschließen. (siehe Abs. 11. S. 373)

Das Übel ist nicht dein Werk, Herr, denn die Quelle aller Güte kann kein Übel hervorbringen. Wir selbst schaffen es, indem wir Deine Gesetze übertreten und durch die falsche Anwendung der von Dir uns gegebenen Freiheit. Wenn die Menschheit aber Deine Gesetze befolgt, wird das Übel von der Erde verschwinden, wie es aus den weiterentwickelten Welten schon verschwunden ist.

Das Übel ist ferner keine verhängnisvolle Notwendigkeit für die Menschen. Es scheint nur unwiderstehlich für diejenigen, die sich bei ihm wohl fühlen. Wenn wir aber den Wunsch haben, Ungutes zu tun, sind wir auch in der Lage zu wünschen, das Gute zu tun. Deswegen bitten wir um Deinen Beistand, o mein Gott, und um den der guten Geister, damit wir den Verlockungen widerstehen.

VII. Amen.[114]

Dies sei Dein Wille, Herr, dass unsere Wünsche geschehen! Wir beugen uns vor Deiner unendlichen Weisheit. Möge alles uns nicht Verständliches nach Deinem göttlichen Willen geschehen und nicht nach unserem, denn Du willst nur unser Gutes und weißt es besser als wir, was für uns gut ist.

Wir richten an Dich dieses Gebet, o Gott, für uns selbst und auch für alle leidenden Seelen, inkarniert oder nichtinkarniert; für unsere Freunde und für unsere Feinde; für alle, die unsere Hilfe erhoffen und insbesondere für N. N.[115]

---

[114] Der Abschluss des Gebetes: „Denn dein ist das Reich und die Kraft und die Herrlichkeit in Ewigkeit. Amen." findet sich schon in einer Gemeindeordnung vom Anfang des 2. Jahrhunderts, wird aber in den neutestamentlichen Handschriften erst später bezeugt; (Anmerkung des Herausgebers anhand der lutherischen Originalübersetzung)

[115] Abkürzung für „Nomen Nominandum" - lateinischer Ursprung, heißt übersetzt "Name ist noch zu nennen."; (Anmerkung des Übersetzers)

Wir bitten für alle Menschen um Deine Barmherzigkeit und um Deinen Segen.

Anmerkung: Man kann hier Gott danken und für sich oder für andere bitten. (weitere ähnliche Gebete in Abs. 26 und 27, In Momenten von Kummer, S. 380)

Spiritistische Sitzungen

4. Denn wo zwei oder drei versammelt sind in meinem Namen, da bin ich mitten unter ihnen. (Matthäus XVIII, 20)

5. EINFÜHRUNG - Im Namen Christus zwei, drei oder mehr Personen versammelt zu sein, bedeutet nicht nur sich zu treffen, sondern auch sich geistig durch gemeinsame Absichten und Gedanken zum Guten zu vereinen. So wird Jesus selbst oder die reinen Geister, die ihn vertreten, in der Versammlung anwesend sein. Der Spiritismus macht uns verständlich, wie die Geister unter uns sein können. Sie sind mit ihrem fluidalen oder geistigen Körper anwesend und mit dem Aussehen, durch das wir sie erkennen könnten, wenn sie sich sichtbar machen würden. Je höher sie in der geistigen Stufenleiter sind, desto größer ist in ihnen die Reichweite ihrer Ausstrahlung. Sie besitzen dann die Fähigkeit der Allgegenwart und können sich gleichzeitig an mehreren Orten befinden. Dafür reicht es, dass einen einzigen Gedankenstrahl von ihnen an jeden dieser Orte zu senden.

Mit diesen Worten wollte Jesus die Wirkung der Einigkeit und der Brüderlichkeit aufzeigen. Es ist nicht die Anzahl der Menschen, die ihn anzieht, er hätte sonst statt zwei oder drei Menschen, vielleicht zehn oder zwanzig gesagt. Entscheidend dafür ist das Gefühl der Nächstenliebe, die sie gegenseitig dazu bewegen und dafür reichen natürlich zwei Personen. Wenn aber diese zwei Menschen für sich allein beten, selbst wenn sie sich an Jesus wenden, gibt es zwischen ihnen keine Gedankenverbundenheit, vor allem wenn sie nicht von einem Gefühl des gegenseitigen Wohlwollens bewegt sind. Falls Hass, Neid oder Eifersucht unter den Zweien herrscht, anstatt sich durch einen gemeinsamen Impuls von Sympathie zu vereinigen, stoßen sich die fluidalen Ketten ihrer Gedanken zurück. *In diesem Fall sind sie nicht im Namen Jesu versammelt.* Er ist in dem

Fall nur ein *Vorwand* der Sitzung und nicht ihr wahrer Beweggrund.
(siehe Kap. XXVII, Abs. 9, S. 347)

Das bedeutet nicht, dass Jesus die Stimme einer einzelnen Person nicht höre. Und wenn er nicht gesagt hat „Ich komme zu jedem, der mich ruft.", ist das darauf zurückzuführen, dass er von uns vor allem die Nächstenliebe verlangt. Von dieser Liebe kann man aber am besten Zeugnis ablegen, wenn man sich zusammenschließt, anstatt sich zu isolieren und jedes egoistische Gefühl sie von sich entfernt. Daraus folgt, dass, wenn in einer gut besuchten Versammlung nur zwei oder drei Personen mit ihren Herzen in wahrer Nächstenliebe sich vereinen, während sich die anderen isolieren und mit egoistischen und materialistischen Gedanken sich treffen, würde Christus dann mit den Ersten und nicht mit den Letzen sein. Eine Sitzung im Namen Christi wird deswegen nicht durch die gleichzeitigen Worte, Lieder oder äußerlichen Handlungen gekennzeichnet, sondern durch die Gedankenverbundenheit im Sinne der Nächstenliebe, die der Christusgeist personifiziert.
(siehe Kap. X, Abs. 7 - 8, Gottes angenehmste Opfer, S. 158 und Kap. XXVII, Abs. 2 - 4, Merkmale des Gebetes, S. 344)

Das soll der Charakter ernsthafter spiritistischen Sitzungen sein. Es sind jene Sitzungen, in denen man sich den Beistand der guten Geister aufrichtig wünscht.

6. GEBET (zum Beginn der Sitzung) - Wir bitten Gott, den Allmächtigen, uns die guten Geister zu senden, um uns zu begleiten; und diejenigen zu entfernen, die uns in die Irre führen könnten. Wir bitten auch darum, uns das notwendige Licht zu geben, um die Wahrheit von dem Schwindel unterscheiden zu können.

Entferne gleichermaßen von uns, Herr, die böswilligen inkarnierten oder nichtinkarnierten Geister, welche die Uneinigkeit unter uns verbreiten und uns von der Nächstenliebe abbringen versuchen. Wenn einige von ihnen sich hier einzuführen versuchen, erlaube nicht, dass sie Zugang zu unserem Herzen finden.

Gute Geister, die ihr die Güte habt, uns zu unterweisen, macht uns zugänglich für eure Ratschläge, entfernt von uns alle egoistischen, hochmütigen, neidischen und eifersüchtigen Gedanken. Inspiriert uns zu der Nachsicht und zu dem Wohlwollen unseren Nächsten gegenüber, sowohl für die Anwesenden als auch für die Abwesenden, sowohl für die Freunde als auch für die Feinde. Ermöglicht im Grunde, dass wir, aufgrund der uns bewegenden Gefühle, eueren heilsamen Einfluss erkennen.

Gebt den von euch für die Vermittlung euerer Unterweisungen beauftragten Medien die Gewissheit der ihnen anvertrauten Aufgabe und den Ernst der Arbeit, die sie durchführen werden, damit sie mit Inbrunst und mit Ehrfurcht diese Aufgabe verwirklichen.

Falls in unserer Versammlung sich Menschen befinden, die von anderen Absichten bewegt werden, die nicht nur für das Gute sind, öffnet ihre Augen zum Lichte und vergibt ihnen, wie wir ihnen verzeihen werden, falls sie mit böswilligen Absichten hierher gekommen sind.

Wir bitten insbesondere den Geist N. N., unser Mentor, möge er uns beistehen und uns behüten.

7. GEBET (am Ende der Sitzung) - Wir danken den guten Geistern, die zu uns gekommen sind und mit uns kommunizieren wollten. Wir bitten sie, uns dabei zu helfen, die an uns gegebenen Unterweisungen in die Praxis umzusetzen und dass sie es bewirken, wenn wir diesen Saal verlassen, dass sich jeder von uns in der Ausübung des Guten und der Nächstenliebe gestärkt fühlt.

Wir möchten auch, dass diese Unterweisungen für die leidenden, unwissenden und lasterhaften Geister nützlich seien, welche dieser Sitzung beiwohnen konnten. Für sie bitten wir um die Barmherzigkeit Gottes.

FÜR DIE MEDIEN

8. Und es soll geschehen in den letzten Tagen, spricht Gott, da will ich ausgießen von meinem Geist auf alles Fleisch; und eure Söhne und eure Töchter sollen weissagen, und eure Jünglinge sollen Gesichte sehen, und eure Alten sollen Träume haben; und auf meine Knechte und auf meine Mägde will ich in jenen Tagen von meinem Geist ausgießen, und sie sollen weissagen. (Apostelgeschichte II, 17 – 18)

9. EINFÜHRUNG - Der Herr wollte, dass das Licht für alle Menschen leuchtet und überall die Stimme der Geister eindringe, damit jedem von

uns der Beweis für die Unsterblichkeit der Seele erreichbar sein kann. Aus diesem Grunde zeigen sich die Geister heute in allen Orten der Erde und die Mediumschaft offenbart sich bei Menschen aller Altersgruppen, in allen sozialen Schichten, bei Männern wie bei Frauen, bei Kindern und Alten. Das sind die Zeichen der angekündigten Zeiten, die uns erreicht haben.

Um die Gegebenheiten der sichtbaren Welt zu erkennen und um die Geheimnisse der materiellen Natur zu entdecken, gab Gott den Menschen das Sehvermögen, die Sinne und besondere Instrumente. Mit dem Teleskop dringt der Mensch mit seinem Blick in die Tiefe des Alls ein und mit dem Mikroskop entdeckt er die Nanowelt. Um in die unsichtbare Welt eindringen zu können, gab Gott ihm nun die Mediumschaft.

Die Medien sind Dolmetscher mit dem Auftrag, den Menschen die Geisterunterweisungen zu übermitteln. Besser gesagt, *sie sind die materiellen Organe, wodurch sich die Geister äußern, um sich den Menschen verständlich zu machen.* Ihre Aufgabe ist heilig, weil sie das Ziel hat, uns den Horizont des ewigen Lebens zu erweitern.

Die Geister kommen, den Menschen über sein zukünftiges Leben zu lehren, um ihn auf den Weg des Guten zurückzuführen und nicht um ihn von der materiellen Arbeit zu befreien, die er auf dieser Welt für seinen Fortschritt durchführen muss und auch nicht um seinen Ehrgeiz oder seine Gier zu begünstigen. Das müssen die Medien genau vor Augen haben, um ihre Fähigkeit nicht schlecht auszuüben. Jenes Medium, das die Erhabenheit des ihm anvertrauten Auftrages versteht, erfüllt ihn im Gottes Sinne. Würde dieses Medium *für sich oder für andere* diese Fähigkeit als Zeitvertreib oder als Spaß anwenden, würde sein Gewissen das als eine frevelhafte Tat klagen. Denn es sind Fähigkeiten, die dem Medium mit einem außerordentlich ernsthaften Zweck gegeben worden sind. Sie setzen es mit den Wesen der jenseitigen Welt in Verbindung.

Als Dolmetscher der Unterweisungen der Geister sollen die Medien eine wichtige Rolle bei der stattfindenden moralischen Erneuerung spielen. Die Güte des von ihnen ausgeübten Dienstes steht im Verhältnis zu der richtigen Richtung, die sie ihren Fähigkeiten geben. Deswegen sind diejenigen Medien, die sich auf dem falschen Wege befinden, dem Zweck des Spiritismus eher schädlicher als nützlich. Durch die von ihnen schlechten hervorgerufenen Eindrücke verhindern sie mehr als eine

Überzeugung. Sie werden deswegen für den Gebrauch der Fähigkeiten, die ihnen für das Wohl ihrer Nächsten gegeben worden waren, zur Rechenschaft gezogen.

Wenn das Medium nun den Beistand der guten Geister aufrechterhalten möchte, muss er für seine eigene Verbesserung arbeiten. Und wer seine mediumistische Fähigkeit weiterentwickelt und verbessert sehen möchte, der muss selbst moralisch wachsen und sich von all dem entfernen, was diese von ihrem vorsehentlichen Ziel abbringen könnte.

Wenn die guten Geister manchmal sich von unvollkommenen Werkzeugen vom Nutzen machen, haben sie die Absicht, ihnen gute Ratschläge zu geben und sie auf den rechten Weg zu führen. Wenn sie dennoch nur verhärtete Herzen finden und wenn ihre Warnungen kein Gehör mehr finden, entfernen sie sich und die böswilligen Geister haben dann den Weg frei. (siehe Kap. XXIV, Abs. 11 - 12, S. 329)

Die Erfahrung zeigt, dass unter denjenigen, die aus den Ratschlägen der guten Geister keinen Nutzen ziehen, ihre Mitteilungen langsam entarten, nachdem sie für eine geraume Zeit einen gewissen Glanz besaßen. Sie verfallen allmählich und fallen schließlich in Irrtümer, in Palaver oder in das Lächerliche, dass ein unbestreitbares Zeichen der Entfernung der guten Geister ist.

Das Ziel und die ständige Bemühung aller aufrichtigen Medien sollen den Beistand der guten Geister zu erlangen und die leichtsinnigen und lügnerischen Geister von sich fern zu halten sein. Ohne das ist die Mediumschaft eine unfruchtbare Fähigkeit, die sich selbst zum Nachteil desjenigen umwandeln kann, der sie besitzt. Denn sie kann zu einer gefährlichen Besessenheit herabfallen.

Das pflichtbewusste Medium, anstatt mit einer Fähigkeit zu prahlen, die ihm nicht gehört, auch weil sie ihm entnommen werden kann, schreibt Gott die ihm gelungene Güte zu. Wenn seine Mitteilungen Lob verdienen, erweckt ihm das keine Eitelkeit. Denn es weiß, dass diese an sich nicht seine individuellen Verdienste sind. Das Medium bedankt sich bei Gott für die Erlaubnis, dass die guten Geister sich durch es äußern konnten. Wenn sie Gegenstand für Kritik sind, fühlt sich das Medium nicht beleidigt, denn die Mitteilungen sind nicht das Werk seines eigenen Geistes. Im Gegenteil erkennt er, dass er kein gutes Instrument gewesen war und dass er nicht alle notwendigen Eigenschaften besitzt, um sich gegen die

Einmischung von böswilligen Geistern entgegenzusetzen. Es versucht dann diese Eigenschaften zu gewinnen und betet um die ihm fehlende Kraft.

10. GEBET - Allmächtiger Gott, erlaube den guten Geistern, mir jetzt bei dieser Mitteilung beizustehen. Bewahre mich vor der Einbildung, mich vor den böswilligen Geistern geschützt zu glauben, vor dem Stolz, der mich mit dem Wert der Mitteilung täuschen lassen könnte und vor jedem Gefühl, das im Gegensatz zur Nächstenliebe gegenüber anderen Medien stehe. Wenn ich in den Irrtum gerate, gib jemandem den Gedanken ein, mich davor zu warnen und gib mir die Demut die Warnung mit Dankbarkeit anzunehmen. Und gib mir die Demut, die Ratschläge der guten Geister für mich selbst und nicht für die anderen zu nehmen, die sie durch mich diktieren.

Wenn ich mich geneigt fühle, einen Missbrauch irgendeiner Art zu treiben oder ich mich viel auf die Fähigkeit einbilde, die Du mir gewährt hast, bitte ich Dich, sie mir zurückzunehmen, bevor sie ihren vorsehentlichen Zweck verfehlt, der das Heil der Menschen und meine eigene moralische Entwicklung ist.

II - GEBETE FÜR SICH SELBST
Zu den Schutzengeln und Schutzgeistern

11. EINFÜHRUNG - Wir alle haben einen guten Geist, der sich seit unserer Geburt mit uns in Verbindung steht und uns unter seinen Schutz hat. Er erfüllt bei uns die Aufgabe eines Vaters gegenüber seines Sohnes. Das heißt, uns auf den Weg des Guten und des Fortschrittes durch die Prüfungen des Lebens zu führen. Er spürt Freude, wenn wir von seiner Hilfsbereitschaft Gebrauch machen und leidet, wenn er uns fallen sieht.

Sein Name ist nicht wichtig, denn es kann sein, dass sein Name nicht auf der Erde bekannt ist. Wir rufen ihn dann als unseren Schutzengel, unseren guten Geist. Wir können ihn sogar unter dem Namen eines erhabenen Geistes hervorrufen, für den wir eine besondere Sympathie empfinden.

Außer unserem Schutzengel, der immer ein erhabener Geist ist, haben wir die beschützenden Geister, die, obwohl weniger erhaben, nicht weniger gut und liebevoll sind. Sie sind entweder die Geister von Verwandten oder

Freunden oder auch manchmal von Menschen, die wir in unserem aktuellen Leben nicht kennen. Sie helfen uns mit ihren Ratschlägen und nicht selten mit ihrer Intervention in die Geschehnisse unseres Lebens. Die sympathischen Geister sind diejenigen, die sich durch gewisse Ähnlichkeiten in Vorlieben und in Neigungen zu uns hingezogen fühlen. Sie können je nach der Natur unserer Neigungen, die sie anziehen, gutwillig oder schlechtgesinnt sein. Die verführerischen Geister versuchen uns von dem guten Weg abzubringen, indem sie uns schlechte Gedanken einflüstern. Sie nutzen all unsere Schwäche aus, wie auch alle anderen offenen Türen, die ihnen den Zugang zu unserer Seele gewähren. Manche versteifen sich auf uns, wie auf eine Beute, *aber entfernen sich, sobald sie ihre Unfähigkeit erkennen, gegen unseren Willen anzukämpfen.*

Gott gab uns einen hauptsächlichen und erhabenen Führungsgeist, unser Schutzengel und unsere beschützenden und familiären Geister bilden die weitere geistige Führung. Es wäre dennoch ein Irrtum, wenn man glaubt, dass wir *gezwungenermaßen* einen böswilligen Geist bei uns haben, um die guten Einflüsse von den Ersten auszugleichen. Die böswilligen Geister suchen uns *freiwillig* auf, wenn sie die Möglichkeit sehen, über uns Macht zu verfügen, sei es aufgrund unserer Schwächen oder unserer Nachlässigkeit, die Inspirationen von den guten Geistern zu befolgen. Wir sind schließlich diejenigen, die sie anziehen. Daraus ergibt sich, dass man niemals von dem Beistand der guten Geister ausgeschlossen ist und dass es von uns abhängt, sich von den boshaften zu entfernen. Denn aufgrund seiner Unvollkommenheiten, welche die ursprüngliche Ursache allen menschlichen Elends sind, ist der Mensch oft selbst sein eigener bösartiger Genius. (siehe Kap. V, Abs. 4, S. 89)

Das Gebet zu den Schutzengeln und zu den beschützenden Geistern sollte den Zweck haben, ihre Fürsprache für uns bei Gott zu erbitten, von ihnen die nötige Kraft zu erbeten, um den böswilligen Einflüsterungen widerstehen zu können und ihren Beistand in den Notlagen zu erhalten.

12. GEBET - Weise und gütige Geister, Gottesboten, deren Mission ist, den Menschen beizustehen und sie auf den guten Weg zu führen, helft mir bei den Prüfungen dieses Lebens; gebt mir die Kraft, sie ohne Murren durchzustehen; wendet von mir die schlechten Gedanken ab und erlaubt

nicht, dass ich eine Tür für boshafte Geister öffne, die mich zum Schlechten verführen würden. Erleuchtet mein Gewissen über meine eigenen Fehler und entfernt von meinen Augen den Schleier des Stolzes, der mich daran hindert, meine Fehler sehen zu können und sie mir selbst einzugestehen.

Du, vor allem N. N., mein Schutzgeist, der mich besonders behütet und ihr, beschützende Geister, die sich für mich interessieren, macht es möglich, dass ich eueres Wohlwollens würdig werde. Ihr kennt meine Bedürfnisse; dass sie nach dem Willen Gottes erhört werden.

13. ANDERES GEBET - Mein Gott, erlaube den mir zustehenden guten Geistern, mir zu Hilfe zu kommen, wenn ich mich in Schwierigkeiten befinde, dass sie mich, wenn ich schwanke, festhalten. Erlaube, Herr, dass sie mich zu dem Glauben, zu der Hoffnung und zu der Nächstenliebe inspirieren. Mögen sie für mich Stütze, Hoffnung und den Beweis Deiner Barmherzigkeit sein. Ermögliche schließlich, dass ich in ihnen die Kraft finde, die mir bei den Prüfungen des Lebens fehlen würde und damit ich den niederen Verführungen widerstehe, den Glauben zu finden, der rettet und die Liebe zu finden, die tröstet.

14. ANDERES GEBET - Liebe Geister, Schutzengel, ihr, denen Gott in Seiner unendlichen Barmherzigkeit erlaubt, über den Menschen zu wachen, seid unsere Beschützer bei den Prüfungen unseres irdischen Lebens. Gebt uns Kraft, Mut und Resignation. Inspiriert uns, das Gute zu tun und das Übel zu unterlassen. Dass eure sanften Einflüsse in unserer Seele eindringe. Lasst uns die Nähe eines hingebenden Freundes an unserer Seite spüren, der uns in unseren Leiden beisteht und mit uns unsere Freude teilt.

Und du, mein guter Engel, verlasse mich nicht. Ich benötige all deinen Schutz, um mit Glaube und Liebe die Prüfungen zu ertragen, die Gott mir geben wird.

ZUR FERNHALTUNG DER BÖSWILLIGEN GEISTER

15. Weh euch, Schriftgelehrte und Pharisäer, ihr Heuchler, die ihr die Becher und Schüsseln außen reinigt, innen aber sind sie voller Raub und Gier! Du blinder Pharisäer, reinige zuerst das Innere des Bechers, damit auch das Äußere rein wird! Weh euch, Schriftgelehrte und Pharisäer, ihr Heuchler, die ihr seid wie die übertünchten Gräber, die von außen hübsch aussehen, aber innen sind sie voller Totengebeine und lauter Unrat! So auch ihr: von außen scheint ihr vor den Menschen fromm, aber innen seid ihr voller Heuchelei und Unrecht. (Matthäus XXIII, 25 -28)

16. EINFÜHRUNG - Die böswilligen Geister gehen nur in die Orte, wo sie ihre Verderbtheit befriedigen können. Um sie fern zu halten, genügt es weder sie zu bitten, noch ihnen zu gehen befehlen. Es ist erforderlich, all das von sich abzulegen, was sie anzieht. Diese böswilligen Geister riechen von weitem die Wunden der Seele, sowie Fliegen die Körperwunden riechen. Genauso wie man den Körper reinigt, um Ungeziefer zu vermeiden, soll man auch die Seele von ihren Unreinheiten reinigen, um die böswilligen Geister zu entfernen. Und da wir auf einer Welt leben, wo es von unreinen Geistern wimmelt, stellen die guten Tugenden des Herzens uns nicht von ihren Angriffen außer Gefahr. Sie geben uns dennoch die notwendige Kraft, diesen zu widerstehen.

17. GEBET - Im Namen des allmächtigen Gottes, mögen die böswilligen Geister von mir zurückziehen, auf dass die Guten mir vor ihnen schützen! Böswillige Geister, die dem Menschen üblen Gedanken einflüstern, schwindlerische und lügnerische Geister, die ihn betrügen, spöttische Geister, die sich mit seiner Leichtgläubigkeit vergnügen, ich weise euch zurück, mit allen Kräften meiner Seele und verschließe mein Ohr eueren Einflüsterungen! Aber ich flehe Gott um Erbarmen für euch.
Gute Geister, die ihr mir beisteht, gebt mir die Kraft, der Beeinflussung der böswilligen Geister zu widerstehen und die notwendige Erleuchtung, um nicht Opfer ihrer List zu werden. Behütet mich vor dem Stolz und vor der Einbildung, wendet von meinem Herzen die Eifersucht, den Hass, die Böswilligkeit und alle Gedanken ab, die entgegen der Nächstenliebe stehen und die als zahlreiche offene Türen für die niederträchtigen Geister dienen.

UM DIE BESEITIGUNG EINES FEHLERS ZU ERBITTEN

18. EINFÜHRUNG - Unsere niederen Triebe sind das Resultat der Unvollkommenheit unseres eigenen Geistes und nicht die Folge unserer physischen Beschaffenheit. Anderenfalls würde der Mensch jeglicher Verantwortung entgehen. Unser Fortschritt hängt von uns ab. Denn jeder Mensch, der im Besitz seiner Fähigkeiten ist, hat die Freiheit zu entscheiden, etwas zu tun oder nicht. Um das Gute zu tun, braucht er nichts anderes als den Willen. (siehe Kap. XV, Abs. 10, S. 236 und Kap. XIX, Abs. 12, S. 288)

19. GEBET - Du gabst mir, mein Gott, die erforderliche Intelligenz, um zwischen dem Guten und dem Bösen zu unterscheiden. In dem Augenblick, wo ich eine bestimmte Sache als falsch erkenne, bin ich selbst schuldig, wenn ich mich nicht anstrenge, dieser zu widerstehen.

Behüte mich Gott, vor dem Stolz, der mich daran hindern würde, meine Fehler und die niederträchtigen Geister zu erkennen, die mich dazu anstiften könnten, bei ihnen zu bleiben.

Unter meinen Unvollkommenheiten erkenne ich besonders meine Neigung zu N. N. Und wenn ich dieser Tendenz nicht widerstehe, liegt das in meiner Angewohnheit, ihr sehr oft zu unterliegen.

Du hast mich nicht als Schuldiger erschaffen, denn Du bist gerecht, sondern erschufst Du mich mit der Fähigkeit zum Guten und zum Schlechten. Wenn ich den schlechten Weg nahm, geschah dies aufgrund meines freien Willens. Und dennoch, aus demselben Grund, wie ich mir die Freiheit nahm, Ungutes zu tun, habe ich auch die Freiheit, das Gute zu verwirklichen und deswegen anderen Weg zu nehmen.

Meine jetzigen Fehler sind Spuren der Unvollkommenheiten, die ich von meinen vorherigen Existenzen beibehalten habe. Sie sind meine Erblaster, von denen ich mich mit Wirkung meines Willens und mit dem Beistand der guten Geister befreien kann.

Gute Geister, die ihr mich beschützt und besonders du, mein Schutzengel, gebt mir die Stärke, den niederen Einflüsterungen zu widerstehen und als Sieger aus diesem Kampf hervorzugehen.

Unsere Fehler sind die Hürden, die uns von Gott trennen und jede von diesen, die ich überwinde, wird ein Schritt weiter auf dem Weg des Fortschrittes sein, der mich Gott nähern wird.

Der Schöpfer, in Seinem unendlichen Erbarmen, gab mir die jetzige Existenz, damit sie meinem Fortschritt diene. Gute Geister, helft mir, diese gut zu nutzen, dass sie für mich nicht verloren bleibe und wenn Gott mir diese Existenz entzieht, ich mich von ihr besser verabschiede, als ich bei meiner Ankunft war. (siehe Kap. V, Abs. 5, S. 90 und Kap. XVII, Abs. 3, S. 257)

Gebet, um Kraft bei einer Versuchung zu erbitten

20. EINFÜHRUNG - Jeder niedere Gedanke kann zwei Ursachen haben: entweder die eigene Unvollkommenheit unserer Seele oder ein finsterer Einfluss, der auf sie agiert. Dieser letzte Fall ist immer das Anzeichen einer Schwäche, die diesen Einfluss ermöglicht. Es besteht des Weiteren ein Anzeichen der Unvollkommenheit unserer Seele. Auf dieser Weise kann jemand, der einen Fehler begann, nicht einfach als Entschuldigung den Einfluss eines fremden Geistwesens angeben, da *dieses ihm nicht zu diesem Übel verführt hätte, wenn er dafür nicht erreichbar wäre.*

Wenn uns ein boshafter Gedanke durch den Kopf geht, kann dies ein boshaftes Geistwesen sein, das uns zum Bösen verführt. Wir können dennoch diesem nachgeben oder ihm widerstehen, genauso wie wir mit der Bitte einer lebenden Person tun würden. Wir sollen gleichzeitig an unseren Schutzengel oder beschützenden Geist denken, der in uns den schlechten Einfluss bekämpft und mit Interesse auf *unsere Entscheidung* wartet. Unser Zögern, das Schlechte zu tun, ist die Stimme des guten Geistes, die in unserem Gewissen zu hören ist.

Man erkennt einen niederen Gedanken, wenn er sich von der Nächstenliebe entfernt, welche die Grundlage der wahrhaftigen Moral ist. Ebenfalls erkennt man diesen, wenn er mit Stolz, Eitelkeit oder Egoismus verbunden ist; oder wenn seine Verwirklichung jemandem schaden würde; und schließlich, wenn er uns dazu anspornt, den anderen das anzutun, was wir nicht möchten, das die anderen uns antun würden. (siehe Kap. XXVIII, Abs. 15, S. 376 und Kap. XV, Abs. 10, S. 236)

21. GEBET - Allmächtiger Gott, lass mich nicht in eine Versuchung geraten, die mich zum Irrweg führen würde. Gütige Geister, die ihr mich beschützt, wendet diesen falschen Gedanken von mir ab und gebt mir die

Kraft, den Beeinflussungen des Übels zu widerstehen. Und wenn ich der Versuchung erliegen sollte, habe ich die Abbüßung meines Fehlers in diesem Leben und in der Geistigen Welt verdient, weil ich die Freiheit habe, es auszuwählen.

DANKGEBET FÜR EINEN SIEG ÜBER EINE VERSUCHUNG

22. EINFÜHRUNG - Ein Mensch, der einer Versuchung widerstanden hat, dankt der Hilfe der guten Geister, auf deren Stimme er gehört hat. Er sollte Gott und seinen Schutzengel dafür danken.

23. GEBET - Mein Gott, ich danke Dir, dass Du mir erlaubt hast, siegreich aus diesem Kampf gegen die Böswilligkeit herausgekommen zu sein. Mach es möglich, dass dieser Sieg mir Kraft gibt, neuen Verlockungen zu widerstehen.

Und bei dir, mein Schutzengel, bedanke ich mich für deinen Beistand. Möge meine Ergebenheit deinen Ratschlägen gegenüber, mich dazu berechtigen, deine Unterstützung nochmals zu erhalten.

UM EINEN RAT ZU ERBITTEN

24. EINFÜHRUNG - Wenn wir vor einer Sache unentschlossen sind, sollten wir vor jeder Entscheidung uns die folgenden Fragen stellen:

1. Wird die Sache, vor der ich unentschlossen bin, jemandem schaden?

2. Wird diese Sache für jemanden nützlich sein?

3. Wenn jemand mit mir genauso handeln würde, wäre ich damit einverstanden?

Wenn das, was wir zu tun gedenken, nur uns selbst betrifft, dann sollen wir die individuellen Vorteile und Nachteile abwägen, die daraus resultieren.

Wenn die Sache andere auch beteiligt, wenn die Folge davon einem Menschen Gutes tut und einem anderen schadet, so sollen wir gleichfalls das zuverursachende Gute und das Übel abwägen, um uns zu entscheiden, entweder zu handeln oder uns zu enthalten.

Wir sollen schließlich, selbst wenn es sich um die besten Sachen handelt, die günstigen und die ungünstigen Umstände in Erwägung ziehen, da eine an sich gute Sache schlechte Ergebnisse in unfähigen Händen haben kann, wenn sie nicht mit Vorsicht und Umsicht geführt wird. Bevor man das unternimmt, ist es angebracht, die Kräfte und die Mittel zur Umsetzung zu analysieren.

In allen Fällen können wir immer den Beistand unserer beschützenden Geister herbitten und uns an die weise Maxime erinnern: Verzichte auf eine Sache, wenn du Zweifel daran hast. (siehe Kap. XXVIII, Abs. 38, S. 385)

25. GEBET - Im Namen Gottes, des Allmächtigen, gute beschützende Geister, inspiriert mich die beste Entscheidung zu treffen, aus diesem Zweifel, in dem ich mich befinde. Richtet meinen Gedanken auf den richtigen Weg und befreit mich von dem Einfluss derjenigen, die versuchen würden, mich von dem richtigen Wege abzubringen.

In Momenten von Kummer

26. EINFÜHRUNG - Wir können Gott um irdische Gefallen bitten und Er kann uns diese gewähren, wenn sie ein nützliches und ernsthaftes Ziel erstreben. Wir beurteilen dennoch den Nutzen der Dinge nur aus unserer eigenen Perspektive und da unsere Sicht sich nur auf die Gegenwart beschränkt, sehen wir nicht immer die Nachteile dessen, was wir uns wünschen. Gott dagegen, Der viel besser als wir alles wahrnimmt und nur unser Wohlbefinden will, kann vielleicht das, was wir erbitten, ablehnen. Wie ein Vater, der dem Sohn etwas verweigert, das ihm schaden würde. Wenn wir also nicht das erhalten, worum wir gebeten haben, sollten wir uns nicht entmutigen lassen. Wir sollten im Gegenteil glauben, dass die Ablehnung unserer Bitte eine Prüfung oder eine Abbüßung sein kann und dass uns die Belohnung dafür im Verhältnis zu der Resignation erteilt wird, mit der wir das erduldet haben. (siehe Kap. XXVII, Abs. 6, S. 345 und Kap. II, Abs. 5 - 7, Der Gesichtspunkt, S. 58)

27. GEBET - Gott, der Allmächtige, Der Du unsere Nöte siehst, erhöre in Deinem Wohlwollen die Bitte, die ich an Dich in diesem Moment zu richten habe. Wenn mein Wunsch unüberlegt ist, vergib mir, wenn er gerecht und nützlich vor Deinen Augen ist, erlaube den guten Geistern,

die Deinen Willen ausführen, zu meiner Hilfe zu kommen, um diesen Wunsch zu verwirklichen.

Was auch immer geschehen sollte, möge Dein Wille geschehen, mein Gott. Wenn meine Wünsche nicht erhört werden, geschehe dies, weil Du mich in Deinem Plan prüfst und ich werde mich Deinem Willen ohne Murren unterwerfen. Mach, dass ich deswegen nicht mutlos werde und dass weder mein Glaube noch meine Ergebenheit in das Schicksal erschüttert werden.

(Man spricht hier die Bitte)

DANKGEBET FÜR EINE ERHÖRTE BITTE

28. EINFÜHRUNG - Man soll als glückliche Ereignisse nicht nur jene betrachten, die mit großer Wichtigkeit angesehen werden. Oft sind die scheinbar unwichtigen Dinge jene, die unser Schicksal am meisten beeinflussen. Der Mensch vergisst leicht das Gute und kümmert sich lieber um das, was ihn quält. Würden wir Tag für Tag die Wohltaten beobachten, welche wir ohne darum gebeten zu haben bekommen, wären wir oft verblüfft, soviel bekommen zu haben. Es sind so viele Dinge, die uns entfallen. Wären wir dennoch daran erinnert worden, würden wir uns aufgrund unserer eigenen Undankbarkeit gedemütigt fühlen.

Jede Nacht, wenn wir unsere Gedanken zu Gott erheben, sollen wir uns in unserem Innern an die Hilfe erinnern, die Er uns im Laufe des Tages gegeben hat und Ihm dafür danken. Vor allem in den Momenten, in denen wir die Wirkung Seiner Güte und Seines Schutzes spüren, sollen wir spontan unsere Dankbarkeit erweisen. Es genügt dafür, Gott einen Gedanken zu richten, der Ihm diese Gunst zuschreibt, ohne dass wir das, was wir tun, unterbrechen müssen.

Die Wohltaten Gottes bestehen nicht nur in den materiellen Dingen. Wir sollen Ihm auch für die guten Ideen und die glücklichen Inspirationen danken, die uns eingegeben wurden. Dabei schreibt der Hochmütige all das seinem Verdienst zu und der Ungläubige alles dem Zufall. Wer dagegen den Glauben hat, der preist Gott und die guten Geister Lob dafür. Es sind dafür keine langen Sätze notwendig. „Danke, mein Gott, für den guten Gedanken, zu dem Du mich inspiriert hast!" sagt mehr als viele Worte. Dieser spontane Impuls, der uns all das uns geschehene Gute Gott zuschreibt, gibt Zeugnis für eine Haltung der Anerkennung und der Demut vor Ihm, die uns die Sympathie der guten Geister einbringt. (siehe Kap. XXVII, Abs. 7 - 8, S. 346)

29. GEBET - Gott, der unendlichen Güte, Dein Name sei geheiligt für all das, was Du mir gegeben hast. Denn ich wäre undankbar, wenn ich sie meinem eigenen Verdienst oder dem Zufall zuschreiben würde.

Gute Geister, die ihr Vollstrecker des Willens Gottes seid, ich danke euch und insbesondere dir, mein Schutzgeist. Entfernt nun von mir den Gedanken, auf das, was ich bekommen habe, stolz zu sein oder das nicht ausschließlich für das Gute zu nutzen.

Ich danke euch besonders für ...

HANDLUNG AUS DER ERGEBENHEIT UND DER RESIGNATION

30. EINFÜHRUNG - Wenn wir eine Ursache für einen Kummer, der uns betrifft, suchen möchten, werden wir oft erkennen, dass sie in unserer Unbedachtheit oder in unserem Leichtsinn liegt oder in einer früheren Handlung. In all diesen Fällen sollten wir sie uns selbst zuschreiben. Wenn der Leidensgrund vollkommen von irgendeiner unserer Handlungen unabhängig ist, ist er entweder eine Prüfung für die aktuelle Existenz oder eine Abbüßung für die Fehler einer vorherigen Existenz zu betrachten. Falls der letzte Fall zutrifft, können wir die Natur des Fehlers durch die Art und Weise der Abbüßung erkennen, da wir immer von dem bestraft werden, was wir selbst versäumt haben. (siehe Kap. V, Gegenwärtige Ursachen des Kummers, S. 89 und Ursachen des Kummers in der Vergangenheit, S. 91)

Wir sehen im Leid generell nur das gegenwärtige Übel und nicht die später heilsamen Folgen, die dieses haben könnte. Denn oft ist das Gute die Folge eines vorübergehenden Übels, wie die Heilung einer Krankheit das Ergebnis der schmerzlichen gegen sie eingesetzten Mittel ist. In allen Fällen sollen wir uns dem Willen Gottes ergeben und mit Mut die Drangsale des Lebens ertragen, wenn wir möchten, dass sie zu unserer Gunst zählen und dass auf uns diese Worte Christi angewendet werden: „Selig sind, die da Leid tragen." (siehe Kap. V, Abs. 18, Gut oder schlecht leiden, S. 101)

31. GEBET - Mein Gott, Du bist allgerecht. Alle Leiden dieser Welt haben deshalb eine Ursache und einen Nutzen. Ich akzeptiere den Kummer, den ich erlebe, als eine Abbüßung meiner vergangenen Fehler und als Prüfung für die Zukunft.

Gute Geister, die ihr mich beschützt, gebt mir Kraft, damit ich meine Leiden ohne Klagen ertragen kann. Macht, dass sie für mich heilkräftige Warnung werden; dass ich Erfahrung dadurch gewinne; dass in mir der Stolz, der Ehrgeiz, die wertlose Eitelkeit und der Egoismus dadurch bekämpft werden und dass sie somit meiner Entwicklung dienen.

32. ANDERES GEBET - Mein Gott, in mir spüre ich das Bedürfnis, Dich um Kraft zu bitten, damit ich diese Prüfungen ertrage, die Du für mich bestimmt hast. Erlaube mir, dass das Licht in meinem Geiste überaus lebendig leuchte, damit ich all die Größe dieser Liebe verstehen kann, die mich leiden lässt, weil sie mich retten will. Ich füge mich mit Ergebenheit, mein Gott! Aber das menschliche Wesen ist so schwach, dass ich zu erliegen fürchte, wenn Du mich nicht stützest. Deswegen verlasse mich nicht, o Herr, da ich ohne Dich nichts kann.

33. ANDERES GEBET - Zu Dir, o Ewiger, habe ich meine Augen gerichtet und fühle mich erneuert. Du bist meine Kraft, verlasse mich nicht! Denn ich fühle mich, mein Gott, erdrückt unter dem Gewicht meiner schlechten Taten! Hilf mir! Du kennst die Schwachheit meines Fleisches und wendest nicht Deine Augen von mir ab!

Es dürstet mir bitter, so lasse die Quelle mit lebendigem Wasser fließen, damit ich es trinken kann. Dass mein Mund sich nur öffne, um Dich zu lobpreisen und nicht um sich über das Leid meines Lebens zu beklagen. Ich bin schwach, Herr, aber Deine Liebe wird mich stützen.

O Ewiger, nur Du bist die Größe, nur Du bist der Zweck und der Sinn meines Lebens! Gepriesen sei Dein Name, wenn Du mir Schmerzen zutraust, denn Du bist der Schöpfer und ich der untreue Diener. Ich werde mich ohne zu klagen beugen, denn nur Du bist die Größe und nur Du bist das Ziel.

ANGESICHTS EINER BEVORSTEHENDEN GEFAHR

34. EINFÜHRUNG - Durch die selbst erlebten Gefahren, erinnert Gott uns an unsere Schwäche und an die Zerbrechlichkeit unserer Existenz. Er zeigt uns, dass unser Leben in Seinen Händen liegt und dass das Leben nur an einer Schnur hängt, die in jeder unerwarteten Stunde zerbrechen kann. Unter dieser Ansicht gibt es kein Privileg für jemanden. Denn sowohl den Größten als auch den Kleinsten stehen diesbezüglich dieselben Alternativen zur Verfügung.

Wenn wir die Ursache und die Folgen dieser Gefahren untersuchen, werden wir erkennen, dass jene Folgen oft, sofern sie eingetreten sind, die Bestrafung eines begangenen Fehlers oder *einer vernachlässigten Pflicht* gewesen waren.

35. GEBET - Gott, der Allmächtige und Du, mein Schutzengel, steht mir bei! Wenn ich den Untergang erleben muss, so möge der Wille Gottes geschehen. Werde ich errettet, so will ich die verbleibende Zeit meines Lebens für die Wiedergutmachung des von mir verursachten Übels verwenden, das ich bereue.

DANKGEBET NACH DEM ENTKOMMEN EINER GEFAHR

36. EINFÜHRUNG - Durch die Gefahren, die uns begegnet sind, erinnert uns Gott daran, dass wir von einem Augenblick zu anderem geladen werden können, um Rechenschaft über was wir aus unserem Leben gemacht haben, abzulegen. So warnt uns Gott, damit wir in uns gehen und uns verbessern.

37. GEBET - Mein Gott und Du, mein Schutzengel, ich bedanke mich für die Hilfe, die ihr mir bei dieser bedrohlichen Gefahr habt zukommen lassen. Möge diese Gefahr für mich eine Warnung sein und dass sie mir die Klarheit über die Fehler verschafft, die mich dieser ausgesetzt haben. Ich verstehe Herr, dass mein Leben in Deinen Händen liegt und dass Du es mir entziehen kannst, wenn Du es für richtig hältst. Inspiriere mich, durch die guten mir zustehenden Geister, meine Zeit nützlich zu gebrauchen, die Du mir noch auf dieser Welt gewährst.

Mein Schutzengel, stärke mich in dem Entschluss, meine Fehler wieder gutzumachen und alles Gute zu tun, das in meiner Macht steht, damit ich weniger belastet von Unvollkommenheiten in der Geistigen Welt ankomme, wenn Gott meine Rückkehr verlangt.

Zum Schlafengehen

38. EINFÜHRUNG - Der Schlaf gewährleistet uns die Ruhe des Körpers. Der Geist aber braucht keine Schlafruhe. Während die physischen Sinne sich erlahmen, befreit sich die Seele teilweise von der Materie und geniest ihre Fähigkeiten als Geist. Der Schlaf dient dem Menschen zur Stärkung der organischen aber auch der moralischen Kräfte. Während der Körper die Elemente wiedererlangt, die er durch seine wache Aktivität verloren hat, stärkt sich der Geist unter anderen Geistern. Er erzielt aus allem, was er sieht und hört und aus den ihm gegebenen Ratschlägen, die Ideen, die er beim Aufwachen in intuitivem Zustand wiederfindet. Es ist wie die vorübergehende Rückkehr des Wanderers in seine Heimat, wie ein Gefangener, der einen Gefängnisurlaub geniest.

Aber, genauso wie bei einem böswilligen Gefangenen, nutzt der Geist den kurzen Augenblick dieser Freiheit nicht immer zu seiner Verbesserung. Statt der Anwesenheit von guten Geistern zu suchen, sucht er in diesem Fall seinesgleichen, die seinen schlechten Angewohnheiten entsprechen und besucht Orte, wo er seinen Tendenzen freien Lauf geben kann.

Möge derjenige, der sich von dieser Wahrheit überzeugt hat, seinen Gedanken zu Gott erheben, wenn er schlafen geht. Er soll um die Ratschläge der guten Geister und derjenigen, deren Erinnerung es ihm wert ist, bitten, damit sie sich mit ihm in dieser kurzen erlaubten Zeit treffen können. Und wenn er wieder aufwacht, wird er sich stärker gegen das Schlechte und sich mutiger gegen die Widrigkeiten des Lebens fühlen.

39. GEBET - Meine Seele wird sich für einige Momente mit anderen Geistern treffen. Mögen die Guten mir mit ihren Ratschlägen helfen. Mein Schutzengel, mach es mir möglich, dass, wenn ich aufwache, ich einen dauerhaften und gesunden Eindruck dieser Begegnung behalte.

ANGESICHTS DES NAHEN TODES

40. EINFÜHRUNG - Der Glaube an die Zukunft und die Erhebung des Gedankens während des Lebens im Hinblick auf die zukünftige Bestimmung helfen und beschleunigen die Befreiung des Geistes, denn all das schwächt die Bänder, die ihn an dem Körper festhalten. Und oft ist das körperliche Leben noch nicht erloschen und schon hat die Seele ungeduldig ihren Flug zur unermesslichen Weite ergriffen. Bei dem Menschen, der im Gegenteil all seine Sorge auf die materiellen Sachen konzentriert, sind diese Bindungen zäher. *Die Trennung von dem Körper ist beschwerlich und schmerzhaft*, das Erwachen in der Geistigen Welt ist dann voller Verwirrung und Seelenangst.

41. GEBET - Mein Gott, ich glaube an Dich und an Deine unendliche Güte! Deswegen kann ich nicht daran glauben, dass Du den Menschen die Intelligenz, die ihn Dich erkennen lässt und die Hoffnung auf die Zukunft, gegeben hast, um ihn dann in das Nichts versenken zu lassen.

Ich glaube, dass mein Körper nur die vergängliche Hülle meiner Seele ist und wenn mein irdisches Leben zu Ende geht, ich in der Welt der Geister erwachen werde.

Gott, Allmächtiger, ich spüre, dass sich die Bänder, die meine Seele an meinen Körper binden, zerbrechen und ich bald die Taten meines von mir entgleitenden Lebens werde abrechnen müssen.

Die Folgen meiner guten und schlechten Taten werde ich tragen. Dort wird es weder Täuschungen noch mögliche Ausreden mehr geben. Vor mir wird sich meine ganze Vergangenheit abrollen und ich werde nach meinen Werken beurteilt.

Nichts werde ich von den Gütern der Erde mitnehmen. Ehrungen, Reichtümer, Freude der Eitelkeit oder des Stolzes, alles nun, das sich an den Körper bindet, wird schließlich auf dieser Welt bleiben. Keine dieser Sachen wird mich begleiten und in der Geistigen Welt werden sie mir auch nicht nützlich sein. Ich werde nur das mit mir nehmen, was der Seele gehört, d. h., die guten oder die schlechten Eigenschaften, die auf die Waage der genauen Gerechtigkeit gewogen werden. Und ich werde um so strenger zur Verantwortung gebeten, je höher meine Stellung auf Erde mir die Möglichkeit gegeben hat, das Gute zu tun und ich tat das nicht.
(siehe Kap. XVI, Abs. 9, S. 245)

Gott der Barmherzigkeit, möge meine Reue bis zu Dir kommen! Gib mir den Schutz Deiner Nachsicht!

Wenn Du mein irdisches Dasein verlängern möchtest, möge ich diese Zeit, wie es mir gelingt, nutzen, um das von mir getane Übel wieder gutzumachen. Wenn meine Stunde dennoch ohne mögliche Verzögerung gekommen ist, nehme ich den tröstenden Gedanken mit, dass es mir erlaubt wird, durch neue Prüfungen mich davon zu erlösen, um eines Tages die Glückseligkeit der Auserwählten genießen zu dürfen.

Wenn es mir dann nicht erlaubt ist, sofort dieses makellose Glück zu erleben, das es ausschließlich den wahren Gerechten zuteil wird, weiß ich, dass die Hoffnung für mich nicht ewig versperrt ist und dass ich durch die Arbeit mit meinen Bemühungen das Ziel früher oder später erreichen werde.

Ich weiß, dass die guten Geister und mein Schutzengel in meiner Nähe sind, um mich zu empfangen. Ich werde sie bald genauso sehen, wie sie mich jetzt sehen. Und ich weiß auch, dass ich, *wenn ich es verdient habe*, mich mit denjenigen treffen werde, die ich auf der Erde geliebt habe und diejenigen, die ich hier lasse, werden sich mir anschließen. Und eines Tages werden wir alle für immer zusammen kommen. Solange dieser Tag nicht gekommen ist, werde ich sie dennoch besuchen können.

Es ist mir auch bewusst, dass ich diejenigen treffen werde, die ich beleidigt habe. Mögen sie das mir vergeben, was sie mir vorzuwerfen haben, wie zum Beispiel mein Stolz, meine Härte und meine Ungerechtigkeiten, damit deren Anwesenheit mich nicht vor Scham quält.

Ich verzeihe denen, die mir auf der Erde etwas Böses angetan oder gewünscht haben. Ich trage keinen Hass gegen sie mit mir und bitte Dich, Gott, ihnen zu vergeben.

Herr, gib mir die Kraft, die Genüsse dieser Welt ohne Bedauern zu verlassen. Sie sind nichts verglichen mit den reinen und heilsamen Freuden der Welt, in die ich eintreten werde. Dort gibt es für den Gerechten weder Qual, noch Leid oder Elend und wo nur der Schuldige leiden würde, der aber stets den Trost der Hoffnung hat.

Ich bitte euch, gute Geister und dich, mein Schutzengel, lasst bitte nicht zu, dass ich in diesem äußersten Augenblick versage. Bewirket, dass in meinen Augen das göttliche Licht erleuchte, um meinen Glauben wiederzubeleben, wenn er schwanken sollte.

Anmerkung: Siehe Kap. XXVIII, Abs. V - FÜRBITTEN FÜR DIE KRANKEN UND DIE BESESSENE, S. 408.

III - FÜRBITTEN FÜR DIE NÄCHSTEN

FÜR JEMANDEN, DER IN KUMMER IST

42. EINFÜHRUNG - Wenn es im Interesse des Betroffenen ist, dass seine Prüfung fortgesetzt wird, wird sie durch unsere Bitte nicht verkürzt. Es wäre aber eine Tat der Ungnade, wenn wir uns entmutigen ließen, weil unsere Bitte nicht erhört wurde. Wir können außerdem um einen anderen Trost bitten, der seine Leiden lindern würde, selbst wenn seine Prüfung nicht beendet wird. Am meisten benötigt der Leidende in der Tat Mut und Gefasstheit, ohne die all die Leiden für ihn ohne Nutzen bleiben. Er müsste diese Prüfungen dann wieder erleben. Deswegen ist es für diesen Zweck notwendig, unsere Bemühungen für den leidenden Menschen vor allem an folgenden Sachen zu richten. Zum Einem zu beten, dass die guten Geister zu seiner Hilfe kommen, zum Anderen, dass wir seinen Mut durch Ratschläge und Ermutigungen stärken und schließlich sollen wir materielle Hilfe, falls möglich, leisten. Das Gebet kann in dem Fall auch eine direkte Wirkung haben, indem auf die Person eine fluidale Kette gerichtet wird, um ihre Gemütsverfassung zu erheitern. (siehe Kap. V, Abs. 5, 27 und Kap. XXVII, Abs. 6 und 10)

43. GEBET - Gott, von unendlicher Güte, mögest Du die Bitterkeit der Zustände lindern, in denen N. N. ist, wenn es Dein Wille ist.
Gute Geister, in Namen des allmächtigen Gottes, flehe ich euch an, N. N. in seinem/ihrem Kummer beizustehen. Wenn diese Sorgen ihm/ihr in seinem/ihrem Interesse nicht erspart bleiben können, bewirkt, dass er/sie verstehe, diese seien für seine/ihre spirituelle Entwicklung notwendig. Gebt ihm/ihr das Vertrauen an Gott und an die Zukunft, das seine/ihre Not weniger Bitter machen wird. Gebt ihm/ihr auch die Kraft, nicht in Verzweiflung zu geraten, die ihn/sie die gute Frucht seines/ihres Schmerzes verlieren lässt und seinen/ihren zukünftigen Zustand noch beschwerlicher machen würde. Sendet meine Gedanken bis zu ihm/ihr hin, um ihn/sie in dem Mut zu stärken.

DANKGEBET FÜR EINEN ERHÖRTEN WUNSCH FÜR JEMANDEN

44. EINFÜHRUNG - Wenn jemand nicht von Egoismus beherrscht ist, freut er sich über das Gute, das an seinem Nächsten geschieht, selbst wenn er für diesen das nicht gebeten hat.

45. GEBET - Mein Gott, seist Du gepriesen für das Glück von N. N. Ihr gute Geister, macht, dass er/sie durch dieses Geschehen die Wirkung der Güte Gottes sieht. Wenn das Gute, das mit ihm/ihr passiert, eine Prüfung ist, inspiriert ihn/sie in Gedanken, Gutes damit zu bewirken und sich nicht dessen einbilden, damit dieses Gute nicht zum Schlechten in der Zukunft führt.

Dich, mein guter Genius, der mich beschützt und meine Glückseligkeit wünscht, bitte ich: Entferne von meinem Herzen jedes Gefühl von Eifersucht und Neid.

FÜR UNSERE FEINDE UND FÜR DIEJENIGEN, DIE UNS BÖSES WÜNSCHEN

46. EINFÜHRUNG - Jesus sagte: *Liebet eure Feinde*. Diese Maxime erläutert uns das Erhabenste in der christlichen Nächstenliebe. Mit ihr wollte Jesus dennoch nicht sagen, dass wir zu unseren Feinden dieselbe Liebe entgegenbringen sollen, die wir für unsere Freunde empfinden. Er rät uns, dass wir ihre Beleidigungen und das gegen uns getane Übel verzeihen sollen und dass wir ihnen dieses Übel mit dem Guten erwidern. Dieses Verhalten ergibt zum Einen vor den Augen Gottes einen Verdienst und zum anderen zeigt vor den Augen des Menschen die Eigenschaft wahrhafter Erhabenheit. (siehe Kap. XII, Abs. 3 - 4, S. 182)

47. GEBET - Mein Gott, ich vergebe N. N. und das Böse, das er/sie mir angetan hat oder antun wollte, wie ich auch wünsche, dass Du und auch er/sie mir, die Widrigkeiten vergeben, die ich begangen haben sollte. Wenn Du ihn/sie auf meinen Weg als Prüfung gestellt hast, soll Dein Wille geschehen.

Befreie mich, mein Gott, von der Idee, ihn/sie zu verfluchen oder von jedem niederen Wunsch gegen ihn/sie. Mach Gott, dass ich mich weder über sein/ihr Unglück freue, noch dass ich das Glück, das ihm/ihr gewährt werden könnte, missbillige, damit meine Seele nicht mit Gedanken befleckt werde, die nicht der Würde eines Christen entsprechen.

Möge Deine Güte, Herr, sich über ihn/sie ausbreiten und ihn/sie zu besseren Gefühlen mir gegenüber führen!

Gute Geister, inspiriert mich zu dem Vergessen der schlechten Taten und zur Erinnerung der guten. Mögen weder der Hass, noch der Groll, noch der Wunsch, Schlechtes mit Schlechtem zu vergelten, in meinem Herzen Zugang finden. Denn Hass und Rache sind Kennzeichen böswilliger inkarnierten oder nichtinkarnierten Geister! Auf dass ich bereit sein werde, ihm/ihr die brüderliche Hand entgegen zu strecken, um mit Gutem das Ungute zu erwidern und ihm/ihr zu helfen, wenn es mir möglich ist.

Um die Aufrichtigkeit meiner Worte zu prüfen, wünsche ich mir, dass sich die Gelegenheit ergibt, ihm/ihr nützlich zu sein. Aber bewahre mich insbesondere, mein Gott, dies aus Stolz oder Prahlerei zu tun und ihn/sie mit meiner gedemütigten Großzügigkeit nur zu bedrücken. In diesem Fall würde die Frucht meiner Tat verloren gehen und die Worte Christi „Sie haben ihren Lohn schon gehabt." bei mir Anwendung finden.
[siehe Kap. XIII, Abs. 1, und ff., Das Gute tun ohne zu prahlen (vom Almosengeben) , S. 196]

Dankgebet für das unseren Feinden gewährte Gute

48. EINFÜHRUNG - Den Feinden nichts Schlechtes zu wünschen, bedeutet zunächst die Nächstenliebe nur teilweise zu zeigen. Wahrhafte Nächstenliebe verlangt von uns ihnen das Gute zu wünschen und uns glücklich zu fühlen, wenn ihnen etwas Gutes geschieht. (siehe Kap. XII, Abs. 7 und 8, S. 186)

49. GEBET - Mein Gott, in Deiner Gerechtigkeit veranlasst Du, dass das Herz von N. N. sich voller Freude erfüllt. Ich danke Dir für ihn/sie, ungeachtet dessen, was er/sie mir Schlechtes tat oder mir anzutun gedachte. Und falls er/sie diese Gunst missbraucht, um mich zu demütigen, werde ich das als Prüfung meiner Nächstenliebe betrachten.

Gute Geister, die mich beschützen, erlaubt nicht, dass ich mich damit kränke. Entferne von mir den Neid und die Eifersucht, die uns verderben. Und inspiriert mich andererseits zu der Großzügigkeit, die uns erhöht.

Denn die eigentliche Demütigung liegt mehr an dem Übel und nicht am Guten. Und wir wissen, dass früher oder später die Gerechtigkeit jeden treffen wird, jeder nach seinen eigenen Werken.

FÜR DIE FEINDE DES SPIRITISMUS

50. Selig sind, die da hungert und dürstet nach der Gerechtigkeit; denn sie sollen satt werden. (...)
Selig sind, die um der Gerechtigkeit willen verfolgt werden; denn ihrer ist das Himmelreich.
Selig seid ihr, wenn euch die Menschen um meinetwillen schmähen und verfolgen und reden allerlei Übles gegen euch, wenn sie damit lügen. Seid fröhlich und getrost; es wird euch im Himmel reichlich belohnt werden. Denn ebenso haben sie erfolgt die Propheten, die vor euch gewesen sind. (Matthäus V, 6, 10 -12)
Und fürchtet euch nicht vor denen, die den Leib töten, doch die Seele nicht töten können; fürchtet euch aber viel mehr vor dem, der Leib und Seele verderben kann in der Hölle. (Matthäus X, 28)

51. EINFÜHRUNG - Von allen Freiheiten ist die Unverletzlichste die des Denkens, die auch die Gewissensfreiheit beinhaltet. Jemanden zu verfluchen, der nicht wie wir denken, bedeutet, die Freiheit für sich selbst in Anspruch zu nehmen, aber sie für die anderen zu verweigern. Das wäre ein Widerspruch gegenüber dem ersten Gebot Jesu, nämlich Wohltätigkeit und Nächstenliebe. Anderen Menschen wegen ihres Glaubens zu verfolgen wäre gegen das hochheilige Recht, das jeder Mensch hat, zu verstoßen, nämlich das Recht an das zu glauben, was ihm recht ist und Gott derart zu ehren, wie er es am besten versteht. Dieselben Menschen zu äußerlichen Handlungen wie die unsere zu zwingen, hieße die Form wichtiger als den Inhalt zu betrachten, dem Schein mehr Gewicht als dem Glauben zu geben. Die erzwungene Abschwörung brachte nie irgendjemanden zum Glauben. Sie machte nur Heuchler. Sie ist ein Missbrauch der materiellen Kraft, welche die Wahrheit nicht beweist. *Denn die Wahrheit ist Herrin über sich. Sie überzeugt aber verfolgt niemanden, denn sie bedarf dessen nicht.*
Der Spiritismus ist eine Anschauung, ein Glaube. Und selbst wenn er eine Religion wäre, warum hätte man nicht die Freiheit, sich als Spiritist zu

bekennen, wie man die Freiheit hat, sich als Katholik, Jude oder Protestant zu nennen und Anhänger von dieser oder jener philosophischen Lehre, von diesem oder demjenigen ökonomischen System zu sein? Denn entweder entspricht der spiritistische Glaube der Wahrheit oder nicht? Ist er falsch, dann wird er von allein fallen. Denn sobald das Licht die Vernunftbegabung erleuchtet, kann das Falsche nicht wider die Wahrheit bestehen. Wenn aber diese Lehre wahrhaftig ist, dann wird keine Verfolgung sie falsch machen.

Die Verfolgung selbst ist allerdings der Auftakt aller neuen großen und gerechten Ideen. Sie wächst entsprechend der Größe und der Wichtigkeit jener Idee. Die Abneigung und der Hass ihrer Feinde stehen im Verhältnis zu der Angst, die sie den Feinden einflößt. Deswegen wurde das Christentum früher verfolgt und deswegen wird heute auch der Spiritismus verfolgt, mit dem Unterschied, dass das Christentum von den Heiden verfolgt wurde, während der Zweite von Christen verfolgt wird. Die Zeiten der blutigen Verfolgungen sind jedoch vorüber, das ist wahr. Aber wenn heutzutage der Körper nicht mehr getötet wird, quält man andererseits die Seele. Sie wird in ihren tiefsten Gefühlen und ihren wertvollsten Zuneigungen angegriffen. Die Familien werden geteilt, die Mutter erhebt sich gegen die Tochter und die Ehefrau gegen den Ehemann. Und selbst der Körper bleibt davon nicht verschont und man greift sogar in seinen materiellen Bedürfnissen an, indem dem Gläubigen sein Broterwerb genommen wird, um ihn durch Hunger zu beugen. (siehe Kap. XXIII, Abs. 9 und ff., Ich bin nicht gekommen, Frieden zu bringen, sondern das Schwert, S. 317)

Ihr Spiritisten, habt keine Angst vor den Angriffen, die gegen euch ausgeübt werden. Denn diese beweisen, dass die Wahrheit an euerer Seite ist. Andererseits würde man euch in Ruhe lassen und euch nicht zu verletzen versuchen. Es ist eine Prüfung eueres Glaubens, denn Gott wird euch aufgrund eueres Mutes, euerer Resignation und euerer Beharrlichkeit unter Seinen treuen Dienern erkennen, die Er heute schon aufzählt, um jedem den Anteil zu geben, der ihm entsprechend seiner Werke zusteht.

Nach dem Vorbild der ersten Christen, tragt mit Würde euer Kreuz. Glaubt an das Wort Christi, der sagte: „Selig sind, die um der Gerechtigkeit willen verfolgt werden; denn ihrer ist das Himmelreich.[116]

---

[116] Matthäus V, 10; (Anmerkung des Herausgebers)

(...) Und fürchtet euch nicht vor denen, die den Leib töten, doch die Seele nicht töten können;"[117] Und er sagte auch: „Liebet eure Feinde; tut wohl denen, die euch hassen; segnet, die euch verfluchen; bittet für die, die euch beleidigen."[118] Zeigt nun, dass ihr seine wahren Jünger seid und dass eure Lehre gut ist, indem ihr das tut, was er sagte und selbst tat.

Die Verfolgung wird kurz dauern. Erwartet deswegen mit Geduld den Sonnenaufgang, denn der Morgenstern zeigt sich schon am Horizont. (siehe Kap. XXIV, Abs. 13 und ff., Mut des Glaubens, S. 331)

52. GEBET - Herr, Du sagtest uns durch den Mund Jesu, Dein Messias: „Selig sind, die um der Gerechtigkeit willen verfolgt werden;" und dass wir unseren Feinden vergeben und für diejenigen, die uns verfolgen, beten sollen. Er gab uns selbst das Vorbild, indem er für seine Verfolger gebetet hat.

Nach diesem Vorbild, mein Gott, flehen wir um Dein Erbarmen für diejenigen, welche Deine himmlischen Gesetze nicht kennen. Diese sind die einzigen Vorsätze, die in der Tat den Frieden in dieser und auf der anderen Welt versichern können. So wie Christus, sagen wir zu Dir auch: „ Vater, vergib ihnen; denn sie wissen nicht, was sie tun!"[119]

Gib uns die Kraft, um ihren Spott, ihre Beleidigungen, ihre Verleumdungen und ihre Verfolgungen mit Geduld und Ergebenheit in unser Schicksal zu verkraften, als Prüfungen für unseren Glauben und für unsere Demut. Entferne von uns jeden Gedanken von Vergeltung, denn die Stunde Deiner Gerechtigkeit wird für alle schlagen, wir gedulden und ergeben uns Deinem heiligen Willen.

FÜR EIN NEU GEBORENES KIND

53. EINFÜHRUNG - Der Geist erreicht erst die Vervollkommnung nachdem er die Prüfungen des körperlichen Lebens durchgemacht hat. Die in der Erraticität[120] befindenden Geister erwarten, dass Gott ihnen erlaubt, ein neues Leben auf der Erde anzufangen, das ihnen die

---

[117] Matthäus X, 28; (Anmerkung des Herausgebers)
[118] Lukas VI, 27 (Mt V, 39-48); (Anmerkung des Herausgebers)
[119] Lukas XXIII, 34; (Anmerkung des Herausgebers)
[120] Siehe Seite 63; (Anmerkung des Herausgebers)

Möglichkeiten zur Weiterentwicklung gibt. Das geschieht sowohl durch die Abbüßung ihrer vergangenen Fehler, als auch durch die Schicksalsschläge, denen sie ausgesetzt sind oder auch durch die Erfüllung einer Mission zum Wohl der Menschheit. Ihr Fortschritt und ihr zukünftiges Glück hängen davon ab, wie sie die Zeit ihres irdischen Aufenthalts nutzen. Die Eltern haben die Aufgabe, diesen bei ihren ersten Schritten zu helfen und sie zum Guten zu führen. Sie werden vor Gott für die Durchführung dieser Aufgabe Verantwortung tragen. Dabei hat Gott, um den Eltern diese Aufgabe zu erleichtern, die Elternliebe und die Liebe der Kinder zu ihren Eltern zu einem Naturgesetz gemacht, dessen Übertretung niemals ohne Folge bleibt.

54. GEBET (von den Eltern auszusprechen) - Lieber Geist, der als unser Kind inkarniert ist, sei Willkommen unter uns. O allmächtiger Gott, sei gepriesen, denn Du hast ihn zu uns gesandt.

Es ist ein Schatz, der uns anvertraut wurde und über den wir eines Tages werden Rechenschaft ablegen müssen. Und wenn dieses Kind zu den guten Geistern gehört, welche die Erde in einer neuen Generation bevölkern werden, danken wir Dir, o Gott, für diese Gnade! Falls es jedoch eine unvollkommene Seele ist, nehmen wir uns in die Pflicht, ihm bei seiner Entwicklung auf dem Weg des Guten zu helfen. Wir werden das mit unseren Ratschlägen und gutem Vorbild tun. Wenn es durch unser Verschulden etwas Schlechtes tut, werden wir dafür vor Dir Verantwortung tragen, denn dann hätten wir unsere Aufgabe ihm gegenüber nicht erfüllt.

Herr, stehe uns in dieser Aufgabe bei und gib uns die Kraft und den Willen, diese zu erfüllen. Denn, falls unser Kind eine Prüfung für uns sein wird, möge Dein Wille geschehen!

Gute Geister, die ihr ihm bei seiner Geburt beisteht und es während seiner Existenz begleiten werdet, verlasst es niemals. Entfernt von ihm die böswilligen Geister, die es zum Schlechten verführen würden. Gebt ihm die Kraft, diesen Versuchungen zu widerstehen und den Mut, die Prüfungen mit Geduld und Resignation zu durchstehen, die dieses Kind auf der Erde erwarten. (siehe Kap. XIV, Abs. 9, S. 225)

55. ANDERES GEBET - Mein Gott, Du hast mir das Leben eines Deiner Geister anvertraut. Mach Herr, dass ich würdig sei, diese mir gegebene Aufgabe zu erfüllen. Gib mir Deinen Schutz. Erleuchte meine Intelligenz, damit ich rechtzeitig die Neigungen von ihm erkenne, der von mir in die Aufwärtsbewegung zu Deinem Frieden eingewiesen werden soll.

56. ANDERES GEBET - Gütiger Gott, Du erlaubst, dass der Geist dieses Kindes noch ein Mal die irdischen Prüfungen durchzulaufen komme, damit er sich weiterentwickelt. Gib ihm das nötige Licht, damit er lernt, Dich zu kennen, Dich zu lieben und zu ehren. Da Du allmächtig bist, erlaube, dass dieser Geist sich in der Quelle Deiner weisen Unterweisungen erneuert, dass unter der Führung seines Schutzgeistes seine Vernunftbegabung sich entwickle und erweitere; und dass er dadurch das Verlangen gewinnt, immer mehr sich Dir zu nähern. Möge die Spiritistische Wissenschaft das erleuchtende Licht sein, das ihm durch die Schwierigkeiten des Lebens helfen wird; und dass er schließlich das ganze Ausmaß Deiner Liebe zu erkennen weiß, die uns Prüfungen erlaubt, um uns zu reinigen.

Herr, sende Deinen väterlichen Blick auf die Familie, der Du diese Seele anvertraut hast. Möge sie die Wichtigkeit dieser Aufgabe verstehen und die guten Samen in diesem Kinde zum Keimen bringen, bis der Tag kommt, in dem es durch sein eigenes Verlangen, sich zu Dir allein erheben möchte.

Mögest Du, o mein Gott, dieses bescheidene Gebet im Namen und durch den Verdienst desjenigen erhören, der sagte: „Lasst die Kinder zu mir kommen und wehrte ihnen nicht; denn solchen gehört das Reich Gottes."

FÜR DIE STERBENDEN

57. EINFÜHRUNG - Der Todeskampf ist die Einleitung der Trennung der Seele vom Körper. Man kann sagen, dass in diesem Augenblick der Mensch einen Fuß auf dieser Welt und den anderen in der geistigen Welt hat. Dieser Übergang ist manchmal schmerzhaft für diejenigen, die sich an den Stoff gebunden und mehr für die Güter dieser Welt gelebt haben oder deren Gewissen durch Bedauern und Gewissensbisse unruhig ist. Für diejenigen aber, deren Gedanken zur Ewigkeit erhoben sind und die sich

nicht an die Materie festklammern, werden die körperlichen Bänder leichter zu zerreißen sein und ihre letzten Momente sind überhaupt nicht schmerzhaft. Für sie ist Seele nur durch einen dünnen Faden an den Körper gebunden, während sie im ersten Fall durch eine tiefe Wurzel an ihn festhält. In jedem dieser Fälle hat das Gebet eine machtvolle Wirkung auf die Trennungsarbeit. (siehe FÜR DIE KRANKEN UND DIE BESESSENE, S. 408 und „Der Himmel und die Hölle", Zweiter Teil, 1. Hauptstück, Der Uebergang)

58. GEBET - Allmächtiger und barmherziger Gott, diese Seele verlässt ihre irdische Hülle, um zu der Welt der Geister, ihrer wahrhaftigen Heimat, zurückzukehren. Dass sie in dieser Welt in Frieden eingehe und Dein Erbarmen mit ihr sei.

Gute Geister, die ihr sie auf der Erde begleitet habt, verlasst sie nicht in diesem äußersten Moment. Gebt ihr die notwendige Kraft, die letzten Leiden zu ertragen, die sie auf dieser Welt für ihren zukünftigen Fortschritt durchmachen muss. Inspiriert diese Seele, damit sie ihre letzten wachen bewussten Gedanken oder ihre momentan kommenden Gedanken der Reue ihrer Fehler widmet.

Lenket meine Gedanken, damit sie eine weniger schmerzhafte Trennung des Körpers für sie bewirken können. Und erlaubt schließlich, dass diese Seele in dem Augenblick des Verlassens der Erde, den Trost der Hoffnung mit sich nimmt.

IV - FÜRBITTEN FÜR DIE GEISTER

Für jemanden, der gerade verstorben ist

59. EINFÜHRUNG - Die Gebete für die Geister, die soeben die Erde verlassen haben, haben nicht nur das Ziel, ihnen ein Zeugnis der Sympathie abzugeben, sondern auch, ihnen bei der Entbindung vom Körper zu helfen. Auf diese Weise werden sie die Verwirrung lindern, die immer nach der Trennung vorkommt, damit sie ruhiger aufwachen. In diesem Fall, wie in jedem anderen auch, liegt die Wirksamkeit des Gebetes in der Aufrichtigkeit der Gedanken und nicht in der Anzahl schöner Worte, die man mehr oder weiniger prunkhaft ausdrücken würde, die jedoch das Herz nicht berühren.

Die Gebete, die vom Herzen kommen, klingen für den verwirrten Geist, wie freundliche Stimmen, die ihn aus dem Schlaf wecken.
(siehe Kap. XXVII, Abs. 10, S. 348)

60. GEBET - Allmächtiger Gott, erbarme Dich der Seele von N. N., die Du gerade zu Dir von der Erde gerufen hast. Mögen die von ihr hier erlittenen Prüfungen, ihr angerechnet werden. Und die Prüfungen, die sie in der Spiritualität noch ertragen muss, mögen gemildert und verkürzt werden!
Gute Geister, die ihr diese Seele in Empfang nehmt und besonders ihr Schutzengel, stehet ihr bei, damit sie sich von der Materie lösen kann. Gebt ihr das Licht und das Bewusstsein ihrer selbst, damit sie aus der Verwirrung herausgenommen wird, die den Übergang vom körperlichen zum geistigen Leben begleitet. Inspiriert sie zur Reue begangener Fehler und zu dem Wunsch, diese wieder gutzumachen, um ihre Entwicklung für das ewige selige Leben zu beschleunigen.
N. N., du trittst in die Welt der Geister ein und trotzdem bist du unter uns. Du siehst und hörst uns, den du hast nur den sterblichen Körper verlassen, der bald zum Staub wird.
Du hast die grobe den Schicksalsschlägen und dem Tod ausgesetzte Hülle verlassen und hast bloß den ätherischen unvergänglichen Körper behalten, der für das materielle Leid unerreichbar ist. Und wenn du nicht mehr mit dem stofflichen Körper lebst, lebst du das Leben als geistiges Wesen. Es ist ein Leben frei von dem Elend, welches die Menschheit quält.
Du hast nicht mehr vor dir den Schleier, der unsere Augen den Glanz des zukünftigen Lebens verdeckt. Du kannst, von nun an, neue wunderbare Dinge beobachten, während wir hier noch auf der Erde uns in der Dunkelheit befinden.
Geh, in voller Freiheit, den Weltraum durchqueren und Welten besuchen! Denn wir bewegen uns mit unserem stofflichen Körper nur beschwerlich auf der Erde. Er hält sich an sie wie eine schwere Last fest.
Vor dir wird sich nun der Horizont der Unendlichkeit ausbreiten. Und in Anbetracht so großer Vollkommenheit wirst Du die Eitelkeit unserer irdischen Wünsche, so wie unseres weltlichen Ehrgeizes und der belanglosen Vergnügungen, an denen sich die Menschen sosehr berauschen, begreifen.

Der Tod ist für die Menschen nicht mehr als eine materielle Trennung, in einem kurzen Augenblick, von diesem Ort des Asyls, wo der Wille Gottes uns noch zurückhält, aufgrund der Pflichten, die wir auf dieser Welt nachkommen müssen. Wir werden dich mit unserem Gedanken begleiten bis zu dem Moment, in dem uns erlaubt wird, zu dir zu kommen. Genauso wie du jetzt mit all denjenigen bist, die dir vorausgegangen sind. Wir können nicht zu dir gehen, aber du kannst zu uns kommen. Komm also zu denen, die dich lieben und die auch du liebst. Steh ihnen bei ihren Lebensprüfungen bei, behüte diejenigen, die dir lieb sind, beschütze sie, wie du es kannst. Lindere ihre Schmerzen und lass sie durch den Gedanken spüren, dass du jetzt glücklicher bist, als früher. Gib ihnen die Sicherheit, dass eines Tages alle in einer besseren Welt zusammen sein werden.

Auf der Welt, wo du dich befindest, sollen alle irdischen Ressentiments sich abkehren. Seist du von jetzt an für diese unerreichbar, um deines zukünftigen Glückes wegen! Vergib also denjenigen, die etwas gegen dich getan haben, sowie sie dir deine Fehler vergeben werden.

Anmerkung: Man kann zu diesem Gebet, das sich an alle richtet, besondere Worte hinzufügen, entsprechend den besonderen Umständen der Familie, der Beziehungen und des Sozialstandes des Verstorbenen. Und wenn es sich um ein Kind handelt, lehrt uns der Spiritismus, dass es nicht ein Geist neuer Schaffung ist, sondern andere Existenzen gehabt haben muss und vielleicht sehr weit fortgeschritten ist. Wenn seine letzte Existenz kurz war, war es so, weil sie entweder die Ergänzung einer Prüfung war oder eine Prüfung für die Eltern sein sollte. (siehe Kap. V, Abs. 21, S. 105)

61. ANDERES GEBET[121] - Allmächtiger Herr, erbarme Dich unserer Geschwister, welche die Erde gerade verlassen! Möge Dein Licht ihnen leuchten! Entferne sie von der Finsternis, öffne ihre Augen und Ohren! Die guten Geister mögen sie umgeben und sie Worte des Friedens und der Hoffnung hören lassen!

Herr, selbst wenn wir unwürdig sind, flehen wir dennoch um Deine barmherzige Nachsicht zu Gunst dieses Bruders, der gerade aus diesem

---

[121] Dieses Gebet wurde einem Medium in Bordeaux in einem Moment diktiert, als vor seinem Fenster die Beerdigung eines Unbekannten vorbeizog;

Exil gerufen wurde. Möge seine Rückkehr, wie die des verlorenen Sohnes sein. O mein Gott, lass uns die von ihm begangenen Fehler vergessen und uns an das Gute erinnern, das er tun konnte! Deine Gerechtigkeit ist unveränderlich, wir wissen es, aber Deine Liebe ist unermesslich. Wir bitten Dich, diese Gerechtigkeit zu besänftigen, dank der Quelle der Güte, die aus Dir hervorgeht.

Möge Licht vor deinen Augen leuchten, mein Bruder, der du die Erde verlassen hast! Dass die guten Geister zu dir kommen, dich umgeben und dir dabei helfen, dich von den irdischen Ketten zu befreien! Du sollst die Größe unseres Herrn sehen und verstehen. Gehorche ohne Murren Seiner Gerechtigkeit. Bezweifele dennoch nie Seine Barmherzigkeit. Lieber Bruder, auf dass eine ernsthafte Rückerinnerung zu deiner Vergangenheit dir die Türen der Zukunft öffne, in dem du die begangenen Fehler und die noch vor dir bevorstehende Arbeit der Wiedergutmachung erkennen kannst! Möge dich Gott vergeben und dass die guten Geister dir beistehen und dich ermutigen. Deine Geschwister auf der Erde werden für dich beten und sie bitten dich, für sie auch zu beten.

FÜR DIE VON UNS GELIEBTEN MENSCHEN

62. EINFÜHRUNG - Wie schrecklich ist die Idee von dem Nichts! Wie sehr sind diejenigen zu bemitleiden, die glauben, die Stimme eines Freundes, der seinen Freund beweint, verliert sich, ohne ein antwortendes Echo zu finden, in die Leere! Sie wissen von der reinen und gesegneten Zuneigungen nicht. Wie würden sie diese kennen, wenn sie glauben, alles sterbe mit dem Körper? Sie denken, dass das Genie, das die Welt mit seiner bedeutenden Intelligenz erleuchtet hat, sich wie ein Hauch für immer auslöscht, aufgrund des Zusammenspiels der materiellen Kräfte. Und sie pflegen die Idee, dass von dem geliebtesten Wesen, von einem Vater, einer Mutter oder von einem geliebten Kind nichts mehr als ein wenig Staub bleibt, den der Wind für immer auflösen wird.

Wie kann ein sensibler Mensch vor so einem Gedanken gefühllos bleiben? Würde ihn die Idee einer absoluten Vernichtung des Menschen nicht erschaudern lassen? Würde er nicht wenigstens wünschen, dass es nicht so wäre? Wenn der Verstand bis heute ihm nicht genügt hat, seine Zweifel zu beseitigen, so kommt heute der Spiritismus ihm entgegen und beseitigt alle Unsicherheiten bezüglich der Zukunft, aufgrund der von ihm gegebenen handfesten Beweise für das Weiterleben der Seele und daraus folgend, für die Existenz der jenseitigen Wesen. Deswegen werden diese Beweise überall mit Freude angenommen. Man gewinnt wieder an Vertrauen. Denn der Mensch weiß von nun an, dass das irdische Leben nur ein kurzer Durchgang ist, der zu einem besseren Leben führt. Und er weiß, dass seine Arbeit auf dieser Welt ihm nicht verloren geht und dass die seligsten Zuneigungen nicht hoffnungslos zerrissen werden. (siehe Kap. IV, Abs. 18, S. 81 und Kap. V, Abs. 21, S. 105)

63. GEBET - Mein Gott, erhöre dieses Gebet, das ich an Dich für die Seele von N. N. richte. Mache es möglich, dass er/sie Dein göttliches Licht sieht und dass ihm/ihr der Weg zur ewigen Glückseligkeit erleichtert wird. Erlaube Herr, dass die guten Geister meine Worte und meine Gedanken zu ihm/ihr tragen.

Und du, der/die du mir auf dieser Welt so teuer warst, höre meine Stimme, die dich ruft, um dir ein neues Zeugnis meiner Zuneigung zu geben. Gott hat dir erlaubt, dass du dich zuerst befreien konntest. Es wäre reiner Egoismus von mir, wenn ich das bedauern würde. Das wäre zu wünschen, dass du noch unter Leiden und Schmerzen lebst. Ich erwarte daher mit Ergebung in das Schicksal den Augenblick unserer Begegnung in einer neuen und glücklicheren Welt, in die du mir vorausgegangen bist.

Ich weiß, dass unsere Trennung nur vorübergehend ist und, auch wenn sie mir lang erscheinen mag, ihre Dauer ist nichts im Vergleich mit der glücklichen Ewigkeit, die Gott den Auserwählten vorsieht. Die Güte Gottes bewahre mich davor, irgendetwas zu tun, dass diesen so erwünschten Augenblick verspäten würde und somit mir den Schmerz erspart bleibt, dir nicht zu begegnen, wenn ich aus meinem irdischen Gefängnis gehe.

Ah, wie sanft und tröstend ist die Sicherheit, dass es zwischen uns nur einen materiellen Schleier gibt, der dich vor meinen Augen verbirgt! Und wie schön ist die Gewissheit zu haben, dass du neben mir sein kannst, mich siehst und hörst wie früher und sogar besser; dass du mich nicht vergessen hast, sowie ich dich auch nicht vergesse; dass unsere Gedanken sich ständig kreuzen und dass deine Gedanken mich immer begleiten und mir helfen!

Der Friede des Herrn sei mit dir!

FÜR DIE LEIDENDEN SEELEN, DIE GEBETE ERBITTEN

64. EINFÜHRUNG - Um die Erleichterung zu verstehen, die das Gebet den leidenden Geistern geben kann, ist es notwendig, sich hinsichtlich seiner Wirkung aufzuklären. Diese wurde in vorherigen Abschnitten erläutert. (siehe Kap. XXVII, Abs. 9, 18 und ff.) Wer von dieser Wahrheit erfüllt ist, betet mit größerer Inbrunst, mit der Gewissheit, dass sein Gebet nicht umsonst ist.

65. GEBET - Gnädiger und barmherziger Gott, möge Deine Güte über alle Geister sich ausbreiten, die unsere Gebete erbitten, insbesondere über die Seele von N. N.

Gute Geister, die ihr ausschließlich im Dienst des Guten stehet, bittet mit mir um ihre Erleichterung. Möge das göttliche Licht sie über die Erkenntnis ihrer Unvollkommenheiten aufklären, die sie von der Wohnung der Glückseligen noch fern halten. Erleuchtet daher in ihren Augen ein Hoffnungslicht. Öffnet ihre Herzen zu der aufrichtigen Reue und dem Wunsch, sich zu reinigen, wodurch ihre Weiterentwicklung angekurbelt wird. Macht ihnen verständlich, dass sie durch ihre Bemühungen die Zeit ihrer Prüfungen verkürzen können.

Gott, in Deiner Güte mögest Du ihnen die Kraft geben, damit sie bei den guten Absichten beharrlich bleiben!

Mögen diese mitfühlenden Worte ihre Abbüßungen erleichtern, indem sie es bemerken, dass es auf der Erde Menschen gibt, die mit ihnen Mitgefühl haben und ihnen alle Glückseligkeit wünschen.

66. ANDERES GEBET - Wir bitten Dich, Herr, verbreite die Güte Deiner Liebe und Deiner Barmherzigkeit über all diejenigen, die leiden, sei es in der Geistigen Welt als wandernde Geister oder sei es unter uns, als inkarnierte. Erbarme Dich unserer Schwächen. Wir können unsere Fehler nicht ausschließen, dennoch gabst Du uns die Fähigkeit, dem Bösen zu widerstehen und es zu besiegen. Möge sich Dein Erbarmen über all diejenigen ausbreiten, die ihren schlechten Neigungen nicht widerstehen konnten und sich noch zu schlechten Wegen führen lassen. Mögen die

guten Geister sie behüten; dass Dein Licht vor ihren Augen erleuchte, damit sie, angezogen von der lebendigen Wärme dieses Lichtes, sich vor Dir mit Demut, Reue und Ergebenheit beugen.

Barmherziger Vater, wir bitten Dich ebenfalls für unsere Geschwister, die keine Kraft aufgebracht haben, ihre irdischen Prüfungen durchzustehen. Du gabst uns eine Bürde zu tragen, Herr. Und wir sollen diese bloß vor Dir legen. Unsere Schwächen sind dennoch groß und manchmal fehlt uns der Mut auf dem Wege. Habe Erbarmen mit diesen trägen Dienern, welche ihre Arbeit vorzeitig verlassen haben. Deine Gerechtigkeit möge ihnen noch mehr Leid ersparen. Und erlaube, dass die guten Geister ihnen Erleichterung, Trost und Hoffnung für die Zukunft bringen können. Denn die Aussicht auf Vergebung stärkt die Seele. So zeig sie, Herr, den Schuldigern, die verzweifeln. Sie werden somit von dieser Hoffnung aufgestützt und so viel Kraft wie sie benötigen bekommen, gemäß der Grobheit ihrer Fehler und der Größe ihres Leidens, um ihre Vergangenheit einzulösen und um sich vorzubereiten, ihre Zukunft zu bewältigen.

FÜR DIE VERSTORBENEN FEINDE

67. EINFÜHRUNG - Die Nächstenliebe gegenüber unseren Feinden soll sie auch jenseits des Grabes weiter begleiten. Wir müssen bedenken, dass das uns von ihnen getane Übel eine für unseren Fortschritt fördernde Prüfung gewesen sein kann, wenn wir daraus etwas Positives gemacht haben. Das kann uns nützlicher als die rein materielle Sorge gewesen sein. Denn das ermöglichte uns, dem Mut und der Ergebung in das Schicksal die Nächstenliebe und das Vergessen der Beleidigungen beizufügen. (siehe Kap. X, Versöhnung mit dem Gegner, S. 157 und Kap. XII, Die verstorbenen Feinde, S. 185)

68. GEBET - Herr, Du wolltest die Seele von N. N. vor meiner zu Dir rufen. Ich vergebe ihm/ihr das, was er/sie mir angetan hat und seine/ihre böswilligen Absichten mir gegenüber. Möge er/sie das bereuen, da er/sie jetzt keine Illusionen mehr von dieser Welt hat.

Dein Erbarmen, mein Gott, sei mit ihm/ihr. Entferne von mir den Gedanken, mich an seinem/ihrem Tode zu freuen. Und wenn ich mich ihm/ihr gegenüber fehlerhaft verhielt, möge er/sie mir vergeben, genauso wie ich den Fehler vergesse, die er/sie gegen mich begangen hat.

Für die Verbrecher

69. EINFÜHRUNG - Wenn die Wirksamkeit der Gebete der Länge des jeweiligen Gebetes entspräche, müssten die längsten Gebete für diejenigen Mitmenschen verrichtet werden, die am meisten schuldbeladen sind. Denn sie benötigen die Gebete noch mehr als all jenen, die fromm gelebt haben. Den Verbrechern ein Gebet zu verweigern wäre Mangel an Nächstenliebe und das Erbarmen Gottes somit nicht zu kennen. Wenn man nun glaubt, diese Gebete seien unnütz, falls der Mensch diesen oder jenen Fehler begangen hat, käme das einem Vorurteil gegenüber der Gerechtigkeit des Allmächtigen gleich.
(siehe Kap. XI, Abs. 14, Nächstenliebe zu Verbrechern, S. 179)

70. GEBET - Herr, Gott der Barmherzigkeit, lass diesen Menschen, einen Verbrecher, der die Erde jetzt verlässt, nicht abgestoßen sein. Die irdische Gerechtigkeit hat ihn verurteilt, hat ihn dennoch nicht von Deiner Gerechtigkeit entlastet, wenn die Reue sein Herz nicht bewegt hat.
Erhebe den Schleier vor seinen Augen, der ihm die Schwere seiner Fehler verbirgt. Und dass seine Reue vor Dir Deine Gnade erfahre und ihn von den Leiden seiner Seele befreie! Unsere Gebete und die Einsetzung der guten Geister mögen ihm Hoffnung und Trost spenden, ihn zu dem Wunsch inspirieren, seine üblen Taten in einer neuen Existenz wieder gutzumachen und ihm Kraft geben, nicht in den neuen Kämpfen zu versagen, die er unternehmen wird!
Herr, erbarme Dich seiner!

Für die Selbstmörder

71. EINFÜHRUNG - Der Mensch hat niemals das Recht, über sein Leben zu verfügen, denn nur Gott kann ihn aus den irdischen Fesseln befreien, wenn Er es für angebracht hält. Die göttliche Gerechtigkeit kann allerdings ihre Strenge unter bestimmten Umständen abschwächen. Sie behält aber ihre ganze Festigkeit für denjenigen vor, der sich den Prüfungen des

Lebens entziehen wollte. Der Selbstmörder ist wie ein Gefangener, der aus dem Gefängnis entflieht, bevor er seine Freiheitsstrafe zu Ende verbüßt hat und der, wenn er wiedergefangen wird, noch strenger bewacht werden wird. So geschieht es mit dem Selbstmörder, der glaubt, sich damit von den gegenwärtigen Leiden zu befreien. Denn er stürzt sich vielmehr in ein größeres Unglück. (siehe Kap. V, Abs. 14 und ff., Selbstmord und Wahnsinn, S. 98)

72. GEBET - Mein Gott, wir wissen vom Schicksal derjenigen, die Deine Gesetze übertreten, indem sie aus eigenem Antrieb ihre Tage verkürzen. Wir sind uns aber auch dessen bewusst, dass Dein Erbarmen unendlich ist. Breite es über die Seele von N. N. aus. Mögen unsere Gebete und Dein Mitleid das bittere Leid von ihm/ihr erleichtern, das er/sie jetzt erfährt, weil er/sie nicht den Mut aufbringen konnte, das Ende seiner/ihrer Prüfungen zu erwarten.

Gute Geistwesen, deren Aufgabe es ist, den Unglücklichen beizustehen, nehmt ihn/sie unter euerem Schutz. Inspiriert ihn/sie zur Reue seiner/ihrer Fehler. Dass euer Beistand ihm/ihr die Kraft geben kann, mit Gefasstheit die neuen Prüfungen zu erdulden, die er/sie erleiden muss, um alles wieder gutzumachen. Befreit ihn/sie von den böswilligen Geistern, die ihn/sie wieder zur schiefen Bahn führen und sein/ihr Leid verlängern könnten. Er/Sie würde damit die Früchte seiner/ihrer zukünftigen Prüfungen verlieren.

An dich, dessen Unglück das Ziel unserer Gebete bist, möge unser Mitgefühl deinen Schmerz erleichtern und dich dazu ermuntern, dass die Hoffnung einer besseren Zukunft in dir geboren wird! Diese Zukunft liegt in deinen Händen. Vertraue auf die Güte Gottes, dessen Schoß für alle Reuigen offen ist und nur für die verhärteten Herzen verschlossen bleibt.

Für die reumütigen Geister

73. EINFÜHRUNG - Es wäre ungerecht, die leidenden bzw. die reumütigen Geister, die unsere Gebete anflehen, in die Kategorie der böswilligen Geister einzuordnen. Die Ersten könnten früher böswillig gewesen sein, sobald sie ihre Fehler erkannt und bereut haben, sind sie es

aber nicht mehr. Sie sind bloß unglücklich. Und einige von denen beginnen sogar, ein relatives Glück zu genießen.

74. GEBET - Barmherziger Gott, Der die aufrichtige Reue der inkarnierten und nichtinkarnierten Übeltäter annimmt, hier ist ein Geist, der am Unguten Gefallen fand, aber jetzt seine Fehler zugibt und den guten Weg angeht. Mögest Du, mein Gott, ihn wie der verlorene Sohn aufnehmen und ihm Vergebung schenken.

Gute Geister, von jetzt an möchte er nun eure Stimme hören, die er bis jetzt nicht hatte hören wollen. Erlaubt ihm, die Glückseligkeit der Auserwählten des Herrn zu erblicken, damit er sich an dem Wunsch festhält, sich zu reinigen, um dieses Glück zu erreichen. Stehet ihm bei, in seinen guten Absichten und gebt ihm die Kraft, seinen niederen Trieben zu widerstehen.

Geist von N. N., wir beglückwünschen dir für die in dir geschehene Veränderung und danken den guten Geistern, die dir beigestanden haben.

Wenn du früher Gefallen daran fandest, etwas Schlechtes zu tun, war es, weil es dir nicht bewusst war, wie wohltuend das Gefühl ist, etwas Gutes zu tun. Du fühltest dich früher auch zu klein, es erringen zu können. Nachdem du aber deine Füße auf den richtigen Weg hattest, erleuchtete ein neues Licht vor deinen Augen. Du begannst eine dir davor unbekannte Glückseligkeit zu empfinden und dein Herz strahlte voller Hoffnung. Denn Gott erhört immer das Gebet des Übeltäters, der seine Fehler bereut. Er weist keinen zurück, der Ihn sucht.

Damit du wieder und vollständig Seine Gunst erfährst, bemühe dich von nun an, nicht nur nichts Schlechtes zu tun, sondern auch das Gute zu üben. Versuche vor allem, deine irrtümlichen Taten wieder gutzumachen. So wirst du nach der Gerechtigkeit Gottes handeln und jede gute verwirklichte Tat von dir würde eine von deinen vergangenen Fehlern begleichen.

Der erste Schritt ist schon gemacht worden. Je mehr du jetzt auf dem Weg fortschreitest, desto leichter und angenehmer wird er dir erscheinen. Sei beharrlich, denn eines Tages wirst du den Segen erfahren, zu den gütigen und den seligen Geistern gezählt zu werden.[122]

---

[122] Siehe „Das Buch der Geister", Zweites Buch, Kapitel IV, Frage 170;
(Anmerkung des Herausgebers)

FÜR DIE VERHÄRTETEN GEISTER

75. EINFÜHRUNG - Die boshaften Geister sind diejenigen, die noch nicht von Reue berührt wurden. Sie finden an den schlechten Taten Gefallen und empfinden dafür kein Bedauern. Keine Kritik nehmen sie an, lehnen jedes Gebet ab und lästern oft über Gott. Sie sind die verhärteten Seelen, die nach dem Tode sich für ihre Leiden an den Menschen rächen und mit Hass diejenigen verfolgen, die sie während ihres Lebens schon gehasst haben, sei es durch Besessenheit oder sei es durch irgend anderen finsteren Einfluss auf sie. (siehe Kap. X, Abs. 6, S. 157 und Kap. XII, Abs. 5 - 6, Die verstorbenen Feinde, S. 185)

Es gibt zwei sehr unterschiedliche Kategorien von bösartigen Geistern: die Einen sind wirklich böswillig und die anderen sind diesbezüglich heuchlerisch. Die Ersten sind vielfach leichter auf den guten Weg zu führen als die Zweiten. Denn sie sind des Öfteren Geister von einer primitiven und groben Natur, die man auch unter den Menschen findet. Sie tun etwas Böses mehr als Instinkt als durch Berechnung und versuchen nicht, sich besser zu zeigen, als sie es sind. In ihnen gibt es aber einen latenten Keim des Guten, der zum Sprießen gebracht werden muss, was man fast immer durch Beharrlichkeit, durch Standhaftigkeit begleitet von Wohlwollen, von Ratschlägen, von Vernunft und vom Gebet erreicht. Es fällt diesen schlecht gesinnten Geistern beim mediumistischen Verkehr schwer, den Namen Gottes zu schreiben. Das ist das Zeichen einer instinktiven Furcht, einer inneren Stimme des Gewissens, die ihnen sagt, sie seien unwürdig, das zu tun. Sie sind in diesem Moment kurz davor, sich zu bekehren und man kann von ihnen vieles erwarten. Es reicht nur, die empfindsame Stelle ihres Herzens zu berühren.

Die heuchlerischen Geister dagegen sind fast immer sehr intelligent, aber im Herzen unempfindlich, nichts berührt sie. Sie täuschen vor, gute Gefühle zu besitzen, um das Vertrauen der anderen zu gewinnen. Und sie fühlen sich glücklich, naive Menschen zu finden, die sie als heilige Geister betrachten und deren Willen sie beherrschen können. Der Name Gottes flößt ihnen keine Ehrfurcht ein, er dient ihnen sogar als Maske, um ihre Verdorbenheit zu verbergen. Die Heuchler sind, sowohl in der unsichtbaren als auch in der sichtbaren Welt, die gefährlichsten Wesen. Denn sie handeln im Verborgen, ohne dass jemand ihnen misstraut. Sie täuschen den Glauben nur vor, denn sie besitzen ihn in Wahrheit nicht.

76. GEBET - Herr, ich bitte Dich um Deinen gütigen Blick auf die unvollkommenen Geister, die noch in der Finsternis der Unwissenheit sind und Dich nicht kennen, besonders auf den Geist von N. N. Gute Geisterwesen, helft uns, ihm/ihr verständlich zu machen, dass, wenn er/sie die Menschen zum Bösen verführt, sie besetzt und quält, er/sie seine/ihre eigenen Leiden selbst verlängert. Erlaubt, dass das Beispiel euerer Glückseligkeit, ihn/sie dazu anspornt, dasselbe zu erreichen.

Und du, Geistwesen, welches noch am Unguten Gefallen findest, komme und höre das Gebet, das wir für dich sprechen. Es soll dir zeigen, dass wir dein Wohl wünschen, obwohl du Untaten übst.

Du bist unglücklich. Denn man kann nicht glücklich sein, wenn man etwas Schlechtes tut. Warum weiterhin leiden, wenn es an dir liegt, dich von diesen Leiden zu befreien? Siehe die guten Geister an, die dich umgeben. Siehe wie sehr sie glücklich sind und ob es dir nicht angenehmer wäre, die gleiche Freude zu genießen.

Du wirst sagen, es wäre für dich unmöglich. Nichts ist aber unmöglich für denjenigen, der es will. Gott gab dir, wie an all Seine Geschöpfe, die Freiheit zwischen Gut und Ungut zu wählen, das heißt, zwischen Glück und Unglück. So ist keiner verdammt, das Böse zu tun. Und genauso wie du den Wunsch hast, Ungutes zu tun, könntest du ihn danach haben, Gutes zu tun und glücklich zu sein.

Richte also deine Aufmerksamkeit auf Gott. Erhebe für einen einzigen Augenblick deinen Gedanken zu Ihm und ein Strahl göttlichen Lichtes wird dich erleuchten. Wiederhole mit uns diese einfachen Worte: *„Mein Gott, ich bereue alles, verzeihe mir!"* Versuche die Reue zu erfahren und das Gute, statt des Unguten zu tun. So wirst du sehen, dass Gottes Erbarmen über dich alsbald kommen wird. Ein dir unbekanntes Wohlbefinden wird dann deine beklemmenden Qualen ersetzen.

Sobald du den ersten Schritt auf dem guten Wege gemacht hast, werden dir weitere Schritte zu gehen leichter fallen. Du wirst dann verstehen, wie viel Zeit des Glückes du vergeudet hast, aufgrund dieser Fehltritte. Eine erleuchtende und hoffnungsvolle Zukunft wird aber vor dir aufgehen. Du wirst deine armselige Vergangenheit voller Unruhe und moralischer Qual vergessen, die für dich wie die Hölle wären, wenn sie ewig dauern würden. Denn diese Qualen werden irgendwann so unerträglich sein, dass du alles tun würdest, damit sie aufhören. Eine Trennung davon wird jedoch immer schwieriger, je länger du dich nicht entscheidest.

Glaube nicht, dass du immer in diesem Zustand bleiben wirst, in dem du seist. Nein, das ist nicht möglich. Du hast vor dir zwei Aussichten: Die Erste ist viel mehr zu leiden als du schon jetzt leidest und die andere ist glücklich zu sein, wie die guten Geister um dich herum es sind. Die erste Möglichkeit ist unausweichlich, wenn du in deiner Hartnäckigkeit verharrst. Andererseits genügt eine einfache Bemühung von deiner Seite, um dich aus dieser schlechten Situation herauszuholen, in der du dich befindest. Beeile dich nun, denn jeder versäumte Tag ist ein verlorener Tag des Glückes für dich.

Gute Geister, unterstützt dass diese Worte zu dieser noch rückständigen Seele Zugang finden, damit sie ihr helfen, sich Gott zu nähern. Wir bitten euch darum im Namen Jesu Christi, der ein so großes Durchsetzungsvermögen gegenüber den bösartigen Geistern hatte.

V - FÜRBITTEN FÜR DIE KRANKEN UND DIE BESESSENEN
FÜR DIE KRANKEN

77. EINFÜHRUNG - Die Krankheiten gehören zu den Prüfungen und Schicksalsschlägen des irdischen Lebens. Sie sind mit der Grobheit unserer materiellen Natur und mit der niederen Welt, in der wir leben, eng verbunden. Die Leidenschaften und alle Arten von Ausschweifungen säen in uns ungesunde Keime, die oft erblich sind. In den physikalisch oder moralisch fortgeschrittenen Welten ist der menschliche Organismus - reiner und weniger materiell - nicht mehr denselben Krankheiten ausgeliefert. Der Körper wird dort nicht durch die Verwüstung der Leidenschaften lautlos ausgerottet. (siehe Kap. III, Abs. 9, S. 67) Solange müssen wir uns dann mit den Folgen unseres minderwertigen Zustandes entsprechend unserer Umgebung abfinden, bis wir es verdienen, zu anderer überzugehen. Das soll uns dennoch nicht daran hindern, wartend auf das dies geschieht, all das zu tun, was in unserer Hand liegt, um diesen unseren jetzigen Zustand zu verbessern. Und selbst wenn wir dies trotz unserer Bemühung nicht erreichen, lehrt uns der Spiritismus, unsere vorübergehenden Leiden mit Gefasstheit zu ertragen.

Wenn Gott nicht den Willen hätte, dass die körperlichen Leiden in bestimmten Fällen verschwinden oder vermindert werden, hätte Er uns nicht die Heilmittel zur Verfügung gestellt. So gesehen, verlangt die göttliche Behutsamkeit von uns, auch im Einklang mit unserem Erhaltungsinstinkt, dass wir nach diesen Heilmitteln suchen und sie auch anwenden.

Neben dem durch die Wissenschaft hergestellten gewöhnlichen Heilmittel, macht der Magnetismus die Kraft der fluidalen Wirkung auch bekannt. Der Spiritismus offenbart uns eine weitere Kraft in der *heilenden Mediumschaft* und die Wirkung des Gebetes. (siehe Kap. XXVI, Anmerkungen zur heilenden Mediumschaft, S. 343)

78. GEBET (vom Kranken auszusprechen) - Herr, Du bist die Gerechtigkeit. Die Krankheit, die Du mir gebilligt hast, muss ich verdient haben. Denn Du lässt keinen ohne Grund leiden. Ich vertraue meine Heilung Deiner unendlichen Barmherzigkeit an. Wenn Du erlaubst, dass ich gesund werde, sei Dein Name gesegnet; wenn das Gegenteil geschieht und ich noch leiden muss, sei Dein Name ebenso gepriesen. Denn ich nehme Deine göttlichen Gesetze ohne Murren an, da alles, was Du tust, nur den Sinn des Wohlergehens Deiner Geschöpfe haben kann.

Erlaube, mein Gott, dass diese Krankheit für mich eine heilsame Warnung sei und dass sie mir den Anstoß zum Nachdenken über mein Verhalten selbst gibt. Ich akzeptiere sie als eine Abbüßung meiner Vergangenheit und als Prüfung für meinen Glauben und für meine Ergebenheit gegenüber Deinem göttlichen Willen. (siehe Gebet Angesichts des nahen Todes, S. 386)

79. GEBET (für die Kranken) - Mein Gott, Deine Pläne sind undurchdringlich und in Deiner Weisheit erlaubst Du, dass N. N. diese Krankheit erleidet. Werfe, ich flehe Dich an, einen Blick des Erbarmens auf seine/ihre Leiden und mögest Du diesen ein Ende setzen.

Gute Geister, die ihr die Minister des Allmächtigen seid, steht mir in meinem Wunsch bei - ich bitte euch, seine/ihre Krankheit zu mildern. Lenkt meine Gedanken, damit sie einen heilsamen Balsam auf seinen/ihren Körper verbreiten und seiner/ihrer Seele Trost spenden.

Inspiriert ihn/sie Geduld und Fügsamkeit gegenüber Gottes Willen. Gebt ihm/ihr die Kraft, seine/ihre Schmerzen mit christlicher Ergebung in das Schicksal zu ertragen, damit er/sie sich die Früchte dieser Prüfungen nicht entgehen lässt. (siehe Gebet, Abs. 57, Für die Sterbenden, S. 395)

80. GEBET (von einem heilenden Medium auszusprechen) - Mein Gott, wenn Du Dich meiner Person bedienst, so unwürdig ich auch bin, werde ich diese Krankheit heilen können, sofern das Dein Wille ist. Denn ich glaube an Dich. Aber ohne Dich kann ich nichts. So erlaube den guten Geistern, ihr heilsames Fluidum mir zu spenden, damit ich es diesem Kranken weiter geben kann und entferne von mir alle Gedanken des Stolzes und des Egoismus, welche die Reinheit dieses Fluidums verderben könnten.

Für die Besessenen

81. EINFÜHRUNG - Die Besessenheit ist der beharrliche Einfluss, der ein böswilliges Geistwesen auf ein Individuum ausübt. Sie zeigt sich durch unterschiedliche Merkmale, die von der einfachen moralischen Beeinflussung ohne ein äußerlich bemerkbares Zeichen, bis hin zur vollkommenen Verwirrung des Organismus und der mentalen Fähigkeit, reichen. Sie verhindert jede mediumistische Fähigkeit. In der schreibenden Mediumschaft äußert sie sich durch die Hartnäckigkeit eines Geistwesens, das alle anderen Geister verhindert, sich kundzugeben. [123]

Die niederen Geister wimmeln um die Erde herum. Das ist auf die moralische Unvollkommenheit ihrer Bewohner zurückzuführen. Ihre unheilvollen Taten gehören zu den Heimsuchungen, mit denen die Menschheit auf dieser Erde leben muss. Die Besessenheit, wie die Krankheiten und alle anderen Trübsale des Lebens, muss infolgedessen als eine Prüfung oder eine Abbüßung betrachtet und als solche akzeptiert werden.

Genauso wie andere Krankheiten auch, welche die Folgen physischer Unvollkommenheit sind, die der Körper für die äußerlich schädlichen Einflüsse zugänglich macht, ist die Besessenheit immer das Ergebnis einer

---

[123] Das besessene Medium bekommt somit keine Mitteilungen von anderen; (Anmerkung des Herausgebers)

moralischen Unvollkommenheit, welche die Menschen dem böswilligen Geistwesen ausliefert. Man setzt einer physikalischen Ursache eine physikalische Kraft entgegen. Bei einer moralischen Ursache ist es notwendig, eine moralische Kraft entgegenzusetzen. Um uns von Krankheiten zu schützen, stärken wir unseren Körper; um uns von der Besessenheit zu bewahren, ist es nun notwendig, unsere Seele zu stärken. Deswegen muss der Besessene selbst für seine Verbesserung arbeiten. Diese moralische Verbesserung reicht oft aus, um ihn von dem Besessenden ohne die Hilfe Dritter zu befreien. Eine fremde Hilfe ist dann unumgänglich, wenn die Besessenheit bis zur Unterjochung und zur Possession (eigentliche Besessenheit) geführt hat, denn hier verliert der Kranke nicht selten sein Wollen und seine Willensfreiheit.

Die Besessenheit ist fast immer das Ergebnis eines Racheaktes, verübt durch ein Geistwesen und hat meistens ihren Ursprung in den Verbindungen, die der Besessene mit dem besessenden Geist in einem vergangenen Leben hatte. (siehe Kap. X, Abs. 6, S. 157; Kap. XII, Abs. 5 und 6, S. 185)

In dem Fall von schwer wiegender Besessenheit (Possession) wird der Besessene von einem bösartigen Fluidum umgeben und imprägniert, das die Wirkung von gesunden Fluida neutralisiert und ablehnt. Er muss von diesem Fluidum befreit werden. Ein schädliches Fluidum kann natürlich nicht durch das gleiche Fluidum zurückgestoßen werden. Wie in der Handlung eines heilenden Mediums im Fall von Krankheiten, ist es in diesen Fällen auch notwendig, das schädliche Fluidum mit Hilfe eines besseren auszustoßen. Das bewirkt eine gewisse Reaktion. Das ist die mechanische Handlung, die aber allein nicht ausreichend ist. Es ist vor allem erforderlich, *auf das intelligente Wesen zu agieren,* mit dem man mit gewissem Ansehen sprechen muss. Und dieses Ansehen ist nur aufgrund einer moralischen Überlegenheit gegeben. Je höher diese ist, desto größer wird das Ansehen sein.

Und es gibt noch etwas. Denn um die Befreiung zu erlangen, muss sogar das böswillige Geistwesen überzeugt werden, auf seine niederen Absichten zu verzichten. Man muss in ihm den Wunsch der Reue und des Guten erwecken, die mit Hilfe geschickter Gespräche in gesondert hervorrufenden mediumistischen Sitzungen geführt werden, die seiner moralischen Erziehung zum Ziel haben. Somit kann man den doppelten

Erfolg erlangen, zum Einen den Inkarnierten zu befreien und zum anderen einem unvollkommenen Geistwesen zur Umkehr zu verhelfen. Diese Aufgabe ist um so leichter, insofern der Besessene seinen Zustand versteht und seinen Beitrag dazu mit dem Willen und dem Gebet leistet. Dasselbe geschieht nicht, wenn er von dem böswilligen Geistwesen bezüglich der Werte dieses Herrschers getäuscht wird und im Irrtum, in den ihn sein Verfolger gestürzt hat, verbleibt. Daraufhin, fern davon, sich helfen zu lassen, lehnt er jede Unterstützung ab. Das ist ein Fall von Verblendung, die wesentlich aufrührerischer als die heftigste Unterjochung ist. (siehe „Das Buch der Medien", Zweites Buch, Kap. XXIII)

In allen Fällen der Besessenheit gilt schließlich das Gebet als die stärkste Hilfe, um auf das umsessende Geistwesen zu wirken.

82. GEBET (vom Besessenen auszusprechen) - Mein Gott, mögen die guten Geister mich von dem niederen Geistwesen befreien, das mit mir verbunden ist. Falls es Rache aufgrund der Ungerechtigkeiten ausübt, die ich früher gegen es verübt habe, erlaubst Du all das für meine Läuterung, mein Gott. Und deshalb erleide ich die Folgen meiner Fehler. Möge meine Reue Deine Verzeihung und auch meine Erlösung verdienen! Und abgesehen von dem Grund, den es hat, bitte ich um Dein Erbarmen für diesen Verfolger. Mögest Du ihm den Weg zur Entwicklung erleichtern, der ihn von dem Gedanken, etwas Böses zu tun, abbringen wird. Und dass ich meinerseits, in dem ich ihm das Böse mit dem Guten vergelte, ihn zu besseren Gedanken führen kann.

Aber ich weiß auch, mein Gott, dass es meine Unvollkommenheiten sind, die mich den Beeinflussungen der unvollkommenen Geister zugänglich machen. Gib mir nun das notwendige Licht, diese Unvollkommenheiten zu erkennen. Halte von mir besonders den Stolz fern, der mich blind vor meinen Fehlern macht.

Welch eine Unwürdigkeit ich besitze, um da nun einmal ein böswilliges Wesen mich bändigen zu lassen!

Tue es, mein Gott, dass dieser Rückschlag gegen meine Eitelkeit mir als Lektion für die Zukunft dient; und dass er mich in der Absicht stärkt, mich durch die Ausübung des Guten, der Nächstenliebe und der Demut zu läutern, damit ich von nun an Widerstand gegenüber den üblen Beeinflussungen leisten kann.

Herr, gib mir die Kraft, diese Prüfung mit Geduld und Gefasstheit zu ertragen. Ich verstehe, dass, wie alle anderen Prüfungen, diese auch meinem Fortschritt dienen soll, wenn ich ihre guten Früchte mit meinen Klagen nicht verderbe. Denn das gibt mir die Möglichkeit, meinen Gehorsam und meine Nächstenliebe gegenüber einem unglücklichen Bruder zu zeigen und somit ihm das Schlechte, das er mir angetan hat, zu vergeben.

(siehe Kap. XII, Die verstorbenen Feinde, S. 185; Kap. XXVIII, Zur Fernhaltung der böswilligen Geister, S. 376 und Für unsere Feinde und für diejenigen, die uns Böses wünschen, S. 389)

83. GEBET (für Besessene) - Gott, der Allmächtige, mögest Du mir die Stärke geben, N. N. von dem Geistwesen zu befreien, von dem er/sie besessen ist. Wenn es in Deinen Plänen steht, dieser Prüfung ein Ende zu setzen, gib mir die Gnade, zu diesem Geistwesen mit Durchsetzungsvermögen zu sprechen.

Gute Geister, die ihr mir beisteht, und Du, sein/ihr Schutzengel, erweist mir eure Unterstützung, helft mir, ihn/sie von diesem unreinen Fluidum zu befreien, von dem er/sie umgeben ist.

Im Namen Gottes, des Allmächtigen, ich fordere das böswillige Geistwesen auf, das ihn/sie quält, sich zu entfernen.

84. GEBET (für das umsessende Geistwesen) - Gott von unendlicher Güte, ich flehe um Dein Erbarmen für das Geistwesen, das N. N. verfolgt. Mach es möglich, dass es das göttliche Licht sieht, damit es den falschen Weg erkennt, auf dem es geht. Gute Geister, helft mir, es zum Verständnis zu bringen, dass es alles zu verlieren hat, wenn es das Schlechte tut, und alles gewinnen kann, wenn es das Gute übt.

Geistwesen, das du daran Gefallen findest, N. N. zu quälen, hör mir zu, denn ich rede zu dir in Gottes Namen.

Wenn du darüber nachdenken würdest, könntest du verstehen, dass das Böse niemals das Gute besiegen kann und du nicht stärker als Gott oder als die guten Geister sein kannst.

Diese hätten N. N. von aller deiner List bewahren können. Wenn sie das nicht getan haben, dann deswegen, weil er/sie eine Prüfung zu bestehen hat. Sobald diese Prüfung dennoch zu Ende ist, wird dir jede Macht über dein Opfer entzogen. Das Übel, das du ihm/ihr angetan hast, wird, anstatt ihm/ihr zu schaden, für seinen/ihren Fortschritt nützlich sein und ihn/sie danach Freude bereiten. So wird für dich selbst deine Bosheit reine verlorene Zeit sein und über dich herfallen.

Gott, der Allmächtige und die erhabenen Geister, Seine Boten, die mächtiger als du sind, können nun dieser Besessenheit ein Ende setzen und deine Hartnäckigkeit wird dann vor dieser mächtigen Erhabenheit brechen. Aber Gott, in Seiner Güte, lässt dir allerdings den Verdienst, selbst diese Besessenheit durch deinen eigenen Willen zu beenden. Es wird dir etwas zugebilligt. Wenn du das nicht gut nützest, wirst du die beklagenswerten Folgen davon ertragen müssen. Große Ahndung und grausame Leiden kommen dann auf dich zu. Du wirst das Bedürfnis haben, Mitleid und Gebet deines Opfers zu erbitten, dessen Vergebung du jetzt schon bekommen kannst, denn er/sie betet für dich. Das ist eine verdienstvolle Tat vor Gottes Augen und somit wird seine/ihre Befreiung eher kommen.

Denke nun darüber nach, solange du noch die Zeit hast. Denn du wirst die Gerechtigkeit Gottes erfahren, genau wie sie alle anderen widerspenstigen Geister trifft. Überlege, dass das Übel, das du im Moment tust, eines Tages ein Ende haben wird; während, wenn du in deiner Hartnäckigkeit verharrst, deine Leiden größer sein werden.

Als du auf der Erde lebtest, fandest du es nicht unklug, ein großes Glück für einen kurzen Augenblick der Lust zu opfern? Dasselbe geschieht jetzt mit dir, als Geist. Was gewinnst du, mit dem, was du tust? Die traurige Zufriedenheit, jemanden zu quälen? Und das verhindert dennoch nicht ein Mal, dass du ein Unglücklicher bist, auch wenn du das Gegenteil behauptest, sondern macht dich das alles noch unglücklicher.

Siehe andererseits was du verlierst. Schau die guten Geister an, die in deiner Nähe sind und sage, ob dir ihr Schicksal nicht lieber ist, als deins. An der Glückseligkeit, die sie genießen, kannst du Anteil nehmen, wann immer du willst. Was brauchst du dafür? Gott Seiner Hilfe zu erbitten und statt des Übels, das Gute zu tun. Ich weiß, dass du dich nicht plötzlich umwandeln kannst. Gott erwartet aber nicht das Unmögliche. Er will nur den guten Willen. Versuche es und wir werden dir beistehen. Bewirke es, dass du für uns nicht mehr zu den böswilligen Geistern gehörst, dass wir für dich aber bald das Gebet der reumütigen Geister aussprechen können (Abs. 73, S. 404), in der Erwartung, dass du dich eines Tages unter den Guten befindest. (siehe auch Abs. 75, Für die verhärteten Geister, S. 406)

Bemerkung: Die Heilung von schwer wiegender Besessenheit benötigt viel Geduld, Beharrlichkeit und Hingabe. Sie erfordert auch Taktgefühl und Geschicklichkeit, um oft sehr verdorbene, verhärtete und listige Geister auf den guten Weg zu führen. Denn es gibt widerspenstige Geister im höheren Grade. In den meisten Fällen müssen wir uns von den Umständen führen lassen. Eine unbestrittene Tatsache ist, dass man, welchen Charakter der Geist auch immer hat, nichts mit Gewalt oder mit Drohungen erreichen kann. Denn jeder Einfluss steht im Verhältnis zu jener moralischen Beschaffenheit. Eine weitere durch die Erfahrung und durch die Logik bestätigte Wahrheit *ist die völlige Unwirksamkeit von Exorzismen, Formeln, sakramentalen Wörtern, Amuletten, Talismanen, äußerlichen Praktiken oder irgendwelchen materiellen Zeichen.*

Ein Fall von Besessenheit, der sehr lange gedauert hat, kann schließlich zu pathologischen Störungen führen und fordert öfters entweder eine parallele oder eine nachfolgende Behandlung magnetischer bzw. medizinischer Art, um die Gesundheit des Organismus der Person wieder herzustellen. Wenn die Ursache ein Mal beseitigt ist, bleiben nun die Wirkungen zu bekämpfen.

(siehe „Das Buch der Medien", II Buch, Kap. XXIII, Besessenheit; „Revue spirite", Februar und März 1864; April 1865: Beispiele der Heilung von Besessenheit)

NACHWORT

Die Geister des Herrn, welche die Tugenden des Himmels verwirklichen, wie ein großes Heer von Gottesdienern, die sich in Bewegung setzen, sobald sie den Befehl Gottes erhalten haben, manifestieren sich über die ganze Erdoberfläche. Ähnlich wie Sternschnuppen kommen sie, um den Weg zu erleuchten und die Augen der Blinden zu öffnen.

Wahrlich, ich sage euch, die Zeiten sind gekommen, da alle Dinge in ihrem wahren Sinne wieder richtig gestellt werden müssen, um die Finsternis zu vertreiben, die Hochmütigen zu beschämen und die Gerechten zu preisen.

Die großen Stimmen des Himmels ertönen wie Posaunenklänge und die Engelschöre versammeln sich. Menschen, wir laden euch ein zu diesem göttlichen Konzert. Mögen eure Hände die Leier ergreifen, mögen eure Stimmen sich im Chor vereinen, auf dass sie in einen göttlichen Hymnus einstimmen und von einem Ende des Universums zum anderen widerhallen.

Ihr Menschen, unsere geliebten Geschwister, wir sind euch nahe. Liebet einander und sprecht aus der Tiefe eures Herzens, indem ihr den Willen des Himmlischen Vaters vollbringt: „Herr, Herr!" und ihr werdet in das Himmelreich eintreten können.

GEIST DER WAHRHEIT

ANMERKUNG: Diese Unterweisung, übermittelt auf mediumistischem Wege, fasst zugleich den wahren Charakter des Spiritismus und das Ziel dieses Werkes zusammen. Deshalb steht sie hier als Vorwort.[124]

---

[124] Im französischen Original steht diese Kundgabe am Anfang des Buches. Für die deutsche Übersetzung setzten wir sie an diese Stelle als Nachwort; (Anmerkung des Herausgebers)

STICHWORTVERZEICHNIS